内容之王

［美］基奇·哈吉（Keach Hagey）/著　　岱冈/译

中信出版集团｜北京

图书在版编目（CIP）数据

内容之王 /（美）基奇·哈吉著；岱冈译 . -- 北京：中信出版社，2022.6

书名原文：The King of Content: Sumner Redstone's Battle for Viacom, CBS, and Everlasting Control of His Media Empire

ISBN 978-7-5217-4264-0

I. ①内… II. ①基… ②岱… III. ①雷石东（Redstone, Sumner 1923-2020）—传记 IV. ① K837.125.42

中国版本图书馆 CIP 数据核字（2022）第 070317 号

内容之王

著者：　　[美] 基奇·哈吉
译者：　　岱冈
出版发行：中信出版集团股份有限公司
　　　　　（北京市朝阳区惠新东街甲 4 号富盛大厦 2 座　邮编　100029）
承印者：北京诚信伟业印刷有限公司

开本：880mm×1230mm 1/32　　印张：15.25　　字数：342 千字
版次：2022 年 6 月第 1 版　　印次：2022 年 6 月第 1 次印刷
京权图字：01-2019-7563　　书号：ISBN 978-7-5217-4264-0
　　　　　　　　　　　　　　定价：79.00 元

版权所有·侵权必究
如有印刷、装订问题，本公司负责调换。
服务热线：400-600-8099
投稿邮箱：author@citicpub.com

致韦斯利、贝尔和琼

目　录

序 "我不想卖掉派拉蒙"

2016 年 2 月的一个下午，维亚康姆公司总裁菲利普·道曼开车驶过俯瞰比弗利山的奢华住宅区，穿过比弗利山庄那一道道沉重的金属大门，再经过诸如史泰龙和艾迪·墨菲这样的电影明星的山顶宅邸，最后来到他的长期老板和导师萨姆纳·雷石东广阔的奶油色庄园。长期以来，这样的拜访一直是这位曼哈顿人每月一次的例行公事。道曼打理着这家总部位于纽约的上市公司，而92 岁高龄的雷石东才是公司的全面主宰者。通常，这两个做过律师的人会一边聊着经营上的事，一边回顾他们过去在业界开疆辟土的经历，看一会儿棒球赛或 CNBC（美国消费者新闻与商业频道）的节目，或者盯着巨型鱼缸出神，那里面养着雷石东所钟爱的海鱼。

但今天不同，道曼是来讨论一件特别微妙的事情的。维亚康姆当时正考虑出售派拉蒙影业公司近一半的股权——正是在1994 年收购这家富有魅力的好莱坞制片公司，决定了他们两人之后的职业生涯。当时，经过一场史诗般的竞购战，他们将派拉蒙从对手——媒体巨头巴里·迪勒和约翰·马龙的手中夺了过来，而拥有这家美国历史最悠久且一直在运营的电影制片厂——同时也是《教父》《唐人街》和"夺宝奇兵"系列电影的拍摄方——实打实地巩固了雷石东作为传媒大亨的地位。

然而，维亚康姆的股价却一直在螺旋式下跌，在两年内竟损失了一半的市值，投资者强烈呼吁采取重大、果断的措施。2016年2月之前的几个月里，中国一些大公司纷纷显露对电影制片厂的兴趣，这引起了好莱坞的关注。看来这是个利用派拉蒙百年浪漫魅力的大好时机，尽管派拉蒙本身也正经历持续多年的不景气。某个潜在买家表示，愿出资 100 多亿美元买下这家陷入困境的电影公司，而这一出价是多数分析师给派拉蒙所估价值的两倍多。道曼于是打算摸索着建立一家合资公司。只要找对了合作伙伴，或许就不仅能为派拉蒙提供急需的资金来充实其几乎空空如也的特许发行权"货架"，而且能帮助该公司的影片更好地打入国际市场，毕竟在当今时代，好莱坞电影收入的 70% 来自海外。

道曼明白，这项计划会是块难啃的硬骨头。雷石东常喜欢与人小聚，并不孤傲避世。在过去的 20 年里，除了在丹塔纳餐厅或常春藤餐厅与派拉蒙的高管们小范围共进晚餐，几乎没有什么事能给他带来很大的快乐了，尽管下午 5 点这个用餐时间对年事已高的他来说并非精神状态很好的时段。能在好莱坞拥有一家电影制片厂的人就是当之无愧的王，那是一种超越任何金钱的地位。更别说派拉蒙绝不仅仅是一家电影制片厂了。它曾是好莱坞最早一统天下的霸主，是片厂体制这种商业模式的创建者，也是第一家把雷石东当成大人物认真对待的电影公司，而他当时不过是其父名下连锁汽车影院的执行副总裁。

道曼的任务也颇具挑战性，因为这些日子与雷石东交流几乎是不可能的。这位大亨曾经有句人尽皆知的名言——"维亚康姆就是我"，然而，伴随维亚康姆的股价走势变得低迷，他的健康状况也同时诡异地急转直下。那还是在 2014 年，他吃饭时，食物呛进了肺里，之后他就不得不依靠饲管进食，而且几乎说不了话。在那之前几个月，他的前同居女伴就声称他的精神完全不正常了，他不能顺畅地与人对话，也理解不了一部电影的情节。此次造访后几个月，连道曼自己也得出了相似的结论。但现在，他还是努力沿用几个月来的一贯方式与雷石东沟通，尽力去理解他嘴里的叽里咕噜声。

雷石东的护士杰里米·贾吉洛经常会帮访客翻译雷石东所说的话，故而有"雷石东耳语译员"的别称。但道曼的使命太过敏感，让贾吉洛来翻译不合适。几个月来，道曼一直认为这座豪宅里要么装有窃听器，要么到处都是听命于自己的宿敌——雷石东的女儿莎莉·雷石东——的卧底。莎莉和道曼时年都是 61 岁，双方长期以来一直在争夺雷石东法定继承人的位置，但近年来，随着莎莉和她父亲关系的恶化，道曼似乎已经胜券在握。然而，从 2015 年的秋天开始，一切又都改变了。雷石东的那两位年龄只及他一半的同居女伴（莎莉称之为"父亲的小荡妇"），在大亨分给她们大约 1.5 亿美元的财产之后，被从豪宅扫地出门了，这为莎莉与父亲和解铺平了道路。道曼对莎莉可谓用足了心思，他一般会在还剩下 20 分钟车程的时候才宣布自己将要拜访雷石东，就是为了不让他那位住在东海岸的对手有充足的时间乘飞机赶过来，在他和雷石东会面时全程挤在其父身边，就像雷石东的那两位前女伴在被踢走之前的两年里对所有来访者所做的那样。尽管如此，道曼还是认为（确实也没错），贾吉洛会把他所听到的内容一字不差地转述给莎莉。

所以，当走进雷石东的府邸，见他正在那间放着好多个巨大鱼缸的"观鱼厅"里看电视时，道曼就客气地请贾吉洛先退到隔壁房间去，以便他和雷石东就公司的某些敏感情况进行商讨。陪护人员原本是不可以让雷石东离开他们的视线哪怕片刻的，因为万一出现情况，他们就得立刻冲过去，将有可能呛死他的唾液从他的喉咙里吸出来。不过，贾吉洛还是从两排鱼缸之间敞开的门走了出去。道曼拽过一把椅子坐到了雷石东身边，这样贾吉洛就只能看到道曼的背影。他问雷石东是否明白他的意思，雷石东点了点头。

几天后，道曼召集董事会成员开会讨论派拉蒙的股权出售事宜。由于担心泄密，他事先并没有将会议内容告诉任何人，包括派拉蒙董事长布拉德·格雷。不出道曼所料，贾吉洛把他这次来访的情况全都通报给了莎莉，包括道曼和雷石东在一起咬耳朵和点头这样的细节。于是，在董事会会议召开前的几小时内，莎莉反反复复地给道曼打电话，就是担心她的这位对手会搞什么名堂。但最终此次会议却波澜不惊。道曼向包括雷石东和莎莉在内的所有董事会成员一一做了解释，最终没有一个人反对。

第二天，道曼宣布，维亚康姆已经接到了"某潜在合作伙伴有意对派拉蒙进行战略投资的表示"，并决定继续与其进行谈判。考虑到可能还会有其他的潜在合作伙伴跟进，本次会议的新闻发布稿大肆宣扬这家电影公司收藏广博的片库、"具有可靠特许发行权的强力发行渠道"，以及高潜力的（或曰：新锐的）电视制作业务。不可否认，一块标着"出售"字样的招牌，已经竖在派拉蒙标志性的"西班牙大门"前。

但凡熟悉雷石东生平的人都十分惊讶。他对待手下的高管们的态度出了名地变化无常，但派拉蒙却是他一生的挚爱。确实，就在道曼做出上述宣布后的几天内，雷石东就开始反复表示"我不想卖掉派拉蒙"，他将此话讲给那些肯听他讲的人听，包括家政人员，也包括与他通电话的道曼。最后，在 2016 年 2 月 27 日，那是一个周六，也是奥斯卡颁奖典礼的前一天，雷石东甚至对格雷也讲了此话，但格雷对此想法并没有那么激动。不过，在之后召开的又一次董事会会议上，雷石东通过电话远程参会，他并没有发声反对，管理层于是受命推进这项计划。直到由《华尔街日报》在同年 4 月 11 日报道之后，雷石东的反对意见才被公之于众。[1]

他是如何说出这句话的？这是一个颇有争议的问题。某些与维亚康姆关系密切的人认为，是他家中的工作人员或莎莉的其他盟友误导了他，让他以为维亚康姆是要把派拉蒙全部卖掉，从而刺激他说出这样的话。其他人则认为，是他身边的那些人把他训练成这样的，鹦鹉学舌一般，就像他曾一遍遍重复"曼努埃拉是个讨厌鬼"或"我把莎莉赶出了家门"一样，而那些人要他这样说都是出于一己私利。不过，也有人认为，这是他自己真实的想法。

不管这句话是如何跳上雷石东的舌尖的，其影响都是毁灭性的，并将成为美国商业史上最伟大的企业权力之争的支点。

怎么会这样呢？

萨姆纳·默里·雷石东，这个曾经令人胆寒的传媒界"疯狂天才"，会仅仅因为其公司市值的些微波动就动辄开除下属高管，但通过一系列大胆的并购，他建立了世界上最大的传媒帝国，以确保一切在其掌控之中。如今[①]，身为家族连锁影院集团"全美娱乐"（National Amusements Inc.）的最大股东，他控制着维亚康姆公司和哥伦比亚广播公司大约 80% 有表决权的股份，而这个价值 360 亿美元的传媒帝国囊括了音乐电视网（MTV）、喜剧中心频道（Comedy Central）、尼克罗迪恩电视网（Nickelodeon）、黑人娱乐电视台（BET）、VH1 有线电视台、派拉蒙影业、哥伦比亚广播公司、娱乐时间电视网（Showtime）、西蒙与舒斯特出版社（Simon & Schuster），以及 Showcase Cinemas、Cinema de Lux 等连锁电影院。在几十年的时间里，他不仅进行了一丝不苟的遗产规划，以使他的掌控得以超越阴阳两隔（他常常告诉记者，他永远也不愿意躺进墓园），还建立了各种专门设计的信托基金，从而使他的继承人即便在他死后也不可能出售他的公司。"除非他们一开始就经营不善，"他在 2012 年对《华尔街日报》如是说，"不过这种情况不会发生。"

雷石东当时的自信无可厚非。他在此之前的人生，一直是出人意料、精彩辉煌的"开挂"故事。他的父亲是一位酒类批发商，他们住在波士顿西区的移民公寓里，与下层社会有着千丝万缕的联系。雷石东一路打拼，进入哈佛大学法学院，进而当上了联邦司法部书记员；再由担任他父亲的区域性连锁汽车影院的总裁到成为维亚康姆公司的所有人；从总是在法林地下商场（美国一家服装折扣零售商）购物的精明律师到成为自己梦寐以求的好莱坞电影制片厂的主人，并且最终在维亚康姆和 CBS 合并（当时美

---

① 这本书的英文原版出版于 2018 年。——编者注

国历史上最大宗的传媒资产交易）之后，一跃成为世界上最大的传媒帝国之一的控股股东。最广为人知的是，他在一次酒店大火中死里逃生，当时他整个身体挂在窗外，烈火将他的手腕烧焦至见骨。那次经历让他的手变得犹如扭曲的爪子一般，身体烧伤面积超过45%，但也铸就了他永不言败的钢铁意志。这种意志使他成为整个传媒业界最令人生畏的谈判对手。几十年来，他首创并反复强调的"内容为王"的信条在数字世界中的体现，远比他所能预想到的更加真实。

除了鲁伯特·默多克，还没有哪个传媒巨头像雷石东这样亲力亲为地打造自己所掌控的各家公司。曾有数次，当他对管理感到极度不满时，他就乘虚而入，亲自充当首席执行官。和默多克一样，雷石东从父亲那里继承了一家区域性公司，并最终将其变成一家全球"巨无霸"。还是像默多克一样，雷石东试图通过把控制权传给孩子们来延续这种掌控。

但是，正是这种冷酷无情使雷石东成为一个伟大的商人，同时也使他成为一个糟糕的父亲。他与儿子布伦特在2006年就断绝了关系，当时布伦特起诉他不公平地将自己关在公司门外，还把公司当作他个人的储钱罐。几十年来，雷石东与女儿莎莉的关系也是忽冷忽热，甚至一度紧张到只能通过发传真来交流。其他家庭成员跟他的关系也好不到哪里去。雷石东曾拉开架势与他们对簿公堂，其中就包括他的弟弟埃迪、侄子迈克尔，以及前妻菲丽丝和孙女凯琳。贯穿大部分此类官司的主线就是，雷石东完全痴迷于控制家族的产业，不管是谁在这一点上挡了他的道，他都会毫不犹豫地将其掀到一边去，对亲生骨肉尤其如此。

然而，一再威胁他的掌控的并不是他的家人，而是他本人混乱不堪的情爱生活。他拈花惹草的那些风流事，使与他结婚52年的妻子菲丽丝最终跟他离婚，这令他差点儿就失去了对维亚康姆的控制权。他把前女伴曼努埃拉·赫泽尔踢出了他的生活，而赫泽尔转身就到法院告他，指责其心智能力有问题，这一法律行动几乎动摇了他那传媒帝国的根基。该诉讼案吸引了好莱坞的注意力，部分是因为它泄露了雷石东整日沉湎于性爱和牛排的细节，但更主要的还是因为它道出了业内最深疑虑的个中缘由，即为什么一年多来没人见过雷石东或听到过他的音信。那年冬天，一个维权投资者开始大量购入维亚康姆的股票，雷石东因而发布了一份措辞严厉的演示文稿来指责道曼领导无方，甚至还在其中插入了 1989 年的喜剧电影《老板度假去》(*Weekend at Bernie's*)的不少剧照，该片讲述两个人硬拽着他们老板的尸体到处走，假装他还活着，这样他们就可以继续在老板的豪宅中尽情享受。

　　尽管凭借体育转播权及其演员出身的首席执行官莱斯利·穆恩维斯的节目制作能力，哥伦比亚广播公司的实力得到提振，而且在这个有线电视没落的时代，穆恩维斯还能成功地保持该公司股价稳定，但维亚康姆的股价却上下飘忽得令人发晕。就在道曼来访之时，维亚康姆最庞大的有线电视网络（包括音乐电视网、喜剧中心频道、尼克罗迪恩电视网、黑人娱乐电视台和 VH1 有线电视台）的收视率已经连续好几年下跌 10% 以上。在收视率如此低的情况下，维亚康姆却还要一揽子提高旗下数十个频道的分播价格，这让一些小型有线电视公司感到非常恼怒，于是它们在 2014 年干脆全部放弃了这些频道。此举被普遍看作影视行业中"一叶知秋"的警示。在过去的 12 个月里，公司的收入和利润都有所下降，数百名员工被解雇。一位分析师将维亚康姆与伊士曼柯达相提并论——后者可是企业警示的终极案例——说这两家"都曾是雄霸一方的公司，但为它们贡献了绝大部分利润的产品（电视网络和胶卷）却被数字世界淘汰"。

维亚康姆在 2016 年之所以遭遇重重困难，就是因为电视行业正处于巨变之中。时至今日，类似网飞（Netflix）这样的付费网上视频服务已经进入近一半的美国家庭，使人们可以避开有线电视的广告和昂贵账单，而这两项恰恰是构成维亚康姆利润主体的关键财源。曾经长期作为维亚康姆目标受众的年轻观众，现在已转到色拉布（Snapchat）或优兔（YouTube）而不是传统电视上观看视频，他们中签约有线电视放送服务的也越发少得可怜。与此同时，该行业仍然难以估量通过苹果手机和罗库（Roku）机顶盒收看电视节目的实际情况，这意味着维亚康姆很难从其提供的产品中获取收益。

但传媒业的许多投资者、分析师和高管，都将使维亚康姆陷入困境的大部分责任直接归于道曼。1986 年，作为并购律师，32 岁的道曼紧紧地拽住了雷石东的衣摆，从此再也没松开过。与喜欢喝"死藤水"饮料的前任汤姆·弗雷斯顿，那个将音乐电视网络打造成全球"巨无霸"并深受好莱坞业界人士爱戴的人相比，戴着金袖扣去运动的道曼却从来不受创意界的待见。批评人士乐于指出，维亚康姆旗下那些最受欢迎的热门节目，譬如《瘪四与大头蛋》《爱探险的朵拉》《海绵宝宝》《每日秀》《南方公园》等，竟然没有一部是在道曼于 2006 年执掌公司之后推出的。当竞争对手正忙于投资露天看台报道（Bleacher Report）和制作人工作室（Maker Studios）等数字产业时，道曼执掌的维亚康姆却在积极地剥离与互联网媒体 Vice Media 的合资企业。Vice Media

后来成为最具价值的数字媒体公司，市值超过 50 亿美元。在道曼此次造访前的几个月里，好莱坞对他的厌恶已经蔓延到华尔街，维亚康姆的一些最大的投资者公开表示，此人在节目制作方面缺乏能力，没有他，公司可能会更好。他们不理解的是，在弗雷斯顿之前，雷石东解雇过一连串的首席执行官，其中包括弗兰克·比昂迪和梅尔·卡尔马津，但他却容忍了道曼的糟糕表现。

其实，道曼的表现不足以让他被解雇。但是，他在雷石东已经明确说"不"之后还想要部分出售派拉蒙，又该有何下场呢？这可是应该被"斩立决"的严重不忠行为。那天，当道曼开车离开雷石东的府邸时，他还不明白这一点，但他已然是个"活死人"了。

日出之雨

父亲忙着推销油毡，我的脑海中还能清晰地浮现他当时的样子——肩上扛着一大卷油毡，朝卡车走去。

1938 年 8 月 10 日，暗夜降临，对一个传媒帝国来说，这是一个不甚吉利的开始。

这是纽约州首家驶入式汽车影院的开映之夜。在长岛谷溪的日出高速公路一侧，600 辆小汽车在泥泞的废弃机场的停机坪上蠕动，大雨噼里啪啦地敲击着车辆的金属圆顶，仿佛作势要使电影画面变得模糊，并淹没影片中的对白。观众风雨无阻地赶来观看《群星闹学》，这是哥伦比亚影业公司摄制的一部滑稽搞笑的歌舞喜剧片，由沃尔特·康诺利和吉米·杜兰特领衔主演，讲述了一位电影明星告别好莱坞去读大学的故事。除了哈尔·勒罗伊的软腿踢踏舞、"活宝三人组"客串的配角及杂耍演员查兹·蔡斯口吞点燃的一把火柴，这部电影确实乏善可陈，更别提它已经在室内影院整整放映 6 个月了。

但是，在接下来的半个世纪里，正如汽车影院行业经常出现的情形，有能力到日出汽车影院来的观众不光是为了看电影，也是为了体验一回这种观影方式。他们沿着纽约城外那段与铁路并行的孤独的高速公路一路开过来，在快入场时会驶过亮闪闪的巨大广告牌（召唤开车的人"端坐车中"，花 35 美分就可"享受电影的视听盛宴"），还会穿过为了防止路人不花钱偷窥电影而专门种植的茂密常青树，再经过一面 5 层楼高的蓝绿与赤褐色相间的钢筋混凝土屏障。在影院入口处，容光焕发的年轻人穿着浅色的夹克衫，打着黑色的领结，戴着船形帽，忙着引导汽车驶到呈扇形分布的坡道车位上，以确保无论谁的雪佛兰多大、多方正，都不会遮挡其他人的视线。这些年轻的服务员从一辆车奔向另一辆车，从挎在肩上的大木箱里拿出零食来分发给人们。在开映式前的几个星期里，作为该影院的开发商，欧文·查宁领导的纽约建筑设计与建造公司一直出现在新闻报道中，媒体还大肆宣传该公司的这一最新作品，好像它就是世界第八大奇迹。[1] 查宁的公司因建造曼哈顿中城的那些奇迹般的建筑而名噪一时，譬如华丽的洛克希影院（Roxy Theatre），在 1927 年竣工时是当时世界上最大的电影院之一，还有建成于 1928 年的装饰艺术地标建筑查宁大厦，它当时也是曼哈顿最高的建筑物。因此，当查宁的公司开动公关机器来全力宣传其占地 12 英亩① 的汽车影院，这件从他们庞大的"绿色田野"郊区开发计划中脱颖而出的杰作时，公司没怎么费力就让大多数报纸杂志争相报道，称那块长 60 英尺②、宽 48 英尺的银幕"据说是有史以来最大的一块银幕"，并且"根据占地面积可被视为纽约地区'最大的'电影院"。[2]《大众科学》（*Popular Science*）高调地以"世界上最大的露天影院银幕"为

---

① 1 英亩约为 4 046.86 平方米。——编者注
② 1 英尺约为 0.3 米。——编者注

头版标题，标题上方是一张照片，一个男人站在银幕前，两相对比，他仿佛就是装饰艺术金字塔前的一个小黑点。[3]

但随着开映式的临近，引导人们对汽车影院感兴趣的任务落到了名不见经传的马克斯·罗思坦身上。这是一个身材瘦长、说话轻声细语的波士顿人，他有着一双敏锐的蓝眼睛、一张长脸和一头浓密的头发，这令他看上去和电影明星没什么两样。罗思坦是日出汽车影院公司的公众形象代言人，这家总部设在波士顿的公司是在1938年初夏仓促组建的，当时长岛的规划官员已经决定批准建造一家汽车影院。《纽约时报》报道，1938年7月3日，查宁宣布，他已将这家价值5万美元的影院"长期"租赁给日出汽车影院公司，由后者具体运营。对一位有两个孩子的36岁父亲来说，这可是办成了一桩了不起的大事。在当时所有的新闻报道中，没有任何报道提到罗思坦是如何搞到那笔钱的。直到若干年后，事情的真相才浮出水面：其实他有个幕后合伙人——哈里·萨甘斯基"医生"，这是一个由牙医转行的波士顿赌徒。

"他们在一起做了44年的合伙人，"萨甘斯基的儿子罗伯特·塞奇说，"我父亲曾帮忙往各家汽车影院投钱，一开始投资的对象就是日出影院。"

但是，由于显而易见的原因，萨甘斯基一直隐身于幕后，这样抛头露面的就只能是罗思坦了。作为汽车影院的核心开发商，查宁自然追求极致和宏伟，而罗思坦则强调汽车影院的实用性和无障碍性。罗思坦告诉《布鲁克林每日鹰报》(*Brooklyn Daily Eagle*)，汽车影院主要服务于"家庭需求"，高度聚焦于该报所说的"残疾人和老年人，他们无法走进普通的电影院，但可以被带到汽车影院来"。[4]罗思坦指出，波士顿地区的剧院特别受欢迎，因为它们减少了街道上的汽车数量，缓解了交通拥堵。对这家落户于长岛郊区最早向外扩张的几个延伸区之一的汽车影院来说，这是一个有点儿独特的亮点。他说，一边看电影，一边吸烟和聊天，而不会惹恼其他观众，则是汽车影院另一个关键的优势。

如果说，看起来罗思坦似乎在尽一切人为的可能，要赶在其"愣头青"菜鸟的形象形成之前，就把它从人们心中彻底抹除，那是因为他其实就是在这样做。他很清楚不这么做会有怎样的风险。他向纽约各大报纸推销自己，宣称自己是汽车影院专家，对近年来在波士顿郊区突然兴起的汽车影院的运营"一直很有兴趣"。但他没有提到的是，在那之前不到一年，波士顿郊区也曾发生反对汽车影院的社区抗议，那是这个新兴行业所经历过的最早也最激烈的抗议之一。1937 年 10 月，250 人聚集在波士顿西南边缘的戴德姆市政厅大楼，抗议在新修建的 1 号公路和 128 号公路交会处建造汽车影院的提议。邻近社区韦斯特伍德的行政董事会主席表示，提议中的汽车影院"将对社区构成威胁并带来伦理危机"。[5] 相关计划遂被否决。[十多年后，罗思坦和萨甘斯基在此地开了一家汽车影院，从那时起，这里逐步演变成了位于遗产广场（Legacy Place）的豪华气派的 Cinema de Lux，即罗思坦后继者的连锁影院的核心项目。]

当地报纸关于开映之夜的广告将上述亮点概括为："日出汽车影院，长岛最新呈现。新颖而开放的观影方式：只需安坐在自家爱车里。无停车烦恼，也无须排队等候，着装随意，还可吸烟、聊天，惬意无比。每逢周日、周三和周六放映新片。每人票价 35 美分，停车免费。晚上 8:30 及 10:30 开映。"[6]

总之，一句话："风雨无阻。"

＊　＊　＊

到 1938 年，汽车影院已不再像罗思坦的广告所描述的那样新奇了。[7] 1933 年 6 月 6 日，小理查德·米尔顿·霍林谢德在新泽西州卡姆登镇的交通线上开了第一家汽车影院，而此前不久，他刚获得一项设计专利，其阶梯状坡道可以让汽车在不分散观众注意力的情况下开进开出。

霍林谢德是一位汽车产品经销商的儿子，他最初设想建造一座宏伟的夏威夷梦幻主题加油站，站内布满棕榈树形状的加油泵，而露天影院只是加油站的一个特色而已，但或许是出于某些明显的原因，只有露天影院的创意得以实现。在之后的五年里，有十多家汽车影院先后出现，但如果不打官司，霍林谢德几乎就没有可能让它们支付专利费。在被卷入早期诉讼的那些汽车影院当中，有两家位于大波士顿地区，一家是 1936 年在马萨诸塞州韦茅斯开业的韦茅斯汽车影院，另一家是 1937 年在马萨诸塞州林恩开业的 E. M. 洛伊露天影院，罗思坦极有可能从这两家影院获得了灵感。到 1938 年春，影院行业出版物《票房》（*BoxOffice*）这样描述新英格兰的汽车影院行业："在这个地区，涉及汽车影院的官司比汽车影院本身还要多。"

许多年后，罗思坦的儿子萨姆纳·雷石东声称，日出汽车影院"说不定"是全美国第三家汽车影院。实际上，根据当时的报纸及后续的研究，日出汽车影院可能更接近于第 15 家，因为建于新泽西州、宾夕法尼亚州、得克萨斯州、马萨诸塞州、加利福尼亚州和俄亥俄州的汽车影院都早于它。

不过，日出汽车影院虽然算不上最新颖的，但却胜在规模和风格上。

*　*　*

日出汽车影院是美国第一家真正意义上的大型市郊汽车影院，建成之初可容纳 500 辆汽车，经扩建后可容纳 2 000 辆，附设儿童游乐场，甚至还有一座摩天轮。[8]

这家影院只是欧文·查宁及其兄弟亨利共同规划的宏伟郊区愿景的一部分。1936 年，他们在纽约市区外围购买了 335 英亩的空闲土地，在那里打造了别具一格的"住宅公园"，共建有 1 800 座科德角式平房、殖民地时期样式住房及英式庄园宅邸，主要建在一些由步行小路连接的内部道路周边，整个区域被称为"绿野"。随着美国从大萧条的阴影中走出来，这一开发项目和汽车影院都预示着一种全新的美国生活方式，它主要围绕中产阶级家庭建立并展开，因为他们拥有可支配收入，也有宽敞的汽车，可以方便地驰骋于新修建的长长的高速公路上。二战爆发前，汽车影院有望在全美范围内适度扩张至 100 家左右，但紧接着就止步不前了，造成停滞的原因是美国实行轮胎和汽油定量供应。不过战争一结束，汽车影院就又重新起飞了，到 20 世纪 50 年代，其爆炸式激增至 2 000 多家。罗思坦预见了这一繁荣景象，他告诉各家报纸，他的公司名为"日出汽车影院"，它表明很快还会有更多的汽车影院建成，尽管它在公司文件和土地记录上的全称是"日出汽车影院有限公司"。[9]虽然罗思坦和萨甘斯基花了十年才开设了第二家汽车影院，但他们最终还是实现了自己的雄心壮志。尽管《纽约时报》的一名记者将日出汽车影院的开映之夜描述为"倾盆大雨"外加仍然原始的音响技术，但它还是取得了成功。[10] 正如报纸《海浪》（Wave）报道的那样，"开映式那天的恶劣天气已经证明，即使汽车的窗户紧闭，车顶也能充当回音板，将位于 80 英尺高的银幕上方的定向功率放大器的电池所发出的声音传到车内。在任何情况下，汽车影院的画面和声音的质量都与传统的室内影院相同"[11]。日出汽车影院为一系列连锁汽车影院奠定了基础，这些影院后来主宰了美国整个东北部地区。至 20 世纪 50 年代末，该公司以更具前瞻性的名字——全美娱乐公司被重新命名。

罗思坦的儿子萨姆纳·雷石东在十几岁时就在日出汽车影院卖爆米花和汽水，正是在他的领导下，全美娱乐公司后来逐步取得了对维亚康姆公司和哥伦比亚广播公司的全面控制，从而建立了世界上最大的传媒控股集团之一。[12] 在此过程中，该集团以不可估量的方式塑造了文化，定义了几代人的全球流行文化，在 MTV 频道上发明了电视真人秀的形式，给过去二十年《南方公园》和《每日秀》的主要讯讽主持人提供了平台，开创了专门面向孩子的尼克罗迪恩电视网，凭借《幸存者》《生活大爆炸》等热门剧集将一度陷入困境的哥伦比亚广播公司重新打造成黄金时段的强手，并向好莱坞表明，《泰坦尼克号》《阿甘正传》《勇敢的心》这样的热门影片完全可以既叫好又叫座。

雷石东因此将成为世界上最富有的人之一，他不仅坐拥比弗利山庄的一处豪宅，还有几位年龄是他一半的女伴，更有一批好莱坞顶尖名流可以邀宴与共。最终，控制大权将转入雷石东的女儿莎莉及其子女的手中，这是美国企业界有史以来见证过的最大的董事会争斗之一。但早在这一切尚未发生时，马克斯·罗思坦先不得不摇身变为米基·雷石东。

* * *

1902 年 4 月 11 日，马克斯·罗思坦（原名马克斯·罗特斯坦）出生在波士顿，是莫里斯·罗特斯坦和夫人丽贝卡所生养的十个孩子中的第五个。这对夫妻是随着 19 世纪末和 20 世纪初的犹太移民大潮而来的，这些人移民是为了躲避东欧日益高涨的反犹主义和极度的贫困。莫里斯是在科佐瓦的一个黑发棕眼面包师家庭里长大的长子。这个犹太人小镇原属于现乌克兰的一部分，当时被称为加利西亚，是奥地利帝国最贫穷的省份。19 世纪 80 年代，基督教经济合作社纷纷形成，其目的就是将加利西亚的犹太人排斥在商业生活之外，这促使犹太人大规模移民美国。1892 年，18 岁的莫里斯登上了从比利时安特卫普开往纽约的"弗里斯兰号"轮船。在纽约，他与前一年就抵达的父亲艾萨克会合了，然后两人一同前往波士顿。在之后的两年里，莫里斯的两个弟弟，一个是 8 岁时就曾独自旅行的哈里，另一个是巴奈特（也叫巴尼），也赶来与他们会合。这三兄弟纷纷成立了各自的烘焙原料供应公司，并以自己的名字命名，仿佛预示着家中将起矛盾。三家公司位于查尔斯敦和西区的波士顿劳工阶层社区，彼此仅相隔几个街区，分别为 M. 罗特斯坦公司（M. Rohtstein Co.）、H. 罗特斯坦公司（H. Rohtstein & Co.）和 B. 罗思坦公司（B. Rothstein & Co.）。（巴尼最早屈服于美国官僚喜欢在公共文件中将字母 h 和 t 的位置互换的倾向，莫里斯一家虽然坚持自己的拼法更久一些，但最终还是随大溜了，所以马克斯在十几岁时就已经将姓改为罗思坦了。）他们的后代将在 20 世纪的大部分时间里经营这些公司，尽管缺乏家族团结会让他们感到有点儿难以施展拳脚。"他们都是竞争对手。"哈·罗特斯坦的孙子史蒂文·罗特斯坦说，他在马萨诸塞州的面粉和白糖经销生意延续至今。尽管他是先做了一段时间的古董生意，后来才进入面粉供应行业的，但他却后来居上，成为兄弟中事业最成功的一个。[13] 到 20 世纪中期，H. 罗特斯坦公司已成为全美国最大的面粉经销商之一。

但是，只有莫里斯的这一家族分支才注定会达到美国商界的真正巅峰。1894 年 3 月 14 日，莫里斯与来自立陶宛维尔纽斯的 18 岁"女裁缝"丽贝卡·伯恩斯坦结婚。丽贝卡留着一头棕色鬈发，笑容可掬，身材健康丰腴，颇有接下来"高速造人"的实力。他们的第一个孩子萨拉在他们结婚 9 个月后出生。

波士顿的移民人口呈爆炸式增长，尤其是来自南欧和东欧的移民。[14]1880—1920 年，这个城市的人口从 36.2 万猛增至 74.8 万，其中近四分之三是第一代或第二代移民。[15] 与许多涌入波士顿的东欧移民一样，莫里斯和丽贝卡在该市的北区找到了第一个立足点，这是一块嵌入波士顿内港的土地，上面密集分布着四五层高的出租公寓楼，通常是几套单元房共用卫生间，租金很便宜。等到他们的儿子马克斯出生时，这一片街区已是犹太人和意大利人的天下了。

在北区住了几年后，莫里斯因为事业有成，将他那快速添丁加口的一大家子搬到了查尔斯河对岸的萨默维尔市，马克斯就是在这里读的小学和中学。然后他们又搬到了西区，这里对新落脚的移民来说更宜居一些，莫里斯开了几家面包房和一家烘焙用品店。他们在白杨苑 6 号的一幢红砖大楼里买了一套公寓房，就在著名的"查尔斯河岸之家"廉租楼后面。这栋廉租楼是一栋五层高的红砖建筑，共有 305 套两居室、三居室和四居室公寓，是慈善家埃德温·吉恩投资建造的早期民用经济适用房。[16] 这里曾经是美国的一个要塞，几波移民潮接连不断地涌向这里，来得最早的是 19 世纪 40 年代的爱尔兰移民，之后是 19 世纪 80 年代来自东欧的犹太人移民和 19 世纪 90 年代的意大利移民。到 1920 年罗特斯坦一家居住于此时，这里已经是波士顿城中人口最密集的社区，只有 10% 的居民是土生土长的本地人。马克斯在西区度过了青少年时期，正是这里塑造了他后来的人生。

17 岁时，马克斯从中学辍学，到他父亲的公司当了一名司机。[17] 虽然他很聪明，也很有抱负，但他并不是父亲的法定继承人。这个位置给了他的哥哥雅各布，雅各布后来接过了烘焙用品的生意，并把它变成卖运输装备的，最后传给他的儿子。马克斯不得不开辟自己的道路。

* * *

马克斯在西区有个邻居叫哈里·萨甘斯基，那是一个矮胖、忧郁、黑眼睛的孩子，在家中排行第二，比马克斯大 4 岁，父母是立陶宛移民。萨甘斯基生来就有强烈的进取心，对棒球情有独钟，而且对数字十分敏感。12 岁时，他在西区的大街上卖报纸；16 岁时，他便开始了终其一生的博彩生涯，一直到 99 岁在波士顿的一家养老院安详地去世。

萨甘斯基在波士顿红袜队和波士顿勇士队的比赛中第一次尝到了博彩的滋味，并发现自己在数学上的能力是一大优势。在短暂地考虑过利用在校的优异成绩入行当律师后，他在 18 岁那年考入了塔夫茨大学口腔医学院，实现了其社会阶层不断高升的父母的梦想。但他努力确保自己的学习不会妨碍他的课外活动。"他在上大学时总是把实验室工作安排在上午做。"塞奇说，"在那个时代，人们会在下午打棒球，而他会看比赛赌博。"

1919 年，萨甘斯基在波士顿红灯区的斯科莱广场开设了自己的牙科诊所，楼下是一家药店，但其实却好似一家秘密的酒铺，因为当时美国正实施全面的禁酒令。这一地区以"水手的避风港"著称，波士顿历史学家戴维·克鲁赫称，那是因为从查尔斯敦港乘地铁很快就能到这里，"还有许多剧院、便宜的餐馆及按小时计费的饭店和汽车旅馆，不过它们在二三十年代开始走下坡路"。水手们的牙齿护理状况都极差，当他们在广场上寻欢作乐时，他们会顺便去一排牙科诊所看牙。然而，对萨甘斯基来说，牙医这个行当让他的背痛恶化了，而且在那些日子里没有为这位左撇子的执业牙医带来什么生计上的好处，结果证明，当牙医并不是他所希望的通往财富自由之路。"我父亲的倒数第二位病人跟他讲，他没有钱付看牙医的费用，所以就给了我父亲一只活鸡。"塞奇说，"这是压垮他的最后一根稻草。"1931 年，也就是萨甘斯基的第三个孩子出生的那一年，他放弃了牙医的职业，成了一名专职的赌博庄家。牙医生涯留给他的唯一遗产就是他的终身绰号——"医生"。

在国家批准的彩票出现之前，地下博彩业在美国城市的劳工阶层社区是一桩大生意。它有各种各样的名字，包括数字游戏、数字池、私彩、非法摇彩等，但是在20世纪30年代的波士顿，每个人都叫它"黑鬼池"，表面上看是因为它在黑人社区非常流行[18]，但其实，好赌的人混迹于城市各个以劳工阶层为主的居住区的酒吧、理发店和工厂车间，随时准备拿出笔记本和铅笔记下那些下注者看准的三位数数字，即他们认定的当地跑马赛的总赌注。中奖号码每天都会在《波士顿美国人报》上发表，中奖者通常会在第二天以600:1的赔率从收钱人那里得到彩金。"人人都赌，不管是老夫人、老奶奶还是打工仔，好赌的人真的哪里都是。"乔·麦克唐纳说。他是波士顿西区第三代移民，也是波士顿西区博物馆董事会主席。

1932年7月29日，在私彩的等级中已经爬得足够高的34岁的萨甘斯基受邀到曼格酒店15层参加一场探讨该市博彩业未来的闭门会议，该酒店坐落于西区的最北端。[19]波士顿北区的黑帮头目约瑟夫·伦巴第召开了此次会议，以解决所谓的"诈赌人"崛起的问题。"诈赌人"是数字游戏的新玩家，可是当下注数字出来后，他们却不付钱。《波士顿环球报》报道，警方在搜寻一起新发生的黑社会谋杀案的相关信息时，突袭了这间会议室，逮捕了全员——26名男子，指控他们对这起谋杀案"疑似知情不报"。萨甘斯基向警方称，自己是"哈里·贾斯帕"，这个名字是他的绰号"贾斯帕医生"的翻版，他的许多客户[以及联邦调查局（FBI）]在此后几十年里也都是以此名来指认他的。这是萨甘斯基第一次发现自己因非法谋生而上了新闻，但却远非最后一次。后来数十年间，这类情况还发生过很多次，但最终指控都未能成立。

第二年禁酒令解除后，数字游戏在波士顿北区和西区的黑社会经济中扮演了更重要的角色，萨甘斯基也是如此——他成了附近街区所有其他赌徒的"钱庄"。"萨甘斯基医生把他的一帮老朋友纠合起来，其中就有米基·雷石东，他们共同参与赌博来覆盖赌注。"一位长期居住在北区的历史学家说，"他们是一群犹太哥们儿，从小就一起在西区或波士顿其他犹太人聚居区长大。"米基最小的妹妹埃塞尔的孙子加里·斯奈德称，借助当过四任市长的詹姆斯·迈克尔·柯利等人物，萨甘斯基成了在20世纪上半叶的大部分时间里控制波士顿的爱尔兰帮的关键盟友。"简单地说，萨甘斯基就是他们的犹太军师。"斯奈德说，"如果说卡彭的芝加哥黑手党有梅耶·兰斯基，那么波士顿的爱尔兰帮就有'贾斯帕医生'——哈里·萨甘斯基。"

* * *

马克斯·罗思坦在西区的另一位邻居是贝拉·奥斯特洛夫斯基，她是本西翁·奥斯特洛夫斯基和夫人埃丝特所生的四个女儿中最漂亮的一个，也是他们在世纪之交从基辅移民之后第一个在美国土地上出生的女儿。在故国，本西翁曾是一名成功的律师，但移民至美国后，由于英语掌握得不扎实，他在一家雨衣厂找了一份工作，那里的机器噪声逐渐将他的耳朵震聋了。有一段时间，他们一家人就一起租住在坎布里奇的一间公寓里，但最终，本西翁和埃丝特这个脾气火爆的美人离婚了，那时他俩最小的孩子艾达还很小，这对当时的犹太家庭来说是一个极不寻常的决定。奥斯特洛夫斯基的大女儿露丝的孙子拉斯·查里夫说："听别人说起这事的时候，我年纪还小，那时候人们都觉得这件事非同小可，也许还有点儿丢人。"大女儿露丝和最小的女儿艾达与母亲一起生活，而另外两个女儿萨拉和贝拉则和父亲住在一起。在贝拉快要20岁的时候，她住在西区的白杨街112号，与马克斯·罗特斯坦的家只有一个街角之隔。金发碧眼、冰雪聪明的贝拉（后来改名为贝尔——全家人都为了让自己的名字更加英语化而改了名）的家境比罗特斯坦家略差一些，但她的雄心壮志却丝毫不差。1999年，萨拉的孙女朱迪丝·纽曼在《名利场》杂志上写道："贝尔十分崇拜她的父亲，毕竟在那个时代，有几个男人会独自抚养两个女儿呢？所以，当她遇到未来的丈夫时，她看到的是一个冷酷无情、野心勃勃的权威人物，这个人会像她的父亲一样好好照顾她。"[20]

　　1921年，也就是贝尔十八九岁的时候，她和马克斯·罗思坦结婚了，从而开启了他们成为米基·雷石东和贝尔·雷石东的旅程。（马克斯的家人说，他从小就被叫作"米基"，因为他妈妈的口音让马克斯的昵称"马克西"听起来就像"米基"。）这段旅程在刚开始的时候简直微不足道，其实就是沿街走过几户人家到了"查尔斯河岸之家"。

　　在萨姆纳·雷石东的自传中，他曾回忆起那栋没有独立卫生间的公寓楼。理查德·哈特尼特是波士顿西区博物馆的董事，在萨姆纳搬离"查尔斯河岸之家"公寓20年之后，他也在此长大成人。他说，其实大一点儿的公寓楼内部还是有卫生间的。"我们有暖气，也有保安和清洁等服务。我们家那套公寓有五个房间，月租金为18美元。真是挺棒的。"孩子们在屋顶上玩耍，在晾晒着的衣服之间钻来钻去，或者跑到附近由弗雷德里克·劳·奥姆斯特德设计的操场上玩。罗思坦一家在廉租公寓里没有住多久。

家族成员说，在禁酒令实行期间，莫里斯·罗特斯坦运输面粉和糖的公司卡车车队被用来做更加有利可图的事情，即把烈性酒从加拿大分运到美国整个东北地区的好几个地点。因此，这家面包房的"专职司机"米基也加入了一个独特的兄弟会，其成员大都是来自美国各大城市移民聚居区的年轻人。就在这些年轻人即将成年时，禁酒令正好为他们提供了一个真正千载难逢的商机。

在波士顿，走私烈酒由查尔斯·所罗门"士"一手控制，他是一个肥头大耳、嘴唇厚厚的犯罪"大佬"，联邦调查局把他叫作"美东的卡彭"。[21] 所罗门是俄罗斯犹太人的儿子，他通过做毒品生意和彩票诈骗起家，最终创建了海关官员口中所称的"新英格兰有史以来最富有的烈酒财团"。[22] 他成为"七大佬"走私财团的成员之一，并与梅耶·兰斯基、查理·"好运"·卢西安诺、弗兰克·科斯特洛、弗兰克·埃里克森、巴格西·西格尔、达奇·舒尔茨、艾布纳·"长命"·兹威尔曼、阿尔·卡彭、瓦克西·戈登和伊诺克·"努基"·汤普森一起参加了 1929 年的大西洋城市会议，共同瓜分了势力范围。[23] 1933 年，查尔斯·所罗门"王"在一家夜总会的男厕所里被枪杀，当时联邦政府指控他涉嫌进行大规模酒类走私，从加拿大和欧洲引入装满烈酒的船只，并使用秘密的无线电频率将其导航至美国东海岸。他死后，走私酒水的营生由他的左膀右臂约瑟夫·林赛、海曼·艾布拉姆斯和路易斯·福克斯接管。

福克斯于 1921 年因"非法运输烈酒"被捕，他曾是米基和萨甘斯基在生意上的长期合作伙伴。林赛的情况与此相似，他是一个被判有罪的私运烈酒犯，联邦特工指认这位某财团的新英格兰负责人从施格兰公司创始人塞缪尔·布朗夫曼那里购入加拿大烈酒，然后运回美国进行分销，与之合作的还有兰斯基和阿尔·卡彭的助手约瑟夫·福斯科。[24] 禁酒令废除后，林赛与另一位经常与他联系的波士顿名人约瑟夫·肯尼迪一样，也进入了合法的酒类分销行业，成为白厅公司（Whitehall Company）总裁，为申利（Schenley）酒业代理分销业务。林赛与米基在商业上的合作从酒业延伸到汽车影院，再到赛狗。直到 20 世纪 80 年代早期，林赛与米基的商业利益才最终被买断，当时米基的儿子萨姆纳·雷石东进行了内部清理，准备在美国合法商业的高端领域大展宏图。

至于米基到底卷入走私烈酒到何种程度，以及他与萨甘斯基的合作是不是导致他走上这条路的根源，我们不得而知。但有一些迹象表明，这个善于在街头讨生活的孩子不惜违犯法律，还能凭借伶牙俐齿让自己摆脱困境。在他 19 岁那年，也就是他和贝拉成婚的那一年，他因为波士顿拳击专员卡尔·巴雷特丢失的一个包而被逮捕并审问，那个包里有巴雷特妻子价值 700 美元的皮草围巾和一个有 250 年历史的法国珠宝空盒。[25] 当地一家报社会计室里的一名男子看到一名女子肩上披着那条皮草围巾走过，当警察向她询问时，她说这是马克斯·罗思坦送给她妹妹的礼物。马克斯告诉警察，那条皮草围巾是他花了 40 美元买的，显然，事情到此为止了。

显而易见的是，在米基开始其工作生涯的两次世界大战之间的波士顿，合法与非法、经营企业与走偏门之间的界限十分模糊。这个时代的主要政治人物詹姆斯·迈克尔·柯利当过四任市长、两届国会议员、一任灾难性的州长，但他在最后一个市长任期内却有一段时间是在监狱里度过的。他的前任约翰·菲茨杰拉德（昵称为"亲爱的费茨"）是肯尼迪政治王朝的奠基人，也是约翰·F.肯尼迪的外祖父，曾亲手处理对他自己当政期间的贪腐指控，并一直当了几十年的权力经纪人。米基很早就学会了该如何应对这座城市以爱尔兰人为主导的权力结构。朱迪丝·纽曼说，他曾买了一辆二手卡车，然后就开了自己的卡车运输公司，并在"亲爱的费茨"等朋友的帮助下，从波士顿市政府拿到了一份运输合同。[26] 他留给孙女沙莉最早的记忆就是一边开车，一边哼唱古老的爱尔兰歌曲。

在企业家父亲的帮助下，米基很早就开始投资房地产。23岁时，他从银行贷款，在布赖顿购买了一处价值 2 000 美元的投资性房产。[27] 多年后，他的妻子（那时还叫贝尔）在一次家庭纠纷中写信给她的小儿子爱德华（昵称为埃迪），以这处房产的贷款为证据，说莫里斯对子女的吝啬比米基对自己孩子的吝啬更甚。"我记得你哥哥（萨姆纳）还是小男孩的时候，你老爸需要 1 500 美元，"贝尔写道，"他向你爷爷要求借一笔钱。你爷爷于是安排了一家银行为他提供贷款，你老爸就在一张票据上签了字，你爷爷也背书表示同意，后来你老爸连本带利地还了钱。你老爸显然不想这样对他自己的孩子们！"[28] 但这笔贷款对米基建立地下经济之外的信用至关重要。就在两年后，他带着孩子还小的一家人搬到了布赖顿，住进了一套宽敞的四居室的隔板房，房子位于博思韦尔路 5 号，还带有一个院子。

到 1930 年的这个时候，禁酒令依然十分严厉。[29] 米基正式确定了自己的职业，那就是一名地板装饰商。这是他留给儿子萨姆纳的第一印象。"父亲忙着推销油毡，我的脑海中还能清晰地浮现他当时的样子——肩上扛着一大卷油毡，朝卡车走去。"[30] 萨姆纳在自传中这样写道。然后，他更令人怀疑地继续写道："他用赚来的钱不仅养活了我的母亲、我和我的弟弟爱德华，还养活了他自己的父母和我母亲的家人。"

　　几乎没有证据能够表明这是真的。莫里斯和丽贝卡本身就够有钱了，不仅有一个住家女佣、好几处房产，而且其长子等着接手他们的生意，到1933年，他们更是在时尚的布鲁克林有了一座舒适的维多利亚式宅子。但是，如果说米基真的在禁酒令时期的最后几年供养过他的父母，那他也不太可能是单靠油毡生意做到的。家族成员都认为，油毡生意仅是走私酒类和其他非法生计的副业而已。到20世纪30年代末，波士顿有4 000家非法地下酒吧——1918年全马萨诸塞州持照酒吧总量的4倍——还有1.5万人参与非法贩酒。[31]1933年，随着禁酒令的废除，这一横财之源突然中断，但米基随即找到了一桩完美的替代生意——酒类批发。这一生意将把萨甘斯基和他引向娱乐产业的一个完全不同的方面。

康加舞地带

从商业角度看，一个不太显眼的犹太姓氏会有好处。

在禁酒令时期，很少有波士顿的企业像梅菲尔俱乐部这样生意兴隆，而在禁酒令解除之后，也很少有其他企业像它这样举步维艰。这是一家非常时尚的夜总会，位于波士顿以煤气灯照明且砖路纵横的湾村一带的剧院区边缘。该俱乐部有着无懈可击的夜生活"血统"，原名雷纳梅菲尔俱乐部，由受过正统训练的小提琴手转任爵士乐队队长的雅克·雷纳创办。[1]他曾在1927年与人共同创办了这条街上的"雷纳椰树林"夜店。"雷纳椰树林"夜店里装饰着华丽媚俗的假棕榈树，墙壁上爬满藤条，椅子都是斑马纹的。风光几年之后，《美国记录》报这样评论它："'雷纳椰树林'是波士顿的头号亮点，也是波士顿夜生活的中心。"

但在禁酒令期间，雷纳禁止"雷纳椰树林"（以下简称"椰树林"）供应酒精饮料，导致生意难做，1929年的股市大崩盘更是让生意雪上加霜。当地的黑社会却并不买账。雷纳的女儿向记者斯蒂芬妮·肖罗回忆了黑社会中的一些人是如何表达他们想要看到有酒卖的愿望的。"他们把我的母亲带走，搞了一次尽人皆知的所谓'兜风'。他们把她放在一辆跑车的后座上，给她盖上毯子，然后开车去了里维尔的海滩。她说当时毯子盖着她和好几把机枪。"

雷纳和他的合伙人、典礼司仪米基·阿尔珀特实在无法忍受了，就以区区1万美元的低价把夜店卖给了查尔斯·所罗门"王"。1931年，所罗门"王"身穿燕尾服，试图摇身一变成为优雅的夜店经理。在他人生的最后一晚，他在"椰树林"款待了两名年轻的舞者，然后前往另一家夜总会，他在那里被人枪杀，临死时含混不清地说了一句："那些小杂碎害我。"

与此同时，雷纳走上街头，开了一家规模较小的梅菲尔俱乐部，要与"椰树林"竞争。《波士顿环球报》报道，在另一次所有权易手之后，梅菲尔俱乐部开始销售非法酒类。[2]

凭借据说多达数千人的会员、无人干预及大众的喜爱，这家俱乐部兴旺发达起来，直到禁酒令的最后几天，州长伊利命令警察局长哈尔特曼去突袭所有可疑的地下酒吧。在里外都有警察驻守的情况下，梅菲尔俱乐部终于张贴告示——"停业改建"，从此再也没开过。

禁酒令一取消，梅菲尔俱乐部就被出售了，并作为餐馆重新开张，后来又变回一家夜总会，在歌舞杂耍表演日渐衰落的情况下苦苦维持。[3]然后，《波士顿环球报》突然在1940年1月29日刊登了一幅大大的照片，照片上一个风度翩翩的男人穿着配有一条干净手帕的时髦西装，自信地微笑着与乐队指挥握手，照片上方的头条标题为《梅菲尔的新任业主经理》。[4]这张照片没有撒谎，照片上的确是马克斯·罗思坦的脸，但此处他首次对外公开的名字却是迈克尔·雷石东。

*　*　*

改姓氏对犹太移民家庭来说是一种常见的策略，即使是在最好的时代也是如此，何况那时还不是最好的时代。

1939 年 9 月，德国入侵波兰，纳粹强迫所有波兰犹太人佩戴身份标记。在美国，查尔斯·考夫林反犹倾向日益明显的电台广播，在 1939 年之前的十年里吸引了数以千万计的听众，而在 1939 年进行的一次罗珀民意调查显示，仅有 39% 的美国人认为犹太人应该受到和其他人一样的对待，有 51% 的美国人的看法则略有差异，有的认为犹太人不能进行社会交往，有的要求将他们驱逐出境。[5] 在这一部分人中，有 31% 的人认为，"犹太人从事商业的方法与众不同，因此应该采取一些措施来防止他们在商业世界中获取太大的权力"。

"他们认为，从商业角度看，一个不太显眼的犹太姓氏会有好处。"拉斯·查里夫说。一位关系密切的家族合伙人说，米基一直在排队等着买下"友善之家"（Friendly's）冰激凌连锁店，"但人家发现他是犹太人，于是就拒绝卖给他"。（"友善之家"由普雷斯利·布莱克和柯蒂斯·布莱克兄弟俩于 1935 年在马萨诸塞州创立，该公司的一位女发言人说："由于这两兄弟现在分别已是 100 岁和 103 岁高龄，他们真的记不起拒绝米基这件事了。"）

此外，考虑到被称为"康加舞地带"的波士顿夜生活区极为丰富多彩的历史，查里夫说："改姓氏也是为了避免与被指控操纵世界棒球大赛的阿诺德·罗思坦混淆。"这位罗思坦先生因欠人赌债而于1928年被枪杀，他是纽约犹太暴民帮的领袖，也是第一个像经营公司一样经营赌博和酒类走私等黑道生意的人。具有讽刺意味的是，暴民帮的人用"雷石东"（Redstone，意为"红石"）的假名来称呼他的赛马——Redstone正是德语Rothstein的对应直译，而他在家庭影院频道（HBO）的电视剧集《大西洋帝国》中的角色也使用"雷石东"这个假姓氏来签署银行交易。[6]

萨姆纳在自传中也提到了类似的观点，但某些对这个家族有所了解的人说，他真正关心的是与自己家关系更近的"罗思坦"家的人。他的堂兄弟欧文·罗思坦是米基的哥哥雅各布的儿子，也是在波士顿长期混迹于赌场等黑道场合的人物，并娶了伯顿·"奇科"·克兰茨的姐姐（或妹妹）为妻；克兰茨在晚年名声大噪，因为他是怀蒂·巴尔杰一案的关键证人。[7]萨姆纳的另一个堂亲，米基的叔叔巴尼的儿子爱德华·罗思坦，也曾深陷于走私酒类、赌博和放高利贷的勾当中，因此于1960年被人枪杀——5枚子弹嵌入后脑，整个人被绑起来塞到了汽车的后备厢里。[8]

萨姆纳从小就接受了犹太成人礼，节假日也常去犹太教堂做礼拜。他说改姓氏是他父亲的主意，他只是勉强接受了。"雷石东这个姓氏听起来是彻彻底底的美式姓氏，那么普世，那么富有基督教色彩，"萨姆纳在他的自传中写道，"我以为我父亲就是想摆脱我们的犹太人身份。"但与这个家族关系密切的人表示，改姓氏更多是他自己的主意，而不是他父亲的主意。一位家族亲友说："萨姆纳是想进入一片干净的天地，不愿被姓氏牵连。"

不管这是谁的主意，罗思坦家族都变成了雷石东家族，父子俩此时正好都处于社会变革之中。萨姆纳一直都聪明过人，他的母亲采取了一切必要的手段，包括躺在地板上，假装内疚难过导致心脏病发作，以确保他能把醒着的每一刻都用来学习。米基接手梅菲尔俱乐部几个月后，米基和贝尔坐在著名的波士顿拉丁语学校的木质礼堂里，看着他们的长子一次又一次走上领奖台，几乎包揽了这所全美国历史最悠久的学校授予优秀毕业生的奖项：现代奖、古典奖及授予班级第一名的本杰明·富兰克林奖。[9]萨姆纳获得了哈佛大学的奖学金，他的学习成绩使他不用经大学董事会审议就直接被录取了。

1940年秋，萨姆纳以"萨姆纳·默里·雷石东"的身份进入哈佛大学。

*   *   *

与此同时，米基也进入了一个新的社会阶层。日出汽车影院公司大获成功，他和萨甘斯基医生都期望将他们的合作关系扩展到新的领域。[10]到20世纪30年代末，梅菲尔俱乐部的老板是本尼·盖恩斯，他跟因演唱歌曲《我的犹太妈妈》（My Yiddishe Mama）而闻名的贝尔·贝克、滑稽说唱二人组克罗斯和邓恩这样的巡回综艺表演艺人签有演出合同。[11]但是综艺表演已走到穷途末路，盖恩斯在摆脱这种窘境上遇到了麻烦。几年后，米基对《波士顿环球报》的夜生活专栏作家约瑟夫·丁尼恩说，他在1939年是把梅菲尔当作"礼物"接手的，并退出酒类批发生意来经营它。"那位心灰意冷的老板把这家夜总会完完整整地交到他手里，并说：'等你什么时候在这儿赚了钱，再付我购店费吧。'"丁尼恩写道，"米基在那里赚了不少钱，最后也付了盘下整家俱乐部的钱。"[12]

　　至于他是如何付这笔钱的，却一直是个谜。几年后，人们从法庭上得知，米基从萨甘斯基那儿借了1万美元，在1941年买下了这家俱乐部。[13] 在接下来的两年里，他为了经营梅菲尔俱乐部而创立了一家公司，又因此陆续从萨甘斯基那儿借了1.1万美元。最后他还清了借款并支付了3 000美元的利息。"米基来了，跟我老爸说起那家夜总会的事，因为他俩一起经营汽车影院很成功，所以他们就投资了这两家夜总会。"萨甘斯基的儿子罗伯特·塞奇说，"从那以后，他们就一直是合伙人。"

　　当时，他们的合作关系很简单。米基负责经营俱乐部，萨甘斯基负责出资。"钱都是我父亲出的，"塞奇说，"雷石东家族一分钱都没出过，在我看来，至少在1949年或1950年之前都没有。后来，我父亲为所有的影院出资，米基·雷石东为所有的夜总会出资。"

　　米基对人才颇具慧眼，与媒体打交道更是得心应手。[14] 他非常看好新一代有前途的喜剧演员，比如胖乎乎的罗摩·文森特，几年后，丁尼恩将他称为"美国最滑稽的人"。米基把颇具影响力的丁尼恩都玩得团团转。到1942年，随着美国被全面卷入第二次世界大战，波士顿港挤满了想寻欢作乐的水手和其他军人，梅菲尔俱乐部与"康加舞地带"的其他夜店都赚得盆满钵满。因此，米基和萨甘斯基决定通过拿下知名度更高的"拉丁角"，来加倍扩张他们的夜生活帝国。

* * *

　　"拉丁角"是卢·沃尔特斯的创意。[15] 这位身材瘦长、举止优雅、才华横溢的经纪人操着一口英式英语，书生气十足，戴着一只玻璃义眼。他的女儿芭芭拉·沃尔特斯后来成为电视新闻界开创性的传奇人物。

在芭芭拉·沃尔特斯的回忆录中，她描述了她父亲的创新之举。1937 年，他在温彻斯特街 46 号的一处改为俗用的希腊东正教教堂创办了这家夜总会，与梅菲尔和"椰树林"相距仅几个街区：

> 波士顿已经有很多夜总会了。但波士顿没有的是一家价格不贵的夜总会，那里供应的正式晚餐不超过 10 美元，而且既能让成年人感到够疯狂，又要让老少家人感到这里规矩、祥和。一开始，我的父亲开玩笑地把刚果作为主题，墙上画着狮子和老虎，还有一群姑娘假扮成刚果原住民跳舞。他的下一个想法是重建一家更具波希米亚风格的夜总会，就像纽约艺术气息浓厚的格林尼治村中的那些夜店一样。但在看了由鲁迪·瓦利饰演一家夜总会的老板的新电影《巴黎淘金者》后，他决定把这件事倒过来做：他要把巴黎"搬到"波士顿。

芭芭拉写道，没有一家银行愿意为她的父亲开夜总会提供贷款，所以他只能从朋友和家人那里筹钱。他打了一通电话给"他的老主顾兼朋友"、波士顿警察局长乔·蒂米尔蒂，蒂米尔蒂回过头来就给他的密友、当时的州长詹姆斯·迈克尔·柯利打了电话。就这样，卢·沃尔特斯获得了经营酒类的执照。在正式开张前的几个星期里，他一直在把蜡烛化开，滴到空葡萄酒瓶的瓶颈上，以营造一种巴黎似的氛围。

结果"拉丁角"一举成功。那里每晚有两场演出，表演的有歌手、杂技演员，偶尔也有喜剧演员，但最吸引人的还是沃尔特斯从当地舞蹈学校招来的歌舞队，那些女孩身上几乎没穿衣服，仅缀着一些小金属片。他把她们称作"我的 petite mamzelles（'小小姐'）。""作为压轴好戏，"芭芭拉写道，"她们一个接一个地跳出大大的劈叉，飘起的裙摆盖过头顶，露出有褶边的内裤。"

这种夜总会模式大获成功，沃尔特斯先将其推广到迈阿密，又在 1942 年 4 月将其带到了纽约。由于在纽约风靡一时，这家夜总会所在的地方，即百老汇大街和第 48 街的拐角处，就被命名为"卢·沃尔特斯道"。1942 年 7 月，在纽约，沃尔特斯把波士顿的"拉丁角"卖给了 L.Q. 公司，这是一家新成立的公司，其三名高管中有一位名叫路易斯·温纳的波士顿律师。[16] 按照典型的流行做法，公司的创立文件中只字未提雷石东这个姓氏，但温纳后来成为米基最信任的顾问之一，不仅数十年来一直担任全美娱乐公司的法务总顾问，还是米基留给他的孙辈的信托基金的受托人。温纳后来与一位名叫乔治·艾布拉姆斯的年轻律师共同创立了一家律师事务所。[17] 艾布拉姆斯从 1960 年前后开始为雷石东家族的官司当辩护人，半个多世纪以来，他一直是该家族最信得过的法律顾问之一。

1942 年 9 月 10 日，正值波士顿的夜店场所多年来生意最红火的时节，米基打理的"拉丁角"也适时应景地开张了，出场阵容包括喜剧演员巴斯特·谢弗"和他的两个侏儒"、喜剧舞蹈二人组梅·塞勒和卢·塞勒、名叫杰里·克鲁格的"新秀歌手"及一位名叫海伦·丹尼森的芭蕾舞女演员。[18] "这里仍然是波士顿最优秀的演艺平台，也是城里最好的时事讽刺剧的主场。"丁尼恩写道，"米基·雷石东除了经营梅菲尔，现在又接手了卢·沃尔特斯的'拉丁角'，他一定也会是位出色的演出经理人。"在一个月多一点儿的时间里，米基的"拉丁角"尽管是全城消费最高的夜总会，其最低消费都要 3 美元，但仅在周六一个晚上，就吸引了1 200 名客人光顾，全波士顿最受欢迎的夜总会非它莫属。[19]

* * *

　　萨甘斯基的其他生意也很兴旺。[20]20 世纪 50 年代初，根据联邦调查局向由田纳西州参议员埃斯蒂斯·凯弗维尔领导的参议院有组织犯罪调查委员会所提供的证词，截至当时，"萨甘斯基可能已经成为新英格兰地区最大的赌博诈骗犯"。他逐渐成为全美范围内的一名风云人物。到 1942 年，他每天要与纽约最大的博彩业主弗兰克·埃里克森通电话多达 6 次。埃里克森在给阿诺德·罗思坦当左膀右臂时掌握了这门生意，并与纽约黑帮老大弗兰克·科斯特洛建立了利润丰厚的合作关系。埃里克森胖乎乎的，秃顶，长着一张卡通人物般的圆脸，这让他看起来有点儿像比利时连环漫画中的人物丁丁。在和科斯特洛的共同参与下，埃里克森首创了一种"叫停"投注的制度，让全美各地的赌博机构通过一个本质上类似于再保险的系统，将风险降到最低。[21]如果很多人下了一注，但赢面很低，一旦成功了，他们就会要求从赌注经纪人那里得到一大笔派彩，那么这个赌注经纪人就可以去找一个更有实力的赌注经纪人（有时也叫"投注专员"）来对冲风险，并且下同样的注。1942 年夏，埃里克森作为萨甘斯基的"投注专员"做了很多生意，仅在 7 月就从他那里收了 13 520 美元（相当于现在的 20 万美元）。萨甘斯基与休斯敦、芝加哥、罗得岛等地的投注专员都有类似的关系，生意也很红火。[22] 截至 1941 年年底，他在银行存有 110 万美元，而到 1942 年年底，他在银行的存款达 130 万美元，相当于现在的 2 000 万美元。

米基和萨甘斯基的事业如日中天。然而，好景不长。

*   *   *

1942 年 11 月 28 日，一个寒冷的星期六晚上，波士顿的"康加舞地带"一派喧嚣。当天下午，常胜不败的波士顿学院橄榄球队在芬威球场与伍斯特圣十字队打了一场比赛。波士顿学院队的庆功派对场所事先就已经定为"椰树林"。他们在混乱中输了这场比赛，但这并未给那天晚上的"椰树林"带来任何影响，这地方依然那么热闹。好莱坞牛仔电影明星巴克·琼斯正好到访波士顿，他和市长莫里斯·托宾一起观看了这场比赛，还说好要在这家夜总会露面，那里有一片特别的阶梯贵宾区。[23] 自从查尔斯·所罗门"王"被清除之后，这家夜总会就一直由其律师巴尼特·韦兰斯基运作，他在经营中植入了一种低调的高效率，同时也收获了人们更多的尊敬。但凡有点儿身份的人都会去那里，在波士顿的冬天里享受这一小片充满热带岛屿风情的天堂。

到晚上 10 点，这家夜总会已经挤满了 1 000 多名来宾，这是其法定接待能力的两倍多。人们的外套堆在衣帽间的地板上，侍应生们在舞池和各个包间周围的过道上又多摆了一些桌子。在伪装成棕榈树的房柱、椰子外形的照明灯和覆盖着蓝色缎子的天花板下面，当连侍应生也挤不过来时，来宾们只好手举过头顶，相互传递鸡尾酒和牡蛎。

楼下，在灯光昏暗的"旋律酒廊"钢琴吧里，一个水手正和他的约会对象亲热。为了做得更隐蔽些，水手把手伸进一棵假棕榈树，拧掉了离他最近的电灯泡，这下他周围的区域就变得漆黑一片。有个酒保看到了，很生气，就叫一个 16 岁的打杂工把灯泡拧回去。那个打杂的男孩点燃了一根火柴，以便拧灯泡时能看得更清楚一些。棕榈树瓣里啪啦闪出了火星，烧了起来，火苗接着引燃了覆盖在天花板上的缎子。惊慌失措的顾客们很快就发现，夜总会虽然有将近 12 个出口，但其中许多出口的大门都被锁住了，因为要防止有人不付账就溜出去。人们跌跌撞撞地朝原先进来的那扇旋转门跑去，但只有很少人跑到了街上，之后不断倒下的人堆积在门口，使这扇门再也转不起来。

不到半个小时，492 人在这场美国有史以来最严重的俱乐部火灾中当场丧生或受致命伤。[24] 大火和有毒烟雾蔓延得如此之快，以至于几名顾客在死的时候手里还端着饮品。

市政府的官员们只进行了一些零星的调查，但它们很快就被统一归入检察长罗伯特·布什内尔牵头的调查。[25] 他是一位始终斗志昂扬的 46 岁检察官，要不是他额头上那绺翘起的头发，以及根部有点儿发软的胡子，他和阿道夫·希特勒还真是像得让人替他难过。布什内尔是一名政治上雄心勃勃、在纽约土生土长的共和党人，他试图借助改革者的澎湃热情，而正是这种澎湃的热情曾激励长着相似八字胡的托马斯·杜威，使其从一名打击黑帮的检察官（他在任内干得最有名的一件事就是清除了查理·卢西安诺）一朝步入纽约州长的官邸，拿到竞选美国总统的入场券。

布什内尔把对"椰树林案"的调查定性为打击政治腐败，这一案件是与黑帮沆瀣一气的夜总会老板和政府官员过从甚密所造成的几乎不可避免的结果。一名霓虹灯照明专家在早前的一次调查中做证说，他曾告诉韦兰斯基，夜总会新建的一侧边楼的某些照明设施需要得到市里的许可，并接受一名有执照的电工的监督，而韦兰斯基却回答说没必要，因为"托宾和我关系好，他们还欠我很多呢"。布什内尔就拿这句话高调抨击，指控韦兰斯基和一小撮市政府官员犯有过失杀人罪。布什内尔在审判中说："整个事件构成了一个陷阱，由于被告的粗暴、放纵和恣意的行为，以及被告未能采取行动，深陷此陷阱的许多人被夺去了生命。"[26]

　　最后，韦兰斯基是唯一一个进了监狱的人，他被判在查尔斯敦州立监狱服刑 12~15 年。按照典型的波士顿做法，三年半后，他被已经当上州长的莫里斯·托宾赦免，那时他身患癌症，病情严重。

　　在接下来的一年里，马萨诸塞州收紧了消防安全法规，首次将夜总会和餐馆定义为公众聚集场所，因此它们要受到更加严格的法规约束。波士顿及其他城市开始以更大的力度执行现有的防火规定。"康加舞地带"再也不是原来的样子了。"拉丁角"也不得不扯下豪华的织物软装，以将潜在的火灾风险降到最低。[27]这样，上座率便深受影响。当市里加强监管之时，音乐家们也都丢了饭碗。但这其实只是夜总会老板们所面临的问题中最小的一个。

　　对米基和萨甘斯基来说最麻烦的是，一位有胆识的检察长得到了激增的民意支持，他要严厉打击黑帮、贪腐和贿赂交织的犯罪行为，而这些行为正是波士顿整整一代人的政治标签。

"全局大势"

汽车影院老板米基·雷石东带着一个新合伙人步入了
新的十年，那就是他的儿子。

1943 年 1 月 12 日，这一天与其他周二一样，在萨甘斯基医生的博彩帝国开始了。[1] 上午 10 点，他的销售人员已经在波士顿的西区、北区和查尔斯敦的美容商店、擦鞋店、台球厅各就各位，随时准备揽收当天的数字赌池游戏和赌马活动的赌注。尽管战时实行了轮胎定量供应和汽车销售限制，但他们还是在前一年的 8 月购买了一批车漆锃亮的新汽车，并且每天都乘着这些新车到处巡查，一般上午巡视一次，下午再巡视一次，然后赶在仲冬的夕阳落下之前，把当天的赌注收入上缴所在地区的销售经理。

　　一般说来，销售经理们会把这些赌资带回该集团的总部，也就是那家隐身于查尔斯敦警察局对面的一栋黄砖和石灰岩大楼里的假冒造纸公司。但几周前这栋大楼发生了火灾，所以过去几天来，萨甘斯基和他的副手们就临时凑合在一位金发的夜总会女招待位于后湾的公寓里。[2] 每逢记账时间，赢的赌注将被记录下来，并通过相同的经理和销售人员网络再发散出去，而他们那天才刚刚聚到这里来记账，房间的门就突然被撞开了。

当天下午 4 点 45 分，52 名州特警和几名联邦调查局特工同时在 12 处公寓、住宅和办公室破门而入，这些场所均涉嫌卷入萨甘斯基日益庞大的赌博活动，其中包括萨甘斯基位于布鲁克莱恩的宫殿般的豪宅，以及后来被证明属于市政府的萨甘斯基总部。对萨甘斯基来说，最不祥的征兆就是，此次突击行动竟然没有一名波士顿市的警察在场。

这伙人中有几个试图跳窗逃跑，但 7 个月来一直有条不紊地跟踪这个犯罪团伙的日常活动的州特警，早已在所有的出口严防死守。最后，共有 23 人被逮捕，包括萨甘斯基、夜总会女招待李·戈德布拉特（几年后，萨甘斯基的妻子因癌症去世，他娶了戈德布拉特）、他妻子的兄弟姐妹，他们被带到州警察总局。警官们发现了如此多的加法机、赛程表和投注单，以至于他们动用了两辆货车才把所有的证据送到警察局。

第二天，《波士顿环球报》在头版刊登了萨甘斯基的大头照，他戴着金属框眼镜，西装笔挺，脸上一副坚忍的、悲天悯人的表情，这让他看上去更像是一个诸事不顺的牙医，而非一个犯罪策划者。在大头照的上方，是一个大号的头条标题，将他描绘成一个活动范围横跨马萨诸塞州、罗得岛州和康涅狄格州，涉案金额达 9 000 万美元的赌博团伙的幕后主使。在他被捕之前的 8 年里，这个团伙共骗取联邦政府 150 万美元的税款。一排穿着皱巴巴的双排扣西装的同伙从新闻摄像机前走过，他们都拉低软呢帽来遮住自己的脸。这 23 人都被控合谋建立和兜售一项彩票，但萨甘斯基的 2.5 万美元保释金（相当于今天的 35 万美元）是其他人的两倍多。

该报把这次围剿吹嘘成"马萨诸塞州有史以来规模最大的一

次搜捕行动"。鉴于禁酒令颁布后，马萨诸塞州各地的非法赌博活动激增，这次行动更多地反映了当地执法部门的优先任务，而不是这些特定机构的勃勃雄心。的确，有关这些优先任务的暗示第二天就出现了。[3] 调查人员在萨甘斯基家里翻箱倒柜时，在一个上了锁的衣橱中发现了国会议员詹姆斯·迈克尔·柯利的一份保费为 5 万美元的寿险保单，而那上面所列出的受益人就是萨甘斯基。柯利是波士顿政坛以劣迹斑斑和腐败著称的"流氓大王"，在其担任波士顿市长的第三和第四个任期之间曾在华盛顿特区短暂逗留一段时间。柯利说，这份保单是来自萨甘斯基公司的一笔 8 500 美元贷款的抵押物，他还声称自己在借这笔款之前从未见过这位赌注经纪人。但无论如何，萨甘斯基的客户名单上有他，这在政治上总是件麻烦事。

在禁酒令时期，柯利是波士顿市长，他会给到访的官员们一把"城市钥匙"，上面附着一个螺旋形开瓶器，以此表达他对美国宪法第十八条修正案（禁酒令）的不满。[4] 柯利的民主党圈子和夜总会老板之间的金钱联系，即使在禁酒令被废止后也从未完全解除过。[5] 在"椰树林"夜总会大火之后，这种联系成了双方的负担。最糟糕的是，柯利本人身陷其中，这使得警方在整个事件中的丑陋形象更加突出。1936 年，柯利在其州长任内，不顾人们对拟任者缺乏任职资格的高声抗议，依然任命其好友约瑟夫·蒂米尔蒂为波士顿警察局长，而蒂米尔蒂身材矮胖，梳着大背头，头发花白，眉毛浓黑，与其说他是一名执法官员，不如说他是一名民主党的政治操盘手。

当时正在调查"椰树林"火灾的检察长罗伯特·布什内尔正好是突袭萨甘斯基行动的策划者。有一点越来越清楚：他的真正目标其实并不完全是萨甘斯基的那些赌博勾当，而更多是萨甘斯基与政界的关系。

在突袭行动后的 48 小时内，布什内尔直接对蒂米尔蒂下手，要求他交出一份波士顿警察局过去两年所有因涉嫌数字赌、赛马赌及其他赌博活动而实施的逮捕和起诉的"完整"记录，并确保警察局普通人员都"平安无事"，因为"出于显而易见的原因，当犯罪集团被允许出手时，低级别警员根本无能为力"。[6]

布什内尔决心证明波士顿警察局乃至整个政界都在从黑社会那里捞钱，所以他不会冒任何风险。即便是在追查萨甘斯基及其团伙从事非法赌博的罪行时，布什内尔也在与米德尔塞克斯县的地方检察官合作，要从新的角度来揭示萨甘斯基及其同伙是如何收买政府官员的。就在被其兄弟保释出狱一周后，萨甘斯基再次被捕，这次是因涉嫌试图贿赂来自波士顿郊区莫尔登的两名市议员，让他们投票给某主席，以便此人准许他经营"宾诺"（beano）游戏，即宾果（bingo）游戏的一个变体，玩的时候要用豆子。[7]当萨甘斯基几天后被控犯有贿赂罪时，布什内尔宣称："我对我们所面对的一切挑战都不抱任何幻想，并承诺打击那些根深蒂固、存在多年的状况。"

* * *

蒂米尔蒂与萨甘斯基交往甚密，这情况布什内尔自上任起就一直看在眼里。作为检察长，他最早采取的行动之一就是致函波士顿警察局，通告他所收到的有关赌博诈骗者的投诉，尤其是一个控制了赛马赌、数字赌和骰子赌的"大佬"。[8]一名波士顿侦探被派去调查此事，回来后就指出那个"大佬"正是"贾斯帕医生"哈里·萨甘斯基，并给出了其总部的确切位置。警方高层承诺立即采取行动，但一年过去了，却什么事也没有发生。

因此，1942 年 6 月，在留下一份揭露警察局不作为的书面记录后，布什内尔从州警察总局、地区检察署和联邦当局那里借来人员组成调查组，发起了自己的调查，并在州警察总局之外的地方悄悄设立了一个办案点。在 7 个月里，调查人员拍摄了萨甘斯基团伙出巡和揽收赌注的照片，偶尔还会假扮成客户来博取信任。一次又一次，他们放弃了抓捕低级别赌徒的机会，就是希望耐心能引领他们抓住萨甘斯基本人。

对大多数通过新闻媒体了解这一赌博团伙的人来说，鉴于他们本身就有许多人在赌博，故而该团伙的罪行在他们听来并没有那么卑鄙。因此，在第二次世界大战爆发的大背景下，政治上精明老到的布什内尔并不强调赌博本身，而更侧重于造成赌博的违反战时配给制的行为。美国政府从 1941 年开始实行轮胎定量配给，因为日本人当时控制了东南亚主要的橡胶生产区。[9] 到 1942 年年底，美国政府试图通过限量供应汽油的办法，来进一步减少轮胎的消耗。布什内尔的调查人员用相机记录下了萨甘斯基的手下从汽车后备厢里拿出多个容量为 5 加仑①的汽油罐并偷偷加满汽油的画面，检察长明白，他已经拿到了可能引发政治怒潮的导火索。[10] 不仅如此，尽管美国政府于 1941 年就关闭了新汽车的生产，以便腾出工厂空间来生产军用车辆，但萨甘斯基的人居然还有本事买到新汽车，这同样会引发众怒。就连萨甘斯基 1943

---

① 1 加仑约为 3.79 升。——编者注

年前 11 个月那令人咋舌的 5 160.75 美元的电话费，也被当作没有公德心的证据，因为早在 1942 年，战时生产委员会就已禁止电话公司扩大线路，以便将相关材料用于战争。

但归根结底，还是经常被当时的报纸称为"大屠杀"的那场"椰树林"大火给了布什内尔所需的政治资本，让他得以对萨甘斯基和波士顿警方重拳出击。到 1943 年 2 月，他已经召集了一个大陪审团。当一名记者逼问他，这陪审团是要请来参审萨甘斯基案、"椰树林"大火案还是某起新案子的时候，他的回答是："显然，这些事情都是一脉相承的，也是全局大势使然。"[11]

布什内尔所说的"全局大势"指的就是，从实施禁酒令开始，整个波士顿市政府，从警察局高官到市长，再到市法院，全都被黑帮收买了，黑帮利用这些政客把"康加舞地带"的夜总会当自家客厅的那点儿贪心来取悦他们，并在此过程中洗点儿钱。正如布什内尔所描述的那样，除了掠夺政府的税收和无视战时配给制度，黑帮的恶行最终在 1942 年 11 月下旬化成了吞噬近 500 条性命的一片火海。

当布什内尔同时立案侦查这两大案件时，他强调了二者之间那些相互勾连的构成要素。[12] 在对"椰树林"的调查中，他宣称所有人都知道这家夜总会是"黑社会的产物"。在公布对萨甘斯基的调查结果时，他辩称，调查不仅涉及赌博因素，还涉及《波士顿环球报》所说的"夜生活及娱乐的推广者，以及某些政府官员"[13]。"全局大势"的力量为布什内尔做好两件前所未有之事提供了"尚方宝剑"。首先，他决定拿萨甘斯基及其几名同伙开刀，指控他们操纵"子虚乌有的彩票"。这可是一项极少使用的重罪指控，最早可追溯到北美殖民地时期，也就意味着萨甘斯基将面临噩梦般的结局。其次，布什内尔的大陪审团也起诉了蒂米尔蒂和他的几名助手，指控他们密谋允许经营赌博。[14]

* * *

这对米基·雷石东来说非常不利。

他经营的夜总会生意一直很好，到 1943 年，他们一家人已经搬进了豪华的科普利广场酒店，这里是波士顿精英阶层的"会客厅"，就在"康加舞地带"的拐角处。但在 1943 年 2 月 4 日早晨，这一切转瞬之间变得充满危险，他被迫穿上他最好的西装，穿过波士顿公共绿地，来到萨福克县法院，出庭面对布什内尔的大陪审团。[15] 诉讼程序首次公开披露，米基和萨甘斯基是梅菲尔和拉丁角夜总会的合伙人，还与查尔斯·所罗门"王"负责走私酒类的前副手路易斯·福克斯一起经营一家名为"斯坦迪什金融"（Standish Finance）的借贷公司。[16]

路易斯·福克斯是波士顿犹太黑帮的关键成员，也是善于将非法走私酒类的利润变为合法生意所得，并赢得社会地位的耀眼楷模。在他和海曼·艾布拉姆斯、约瑟夫·林赛这样的同伙接手所罗门"王"的走私集团后，他们又把营生扩展到赌博上。[17] 福克斯持有奇境灰狗公园赛狗场的股份，但几十年后，林赛掌控了这家赛狗场，而米基在其中也有投资，一直到 20 世纪 80 年代。福克斯曾因拥有从波士顿到新罕布什尔的大片滨海地产而被称为"北岸之王"，1963 年，他以百万富翁的身份去世。[18] 在其讣告中，绝大部分篇幅都被用来称颂他为波士顿学院及犹太慈善机构所做的善行，仅有很短的一行文字提及他在 1957 年曾被拽到马萨诸塞州犯罪委员会跟前，接受了5个小时的讯问。[19] 在整个过程当中，除了他的出生日期，他拒绝回答任何问题，并且只是一味地重复这句简单的声明："我现在没有，以前也没有参与过任何与违法赌博沾边的事情。"在做证期间，他拒绝回答有关他在斯坦迪什金融公司充当何种角色的问题，尽管若干年后，他的讣告将他列为该公司的总裁。同样在那次做证时，他还拒绝回答一个尖锐的问题，即他是否探访过入狱服刑的萨甘斯基。在1943年大陪审团参审期间，陪审员了解到萨甘斯基持有斯坦迪什的股份，而其财务主管就是米基·雷石东。[20] 有关斯坦迪什的细节很少，但米基的一位合伙人却将其描述为进行高利贷活动的机构。

布什内尔的大陪审团针对米基及其生意所做的审查实在不怎么样，但他们对萨甘斯基企图"收买"莫尔登政府来获取宾诺游戏许可证的指控所展开的调查，才是最让米基伤脑筋的事情。米基的麻烦之一是，梅菲尔夜总会正是上述所控罪行的事发现场。

在庭审期间，两名莫尔登市的市议员做证说，萨甘斯基曾在梅菲尔与他们见过面，并提出，如果他们投票给某个能为萨甘斯基签发宾诺游戏经营许可证的人，使其当选该市议员委员会主席，就事先给他们1 000美元，然后每周再给他们100美元。[21] 萨甘斯基做证说，他确实提到过那些数字，但他当时是说要给市议会多少钱，而不是给市议员，再说，想要弄到宾诺经营许可证的是他的助手，而不是他自己。他补充说，对他而言，梅菲尔夜总会"几乎就像自己家"。地方检察官听到这种言论简直要崩溃了："那里又没有人要看牙医，难不成有人要拔牙？"[22] 此话引得法庭上众人哄堂大笑。

萨甘斯基及其同伙被判合谋贿赂市议员的罪名成立，到

1943 年 2 月 20 日，他们已经穿上灰色囚衣，开始在米德尔塞克斯感化院服刑两年。一个月后，萨甘斯基戴着手铐被押到法庭上，承认自己合谋违犯虚构彩票法的罪行，遂被判在州监狱服刑两年半到三年，并处罚款 5 000 美元。

* * *

这一插曲并未使米基和萨甘斯基关系破裂，但却让他们的生意陷入了严重危机，以至于他们再也不敢公开谈论他们的合作关系了。萨甘斯基被定罪后不到一周，当局就开始对夜总会动手了。[23] 根据萨甘斯基关于自己是梅菲尔夜总会的助理经理和股东的证词，波士顿警方建议暂停该夜总会的酒类经营执照。米基为了摆脱如此厄运，只得公开与萨甘斯基断绝关系，并给他开了一张 1 万美元的支票，以偿还萨甘斯基两年前借给他的钱，并让萨甘斯基签署了一份有见证人的起誓书，表明他与该夜总会之间的一切联系都已断绝。事已至此，如果说萨甘斯基脑子里还存有什么疯狂的幻想，以为他们俩的合作还会进一步发展，米基的律师做证说，这可是一个天大的误会。几天后，有件事证明了律师所言不虚，那就是米基为梅菲尔也争取了银行贷款，因此米基并非完全离不开萨甘斯基的资金，于是他们的酒类经营执照被恢复了。[24]

然而，梅菲尔刚摆脱跟许可证委员会之间的麻烦，"拉丁角"就又栽了进去。刚刚过去一个星期，萨甘斯基再次被判有罪。[25] 1943 年 3 月 26 日凌晨，在针对萨甘斯基赌博圈的突袭行动中，被包围的小喽啰之一和他的朋友被击毙，当时这两人正在"拉丁角"为了一名歌舞女郎争风吃醋,枪声吓得数百名顾客一哄而散,跑向湾村的铺砖大路。警方意识到,他们很容易显得与该夜总会老板过于亲密,因此建议关闭"拉丁角",称其"对时常光顾的宾客构成威胁"。[26]

这一次,是布什内尔无意中让米基的伪装没有被揭开。第二天,蒂米尔蒂和其他高级警官被起诉,并被停职,他们的继任者也并没有像他们近期那样热衷于建议关闭"拉丁角"。

*　*　*

当米基被带到许可证委员会前,回答有关他与一名商业伙伴——该商业伙伴是被定罪的罪犯,同时违反了战时配给制——的关系的问题时,他的儿子萨姆纳早已经投身于另一个完全不同的世界。萨姆纳当时在弗吉尼亚州的阿灵顿,为作战目的致力于破解日本的军用密码。值得庆幸的是,米基的至暗时刻正好赶上萨姆纳平生第一次完全独立于他的家庭。

1940 年,当萨姆纳进入哈佛大学时,他最初和父母、弟弟同住在布赖顿的一套租来的公寓里。[27]他在自传中说,每到暑期,他都会给父亲打工,不过他没有详细说明自己做的是什么工作。"有一年夏天,我在日出汽车影院的一个售卖零食的小摊上卖热狗,"他写道,"这是我最初接触传媒娱乐业的高能世界。"[28]在大学读书期间,他"总共也没有去过几次"他父亲的夜总会。虽然在经历波士顿拉丁语学校的严酷历练之后,他发现哈佛大学的课程简直轻松得令人失望,但他仍然把所有的时间都用在了学习上。

他疯狂的学习习惯,以及在波士顿拉丁语学校学习必修的拉丁语和希腊语之后所获得的掌握语言的能力，引起了大学管理人员的注意，他们建议他选修一门日语精读课，授课老师是优雅帅气的埃德温·赖肖尔教授，他从小跟随传教士父母在日本长大。萨姆纳发现，这门课程进度快，赖肖尔的标准也高，这简直令他振奋不已。1943 年 1 月，随着二战局势日益紧张，赖肖尔离开了哈佛大学，在原阿灵顿霍尔女子学院旧址创办了一所学校，为美国陆军通信兵部队培训日语翻译和密码破译人员。赖肖尔共招募了大约五六十名（并非如萨姆纳在回忆录中所说的两三名）哈佛学生加入他的队伍，萨姆纳便是其中之一。[29] 这些学生包括了他那一代中最睿智的一些人，比如未来的最高法院大法官约翰·保罗·史蒂文斯和斯坦福大学法学院院长、美国外交关系委员会首任主席贝利斯·曼宁。

萨姆纳没有拿到学位就离开哈佛大学去参军了。[30] 他夜以继日地破解被截获的日本外交电报。直到战争结束之前，他帮助破译的大量密码电报都被呈读给美军的很多将校指挥官，并在战争中确实发挥了作用，比如日本舰队在莱特湾战役中几乎被完全摧毁。1944 年，他和他的密码破译员战友都被任命为少尉，而他后来又被擢升为中尉。破译日军密码是盟军赢得战争的重要手段之一。

这一切似乎都离"康加舞地带"很远。但事实并非如此。

1945 年 9 月，二战结束后，萨姆纳还没来得及退伍，就被调到特种部队，负责为陆军各医院安排娱乐服务。[31] "因为我的父亲经营夜总会，我在大学期间偶尔有机会去过几家夜总会，并在那里见到过一些演员，所以派给我这个任务似乎也是顺理成章的事。"他写道，"我跟一些人建立了联系，转眼间我居然就成了预约乐队的专家。"他甚至能让本尼·古德曼免费演奏。他是一个很好的经理人，可以接触一个极富影响力的关系网，也因此得到了美国陆军的嘉奖。

但没有迹象表明他想要追随父亲的脚步。在去阿灵顿之前，他已经积累了足够的学分，哈佛大学允许他在战争结束时毕业，严格说来，他应是1944届毕业生。在1943—1944年的哈佛大学纪念相册的照片上，他年方20岁，显得比同班同学瘦小些，看上去更年轻，充满正义感和理想主义。[32] 由于他专注于古典文学和政府事务，他打算从政当公务员。

如果说他的父亲生活在阴影中，那他就将生活在阳光里。

但仅一个迹象就表明这件事可能无法成真：他竟将自己的住址登记为科普利广场酒店。

* * *

萨甘斯基被关进监狱后，米基继续经营他的表演生意。[33] 他为梅菲尔聘请了一位新的经理，并巧妙地将自己在"拉丁角"请不起"著名"艺人的新发现，转变为一种新的娱乐方式。他提供的不是明星，而是新奇的表演，比如于1943年8月推出的以马戏团为主题的表演，出场主演的是一个假扮的耍蛇人，"'坐牛'（Sitting Bull）酋长的女儿——蹲姿印第安人妻"，以及一个披着马形戏服的男人。[34] "这是米基·雷石东的主意，当时他肯定是鼓起了十分勇气才推出这场表演的，不过这项实验证明，大牌明星不一定就能带来好的娱乐。"《波士顿环球报》的约瑟夫·丁尼恩这样写道。波士顿支持米基重整旗鼓。

布什内尔在波士顿发起的根除腐败的行动并未完全达成目标。蒂米尔蒂设法使控方撤销了对他的起诉，而且重返岗位工作，直到州长因另一桩丑闻于当年晚些时候将他免职。[35] 蒂米尔蒂成了自封的约瑟夫·肯尼迪的"门客"，和他一起旅行，向他的政治对手发出威胁，并在他跟女友约会时充当其替身。[36]1946年，这位曾经位高权重的警察局长竟然沦落到了替人打杂的地步，譬如替肯尼迪把装着 1.2 万美元现金的袋子转交到柯利手上，以换取其不竞选国会议员的决定。

布什内尔始终未能坐上州长的宝座。[37]他重返私人执业领域，后来于 1949 年在其纽约的酒店套房内因心脏病突发去世。他从来都是个工作狂，一直奋斗到生命的最后一刻，当时他的身边都是翻开的法律书。

最终，还是萨甘斯基笑到了最后。在其美国历史上最长、最成功的非法赌博生涯中，他服刑于州监狱的两年半不过是白驹过隙。他继续在黑道营生和偶尔的法律纠纷中扮演角色，直到 99 岁时寿终正寝。[38]

即使在控制黑社会的实力从犹太帮和爱尔兰帮转到意大利黑手党之后，任何行动也仍然少不了萨甘斯基的参与。[39]20 世纪 50 年代，美国参议院有组织犯罪调查委员会将他列为全美前 150 名赌博庄家之一。他有好多次差点儿完蛋——布鲁克莱恩警察局就曾于 1954 年当场发现他试图将赌注纸条塞到办公室地板的活盖板下面，但指控几乎从未成立。他信守诺言，讲义气，从不告密。在他 90 岁生日那天，他因拒绝在调查有组织犯罪的大陪审团面前做证而成为美国最年长的联邦囚犯。[40]

在生命即将走到尽头之际，萨甘斯基已赚了上千万美元，并把其中的大部分捐给了贝思以色列医院、塔夫茨大学口腔医学院、布兰迪斯大学和奥哈贝·沙洛姆神庙。[41] 数百人赶来参加他的葬礼，尊奉他为"民间英雄"。《波士顿先驱报》获得的遗嘱认证文件显示，他还有 950 万美元的遗产留给 4 个孩子。[42] 他的儿子告诉《波士顿先驱报》，他之所以能给孩子们留下这么多财产，是因为"多年前他卖掉了自己在雷石东的汽车影院中的所有权益"，把它们转换成了美国国债、共同基金和其他投资工具。

但是米基和萨甘斯基的合作关系早已经超出了汽车影院、夜总会，甚至贷款机构的范围。20 世纪 50 年代，黑帮利用其精于赌博的本事，在拉斯韦加斯大道上构建合法博彩业的天堂，萨甘斯基就把米基也拉过来投资沙丘酒店，这是一家阿拉伯主题风格的赌场酒店，其亮点就是那辆 35 英尺长的玻璃纤维无边赛车，车头上的大灯就好似巨大的阿拉伯头巾上熠熠生辉的宝石。[43] 沙丘酒店于 1955 年开业，由于在赌博业务上输了钱，很快就歇业被转手了。（尽管有弗兰克·辛纳屈这样的朋友帮衬——他在开幕式上戴着头巾表演，周围是一大群衣着暴露的舞女——也不乏包括唐纳德·特朗普在内的极有兴趣的潜在买家，但这家度假酒店依然在财力上举步维艰，最终在 20 世纪 90 年代被爆破拆除，以便为百乐宫酒店之类的房地产大项目让路。[44]）

几年后，正当联邦调查局对肯尼迪总统遇刺展开调查之际，其线人纷纷报告，一些米基和萨甘斯基的同期投资者都是雷蒙德·帕特里亚卡的出面人，这位盘踞在罗得岛普罗维登斯市的犯罪家族老大控制着新英格兰所有的黑道买卖。[45] 联邦调查局档案显示，帕特里亚卡的有些合伙人甚至连最初投资的本金都完全拿不回来，但米基却赚了 6 000 美元。

　　　　　　＊　　＊　　＊

　　萨甘斯基于 1945 年刑满出狱，此后他的名字再也没有公开
与米基的名字并排出现过，尽管有迹象表明，他绝不仅仅是他们
俩的娱乐产业的被动投资人。战后，这些资产的重心从夜总会重
新转回汽车影院。由于不再有那么多的军人往来穿梭于波士顿，
而且那些"有名气"的演艺人才索要的出场费越来越高，夜总会
的生意一蹶不振。[46] 到 1949 年，米基已经把"拉丁角"完整地
移交给了新的管理层。与此同时，轮胎和汽油配给制也已终结，
这意味着米基和萨甘斯基曾预见的汽车影院的再度辉煌就在眼前。

　　1948 年，他们买下了波士顿北郊里维尔的一块土地，该地
块正好位于 1 号公路和 60 号公路的交会处，附近还有一片沼
泽地。[47] 他们在这里建起了"里维尔汽车影院"，并在开映式上
放映了由拉里·帕克斯主演的冒险片《剑客》（ The Swordsman ）。
同年，他们在戴德姆也开了一家汽车影院，而且就建在 1937 年
曾被当地社区强烈抵制的地点。[48]

　　但是，1949 年，当他们试图将这一扩张行动推进到波士顿
市区内，即拟在西罗克斯伯里和多切斯特新建汽车影院时，他们
遭遇了重重困难。汽车影院在城市地带已不如十年前那么受欢迎
了。西罗克斯伯里和多切斯特的神职人员曾向柯利市长提出请求，
希望他不要批准这些影院的建设许可。当时柯利还在其作为波士
顿市长的最后一个任期内，他们对柯利所做的不会批准的保证深
信不疑。

　　但就在选举前的最后几周，柯利——萨甘斯基的老伙伴，竟
悄悄地批准了建设许可，从而引来了代表那些社区的当地议员的

激烈批评。[49] 他们威胁要竭力反对他连任。

若在其他任何年份，这么说都会是说大话，但在 1949 年，波士顿人的确越来越担心他们城市的名望下滑。[50] 曾经是波士顿工业引擎的港口如今奄奄一息，市中心似乎处于永久的衰退之中，城市的税收居高不下，财政状况一团糟。柯利"为小人物做小事"的策略帮助他巩固了政治权力和波士顿被压迫阶层的选票，但也让商界发展停滞不前。再加上在其第四个市长任期内，柯利曾因邮件欺诈而进监狱，此时，对一位名叫约翰·海因斯的市政府官员而言，除掉波士顿政治史上的一大痼疾的条件已经成熟，他允诺建立"一个干净、诚实、高效的市政府"。

柯利不是那种因为选举失利就不再帮朋友忙的人。[51] 这位 75 岁的老人在担任市长的最后几个小时里，与一名女副警长开始赛跑。这名女副警长试图向他发出禁令，阻止他签署在多切斯特和西罗克斯伯里建汽车影院的开工许可证。下午 5 点半，他猛地冲出市政厅，那名女副警长紧追不舍，而后面还跟着《波士顿环球报》所称的"一大群愤怒的纳税人"。该报报道，柯利"跃下两层台阶，飞快地钻进他的豪华轿车疾驰而去，从而躲过了这名副警长"，但她终于在他位于牙买加路的家里追上了他，并把禁令交给了他家的女佣。

1950 年 1 月 1 日，海因斯写信给米基，发誓一定要撤销这两座汽车影院的建设许可，尽管此时雷石东已经派出一台推土机来平整施工现场，还竖了一块广告牌，上面写着："新的汽车影院将很快在此耸立！"[52] 几个星期以来，市议会一直在抱怨这件事。但是，当海因斯宣誓就职时，他的市政法律顾问告诉他，实际上他并没有权力撤销那些建设许可。[53] 腐败的柯利时代结束了，但在此之前，柯利还是在最后挺了米基和萨甘斯基一把。

尽管如此，海因斯仍然许诺建立一个新的波士顿，而且他言出必行。[54] 在这场堪称美国城市旧区改造史上最具争议的行动之中，他着手将波士顿西区从地表抹去，推平这里所有的廉租公寓，为熠熠生辉的新的高楼大厦开路。他认为，狭窄的街道是火灾隐患，空荡荡的沿街店面也是满目疮痍，而新建的大楼及将居住其中的中上阶层租户将为这座城市带来更多的税收。但其中深意远不止这些。正是那些以意大利人和犹太人为主的西区贫穷移民曾把选票投给了柯利。与纽约下东区一样，这里拥挤不堪的大街小巷不仅孕育了艺术家、企业家和打拼成为中产阶级的勤劳移民，也滋生了一代又一代的骗子、歹徒、赌徒和妓女。当这一切结束之时，米基和萨甘斯基从小长大的街道已不复存在。

* * *

20 世纪 50 年代也为米基和萨甘斯基带来了一个新时代。到 1949 年，米基的生意已非常成功，他不再需要如此倚靠他的老合伙人。他带着一个新合伙人步入了新的十年，那就是他的儿子。

下一代

在学校里，我认识别人，只是因为在课堂上我坐在他们旁边，或者他们是我在争夺学校奖项时实力最接近的竞争对手。

这本该是一场胜利巡游。[1]

1950 年 4 月，米基·雷石东全力争取在波士顿市区范围内建立首家汽车影院，并在这场备受关注的斗争中取得了压倒性的胜利。于是，这位人到中年的影院经营者，第一次派他的儿子到行业刊物出版界去传达这个好消息。

爱德华·雷石东时年 21 岁，大学毕业刚一年。他与父亲就像是一个模子里刻出来的，只不过他个子更高，长着一双棕色眼睛。从科尔盖特大学毕业后，他一直在为父亲做兼职，同时等待哈佛商学院的录取通知书。这张录取通知书最终让他取得了与兄长萨姆纳·雷石东同等的学历声望。埃迪——大家都这么叫他——是一个非常好学的学生，而且不像他哥哥，他一直都想涉足商海。他初试身手便令人钦佩有加，一上场就全力宣传刚开始建设的有争议的汽车影院，该项目位于波士顿多切斯特一带的尼庞希特圆环附近，并沿海外退伍军人林荫大道（VFW Parkway）延伸至西南方向的西罗克斯伯里，此外他还负责推广公司拟向马萨诸塞州的纳蒂克和长岛的贝肖尔进一步扩张的规划。

　　但他不可能止步于简单地为公司不断成长的足迹自吹自擂。相反，他向《公告牌》杂志坦承，1949年，这家有四座影院的连锁企业的票房收入下降了15%，而在1950年3月重新开张的戴德姆和里维尔两家汽车影院的"进账也下滑了"。"今年将是汽车影院发展见分晓之年，"埃迪告诉《公告牌》，"也是做出抉择的一年。"

　　他说的没错。尽管汽车影院这一块的基建热火朝天，但范围更广的电影行业却已连续两年陷于长时间的不景气之中，这将使影院上座率在十年间减少一半。在1950年之前，这个行业的发展一直呈下降趋势，每周的平均上座数量从1948年的9 000万下降到1950年的6 000万。[2] 这种下降趋势一直延续到20世纪70年代，当时第一批现代大片（《教父》《大白鲨》《星球大战》）的上映在一定程度上使上座率回升[3]，但电影观众占人口的比例却再也未能恢复到战后的最高水平。[4]

　　其原因就是美国的人口、技术和监管方面都发生了暴风雨般的巨变。[5] 尽管电视常被人们诟病，但这种衰落其实早在那之前就已开始，因为二战后的婴儿潮带来了人口结构的根本性转变。随着《退伍军人权利法案》等项目的实施，退伍军人成家立业、买房、上大学的人数达到了创纪录的水平，这样能花在休闲娱乐上的时间和金钱便所剩无几了。另外，他们所购买的住房位置也越来越偏向远郊，这使得不断壮大的中产阶级越发觉得不方便去市中心的传统影院。

　　电视更是加剧了这一趋势。[6] 1948年，电视机的数量从上一年的14 000台增加到172 000台，开启了电视的决定性商业扩张。1949 年，美国有 100 万台电视机，而到 20 世纪 50 年代末，90% 的美国家庭都有一台电视机。纵然电视没有电影那么给力，但晚上不用跑去影院，只消窝在自家沙发上就行，这显然会成为一种持久的诱惑，尤其是对有小孩子的家庭来说。

此外，1948 年 5 月，在美国诉派拉蒙影业公司一案中，美国最高法院做出了具有里程碑意义的反垄断裁决，最终迫使各大电影公司低价卖掉其影院，这标志着好莱坞黄金时代走向终结。[7]在派拉蒙一案裁决前的数十年间，电影产业一直由八大电影公司把持，其中最强大的"五大公司"，即派拉蒙影业公司、二十世纪福克斯电影公司、华纳兄弟娱乐公司、雷电华电影公司及米高梅电影公司的母公司洛伊斯公司，均采用完全的垂直组织架构，不仅制作和发行影片，也在它们各自拥有的连锁影院上映这些影片，这些影院通常都位于市中心顶级地段。（"三小公司"，即环球影片公司、哥伦比亚影业公司和联美电影公司，在电影展映业务上并没有多大意义，但它们却用更低的票价来帮助规模更大的兄弟公司突出其双重特质。）

这八大公司以垄断联盟的方式运营，相互在各自最好的影院里给予对方的电影优待，但对于那些想要获得明星主演影片的独立影院，则强迫它们在未看样片的情况下就购买大量通常很平庸的电影，此种做法被称为"包档发行"和"投盲标"。由于面向观众的发行渠道有保障，每家大公司（联美电影公司除外，它只是一家纯发行商）每年都要制作 40~60 部影片，这远远超过了其后继者们今天的产量，即一年也就制作大约 12 部电影。在很大程度上，由于拥有一批最火的首轮放映的电影院，到 20 世纪 40 年代中期，影业五大巨头吸走了全美大约 70% 的票房收入，尽管它们独家拥有或享有利益的影院只占全美影院总数的大约四分之一。在派拉蒙一案中，最高法院裁定这五大巨头密谋垄断电影放映业。这一裁决立即限制了包档发行之类的做法。在之后的几年里，由于低价卖掉了电影院，再加上电视的兴起，这五大巨头的电影产量和利润都大幅减少。在派拉蒙案之后的十年里，美国国内电影发行商将每年发行的影片数量从 448 部缩减到了 352 部。[8] 在 1956 年之前的十年里，美国十大电影公司的利润下降了 74%，仅为 3 200 万美元。4 000 多家传统的室内电影院在此期间关闭。[9]

许多这样的趋势，譬如转向郊区发展，都对汽车影院有利。[10] 到 1951 年，60% 的美国家庭都拥有一辆汽车，这使得汽车影院在这些年里成为第二代汽车影院经营者理查德·史密斯所说的"这个如此暗淡的行业里的一个闪亮的小火花"。1948—1951 年，室内影院的数量从 1.8 万家缩减至 1.5 万家，但是汽车影院的数量则增加了两倍多，从不足 1 000 家增加到 3 600 家。

从理论上说，对派拉蒙案的裁决也为独立的放映商（如汽车影院）打开了大门，弱化了主要电影制片公司对发行放映业务的控制。但是，汽车影院还得发起更多的诉讼，才有可能获得在首轮放映影片上的话语权。与此同时，派拉蒙案裁决所带来的直接后果就是，可供流转放映的好电影会越来越少。埃迪·雷石东向《公告牌》抱怨的也正是这种电影产品的缺乏。"我们的问题是，"埃迪说，"发行商对提供给我们汽车影院的上等影片收取了过高的费用。"尽管自己的公司也是本行业的主力，埃迪照样继续抱怨汽车影院在周边的扩张。"我无论走到哪里，都能看到汽车影院。"他说，"一些运营商似乎忘了，在这个行当里，最重要的还是地段。"[11]

这番话准确地指出了该行业各种弊病的症结所在，但缺少米基这位业界大佬的认同，而这种认同已成功地体现在米基与媒体的互动上。当米基毫无顾忌地宣称他的银幕是全世界最大的、霓虹灯招牌是全世界最亮的时，埃迪则喜欢说实话，但有时说得有点儿过了。

埃迪的遗孀玛德琳·雷石东说："他这个人就是心直口快。但他绝不是行业杀手。"

* * *

结果萨姆纳·雷石东才是"杀手"，而埃迪不是，其中部分原因就在于两人的出生时间相差了 5 年，而考虑到雷石东家族社会经济地位的上升，这 5 年之差便是一生之差。

在萨姆纳·雷石东后半生的演讲、采访和写作中，他经常把自己描述成在贫困中长大的孩子。"我们住在波士顿西区的查尔斯河岸公寓，家里没有厕所。我们要穿过走廊，才能用上跟邻居合用的那个拉绳式抽水马桶。"他在自传中这样写道，"那种生活就是我所知道的一切，我从来没觉得自己比别人矮半截儿。"[12]

后来，在全家搬到布赖顿后，他描述了自己 12 岁时在上学的路上被反犹太的爱尔兰恶霸殴打的经历。他写道："当时的暴力程度远不如现在高，我也没有看到刀，但我经常被人打耳光，除了身上的瘀伤，我还听到很多威胁的话语和辱骂。"

他后来考入了著名的免费公立学校——波士顿拉丁语学校，在那里开始读七年级，而几乎与此同时，米基和萨甘斯基创办了他们的第一家汽车影院，但即使在那之后，留在雷石东记忆里的也还是贫穷。"除了好好读书的机会，我一无所有。我家当然没有钱。"他写道，"我每天乘有轨电车往返所花费的10美分，对我家来说都是一笔巨大的支出，我必须证明这笔支出是值得的。"

这些回忆或许比其背后的事实更能打动著名青年励志小说作家霍雷肖·阿尔杰，因为在雷石东两岁的时候，他的父亲就已经在布赖顿开始投资房地产了[13]，而且在他10岁前，他的祖父就开了一家烘焙原料供应公司，而且居住在时尚的布鲁克莱恩郊区。[14]但雷石东认为自己是从波士顿西区走出来的这一概念仍然成立。

相比之下，埃迪于1928年出生时，家里已经在布赖顿买了房子，波士顿西区也就成了回忆。玛德琳说："埃迪并不觉得自己小时候家里很穷，上卫生间也根本用不着跑到外面去。"他小时候也没有经历过什么反犹主义。"他可没有什么童年的伤痕。"

埃迪上高中的时候，米基已经拥有了日出汽车影院和梅菲尔俱乐部，而且住在科普利广场酒店。他没有去波士顿的那所穷酸的拉丁语学校，而是进了金博尔联盟学院，该校是美国历史最悠久的私立寄宿学校之一，坐落在新罕布什尔州的一座山顶上，美丽的校园绿树成荫，与达特茅斯学院在同一条路上。埃迪是班上最年轻的学生。在大多数方面，他的聪明劲儿一点儿也不输于萨姆纳·雷石东，他后来被达特茅斯学院录取了。但由于只有16岁，达特茅斯学院建议他先去科尔盖特大学读一年再入学。"他非常喜欢科尔盖特大学，所以后来就一直读下去了。"玛德琳说。

1949年，从科尔盖特大学毕业后，埃迪在父亲那里做了一份兼职，用他的话说就是："什么活儿都干，从平整脏乱的场地到卖热狗，简直没有不干的活儿。"[15] 他瞄准的目标是在家族事业中谋得一份职业。

哈佛商学院的录取通知书终于到了，1950年秋，他入学哈佛。第二年，他与一位令人惊艳的黑发美女订了婚，她名叫莉拉·沃伦，来自纽约一个富豪人家。[16] 莉拉是社交女郎紧身衣公司总裁的独生女，在曼哈顿和康涅狄格州的韦斯特波特都有家，她个子高、时尚、任性，最终却陷入了深深的困境。[17]

1952年春，埃迪获得了工商管理硕士学位，到同年7月，《视相》杂志报道说，他已经加入了父亲的影院公司，"负责6家'ozoner'的日常运营"，该行业杂志用ozoner这个词指代汽车影院。[18] 那年10月，埃迪和莉拉的婚礼在纽约广场酒店举行，这是波士顿科普利广场酒店的姐妹酒店，萨姆纳·雷石东是伴郎。[19] 尽管两兄弟的性情不同，但他们俩一直关系密切，部分原因是他们所走的道路是如此截然不同。[20] 埃迪是父亲的法定继承人，而萨姆纳·雷石东志在拯救世界。

* * *

在人生最初的四分之一阶段，从结婚成家、早期就业，一直到两个孩子出生，萨姆纳·雷石东对传媒行业都没有流露半点儿感兴趣的迹象。虽然每到暑期，他都像个孝顺孩子似的在父亲的影院工作，但他内心所怀的志向却远高于当时仍有些上不了台面的影院世界。[21] 他所向往的这个世界，就是企业史学者贝蒂·普鲁伊特所说的"典型的族群行业"，它从最早的电影大亨开始就完全由东欧犹太移民主导，而这些人往往能看到科技变化中的机会，但同时又面对着进入更传统企业的诸多障碍。无论做什么，萨姆纳·雷石东都不想作为二流角色与人竞争。正如萨甘斯基医生的女儿玛丽莲·赖斯曼曾经对《名利场》杂志所说的那样："你知道我父亲以前是怎么说雷石东的吗？'那个人如果不是犹太人，早就当上美国总统了。'"[22]

在自传中，雷石东写道，他对自己命运的那种豪气干云的感觉，完全拜他的母亲所赐，母亲总是为他的成就陶醉不已。[23]

> 无论什么事，要做就做到全美国最好，这就是母亲给我的目标。在她看来，当第二名是绝对不可以的。她是一个非常漂亮的女人，但我不知道她从生活中得到了多少乐趣。世界上只能有一个第一名，那必须是我。我的弟弟虽然很聪明，在学校的成绩也拔尖，但却不是她全情倾注的目标。只有我才是。我是她的骄傲和关注焦点。

关于萨姆纳·雷石东，有个被人们津津乐道的故事：他的母亲曾故意把时钟回拨，好骗他多练半个小时钢琴或者多学习半个小时。在埃迪的记忆中，她为人高冷而易焦虑。"也许我和别人与她相处的方式差不多，"他说，"她是个过于紧张的人。"他补充说："她没有把自己奉献给孩子，可能也不知道该如何奉献。"[24]

"我的贝尔舅奶是一个非常脆弱、没有安全感的女人。"加里·斯奈德说，"毫无疑问，有一个风流成性、魅力十足的丈夫，且其内涵远远超乎外表，对她来说毫无帮助。"

萨姆纳·雷石东认为，是母亲近乎痴迷的动力，促使他不仅考入了波士顿拉丁语学校，更重要的是，还最终在这所学校完成了中学学业。[25] 他称这是"我最严酷和竞争最激烈的经历，其中也包括经商"。

不单是贫穷，也不单是母亲的关注，更多的是波士顿拉丁语学校塑造了雷石东的战斗意志和他对自己潜能的超然感知，使他在本质上成为一个"杀手"。即使在今天，当你走进波士顿拉丁语学校用木板条装饰的大礼堂时，你也不可能感受不到某种敬畏，不可能感受不到历史其实近在眼前，而且具有可塑性，也不可能不像一代又一代的学生所说的那样，感到恐惧。波士顿拉丁语学校创立于 1635 年，是美国最古老的学校，比哈佛大学早了一年，比美国本身早了近一个半世纪。[26]《独立宣言》的 56 名签署者当中就有 5 位曾是该校学生，今天他们那标志性的名字，包括约翰·汉考克、塞缪尔·亚当斯和本杰明·富兰克林，与从拉尔夫·瓦尔多·爱默生到伦纳德·伯恩斯坦的一大批州长、参议员、众议员、神学家、诺贝尔奖获得者和文化名流的名字一起，被做成金色字体镌刻在这座礼堂的雕带上方，这是专门留给该校已故的最杰出校友的殊荣。对学生们来说，其中并不微妙的信息就是，他们应该努力奋斗，让自己的名字也出现在那堵墙上。

但是，传递给雷石东那一代学生的更直白的信息是，要想毕业，他们就必须用生命去战斗。迈克尔·康顿帕西斯说，学生们第一天坐在礼堂里就被告知："看看你的左边，再看看你的右边，你们当中会有两个人毕不了业。"这位曾长期在该校任职的前校长，在 1957 年才勉强毕了业。"这是个能不能挺过来的问题。我们班有一半人都没能毕业。情况比雷石东在这里的时候更糟……当我从这里毕业，拿着文凭走出学校大门时，我发誓再也不踏进这个地方。"

从一开始，该校的课程就侧重于拉丁语和希腊语，并以苏格拉底式的论辩为传统，包括至今仍坚持的每年三次的"朗诵"（背诵）课文——学生必须站在高高的讲台上，面对英语课上的全体同学朗诵。波士顿在20世纪最初二三十年里曾吸收了一拨又一拨的移民，作为这样一座城市的公立学校，波士顿拉丁语学校具有鲜明的多样性，实行不讲情面的精英管理，加之在考试标准化之前，来自劳工阶层的绝大部分学生都是靠初中学校的成绩实力入学，所以留给发展同窗情谊的空间很小。"我在这里读了六年书，能说出四个人的名字，我和他们应该都进行过一般的交谈，"康顿帕西斯说，"但其实根本没有。"

这段经历似乎令雷石东受到了精神创伤，但也使他更加坚强，并为他奠定了贯穿一生的行为方式。"那时，我没有社交生活，也没有朋友。"他在自传中写道，"我认识别人，只是因为在课堂上我坐在他们旁边，或者他们是我在争夺学校奖项时实力最接近的竞争对手。除了学习，我什么也不做。整个高中时期，我一直连吃饭都不记得……我在波士顿拉丁语学校学到的最重要的一课就是：生活是艰难的，紧张常常是毁灭性的，唯一有价值的希望就是深藏于每个人内心的那个希望。"

入学后的第一年，他染上了猩红热，结果好几周不能上学，这个突发状况真是太可怕了。"我不记得我怕过死，"他写道，"但我确实记得因为缺课而怕得要死。"[27] 他的母亲因此跑去与他的班主任，也就是后来的校长威尔弗雷德·奥利里搞好关系，给他弄来了好多书，他最终赢得了该校当年的古典奖和现代奖，之后每年都包揽了这两个奖项。

过去几十年来，媒体对雷石东进行了大量的报道[28]，而他也

一直在重复某些夸大其词的说法，比如他后来毕业时的成绩是
"波士顿拉丁语学校 300 年历史上学业成绩平均分数最高的"[29]。
由此可见，这似乎就是雷石东与父亲一脉相承的自我吹捧的夸张
盛况。"萨姆纳·雷石东毕业那会儿，学校并不记录平均成绩。"
康顿帕西斯说，"我可以告诉你的是，他的学习成绩确实非常优秀，
大概属于班级最好的 1%。"

但他终究还是让自己的名字出现在了大礼堂的墙上，尽管没
有达到雕带上方的位置。"雕带下方是为那些不仅在自己的专业
领域做了杰出贡献，也回报学校的人留的。"康顿帕西斯说，"萨
姆纳·雷石东之所以能名留高墙，是因为他向学校捐过款。"

尽管对于昂贵出挑的（有些人甚至会说是体面的）服饰，雷
石东几乎终生都保持无感，就连对豪宅的兴趣也只是晚年才萌生
的，但他最终还是明白了一点，那就是金钱是满足对荣耀和权力
之渴望的重要条件，而这种渴望正是源于波士顿拉丁语学校对他
的栽培。但在他意识到这一点之前，他已经下定决心要融入世界，
并以他所认为的更高尚的方式，即通过公共服务来造福这个世
界。在波士顿拉丁语学校时，他就以能言善辩著称，后来他靠奖
学金入读哈佛大学，先是进入了哈佛大学的辩论委员会，最终是
哈佛大学法学院。[30] 在法学院，他追随外祖父的脚步成了一名律
师。1947 年 9 月，当他获得律师从业资格时，《波士顿环球报》
刊登了一篇报道，文中将其称为几位"将门虎子"之一，其中还
包括一位缅因州前州长的儿子，那一年，这些人正陆续进入法律
界。尽管米基那时已经拥有了好几家汽车影院，但他仍被描述为
一个"夜总会的经营者"。

参加了律师从业资格考试后，萨姆纳·雷石东立即与菲丽

丝·拉斐尔结了婚。[31] 菲丽丝是家住布鲁克莱恩的某百货公司创始人的长女，她身材娇小，金发碧眼。雷石东是在哈佛大学读一年级时与她相遇相识的。菲丽丝的父母都出生于俄国这个古老的国度，但来自俄国的不同地区。[32] 与罗特斯坦一家一样，菲丽丝的母亲——曾经的希尔达·彻莉——也来自今天乌克兰境内的一个犹太人聚居点，而且同样是从波士顿西区走出来的。但是菲丽丝的父亲伊莱·拉斐尔移民的时间就晚多了，他于1915年才出国移民，不过他发家的速度相当快。[33] 到1921年，他已经在波士顿多切斯特一带的埃弗雷特广场开了好几家百货商店，菲丽丝先后在当时以犹太人为主的郊区马特潘和布鲁克莱恩安逸地长大。如果说雷石东年轻时为生活所迫，了无快乐，那菲丽丝则过得开心快活、无忧无虑。从她高中毕业的纪念册里可以了解到，她唯一的小烦恼就是别人总是将她的名字菲丽丝（Phyllis）少写一个"l"和多写一个"s"。[34] 玛丽莲·赖斯曼在接受《波士顿》杂志采访时说："她是个人见人爱的女孩，来自一个充满爱的家庭。一个漂亮、可爱、聪明、阳光的小女孩。"

菲丽丝比雷石东小两岁，在一次圣殿舞会上初次见到雷石东时，她还在布鲁克莱恩高中上学。[35] 她的父母对女儿与一个夜总会老板的儿子约会并不感到兴奋——尽管那时米基与波士顿黑社会的牵扯还没有成为头版新闻——所以他们将她送到加州大学洛杉矶分校去读书。"她的父母不想同意这门亲事，"一个和这家人走得近的人表示，"所以就把女儿送走了。"

1946年，从加州大学毕业并获得政治学学位之后，菲丽丝就回到了波士顿，并在波士顿大学继续选修课程。[36] 与此同时，雷石东继续展开对她的追求。母亲贝尔同意了儿子的选择[37]，

1947 年 1 月，他们订婚了。[38] 1947 年 7 月 4 日，他们俩正式结婚[39]，婚后立即动身前往旧金山，雷石东在那里接受了一份在第九巡回上诉法院当书记员的差事，周薪为 43 美元。[40] 这份工作也许收入不高，但特别体面。"我对赚大钱没什么兴趣，也不想把自己局限在做学问上。"雷石东后来写道，"战后的世界正朝着一百万个不同的方向发展，我想要有所作为。"[41]

雷石东白天做书记员，晚上到旧金山大学法学院讲授劳工法。这样过了一年，他获得了通向华盛顿特区国家权力机构的"入场券"，在美国司法部长主管的上诉税务部门工作。故乡的报纸就他的这一任命刊登了一篇报道，特别指出，这位名不见经传的雷石东，"是迄今为止被任命到该部门的最年轻的律师之一"。

1948 年 9 月 7 日，雷石东在司法部开始了他的新工作。[42] 他在那里度过了两年半，那正是该部对传媒业进行规范的重要时期。在最高法院对派拉蒙案做出裁决之后，司法部负责反垄断工作的助理部长赫伯特·伯格森便继续领导政府同派拉蒙及"八大公司"的反竞争行为进行斗争，他们主要通过法庭来向前推进。[43] 尽管雷石东被分配到上诉税务部门，且在这些年的大部分时间里都被其他事务缠身，但在 1950 年，当伯格森带着副手赫伯特·博克兰德离开司法部时，雷石东也追随他们进入了私人执业领域。[44] "这是美国最好的反垄断律师事务所。"伯格森的儿子保罗说。伯格森离开司法部一年后，司法部副部长佩顿·福特也加入了该律所。1951 年下半年，28 岁的雷石东加入他们的行列，成为福特-伯格森-亚当斯-博克兰德-雷石东律师事务所的合伙人。[45]

伯格森是"律所的形象代言人，负责对外交涉"，博克兰德的儿子这样说，他的名字也叫赫伯特。"我们家的人都管他叫'伯基'，其实他才是律所里干活儿最吃苦的那个人。"事实上，在这位小一辈的博克兰德的记忆中，他最早见到雷石东就是在雷石东来家里讨论某个案子的时候。"我那会儿还很小，对牛仔很痴迷。"他说，"我一看到他，就坚持叫他'唐托'（Tonto，印第安某部族人），这后来成了家里人谈论的笑话。"因为雷石东显然不是任何人的跟班。"即使在一个小男孩看来，他也是一个与众不同、身形笔挺、谈吐得体的人。他会给人留下非常深刻的印象，哪怕对方是个小孩子。"

传媒业虽然仍在反垄断官员的视线之中，但却是该律所客户群中极为重要的组成部分。[46] 派拉蒙联合影院后来就成了其客户，这是一家连锁影院公司，作为伯格森在司法部时负责牵头的派拉蒙一案的结果，派拉蒙被迫于 1949 年与这家公司脱离关系。福特·伯格森代表派拉蒙联合影院参与美国联邦通信委员会对该公司请求并购 ABC（美国广播公司）一案的审理。1953 年，上述两家公司的合并获得批准，合并后的实体最终沿用了 ABC 的名字，并一直是该律所的主要客户，直到 20 世纪 80 年代，该律所在里根政府对反垄断采取放任政策的影响下寿终正寝，被重组为伯格森-博克兰德律师事务所。[47] 雷石东在这家律所工作了好几年，这使他在涉及连锁影院的法律和反垄断问题上获得了非常宝贵的经验，而他也即将开始利用这种专业的知识，以一种全新的方式来为自己和家人创造财富。

*　　*　　*

雷石东律师生涯中最大的成就，就是在最高法院为一对酒店所有人夫妇辩护。[48] 因为无法解释的净资产激增，这对夫妇陷入了与税务机关的大麻烦之中。最高法院于 1954 年 12 月 6 日对此"荷兰诉美国案"做出判决。尽管雷石东未能推翻对该夫妇的有罪裁定，但他认为政府有责任证明任何可疑的资产净值增长实为逃税，这一主张切实改变了法律，导致一些已入狱人员获释。

多年后，雷石东在吹嘘这件事时，可不会就这么简单地提一提。他会一直往下说，20 世纪 50 年代中期，他在拉斯韦加斯担任正在建造沙丘酒店的某团队的法律代表，曾邂逅了一个在火烈鸟酒店工作的男人，那人的兄弟也是因为上述判决而从恶魔岛监狱获释的。[49] 雷石东声称此人后来将他介绍给臭名昭著的犹太黑帮大佬巴格西·西格尔，此人是梅耶·兰斯基和查理·卢西安诺的合伙人，也是拉斯韦加斯大道的缔造者，他在雷石东面前炫耀数不尽的财富，想引诱雷石东运用其近期被证实的"魔法"，让税务官一点儿也动不了他的不明收入。"我没有动心。"雷石东写道，"金钱并不是我的追求，我对生活的看法完全不同。"然而，这个故事不可能是真的，因为众所周知，早在 1947 年，西格尔就在比弗利山庄他女朋友家的沙发上被两颗子弹射中头部身亡。

雷石东把他所认识的那些黑帮人物全搞混了。知情者表示，他说的其实是格斯·格林鲍姆。格林鲍姆是梅耶·兰斯基的助手，在西格尔被杀之后接手了火烈鸟酒店，并且是影片《教父》中的角色莫·格林的原型之一。

具有讽刺意味的是，这件事很可能在无意中揭露了雷石东与黑道人物之间的联系。在自传中，雷石东把自己在沙丘酒店的工作描述为其在华盛顿的律师生涯的终点。但他并没有提及打造赌场酒店的那个团队，而其中就有他的父亲和萨甘斯基医生，以及新英格兰黑帮老大雷蒙德·帕特里亚卡的一些亲信。

到 20 世纪 50 年代中期，雷石东摩拳擦掌，准备亲自上阵。

* * *

事实上，雷石东把决定去父亲的连锁影院工作说成自己天真丧失的表现。从法学院毕业后的这些年里，他慢慢地开始明白："从事法律方面的工作，其实不过是在做生意。根本不存在什么为了人间公理而战，不过就是生意。当我得出这个结论时，我就决定自己也要进入这个行业。"这种说辞有点儿奇怪，因为到 1954 年年底，他口口声声所说的那门他自己要去打拼的生意，即当时人们所知的东北影院公司，已经在其父及弟弟的手中发展成了一家迅速扩张的拥有十几家影院的连锁企业。[50]

在之后的几十年里，每当雷石东复述这段往事时，他总是把父亲和弟弟在他加入时就已经创下的公司规模往小了讲。1986年，《波士顿环球报》在一篇头版人物特别报道中称，雷石东于 1954 年"接手并执掌"这家连锁影院公司时，"其实只有伍斯特那里有一家汽车影院"，尽管这句话来自报道记者而非雷石东。[51] 1998 年，他对《福布斯》杂志说："在人们还不知道'汽车影院'为何物之前，我就开了两家'汽车影院'。"[52] 在自传中，雷石东称其为"三五家汽车影院"。[53] 2009 年，在法庭上做证时，他只说出了在他加入时已经运营的怀特斯通和戴德姆两家汽车影院的名字，并表示他不确定里维尔开业于 1948 年的那家，是否真的比他加入公司还早。[54]

到 1954 年为止，米基和爱德华父子俩一直置身于汽车影院大扩张的浪潮之中。1938 年，该公司在长岛的谷溪开了日出汽车影院；1948 年，在大波士顿地区开了戴德姆和里维尔汽车影院[55]；1949 年，在布朗克斯区开了怀特斯通汽车影院[56]；1950 年，开了多切斯特的尼庞希特汽车影院，并与波士顿的另一家连锁影院所有人菲尔·史密斯的中西部汽车影院公司合办了纳蒂克汽车影院[57]；长岛贝肖尔的一家汽车影院于 1952 年开业，1953 年出售；1954 年，人们期盼已久的波士顿西罗克斯伯里一带的海外退伍军人林荫大道汽车影院，以及弗吉尼亚州梅里菲尔德的李高速公路汽车影院也相继建成启用。[58] 截至 1955 年 10 月，他们在马萨诸塞州、纽约州、新泽西州、弗吉尼亚州和佛罗里达州共经营着 14 家汽车影院。[59]

这些影院都是适合家庭的公共休闲场所，不仅孩子们可以免票进入，还开放儿童游乐场，甚至连奶瓶加热器都有，而且几乎都位于两条主要高速公路的交会处。在此期间，汽车影院的老板们觉得，尽管日益强大的电视业对室内影院造成了很大损害，但他们对电视业的竞争却普遍具有免疫力，因为他们认为人们更愿意到户外去。[60] 这些汽车影院的生意一般都比较赚钱。1954 年，每 1 美元的薪资支出可以为室内影院带来 4.72 美元的营业收入，但却可以为汽车影院带来 5.34 美元的营业收入。

雷石东说，父亲对他加入公司的决定表示怀疑，因为"他不是一个愿意冒险的人"，而且这意味着他的薪资水平将从 10 多万美元降至 5 000 美元。[61] "但我看到的全是机会。"他写道。事实上，雷石东进入汽车影院行业时，该行业正处于巅峰时期。1954 年，平均每家汽车影院吸引了 9.31 万名观众。[62] 4 年后，这一数字降至 8.2 万。这个行业已经过度建设，土地价格也在上涨。

雷石东在进入东北影院公司时的确切角色不甚明朗。他写道，他刚来的时候，爱德华负责"一般运营"，而他"同时负责业务拓展及与电影公司打交道"，但他所列举的为新汽车影院选址的例子却没有一个是站得住脚的。不妨看看他在自传中所讲的如下这个故事：

> 例如，我飞到肯塔基州的路易斯维尔，开着车到处转悠，看到了几个潜在的选点，最后在两条高速公路的交会处找到了一块 20 英亩的土地，那儿真是太完美了。我很想买下它，就想办法找到了那块地的主人，并拜访了他们，还请来一位秘书和一位公证人，然后根据需要对合同文本进行了修改，最后成交离开。我们管这个地方叫肯伍德汽车影院。大功告成。我在辛辛那提也这样干过。那我是怎么知道这些地方都是好地方的呢？反正我就是知道！我自己给自己当律师。在为父亲的几家影院做了分区规划之后，我了解到这些交易是以获得规划和分区许可为条件的。但你没必要自己就是分区律师，你只需要明白自己在做什么就行。[63]

1949 年，一家汽车影院开业，用的名字正是"肯伍德汽车影院"[64]，后来东北影院公司的后继者全美娱乐公司于 1961 年以 42.5 万美元将它收购。[65] 这里的确是非常好的选址，但却不是雷石东找到的，也不是他建造和命名的，连分区许可证也不是他弄来的。辛辛那提那家汽车影院也一样，1956 年，辛辛那提的奥克利汽车影院在当地居民的抗议声中开业。[66] 1963 年，全美娱乐公司的雷石东管理层买下了这家影院。

尽管雷石东声称要立即接手、全面管理 [67]，但在之后的 4 年里，他一直保持低调，而让其父亲去吹嘘他们在一个星期内就在大波士顿地区开了 6 家汽车影院，或让他的弟弟去回答涉及因大雨而放缓纽约罗切斯特地区新汽车影院施工的问题。[68]

但随着更广大的电影行业朝着灾厄重重的 1958 年猛撞过去，因派拉蒙案而受伤害的整个行业亏损达到 1 900 万美元，雷石东发现自己拥有两项该行业所需的独特技能，而不仅仅是为汽车影院选址的敏锐眼光，那就是：在全美的舞台上发表有说服力的演说的经验，以及对纷繁复杂的反垄断法的深刻理解。[69]

1958 年 3 月，雷石东飞到他在旧金山的老地盘，参加由展示行业团体"美国影院业主"（TOA）组织的汽车影院业主的第一次聚会。他是关于售票问题的专题讨论会的主持人，这一官方角色似乎小得有点儿可笑。[70] 但当媒体报道当时的情况时，就好像现场只是他一个人的"一言堂"。[71] 他把电影行业的困境归咎于派拉蒙案的裁决。[72]"一旦电影制片人失去了展映其作品的影院，市场上很快就会没有足够的好电影让放映商忙个不停了。"他说。

电影制片公司将派拉蒙案裁决之前的电影播放权授予电视台，而不是影院，这让情况变得更加糟糕，因为影院迫切需要更多的影片来付清账单。"结果还真管用，"雷石东继续说，"他们放映每部电影大约能获得 5 万美元。那些电影如果在私人影院放映，就能让大批影院开门营业，从长远来看也会使制片人赚到更多的钱。"

他进一步抨击了其导师伯格森的这一法律杰作，认为派拉蒙一案中有关禁止电影放映商制作影片的规定应该放松。"如果好莱坞不提供这些电影，我们就应该想办法让连锁影院自己制作电影。"

从第一次以影院业主的身份出现在全美舞台上开始，有一点就显而易见：雷石东想要进入电影行业。另一点也很明显，那就是他具有成为行业发言人的潜力。前些年，"美国影院业主"这个团体曾经一致反对汽车影院，具体涉及从税收到儿童票政策的各种问题。[73] 但到了该团体开始组织 1958 年 10 月在迈阿密海滩召开的年度会议时，雷石东却被任命为会议的共同主席。1958年 7 月，《视相》杂志注意到 TOA 已经把雷石东的生平简介寄给了新闻媒体，于是便公开提出这样一个疑问："'美国影院业主'会大力宣传雷石东在组织中的重要职位吗？"[74]

答案当然是肯定的。在蒂施兄弟新建于彼时仍冷清的巴尔港村的美洲酒店举行的年度会议上，雷石东站在同事们面前尽情发挥，向负责司法部反垄断工作的助理司法部长（他前老板的旧职）施压，要求修改禁止放映商制作电影的派拉蒙案同意法令。[75] 雷石东说："如果电影制片商在美国各地的电影院都持有大量股份，你觉得还会出现我们今天面临的缺少可供放映的片源的困境吗？"他补充说，电影产业在美国工业生活中处于一个独特的位置，"放映商是面向大众的电影产品供应商，却被禁止通过自主拍摄电影来纠正片源供应不足的问题"。他并没有做过多的劝说。助理司法部长表示，司法部将暂时维持其立场。但雷石东已然在其同事面前留下了深刻的印象。《视相》杂志指出，他看起来"就像一个在 TOA 高层梯队中前途无量的年轻人"。

具有讽刺意味的是，就在同一年，他根据同一项同意法令为其父亲的公司提起了诉讼，指责这些法令条款没有得到充分的遵守。这起诉讼围绕着这家汽车影院公司的一项长期投诉，即好莱坞各家电影公司拒绝给汽车影院提供首轮放映影片，建立了一起反垄断阴谋案。从理论上讲，派拉蒙案的裁决致使这类歧视做法违法，但在实践中，二十世纪福克斯电影公司负责影片发行销售的副总裁安迪·史密斯于1950年在《视相》杂志发表的一篇专栏文章中，很好地总结了电影制片公司对汽车影院的态度："在电影发行体制中，我们将来必须给予汽车影院适当的地位，但是我们必须始终牢记我们对传统电影院的责任，常年夜以继日地放映我们的影片的正是这些影院。在任何有足够的传统首映场所的城市或城镇，我们将继续拒绝在汽车影院进行首映。"[76] 在同一年，汽车影院在法庭上赢得了最重要的胜利，因为美国某地方法院裁定，各大电影制片公司已涉嫌合谋违反反垄断法，因为它们拒绝允许宾夕法尼亚州阿伦敦一位名叫戴维·米尔格拉姆的汽车影院业主在平等条件下与室内影院竞标在当地首轮放映的影片。[77] 各大制片公司一路上诉到最高法院，但最高法院拒绝聆讯此案，让第三巡回上诉法院裁决，米尔格拉姆最终胜诉。但正如8年后雷石东在同一问题上的案例所表明的那样，法庭胜诉和改变市场行为完全是两码事。最终，在雷石东针对好莱坞电影公司的反垄断诉讼中，双方达成了和解。东北汽车影院公司虽然得到了它想要的获取影片的权限，但此案却未对汽车影院行业产生更广泛的影响。这些经历向这位未来的媒体大亨表明，诉讼被用来对付商业对手可以多么有效。这不是为了人间公理而战，只是生意罢了。

尽管如此，雷石东仍然公开反对那些大制片厂压制放映商的生意的做法。1959年3月，在纽约华尔道夫酒店举办了一场盛大的新片发布活动，它是为波士顿人约瑟夫·莱文通过华纳兄弟公司引进的法意合拍魔幻片《大力神》（*Hercules*）而举办的，每张餐桌上都摆着刻有大力神形象的银酒杯，整间大厅布满从天花板一直垂到地板的大幅剪贴画，画上是肌肉隆起的影片主角。就在这样一种类似马戏杂耍的氛围中，雷石东在主持时仍忍不住跑题去抱怨了一通不靠谱的"投盲标"。[78]《视相》杂志特别指出，大厅里挤满了"全美放映业兄弟会的许多顶级成员"，雷石东在来宾面前表现得很出色。由于他这种在全国级场合上的高调亮相，那些放映商下次再来波士顿的时候，便会在拿起电话号码簿翻阅时惊讶地发现雷石东不过是个副总裁而已。

第
5
章

全美娱乐

当其他人在购物中心建造影院时，他们的特殊需求可能根本得不到回应。所以我们自己买地建影院，周围环境也是我们说了算。

总裁这一身份，当然非米基莫属。年届五十七，米基依然英俊，有着方下巴，他很为自己作为行业支柱的角色而扬扬得意，也非常享受随之而来的财富。1957年，他被选为新英格兰综艺俱乐部（Variety Club of New England）的"首席推广官"，这是一家演艺界的社交俱乐部和慈善机构，他们利用汽车影院的银幕和大批"引座员"为吉米儿童癌症研究基金筹款。米基和贝尔住在一栋面积为4 200平方英尺^①、共有4间卧室的房子里，房子全部采用现代风格的玻璃和灯饰，位于戈达德环路30号，周围是布鲁克莱恩的大片草坪。他的两个儿子都为他工作，生意也越做越红火。1959年8月28日，他决定将目前的生意安排正式确定下来，但他所采取的具体行动尽管表面上很简单，但却为后来半个多世纪的诉讼埋下了祸根。[1]

1959年，雷石东家族发现，他们将土地持有、土地租借和

---

① 1平方英尺约为0.09平方米。——编者注

影院运营分别放到不同公司去实施的做法，限制了他们为进一步扩张而借贷融资的能力。因此，当他们考虑在马里兰州增开一家汽车影院时，他们便决定将所有的公司合并成单一的实体，取名为"全美娱乐公司"，总部就设在马里兰州。米基为此投入了价值30 328美元的股票，外加3 000美元的现金。萨姆纳·雷石东投入了17 845美元的股票，埃迪投入了18 445美元的股票。1959年9月1日，在马萨诸塞州诺伍德的第一次会议上，米基平分了300股有表决权的A类股份，其中100股给他自己，100股给埃迪，100股给萨姆纳·雷石东。在公司所有权方面，父子三人所占股份均等，当然公司章程也明确了三人的等级，即米基任总裁，萨姆纳·雷石东任副总裁，埃迪任财务主管。在兄长入伙5年之后，埃迪却正式成了"打下手的"。两个儿子虽在公司所有权上平等，但在日常经营管理决策上不平等，这样的紧张关系几乎撕裂了这个家族和他们的生意。

但在当时，此举似乎在很大程度上还是出于管理的考虑。该公司利用近期整合的实力，从新英格兰银行获得了5 000万美元的信贷额度，从而继续向美国南部和西部扩张。[2]与此同时，在城市的另一端，他们的竞争对手中西部汽车影院公司却闯出了一条截然不同的道路，后者于1960年将其规模更大的汽车影院和室内影院上市，上市价格为500万美元。[3]在菲尔·史密斯和他毕业于哈佛大学的儿子理查德的领导下，这家公司与东北影院公司有着惊人的相似之处。菲尔·史密斯比米基大三岁，其父是一名来自立陶宛的犹太人，名叫阿道夫·桑德伯格，1885年移民美国后，他就立即将家族姓氏改为史密斯。[4]和米基一样，菲尔在1938年开了第一家汽车影院，之前他曾在美国东北部创立了一家连锁室内影院，但在大萧条时期，这些影院几乎全军覆没。[5]
和雷石东一样，菲尔的儿子理查德也是在电影院帮忙长大的，后来在二战期间，只用了两年多一点儿就读完了哈佛大学。[6] 和埃迪一样，理查德课余为父亲打工，并于 1952 年结婚。[7] 和雷石东家族一样，1959 年，史密斯家族也将其所有资产强化整合在一个新名字之下——"通用汽车影院公司"这一新名完全彰显了他们更大的抱负。

但雷石东家族和史密斯家族对所有权和控制权的态度截然不同。20 世纪 60 年代和 70 年代，随着美国城市郊区的发展，雷石东家族为建造汽车影院而购买的土地价值上升，这使他们有能力将汽车影院改造成室内影院。而在 20 世纪 50 年代末期，史密斯家族就已经认定，土地价格已经高到他们无法继续购买来建造汽车影院，于是他们转而在购物中心租赁土地，这样就可以为影院提供足够的停车位，而不必投资房地产。[8] 如此一来，史密斯家族得以实现快速扩张，于 1973 年成为全美最大的影院运营商，公司也更名为"通用电影公司"，并将公司业务进一步多元化，入股哈考特布雷斯出版社（Harcourt Brace）、尼曼百货商店和百事可乐的灌装生产。[9] 但在通用汽车影院公司于 1960 年上市时，史密斯家族仅拥有该公司 35% 的股份，并通过与该公司签订长期合同来维持运营控制。[10] 理查德·史密斯告诉历史学家贝蒂·普鲁伊特："我从来都认为，不一定要完全拥有某样东西，甚至不一定要拥有其中最大或最主要的利益。"[11] 当然，雷石东家族的看法就不同了。

在全美娱乐公司建立之后，雷石东家族首次采取的融资行动中，萨姆纳·雷石东的策略与史密斯家族的形成了鲜明的对比。萨姆纳·雷石东告诉银行家们："当其他人在购物中心建造影院时，负责该地区开发和规划的那些人可能根本不会回应他们的特殊需求。所以我们自己买地建影院，周围环境也是我们说了算。"[12]

这种方法最终会带来颠覆性的改变。到 2000 年，通用电影公司也和许多竞争对手一样，加入了申请破产保护的行列，而全美娱乐公司则一直坚持到今天。[13] 全美娱乐将公司所有权完全控制在家族内部的决定显示了巨大的力量，前提就是家族成员能够齐心协力。

* * *

曾有一段时间，雷石东父子三人组成了一个强势团队。1963年，他们在马萨诸塞州伍斯特的第一家室内影院开业了[14]，在此之前，作品丰硕的电影院建筑师威廉·赖斯曼对这家影院进行了全面的现代化设计。[15] 他娶了萨甘斯基医生的女儿玛丽莲为妻。雷石东家族三代人全都出席了这家首轮放映影院的开映式，其中包括萨姆纳·雷石东 8 岁的女儿莎莉，她穿着她最好看的连衣裙。时至 1965 年，在波士顿和布鲁克莱恩的交界处，他们开设了有"连锁影院皇冠宝石"之称的第 42 家影院，即拥有上千个座位的克利夫兰圆环室内影院。该圆环影院于 20 世纪 40 年代建造并由派拉蒙影业的一家下属公司运营，是放映首轮和第二轮影片的影院。对雷石东家族而言，这里是他们打入闹市区首轮放映影院世界最近的切入点，而以往这些影院都是独立放映商无法涉足的。多年来，赖斯曼设计了"拉丁角"夜总会和雷石东家族的许多影院，他此次将这家旧式风格的影院重新设计成了一座现代化的地标建筑，采用了蓝、绿、白三个色调，而且这里"每个座位都能有前排的视觉效果"。

1965 年 11 月的一个晴朗无云、微风拂面的上午，米基、萨姆纳·雷石东、埃迪和赖斯曼以经典的雷石东家族的方式来庆祝其引人注目的新影院开业，他们在波士顿的丽思卡尔顿酒店举行了正式午宴。[16] 宴会上，他们声称，新影院"将拥有新英格兰所有影院中最舒适的座位安排"，不仅有摇椅式的座位，而且每排座位都比前排高 6 英寸①。他们策划了一场盛大的开业典礼，而后来实际的开业典礼也非常精彩，放映了《疯狂大赛车》，这是一部华纳兄弟娱乐公司出品的搞笑喜剧片，由杰克·莱蒙、托尼·柯蒂斯、娜塔莉·伍德和基南·韦恩主演。此片尽管不是首映，但也差不太多，因为它刚上映三个月。该片在当时是有史以来制作成本最高的喜剧电影。在午宴上，米基、萨姆纳、埃迪、赖斯曼这四位身着深色西装的男人站在赖斯曼的影院模型周围，微笑着指点交谈。但萨姆纳·雷石东在他们中间有如鹤立鸡群。

* * *

随着 20 世纪 60 年代的流逝，雷石东家族内部的业务合伙人关系出现了裂痕。萨姆纳·雷石东继续朝着崛起为行业最有力、最能言善辩的发言人的方向前进。1960 年 9 月，在洛杉矶大使酒店举行的"美国影院业主"年度会议上，他参加了一场主题为

---

① 1 英寸为 2.54 厘米。——编者注

"付费电视：击碎威胁"的分组讨论，然而他家乡的报纸却报道说他发表了主题演讲，这在某种程度上渲染了这个角色。[17] 这里所指的威胁在当时并没有那么大的威胁性，其中最有代表性的就是"远程点播器"（Telemeter），它通过将硬币滑入一个连接电视机的盒子来播放节目，是 HBO 和 Showtime 的早期实验性先驱。某汽车影院业主提起了一场诉讼，从而导致电影制片公司切断了片源供应。另外，这项技术在几十年里在加拿大一直发展得磕磕绊绊，直到最后被叫停。放映商仍然有理由惧怕它所代表的技术可能性。[18] 1961 年 5 月，雷石东在康涅狄格州哈特福德的"狮子俱乐部"滔滔不绝地演讲："眼前就有非常现实的危险，尽管付费电视极有可能在金融灾难中走向尽头，但如果不创造一个全新且持久的娱乐媒介，那么正在哈特福德进行的相关实验将会再次重创电影业，甚至令电影业无法恢复元气。" 1964 年，他被选为 TOA 的主席，当时正值该组织即将与其竞争对手合并之际。[19] 在萨姆纳·雷石东的领导下，两家组织正式合并，他成为新组建的"全国影院业主协会"（National Association of Theatre Owners，缩写为 NATO）的主席。这名字简直"高大上"，他们直接自称"北约"①。

　　当萨姆纳·雷石东在海边频频发表演讲，与朱莉·安德鲁斯之类的名流合影时[20]，埃迪却在康涅狄格州米尔福德等地忙着与当地政客一起剪彩，并与当地社区就电影的道德内容展开越来越乏味的斗争。[21] 十年过去了，他越来越难以掩饰自己的讥讽。"一个社区的道德水平总不能要我负责吧。"[22] 明显被激怒

---

① NATO 也是北大西洋公约组织，即北约的缩写。——译者注

的埃迪对《视相》杂志说，他是在揶揄一场有关密歇根州兰辛那家造价 140 万美元的汽车影院的争论，那里的居民越发担忧"道德"问题，这与 30 年前令其父苦不堪言的那些情形如出一辙。埃迪也在担任行业中的某些领导职务，包括特许经营者协会（National Association of Concessionaires）主席和新英格兰影院业主会（Theatre Owners of New England）主席，尽管这些职务总是比其兄长差一两个档次。[23] 在这个十年即将结束之际，他一直在努力寻求家族事业之外的机会，比如投资马萨诸塞州伍斯特占地 400 英亩的工业园这样的房地产项目。[24] 与他在过去 20 年间所开发的其他地产一样，此项目位于两条高速公路的交会处。

尽管如此，米基却一直在梦想着把生意传给两个儿子。[25] 他开始在佛罗里达过冬，把更多的时间花在打高尔夫球上，但在 1964 年，他在佛蒙特州伊奎诺克斯乡村俱乐部的高尔夫球场上突然摔倒，并被紧急送进了医院。[26] 这件事让全家人猛然惊醒。那是次心脏病发作。米基从家人所说的"总统的医生"那里得到了顶级的医治，然后体魄强健地回来工作了，连跟了他很久的秘书都注意到，他似乎重新焕发了活力，更加专注地投入工作。但显然，为未来做好准备已刻不容缓。

米基开始有计划地逐步从自己参与甚多的生意管理中退出。[27] 1968 年 5 月 6 日，他采取行动，将自己一半的股份转给了专门为孙辈设立的信托基金。他向美国国家税务局（IRS）提交的赠与税申报单对这 50 份股权的估值为 564 075 美元，这意味着整家全美娱乐公司的价值略高于 300 万美元。同年 12 月，米基启动了退休计划的第二阶段，即将剩余的 50 份普通股份换成无表决权的优先股份。到 20 世纪 60 年代末，全美娱乐公司有表决权的股份已经减少到 250 股，萨姆纳·雷石东和埃迪各拥有 100 股，孙辈信托基金（受托人为萨姆纳·雷石东、埃迪、米基和贝尔）拥有剩余的 50 股。米基的孙辈等到年满 35 周岁，就可以完全得到他们的股份了。[28]

＊　＊　＊

　　这几个年轻的堂兄妹从小在波士顿富裕的郊区牛顿市的舒适小天地里长大，他们的家仅相隔一段步行的距离，那里居住着大量往来市区通勤的犹太人。萨姆纳·雷石东的儿子布伦特出生于 1950 年 4 月 20 日，是几个孩子中最大的，深受住在布鲁克莱恩附近的祖父母的宠爱。[29]雷石东的女儿和埃迪的女儿几乎就像是一对双胞胎：雷石东的第二个孩子莎莉·艾琳·雷石东出生于 1954 年 4 月 14 日，那时距离他们搬离华盛顿特区还剩最后几个月，而埃迪的大女儿露丝·安·雷石东出生于同年 8 月 7 日。埃迪的儿子迈克尔·戴维·雷石东是最小的，出生于 1957 年 12 月 23 日。他的名字是随他的祖父迈克尔·米基·雷石东和外祖父戴维·沃伦取的，但除了他的名字，这两家人相融得很失败，这为他后来多难而不幸的生活埋下了祸根。

　　埃迪和莉拉的婚姻从婚礼开始就很紧张，那是一次套餐式的"乡村俱乐部"多日之旅，让雷石东家的好些人都觉得倒胃口。"从埃迪的婚礼回来，米基和贝尔一点儿也没有开心和喜庆的心情，反而觉得有些事情挺别扭，他们也看不惯。"加里·斯奈德说，"莉拉表现得好像自己来自韦斯特波特的名门望族似的，而且沃伦一家在'他们的小镇'上非常活跃，他们的那种口气和做派在当时，甚至直到今天都不讨我们家人的喜欢。"莉拉酷爱歌剧、芭蕾、交响乐、美术、古董和名牌服装，而埃迪和雷石东则会自豪地去中档的法林地下商场购物，而且一直坚持，有了事业之后仍乐此不疲。"莉拉从未被米基舅爷和贝尔舅奶接受。"斯奈德说。

尽管他们的住所相距不远，但这几个堂兄妹并不像人们想象的那么亲密。雷石东和菲丽丝把孩子们大都送到牛顿的公立学校，而埃迪和莉拉则把他们的孩子送进私立的男子或女子学校。

迈克尔·雷石东从很小的时候开始就在行为方面表现了严重的问题，埃迪两口子的关系就变得更紧张了。"从 5 岁开始，他就变得非常具有破坏性。"埃迪多年后证实说，"而且情况越来越严重，包括自己悄悄跑出去，或者在沙发或椅子上撒尿。他搞得露丝·安的日子苦不堪言。她没法儿读书，根本读不了，她做好了课外作业，他就会跑进来把她的作业全弄坏。我们很难控制住他。"

在埃迪不知情的情况下，莉拉带着 5 岁的迈克尔去哈佛医学院附属贾奇贝克儿童医学中心看医生，接诊的是精神科医生斯坦利·沃尔泽。[30] "她不想让我不开心。"埃迪说。莉拉还认为，带儿子去看精神科医生是对她丈夫家的诅咒，而且确实如此。

对于自己的精神问题最早是如何开始的，迈克尔的记忆却有所不同。"我 4 岁的时候，因为锁骨骨折去了儿童医院，父亲对医生说我疯了，他们控制不了我。"[31] 迈克尔在 2004 年证实道，当时他的精神状况也令人担忧。律师问他锁骨是怎么断的，迈克尔回答说："是我父亲踢的。"

了解埃迪和迈克尔的人强烈反对这种说法。"埃迪比我还不可能踢迈克尔。"埃迪的第二任妻子玛德琳·雷石东说。多年后，她试图让父子俩重归于好。一个和迈克尔关系密切的人说，他曾提到自己最早被踢的记忆，说母亲穿着尖头鞋踢了他的脸。

根据迈克尔的医疗记录，他第一次看精神科医生是在 7 岁的时候，原因是他当时"具有无法控制的攻击行为"。迈克尔继续留在家里给全家人带来了极大的压力，因此，在 1967 年，他们就把年仅 9 岁的他送进了费森登的寄宿学校。该校位于西牛顿，离他家很近，是少数接收 9 年级以下寄宿生的"初级寄宿学校"之一，名气很大，光肯尼迪家族就有好几名成员是该校校友。但迈克尔认为这所学校是一种背叛和制度化的体现。他于 1969 年 11 月 5 日被开除。

埃迪和莉拉几乎再也没有办法了。他们把他送进了另一所寄宿学校，同时向沃尔泽医生请教他们还能做些什么，用一个与他们这家人走得很近的人的话来说就是，"要设法让他改过自新"。他们的解决方案将引发一系列的事情，随后导致生意和家族的分裂。

"祸不单行"

我实在是想不通。我们养育了这两个儿子，给了他们
世界上的一切，可他们还是照样跟我不对付。

迈克尔·雷石东本来不想去夏令营，但他的父母坚持要他去。[1]
他不过 12 岁，却对世界已经感到厌倦了，对校长室和精神病医生
办公室早已熟门熟路，所以家人们就想，缅因州的清新空气或许
对迈克尔有好处。其实，这是精神科医生斯坦利·沃尔泽的建议，
他希望迈克尔能去夏令营尝试一下。[2] 沃尔泽本人每年夏天都要
到波瓦坦夏令营去当医生，这是缅因州历史最悠久的犹太人夏令
营之一。但参加夏令营也是来自牛顿等地的优秀犹太男孩们在夏
天要做的事，他们一路向北，前往佛蒙特州、新罕布什尔州，尤
其是缅因州的原始森林，在那里锻造"性格"，建立友谊。这一
切有助于他们在社会上取得成功。一般来说，这些夏令营都设有
面向犹太人的各种服务，也有犹太裔工作人员，但却很少花精
力来强调犹太性，因为大家都在忙着划独木舟，齐声高歌。然
而，这并不是迈克尔想做的事，所以在 1970 年 7 月初的一个深夜，
当其他营员都在睡觉的时候，他偷偷溜出宿舍，蹑手蹑脚地走到
娱乐中心，在那里放了把火，然后消失在夜色中。

他没跑多远。不到两个小时，他就被抓住并押回了营地。[3]有人给他的父母打了电话。他们接着就给沃尔泽医生打了电话，沃尔泽医生提出了一个冷酷的建议：现在是把迈克尔送去监管的时候了。埃迪赶到夏令营，跟夏令营的负责人见了面，然后把迈克尔带回了波士顿。7月11日，迈克尔住进了麦克莱恩医院，这是一家很大、很老的精神病院，从19世纪初开始就一直在为波士顿的精英阶层提供医疗服务。

迈克尔被关进了麦克莱恩医院，这使他得以与一段著名的历史有了交集。这家医院始建于1817年，当时专门为贵族客户而设，占地240英亩，由一幢幢红砖小楼组成，四周散布着马厩和果园，此地系由弗雷德里克·劳·奥姆斯特德挑选，他本人也是该院的病人。[4]早期的住院病人都喜欢有壁炉、客厅和独立浴室的私人病房，所有病房都以波士顿各大家族的名字命名。在20世纪，这里成了普利策奖获奖诗人的摇篮，罗伯特·洛威尔、西尔维娅·普拉斯和安妮·塞克斯顿都曾行走于这里的各个大厅，并留下了描写这家医院的文字。在一首诗中，洛威尔把病友们描述成"五月花怪人"和"血统纯正的精神病患者"。[5]但是，在一年之内，麦克莱恩医院给迈克尔灌输了完完整整的美国意识，而同时普拉斯的半自传体小说《钟形罩》在美国出版并成为畅销书，作者在小说中对她在麦克莱恩的治疗过程稍稍做了虚构。

迈克尔在麦克莱恩的四年却丝毫没有这样的荣耀。他被注射了大量氯丙嗪——他声称那是每天1 400毫克的"可怕"剂量——和硫利达嗪，这两种都是安定类药物，对一名青少年使用这样的药物，在今天是完全不可想象的。[6]他后来向熟人描述了这一系列的恐怖经历，从被套上湿漉漉的紧身衣，到被强迫与有过暴力行为的人共处一室，再到被单独关禁闭。"在那四年的大多数时间里，我经常被锁在一个除了床垫一无所有的空房间里。"[7]迈克尔在几十年后信誓旦旦地说。

米基和贝尔被埃迪和莉拉的决定吓坏了，这证实了他们一直以来对这位喜怒无常、冷漠的儿媳的所有怀疑，也极大地毁掉了他们原本对埃迪的信心，他们曾相信，埃迪总会把孩子的最大利益放在心上。[8]祖父母与迈克尔很亲近，认为他的问题主要出在跟父母的冲突上。两位老人也属于观念老派且白手起家的那一类移民，认为去找精神科医生看病就是让家人丢脸。在萨姆纳·雷石东的支持下，他们要求埃迪和莉拉把迈克尔从麦克莱恩接出来，这让埃迪和莉拉因自己的私生活被粗暴干预而心生怨恨。整个20世纪60年代，这个家族亲情融洽的表面一直存在着裂痕，而此时裂痕已经豁开，成了一道鸿沟。

"我的爷爷奶奶不喜欢我爸妈，"迈克尔在提到这段日子时说，"我爸妈也不喜欢我的爷爷奶奶。"[9]

多年来，埃迪一直都有远离家族事业的念头，但他的母亲、父亲和兄长总是好言相劝，想要哄他回心转意。但是，当他和莉拉全神贯注于迈克尔的精神健康危机时，埃迪开始感到越来越被排除在全美娱乐公司的重大决策之外。萨姆纳·雷石东聘请了杰里·斯韦德罗来接手埃迪以前所负责的工作，更是让事态严重到了一定地步。[10]蓄着络腮胡子的斯韦德罗是一名放映业经理人，他的从业经历可以追溯到20世纪40年代。埃迪气得脸色铁青，1971年6月，他彻底退出不干了。

埃迪要求拿回属于自己的那100份股票，这些股票存放在位于戴德姆的全美娱乐公司总部，但米基拒绝交出股份凭证，辩称全美娱乐公司有优先拒绝购回股份的权利。[11] 接着，米基和他的律师们又想出了一个埃迪不能拿回股份的新理由：实际上，自从1959年米基为迈克尔和露丝·安预留股份后，其股份中的一半就以"口头信托基金"的形式被持有了。口头信托基金的说法简直太绝了，有这么几个原因。第一，从表面上看，它基于至少可以被证实的事实，即米基在全美娱乐成立时投资了48%的股票，但只获得了33.3%的股份，这让米基在其儿子们处置"他们的"股份时有理由获得额外的话语权。第二，缺少书面证据——而且确实没有这样的证据[12]——不能证明口头信托基金就不存在。第三，口头信托基金的安排让米基和贝尔能够对埃迪在育儿方式上的选择表达保留意见。第四，由于萨姆纳·雷石东将成为这些口头信托基金的受托人，这将使资产处于家族掌控下的时间更长，同时确保财富的转移将完全绕过莉拉这个被米基当着迈克尔的面斥为"邪恶、腹黑"的女人。[13]

埃迪充分意识到自己面对的是强大的对手，于是就聘请了一位受人尊敬的名叫詹姆斯·德加科莫的波士顿律师，以图将自己的股份变现。[14] 他威胁说，如果他的父亲和兄长不给他一个好价钱，他就不惜采取终极战法，把股份卖给外人。一连几个星期，埃迪都在努力劝说他的父亲和兄长坐下来与他谈判，但被全美娱乐的律师卢·维纳拒绝了。

"我被你和萨姆纳忽视、嫌弃和贬低。"埃迪在1971年7月19日致父亲的信中写道，"此外，我很难相信，其实是根本不可能相信你会把我和我至亲的利益放在心上。"

埃迪向来心直口快，他这样总结他和父亲的关系："你知道，老爸，你和我从来意见不合，这么说吧，我想'向东'，你偏要

'向西'。"[15] 寄希望于德加科莫能打开他无法独自打开的沟通渠道，埃迪又补充道："在提起诉讼之前，你就为咱们家做件好事，跟詹姆斯见个面吧。你从来没有尊重过我的意见（原文如此），我请求你尊重一回吧。"在这封信里，他自始至终反复表示，他愿意为他的家庭做任何事情，"但不会以牺牲我的自尊为代价"。

萨姆纳·雷石东一直对他在这场纷争中的角色讳莫如深。在他的自传中，他坦诚地讲述道，在他加入公司之后，他的父亲立即就将"公司的基本运作权交给了我"，父亲的这一决定"造成爱德华和我之间出现一定程度的关系紧张"。[16] 但他否认自己在将弟弟挤出公司一事中起了任何作用。恰恰相反，萨姆纳·雷石东写道，当埃迪在后来几年开始认真地谈起他要离开公司去投身银行业时，"我和弟弟坐在加州的一家酒店里，我恳求他：'埃迪，不要离开。你只要留下就会得到一切。你真的想从事银行业务吗？那就趁你还在咱们公司，赶紧开始吧。公司将会为你提供一个适合操作的平台。'"

2006 年，萨姆纳·雷石东的侄子迈克尔起诉他，雷石东在法庭上做证时，再次讲述了他恳求埃迪留下的经过，并表示他不记得在 1971 年 6 月曾雇人来顶掉他。他还说："当时可能我的父亲已经做出了这个决定。"但紧接着，当被问及 1971 年和 1972 年其父是否仍在公司做主要决策时，他回答说："我不确定是这样的。不知何时，我的父亲弄来了一袋高尔夫球杆，并开始花很多时间去打高尔夫球，如此尽情地度过时光。当然，我衷心地祝福他，因为我觉得这对他有好处，他一辈子都在拼命工作。也就是从那一刻起，我基本上全面接手了。"

在其法庭证词中，萨姆纳·雷石东把这场纷争描述为其父与其弟之间的纷争。[17]他赞同弟弟的看法，所以他并没有对弟弟的股份设置任何限制，但他也赞同父亲希望埃迪为他自己的孩子留出股份的总要旨。"我自己有一种观念，那就是，我们公司的传统和文化就是公司股份必须代代相传。"他说。

事实上，正是萨姆纳·雷石东主导了全美娱乐公司针对埃迪退出的谈判。[18]根据德加科莫于1972年6月写的一份备忘录，在他受雇后的半年里，萨姆纳·雷石东跟他进行了"无数次"会面，而米基只参加了其中的几次。双方探讨了各种选项，包括尝试让埃迪作为雇员或顾问留在公司里，或者让埃迪把他的100份股份售还给全美娱乐公司。[19]但若不承认存在一个让埃迪的孩子受益的"口头信托基金"，米基是决不会签署任何协议的。因此，到1971年12月，双方陷入了僵局，埃迪于是将他的父亲、兄长及家族公司告上了马萨诸塞州高等法院。

贝尔本来就容易激动，她并没有把家族内斗处理好。[20]她给埃迪写了一封绝望的亲笔信，请求他重新考虑这件事。在这封信中，有许多雷石东家族几代人在之后的内斗中常会使用的话术，包括威胁不参加去世家人的葬礼，指责年轻一代在助推家族事业兴旺发达方面没有发挥任何作用。"你爸的立场就是，当你还小，还在学校读书的时候，他就投资了全美娱乐旗下的影院，如日出、怀特斯通、戴德姆、纳蒂克和里维尔等，而这些股份应当属于你的孩子。"她这样写道，"你没有为这些影院做过任何贡献，是他拼尽了全力才将股份传给你，把钱放进了你的口袋，而你竟然要拿去卖掉。我给别人家擦过那么多次地板，做了那么多卑贱的工作来帮助你爸达成夙愿，但我也搞不懂了。我们只想保护你的孩子。你难道不觉得这合情合理吗？埃迪，在我看来，你现在是要从一个火坑往另一个火坑里跳呀。你要做的一切，就是在给萨姆纳和你自己的家庭的财富带来毁灭性的打击。"

在信的结尾，她以一种超现实的、母亲式的劝慰口吻让儿子多打电话过来，不要一上来就拿刀捅别人的要害："顺便说一句，迈克尔刚刚打来电话，听起来他的心情棒极了！事实上，我近期几次和他说话时，他的状态听上去都很不错。他说他周末可能会来，我们都很兴奋。你为什么不和他一起过来呢？"

埃迪其实有自己的是非判断，但他不管不顾地立即回了信："在所有律法下，都没有任何理由可为萨姆纳和老爸的行为辩护。就您的地位而言，人家说什么，您就只能信什么。再者，我并不是有意要对您不恭，您现在这样就是多年来受到老爸令人难以置信的残酷对待的结果。但凡了解过往所发生的一切，就没有人，真的没有人，能指望别人相信萨姆纳和老爸会把我家人及我本人的最大利益放在心上。他们做的事情如此不仗义，简直让人无法相信。"[21]

一方面，越发剑拔弩张的诉讼在法院进行，另一方面，双方继续谈判，到1972年6月30日，他们终于达成了和解协议。[22]埃迪将得到约66.67份股份，并同意将剩余的约33.33份股份投入为其子女设立的一项信托基金。接着，埃迪同意以500万美元的价格将其股份售还给全美娱乐公司，并永远与全美娱乐脱离关系。最重要的是，为了公司的未来，萨姆纳·雷石东被指定为埃迪子女的两项信托基金的唯一受托人。

多年以后，埃迪自己也说不清楚，他当时到底为何会把孩子们的信托基金交给萨姆纳·雷石东掌控。[23]"我是被逼无奈，胁迫实在太大。坦白地说，不管摆在我面前的是什么，我都会签字，就是为了赶紧离他们远远的。"埃迪说，萨姆纳·雷石东的确有几次劝过自己不要离开家族企业，但他"做的却恰恰相反"。"萨姆纳几乎一直控制着我父亲。所以，毕竟'胳膊拧不过大腿'。"

当埃迪为他的孩子们建立信托基金以了结诉讼时，萨姆纳·雷石东自愿决定为他自己的孩子也建立平行信托基金，以此来坐实其父声称一直都为这些孩子设有口头信托基金的说法。"我的弟弟做的事情，我同样也想做，不过他是打了官司才这样做的。"雷石东在 2006 年的证词中说，"我心甘情愿把三分之一的股份给了我的孩子们，并不是打官司的结果。通过这样的方式，我做了想做的事，也遂了父亲的心意。"（萨姆纳·雷石东后来会为这句话后悔的，因为事情过去 40 年之后，IRS 就凭这句话向他追讨超过 1 500 万美元的未付赠与税和利息。）他再一次让自己成为信托基金的唯一受托人，并赋予自己类似的权力，以决定这些信托基金中的全美娱乐股份可以通过何种方式、何时及以何种价格被赎回。[24]

到 1972 年，萨姆纳·雷石东不仅全面负责公司的运营，也牢牢地将公司股份攥在自己的手心。[25] 除了直接拥有约 66.67 份股份（36.4% 的公司所有权），他还是布伦特和莎莉信托基金以及露丝·安和迈克尔信托基金的唯一受托人，这些信托基金加在一起就构成了另外约 66.67 份股份（36.4% 的公司所有权）。他也仍然是孙辈信托基金的受托人之一，该基金共设 50 股，即 27.2% 的公司收益。露丝·安、迈克尔、布伦特和莎莉的个人信托基金明确规定：他们必须年满 40 周岁才能拿到这笔钱，这给了萨姆纳·雷石东一条畅通无阻的超长跑道，使其可驾驭全美娱乐公司飞向另一个全新的高度。

* * *

　　埃迪结束了围绕他在家族事业中的角色而进行的两年苦斗，一个月后，他的女儿露丝·安进入布兰迪斯大学读大一。露丝·安长得很漂亮，有着她母亲那样的大眼睛和浓眉，一头蜂蜜色的长发留着像嬉皮士似的中分发式。此前两年，一群手无寸铁的大学生在肯特州立大学抗议越南战争时遭遇枪击，这让她深感震惊，并且她发现布兰迪斯到处都是与她志同道合的人。早在 20 世纪 70 年代初，这所位于波士顿郊外的小型文理学院就已经作为激进主义的温床而远近闻名了，这都是拜安吉拉·戴维斯和艾比·霍夫曼等著名校友，以及苏珊·萨克斯和凯西·鲍尔等不甚著名的校友的活动所赐。[26] 这几位布兰迪斯的同窗室友花了23 年来躲避联邦调查局的追捕，因为他们与 1970 年 9 月的一起银行抢劫案有关，并杀死了一名警察，该警察与一场武装黑豹党并推翻联邦政府的反战密谋有关联。1970 年年底，一名学生向《芝加哥论坛报》抱怨说："布兰迪斯已经变成了一个像'查帕奎迪克岛'（Chappaquiddick）一样的词，代表着某种神秘的邪恶。"

　　尽管布兰迪斯大学也有马克思主义教授，学生也举行反战罢课和争取民权的静坐活动，但在那个整个社会都动荡不安的年代，这所田园牧歌式的新英格兰校园是否真的滋生了比其他任何大学都多的激进分子，这一点仍然有待商榷。但布兰迪斯给予其学子的自由却是独一无二的，正如《芝加哥论坛报》所言："这个地方几乎毫无规章制度可言。高年级学生简直为所欲为。晚上没人到宿舍查寝。只要愿意，你大可住在校外，事实上的确有 20%的学生这么干。孩子们说，他们遵从两个主要的原则：一是小心谨慎，二是在餐厅里要穿鞋。"

露丝·安对这种自由完全准备不足。她先前就读于温莎学校（其前身为温莎小姐学校），这是一所始建于 19 世纪的享有盛誉的小型女子预科学校。"她在那里受到了相当程度的庇护，因此，与她聪颖过人的外表截然不同，她的内心依然是闯入未知成人世界的小女生那样单纯。"加里·斯奈德说。

这个理想主义的姑娘一下子被放到了这个涌动着反体制狂热的校园中，既无庇护也无约束 27，而大约与此同时，一群自称"耶稣怪胎"的人从加州向东进发，沿途不断参加反战集会，或跑到各大学校园向年轻的嬉皮士们宣扬他们的理论：社会已经崩坏且无法修复。28 1968 年，"上帝之子"组织由戴维·伯格成立于加利福尼亚州的亨廷顿比奇市。作为基督教福音派传教士之子，人到中年的他鼓吹其追随者应该为即将到来的末日灾祸做好准备，要模仿早期的基督徒，要摈弃各种世俗的职业，要倾尽世俗资财上缴组织，要住进公社过集体生活，要完全投身于福音传布。

1970 年，伯格已经聚集了数百名追随者，并蓄起了长长的白胡子，跑到欧洲隐居。29 此后，他通过数千封带有亵渎意味的书信与追随者们进行交流，而这些书信更是依照他在组织中的名字摩西·戴维被称为"摩西书信"或"摩信"。但伯格的退隐只让这个团体更受欢迎了。到 1971 年，该团体声称已有 1 600 名成员，其中许多人的父母已经开始组织反对活动，声称邪教给他们的孩子洗脑，教唆他们仇恨自己的父母。30 到 1972 年，"上帝之子"在 130 个国家建立了公社，也就是该组织所谓的聚居地，但他们也感到来自当局的压力越来越大。31 1973 年，伯格预言，即将到来的科胡特克彗星将导致美国的毁灭，并令其信徒们逃离美国，在世界各地建立聚居地。[32] 于是许多人便逃往拉丁美洲。

露丝·安就是其中之一。她在布兰迪斯完成了大学一年级的学业，然后注册了第二年的课程，接着却消失了。"她……离开了布兰迪斯，跑去和一些朋友游荡鬼混。"埃迪在一份证词中说，"她最初去了南美洲。"当被问及她游荡了多长时间时，埃迪回答说："她游荡了一辈子。"[33]

熟悉这个家族的人们认为，在目睹家族亲人为了金钱而争来斗去许多年之后，露丝·安加入一个反资本主义的邪教组织也就并非偶然了。纽约州总检察长办公室1974年的一份报告（其中称"上帝之子"为邪教组织）显示，该组织"要求成员将诸如汽车、录音机、电视机、银行账户及现金等私人物品交给当地公社头领，然后，据说这些头领会原封不动地将其转交给伯格和他的家人"[34]。这种"放弃一切"的信条不仅是该团体最初的主要资金来源，同时还要求新加入者将当下和未来的所有收入上缴组织。

该报告还发现，"几乎每一位"接受访谈的"上帝之子"前成员都说，他们"经常温习"下面这段《圣经》里的话：

> 人到我这里来，若不爱我胜过爱自己的父母、妻子、儿女、弟兄、姐妹，和自己的性命，就不能作我的门徒。
>
> ——《新约·路加福音》，14:26

伯格在1971年1月1日的"摩信"中将这一点发挥到了极致：

> 父母将房子、车子，还有教育和所有那些狗屁东西一

个劲儿地往他们怀里塞，这简直就像让他们吃父亲的屎一样！弄得孩子们现在就想杀了他们！这怪不得他们！我自己有时也有同感！

但"上帝之子"的现实远比单单批判唯物主义或权威更黑暗。大约在露丝·安加入的时候，伯格开始在他的教义中引入自由性爱的主题，宣布了"一个妻子"的教义——该教义取消了婚姻中的忠诚要求——并祝福未婚者之间的"性分享"，只要是为了侍奉上帝即可。[35] 于是，1976年，伯格批准了"调情钓鱼"，即利用性来招募新成员的做法。伯格称这是"一种见证和赢得灵魂的激进方式"，但到1977年，他又开始指示该组织中的女性对她们所提供的性服务收费。[36] "我们没有钱来继续支持某种宗教妓院，替那些只快活不付钱的男人买单。"伯格写道，"祝他们泡妞开心，但得付钱哦！"

埃迪和莉拉急得简直要发疯了，米基和贝尔也一样。多少年来，这个家族，包括萨姆纳·雷石东在内，在调查人员和毒性思维解除师身上花了大笔的钱，想尽办法要让露丝·安回归正常生活[37]，但她最后还是逃走了，并重新加入了这个邪教组织。[38] 1978年后，这个邪教组织更名为"大家庭"。莉拉后来甚至在政治上也变得很活跃，她到处进行游说以争取反邪教立法，若立法通过，就可要求来自宗教组织的律师携带身份证件，成立专门小组研究宗教团体的资金募集问题。1980年春，莉拉告诉警方，在一个昏暗的停车场里，两名衣冠楚楚的男子与她搭讪，然后用刀架在她的喉管处，逼迫她停止游说活动。[39] "我一看这俩人的眼神，就知道他们是那种沉湎于邪教的人。"莉拉对《波士顿环球报》说，"他们威胁说，如果我继续反对他们的宗教目的，他们就对我的母亲和丈夫不利。"她告诉该报，她的女儿曾经完成了"解（邪教之）毒"的矫正，但那似乎只是事态瞬间向好的回光返照而已，后来她又离家出走了。莉拉和埃迪永远也不可能找回他们的女儿了。

与此同时，1973 年，迈克尔从麦克莱恩医院转到了位于堪萨斯州托皮卡的门宁格诊所，这是美国最好的精神病院。迈克尔的家人认为，他始终需要寄居于机构与露丝·安的失踪不无关系。熟悉迈克尔的人说，他很崇拜他的姐姐，要不是她失踪，他也不会产生如此严重的怨愤情绪。他在门宁格诊所待了一年多一点儿，并在其附属学校——专门为情绪失常的青少年开办的索瑟德学校就读，但在那段时间，他后来做证说："没有一个人来看过我。"[40]

过了 17 岁生日，迈克尔就设法逃脱了。"我闯入一间办公室，给律师打了电话，也给美国公民自由协会打了电话。"迈克尔说，"他们同意受理我的案子，事情就这样上了法庭。他们下令剥夺我父母的监护权，并暂时将其交给我的律师，他们还评估了我受到伤害的情况。"[41]迈克尔在电话簿中随机找到的那位律师在接听他的电话后，又给当地一位名叫拉尔夫·斯库格的律师打了电话，是后者提起诉讼，要把迈克尔从门宁格弄出来的。

"他不想就这么被扔在索瑟德学校没人管，也不认为自己属于那里，所以我们在法庭上提起了诉讼，以确定他是对的。他们根本无权在违背他的意愿的情况下让他留在那里。"斯库格说，然后，他又补充道，"我们当时处于一种过渡阶段，即由认为孩子应该按父母所说的去做转向他们最终应在法律的规定下享有同等的宪法权利。"

第一个到达托皮卡参加庭审的迈克尔的家人是米基，接着是萨姆纳·雷石东。斯库格称萨姆纳·雷石东是在整个过程中帮迈克尔站起来的那位幕后的"坚定推手"。埃迪和莉拉均未到场，不过这样或许倒也无妨。"我认为，我们在审判中确定了一点，那就是莉拉极有可能患有精神疾病……而他们的两个孩子则深受其害。"斯库格说。至于埃迪，"他支持的是他的妻子，而不是他的孩子"。

最终，迈克尔和已有五个孩子的斯库格一起生活了六周。斯库格说，在这六个星期里，他没有看到任何精神疾病的迹象。"我不知道他有什么地方不正常，倒是他曾被那么奇葩地对待，导致他对事物的反应有时就跟那些脾气固执的孩子一样。我从未注意到他有什么困难，只不过他对事物的反应偶尔与我的孩子们不同。"

斯库格表示，他不记得迈克尔在门宁格诊所得到的是什么诊断——如果说真有一份诊断——但他相信，迈克尔的父母之所以把他扔在那儿，在某种程度上是因为"他也像很多年轻人一样抽大麻"。（埃迪这个暴脾气的新英格兰人，偶尔喜欢借抽烟喝酒放纵自己，而对于自己孩子那一代人的反传统文化，他持一种可预见的悲观看法。在因放映纪录片《伍德斯托克音乐节1969》而引起的混乱中，他对《波士顿环球报》坦承："就我个人而言，伍德斯托克音乐节的概念简直令人反感，但我无权把自己的观点强加于人。"[42]）

迈克尔认为，他之所以会在门宁格，就是因为父母不愿多管他的事。"他认为他们只管自己，孩子对他们来说就是负担。他们只想要一流的治疗，但他们自己可不愿意承受。"斯库格说，"门宁格的治疗就是一流的。"

胜诉后，迈克尔在托皮卡的沃什伯恩大学学习了一个学期。斯库格帮他在学校附近找了一间公寓安顿下来。萨姆纳·雷石东还帮他弄到了一辆汽车和一张驾照。萨姆纳·雷石东开始定期打电话给迈克尔，询问他的情况。"起初，他督促我做好上学的准备。"迈克尔说，"他还问学校里的情况，问我的成绩如何，让我不要到处惹是生非，诸如此类……以前从来没有人关心过我，所以……我很感激。"[43] 在接下来的数年之中，这些令人振奋的交谈一直都在延续，因为迈克尔后来又去了佛罗里达，以便与祖父母住得近一些。再后来，他回到了波士顿，进入东北大学学习。

斯库格成了迈克尔又一位终身的良师益友，他参加了迈克尔的婚礼，有时还会去萨姆纳·雷石东和米基在波士顿的办公室看望他们。但在代理这个案子的整个过程中，最打动他内心的就是在萨姆纳·雷石东携众律师出庭之前，米基在家里整日坐立不安的那几天。也许是斯库格直言不讳的智慧和他作为中西部人的不紧不慢的说话方式，让老人不再那么紧张，并终于放松了下来。

"他不停地对我说：'我实在是想不通。我们养育了这两个儿子，给了他们世界上的一切，让他们变得富有。可惜一点儿用都没有。他们还是照样跟我不对付。'"斯库格说。

* * *

这个家族中的某些成员说，萨姆纳·雷石东不仅把他的兄弟挤到一边，还把毫无心理准备的父亲照样挤到了一边。这也许能够解释米基悲从中来的原因，他觉得并非只有一个儿子对他不好，而是两个儿子都对他不好。"我还记得那种感觉，那是在米基从对公司的实际掌控中退出的时候，对他而言，那的确是个艰难的转折。"拉斯·查里夫说，"关于萨姆纳·雷石东是如何排挤他的父亲的，人们有各种各样的猜测。"

"交易有道"

雷石东做事就是这样，要是你踩了他的脚趾，他就会敲你的头。

"与人们普遍的看法相反，"在 20 世纪 60 年代末写给哈佛大学校友的信中，雷石东谈到了他在放映商行业组织这个领地中所扮演的角色，"我的主要职责不是参加有大明星和影坛新秀参加的鸡尾酒会（反正我的妻子有时也会反对）。"[1] 但到 20 世纪 70 年代中期，他做的恰恰就是这一套：要么手里夹着雪茄，和长着一张娃娃脸的派拉蒙影业公司董事长巴里·迪勒聊着天，而满脸胡子的达斯汀·霍夫曼和身穿白色束腰外衣的马洛·托马斯这时则在洛杉矶召开的派拉蒙影业的销售会议上忙得不亦乐乎[2]；要么与二十世纪福克斯电影公司执行总裁丹尼斯·斯坦菲尔在好莱坞共进午餐[3]；要么在派拉蒙影业公司总裁弗兰克·雅布兰斯的儿子的成年礼上跳霍拉舞[4]；要么置身于比弗利山庄的玫瑰园、喷泉和有着四百年树龄的无花果树之间，与派拉蒙影业公司总制片人罗伯特·埃文斯打网球。[5] "每打一个得分点他都要大喊大叫、争个不休，"埃文斯向《福布斯》抱怨雷石东，"他是我见过的最好胜的网球单打运动员。"[6]

自从父亲明确了雷石东兄弟俩在公司里的分工，并把负责与电影公司进行谈判这个至关重要的任务给了他之后，雷石东就一直跟那些向他家影院供片的发行商过从甚密。[7]多年来，有一些他每天都要与之打交道的发行推销员，比如雅布兰斯，在其公司的等级阶梯上不断攀升，而雷石东也一直和他们保持着密切的联系，从而形成了一个由好莱坞圈内人组成的密友小圈子。雅布兰斯是布鲁克林一名高中学历的出租车司机之子，当年在派拉蒙负责影片发行时，他让电影《爱情故事》火遍了美国，并因此于1970年成为这家电影公司的总裁。他和雷石东一样直来直去，一样精于世故，一样刻薄尖酸，一样有那种令人不安的感觉，好像他命中注定要担起国家大任。雅布兰斯曾对《纽约》杂志说，他正打算竞选美国总统，而作为1972年参议员埃德蒙·马斯基的总统竞选委员会联合主席，雷石东的筹款工作令他的同事们确信，他也在向华盛顿进军。长期供职于全美娱乐公司的埃德·克努森说："如果马斯基当选总统，雷石东就会成为司法部长。"

　　雷石东与雅布兰斯的友谊得益于他与派拉蒙的特殊关系。20世纪60年代，当"企业掠夺者"赫伯特·西格尔试图收购派拉蒙时，身为全国影院业主协会主席的雷石东，也曾是管理层抵制这次收购的一股力量，同时为派拉蒙日后被收购铺平了道路，收购它的是企业多元化重组狂人查尔斯·布卢多恩的海湾与西方工业公司。[8]布卢多恩是一位有才而又任性的企业收购者，他戴着厚厚的眼镜，操着浓重的奥地利口音。他将这家前汽车零部件公司作为平台，吞并了一系列五花八门、毫无关联的企业，但他对派拉蒙的大胆收购却有利于迎来一个黄金时代。他让演员出身的制片人罗伯特·埃文斯从默默无闻的处境之中脱颖而出，并在好莱坞其他电影制片厂的一片抗议声中，将派拉蒙影业的制片重任交给了他。埃文斯监制了《唐人街》《爱情故事》《教父》等热门大片，将派拉蒙从排行榜最后一名拉升到了第一名。埃文斯和雅布兰斯分别代表了派拉蒙的创作方面和商业方面，且都成了雷石东的亲密朋友。

1974 年，32 岁的巴里·迪勒，一个温文尔雅的电视奇才，接替了派拉蒙的雅布兰斯，成为有史以来最年轻的电影公司总裁。他也从雅布兰斯那里承袭了与雷石东的特殊关系。迪勒说："到派拉蒙后不久，我就遇到了'雷石东难题'，派拉蒙的每一位领导者在过去十年、十五年、二十年里都曾面对这个难题。"这个难题说到底就是：雷石东坚持要求他的影院必须从派拉蒙的电影中得到比其竞争对手更高的票房分成。"以这种方式跟我打交道的放映商，雷石东先生是独一份儿，他总是抱怨说，他在这一年中所做的出色工作绝对值得这样的高回扣。"迪勒把雷石东能拿到更高的票房收入分成归因于"萨姆纳·雷石东的不依不饶，外加同发行商交易时的游刃有余"。

雷石东为达成这些交易带来的最有用的资产之一便是他那过目不忘的记忆力。"哪怕是六年前在俄亥俄州托莱多市放映过的某部电影，雷石东都能告诉你当时它的票房业绩如何。"克努森说，"每一项总收入他都一清二楚，谁也蒙不了他。"他从母亲那里继承的执念也起了作用。克努森说："我还记得，那些订片会议一般都会从早上 6 点半一直开到中午，因为他就想弄清楚该把密歇根州兰辛市的汽车影院的哪两部影片搭在一起放映，效果才会更好。"这些性格特点也使他成了与其共事者的噩梦。"他会在深更半夜打来电话说，《波士顿环球报》上的排片表把时间弄错了。"20 世纪 70 年代负责在报上安排各家影院放映广告的卡罗尔·亚伦回忆说，"他为人简单粗暴，谁都不放在眼里。你话还没说完，他就打断了。"

全美娱乐公司最早的理念，即旗下所有的影院都必须是属于自家的房地产，也起了极大的促进作用。随着雷石东在公司的实力得到全面巩固，这家连锁影院在 20 世纪七八十年代大兴土木，将其汽车影院都变成了室内影院，并把室内影院改造成了越来越豪华的"多厅影院"，这个词已成为该公司在业内的标志。[9]在埃迪离开时的总共 52 家汽车影院和 41 家室内影院的基础上[10]，雷石东在不到十年的时间里就使影院的数量翻了一番多，达到 250 家，成为全美第十大连锁影院。[11]雷石东影院在业内广为人知，它以舒适的摇椅式座椅、高质量的音响和敞亮通风的大厅著称，大厅里到处悬挂着镶框的好莱坞黄金时代的电影海报。[12]"我们的影院和别人家的影院完全不同，"克努森说，"它们不仅非常大，而且有免费停车场。"最重要的是，雷石东的连锁影院因能放映市场上最好的首轮电影而变得大名鼎鼎。[13]

雷石东的影院竟能如此顺利地拿到最好的电影，于是来自竞争对手的垄断投诉接踵而至，先是见诸媒体，然后登上法庭。在康涅狄格州的东哈特福德市中心，一家旧式影院的老板说，就连《驱魔人》这一类的热门大片，雷石东都能拿到其遍布市郊的影院放映，他根本无法与之竞争，于是不得不转向色情片——"不是太过'硬核'那种，也不是软色情，而是介于两者之间吧"。[14]在纽黑文，市中心的电影院被迫将票价降至 99 美分，试图吸引观众——他们在高速公路出口处排长队，想花 3.5 美元进入雷石东的第五展映影院看首映新片。[15]"有人说我们控制了纽黑文，简直是胡说八道。"雷石东这样回应《票房》杂志，其说辞并非那么可信。康涅狄格州在一年之内就有五家影院倒闭，一家连锁影院的经营者直接怪罪于雷石东："电影产品极度匮乏。雷石东已经完全能够拿到好莱坞主要大片的独家放映权，还不愿意跟其他影院分享档期。"[16] 全美娱乐在艾奥瓦州和伊利诺伊州的阔德城拥有六家影院，1975 年，当地三家小影院的老板将全美娱乐和九家最大的电影公司和发行商告上法庭，指控它们合谋让全美娱乐在市场上占据"垄断地位"，要求赔偿 1 140 万美元。[17]

萨奇·杜宾斯基是 AMC 影院背后的电影家族成员，也是提起诉讼的三家小影院的老板之一。在诉讼的调查取证过程中，他发现，发行商同意从雷石东影院提取远低于其竞争对手的票房分成比例。他们也许能让某发行商同意从一部成功好片的第一周票房收入中抽取 50%~60%，但全美娱乐则可以让同一发行商同意只抽取 40%。"我一直搞不懂（发行商）为什么要这么干，可他们确实就是这么干的，看起来这里面有长期建立的关系在起作用。雷石东也算是功夫不负有心人吧。"杜宾斯基说，"他是个凶狠的竞争对手，而且手段十分了得。"

20 世纪 50 年代，放映商艾伦·弗里德伯格从总部设在波士顿的萨克影院（Sack Theaters）起家，一路发展，直到 20 世纪 80 年代末，当上了拥有 900 块银幕、全美排行第五的洛伊斯连锁影院的董事长。他与全美娱乐争斗了几十年。"雷石东为人冷酷无情。"弗里德伯格说，"只要能赢，他什么事都做得出来。"

杜宾斯基和其他几位原告利用了这种看法，用全美娱乐前员工的备忘录指控雷石东贿赂雅布兰斯，以帮助其连锁影院获得派拉蒙所发行影片的首映权。[18] 雷石东、雅布兰斯和全美娱乐的回应迅速而冷酷，不仅断然否认全部指控，还发起了一连串的反诉，包括一项索赔 1 000 万美元的诽谤诉讼。[19] 这场官司最终达成了和解，但在此后的很多年里，与此案有关的放映商在行业媒体上轮番发表声明撤回指控，并向雷石东和雅布兰斯致歉。这里有个典型的例子。"我既没发现，也没有任何证据来证明雷石东先生或雅布兰斯先生行为不端。"大急流城的放映商罗伯特·埃米特·古德里奇这样告诉《票房》杂志，"对于因传播备忘录而给雷石东先生和雅布兰斯先生造成的难堪，我深表歉意。"[20] 最出格的是，古德里奇还被迫以弗兰克·雅布兰斯的名义向威尔·罗杰斯医院和以萨姆纳·雷石东的名义向全国影院业主协会各捐款 1 万美元。

"雷石东做事就是这样，要是你踩了他的脚趾，他就会敲你的头。"杜宾斯基说，"要是能够回到过去，我会从他的市场里完全脱身。我当时就应该这么干。"

在一个诉讼大行其道的行业，雷石东简直就是鹤立鸡群。他作为一名训练有素的律师的赫赫威名，不仅令放映行业内的人们对他望而生畏，而且使他对这个行业极具特殊价值。作为全国影院业主协会主席，他利用自己的法律利器和曾在司法部工作的经验，带领整个影院放映行业反对"投盲标"，即各大电影公司在还未有机会看过某部新片的情况下，就要求影院业主投标竞夺首轮放映权的做法。司法部对此做法做了一些温和的限制，但在 1968 年，事情闹上了联邦法院，雷石东亲自代表 NATO 出庭，指责这一做法涉嫌歧视，一些大规模的放映商（他虽没有说，但就比如他自己）因为同电影公司都有很好的关系，故相对于小规模的放映商有很大的优势，而对于自己将要买进的影片的好坏，小放映商们却无法分辨。[21] 然而，这些争论大多被置若罔闻，所以雷石东继续在州一级的层面上引领这场斗争，NATO 和其他放映商团体试图让各州立法机构禁止这种做法。[22]1978 年 4 月，雷石东对纽约州议会辩称，这种做法是不公平的，因为它剥夺了放映商对一部电影的优劣进行商业判断的权利。[23]雷石东特别提到了《驱魔人 2》，华纳兄弟公司的这一悲惨败笔，被 BBC（英国广播公司）影评家称为"有史以来拍得最烂的一部电影"。他表示："我们放映这部垃圾片，不仅赔了钱，还惹得观众指责我们，认定我们要为那些我们按照合同应该提前查看，但却从未看过的东西负责。"他认为电影票价被抬高，使得电影制片公司进行"垄断"所必需的巨大优势丧失殆尽。1979 年 6 月，纽约州成为美国第 15 个禁止"投盲标"的州。[24]

但如果说雷石东扮演的是有说服力的民粹主义者，试图保持票价低廉，并让垃圾影片远离大荧幕，那么他对电影公司感到愤怒则另有一个原因，那就是电影公司对放映商提前放映电影施加了越来越多的限制。到 20 世纪 70 年代中期，雷石东开始对电影公司本身进行投资，因为他对自己预估影片能否火的能力越来越有信心。当时，大部分电影制片厂都还是独立上市公司，尚未被今天管理着它们的媒体大鳄一口吞下，其财富增长主要还是与票房收入相关。雷石东如果事先看好一家电影制片厂，就会把他的股票经纪人玛德琳·斯威特伍德叫来做投资。(为了养育三个子女，斯威特伍德从 30 多岁就因癌症离世的前夫艾拉·斯威特伍德手中接过了所有客户，并在多年后与丧妻的埃迪·雷石东成婚。)"雷石东非常执着，我从早上 9 点半开始就一直在跟他通电话，一直到股市收盘为止。"她说，"我要是去上厕所什么的，就得找个人来替我接电话。"她清楚地记得，1977 年年初的一天，《星球大战》刚上映，雷石东就打来电话说，他想对二十世纪福克斯电影公司大大地投资一笔。他一眼就看出《星球大战》"完全不同于有史以来的其他所有电影，每个人都会去看这部影片，此片是第一部真正人人皆宜的影片"。

在雷石东的指点下，全美娱乐公司最终购持了二十世纪福克斯电影公司 5% 的股份，并因此赚得盆满钵满。[25] 当初雷石东以每股 8 美元买入，而等到石油巨头马文·戴维斯在 1981 年收购该公司时，又再以每股 60 美元的价格抛出，总计获利至少 2 000 万美元。[26] 雷石东还以同样的手法投资哥伦比亚影业，并持有华纳兄弟、迪士尼、洛伊斯及后来的米高梅联美家庭娱乐公司的股票。[27] 但在 20 世纪 70 年代后期，当他还在为反对投盲标而奔走于美国各地时，上述这些投资都尚未产生回报。他所拥有的只是对自己有能力构想伟大故事的绝对自信。

* * *

没有人精准地知道雷石东是从何时开始与小说作家德尔萨·韦纳有染的，但当她在 1974 年与共育有 4 个孩子的丈夫离婚时，一切都进展得相当顺利。[28] 在和雷石东交往的最初几年，德尔萨一直使用夫家的姓韦纳，她几乎就是个名副其实的邻家女孩，一位住在牛顿市、与雷石东的山顶之家大约仅相隔 4 块草坪的医生妻子。德尔萨的儿子温·惠特曼说，他们是在附近社区的社交场所——达德利路俱乐部相识的。

德尔萨仅比菲丽丝小几岁，可以说并不比菲丽丝漂亮。但她那双棕色的眼睛神采灵动，头发剪得短短的，假小子般结实的身体活力四射。她后来所写的那本小说的主人公在描述其垂死的母亲的脸庞时，所用的那些形容词就好像是在描写德尔萨自己的母亲，况且德尔萨也长得和母亲非常相像："贵族式的、略带鹰钩的鼻子，鼻梁上方有一道竖褶，额头高凸，眼睛里透着顽皮。一种几乎像猫一样的特征……一张特点分明的脸，但只有一点点女性气质。百分之百的俄罗斯犹太人的骨骼构造。然而，这也是一张难以捉摸的脸。"[29] 德尔萨自己的脸更瘦削一些，充满一种超凡脱俗的精灵之美，但也同样令人难以捉摸。

虽然韦纳家族中产偏上的城郊犹太人家境在很多方面与雷石东家族很相似，但德尔萨对待这种生活的方式却不同。她是个女权主义者，崇尚自由，对传统和社会为她设定的角色不感兴趣。她几乎没有为自己的孩子定过什么规矩，反而鼓励他们所有人，甚至包括女孩子，要将自己的事业永远置于婚姻或家庭之上。让人震惊的是，她自己却连个硕士学位也没取得，也没有将以写作谋生当作人生之途。她有志向、有主见、有智慧，而且十分严于律己，对雷石东来说，她更像是另一朵红花而非作为陪衬物的绿叶。惠特曼说："他们是真的相得益彰。我想，在我的母亲面前，雷石东也不那么自信了，她是独生女，天生有点儿内向。"反过来，德尔萨也让雷石东接触了文化。作为一个充满激情的艺术作品和图书收藏家，德尔萨不认同雷石东对电影的品位，即倾向于青睐大片和政治片，尤其是当他的自由主义观点在晚年变得更加保守的时候。最重要的是，他们在一起的几十年里，尽管雷石东的名声越来越大，但德尔萨从来不会奉承他。"她跟他总是针锋相对。"惠特曼说。

德尔萨是一对东欧移民夫妇的独生女，他们没读过大学，后来靠开药店和养老院，在布鲁克林过起了舒适安逸的生活。"我的母亲自学成才，投资债券赚了100万美元，同时培养我，就像爱玛·沃德豪斯所受的教养那样，她送我去上钢琴课，学跳芭蕾，并在展望公园学骑马。"德尔萨在1999年的一篇小传中写道。她在卡茨基尔地标性的格罗辛格度假酒店度过了几个夏天，这里是电影《辣身舞》的灵感来源地之一。她在这里表演戏剧片段和自己写的长篇独白，还与歌手艾迪·费舍这样的万人迷约会，而费舍后来就在这家度假酒店与伊丽莎白·泰勒成婚。费舍很快就被阿尔伯特·韦纳盖过了风头，后者是一位从哈佛大学毕业的英俊医生，也是刚从战场上回来的陆军上尉。从雪城大学戏剧专业毕业后，德尔萨嫁给了韦纳，过起了20世纪50年代郊区主妇的生活。[30]"15年来，我的生活就像茶壶托一样实用，只有晚上在大家都睡着了的时候，我才在暗中偷偷地码字。"她写道，"随着岁月更迭，我的孩子们留意到生活中发生的种种事情，而且比我以为的还要多。他们一个个地'崩开'了，就好比竖在橱柜里的婚礼香槟酒似的。我遇到难处都是独自处理，直到我找到了一个理想的爱人。我的爱人忠诚、忙碌且富有。一个女人要想写小说，就必须有钱、有自己的房间才行。"

离婚后，她全身心地投入小说创作。20世纪70年代末，她的短篇小说开始出现在《波士顿环球报》《小说》《弗吉尼亚季刊》等出版物上，并获得了各种文学奖。她笔下的主人公有些是极为独立的波士顿女性，她们不仅与医生丈夫离婚，还与生活在纽约的实力派企业高管发生婚外情，而这些高管甚至不太会去争取与自己的妻子离婚。[31]

菲丽丝对此当然心知肚明，德尔萨和雷石东各自的孩子们也一样清楚。在德尔萨婚姻艰难的最后几年里，阿尔伯特甚至得知，并有一次在怒斥德尔萨时直言，他们1964年出生的小儿子惠特曼甚至有可能不是他的孩子。（多年来，一直有传言说惠特曼是雷石东的孩子，但他与阿尔伯特长得实在太像了，这让传言不攻自破。）这段婚外情成了牛顿市这两大家子相互争斗的起因，而且更加令人尴尬的是，莎莉和布伦特的年龄与德尔萨家的几个大孩子相差无几，而且所有的孩子在社交场合都相互认识。尽管如此，雷石东还是不打算像德尔萨那样，也去法庭闹离婚。雷石东的家族友人说，尽管德尔萨是雷石东的一生挚爱，但他在感情上与菲丽丝仍难舍难分，就像他在感情上离不开自己的母亲一样。德尔萨在离婚后不久就开始和雷石东商量要一起找一所房子，这样他们就可以像夫妻那样生活了，尽管他们还得等很多年才能如愿以偿。德尔萨并不想再婚，这样雷石东本身的婚姻状况就变得没那么重要了——他们双方只是同意要在一起生活。

因此，除了德尔萨离婚，并没有什么明显的迹象表明发生了什么事，菲丽丝也只能忍着。在某种程度上，男人拈花惹草是可以接受且不难想到的行为。米基·雷石东这样干过，萨甘斯基医生也这样干过，那为什么萨姆纳·雷石东就不行呢？"他给我的印象一直都是，他是一个不管别人跟他有什么交情都要行骗的人。"惠特曼说。这种关系之所以能被容忍，部分原因就是它是私密的。

但这种情况即将改变。

火中淬炼

许多年里，雷石东一直拒绝那种轻飘飘的说法，即那场大火改变了他，把他的坚强意志锻造成了征服企业的钢铁利器。但大火确实改变了他。

1979 年 3 月 28 日清晨，位于宾夕法尼亚州哈里斯堡以南的三英里岛核电站部分反应堆熔毁，引发了美国历史上最严重的核灾难，也让这个本已在通货膨胀和石油危机边缘挣扎了十年的国家陷入恐慌。吉米·卡特总统试图通过实地巡视该核电站来使国家恢复安定——当时他的双脚被黄色的塑料筒靴严密包裹，而几个月后，在一次谴责美国的"信心危机"的演讲中，他将会"诊断"出这一事件所带来的精神疾患。

　　但是，在波士顿那些古老酒店穿越时空的石灰岩建筑的恢宏背后，事情的进展方式依然与一代人之前并无两样。新英格兰综艺俱乐部，即米基·雷石东当年在经营其最早的汽车影院的日子里领头建立的那个放映商聚会，在公园广场酒店主办了一场午餐会，以欢迎好莱坞最大的几家电影公司派出的最新一批本地区的影片发行经理。[1] 其中一位是华纳兄弟公司 29 岁的分公司经理罗杰·希尔，此人正春风得意，前一年才从佛罗里达州杰克逊维尔被调来波士顿。这一类聚会的目的再明确不过，那就是放映商的生死存亡，取决于他们能否把最好的影片弄到自己的电影院来放映。因此，尽管他们经常起诉发行商，或向司法部投诉发行商，但他们更多的时候是用牛排和马提尼酒来款待发行商。

没有人比雷石东更擅长这个游戏。随着天色向晚，庆祝活动沿着大街继续向前延伸了两个街区，直抵科普利广场酒店——米基·雷石东和萨姆纳·雷石东曾经的居所。[2]萨姆纳·雷石东顺势在这里又款待了希尔一次，这回是在华纳兄弟公司出品的影片的首映式上。雷石东似乎决心让希尔好好享受一番。聚会结束后，他和德尔萨决定留在酒店过夜，并在三楼转角处预订了一间套房，一名目击者称，这间套房与希尔下榻的房间相邻。和雷石东一样，希尔也是已婚人士。还是和雷石东一样，那天晚上和他同住一个房间的女人也不是他的妻子。

午夜刚过，他们醒过来，发现烟雾透过房门底下的缝隙往里涌。雷石东在自传中说，是烟味把他呛醒的。但惠特曼说，他的母亲在 2013 年去世前告诉他："他们在房间里接到过一个电话，说酒店失火了。"德尔萨光着身子朝窗户走去，但雷石东却朝房门那边跑去。"萨姆纳，萨姆纳，别去门口！"她哭喊着。但为时已晚。雷石东打开了门，烈焰瞬间将他吞没。

德尔萨年纪更轻、体格更强壮，就从窗口爬了出去，来到外面的窗台上，后来在那里获救。她只是吸入了烟雾，受了轻伤。"她只有右手拇指被烧黑了。"惠特曼说。与此同时，雷石东却被大火包围。"大火从我的两条腿往上烧，疼痛剧烈。我要被活活烧死了。"[3]他写道。在雷石东描绘的版本中，他只字未提房间里的另一个人，只是说他打开一扇窗户，爬到一个小窗台上，紧紧抓住窗户，任凭火焰吞噬了他的右手和右胳膊。当消防部门救下他时，他的身体表面已经有 45% 被严重烧伤。两人都被送往波士顿市立医院。[4] 德尔萨被列为体征平稳，而雷石东则被归入"危重名单"。

当晚的贵宾可就没这么幸运了。罗杰·希尔是在走廊里被发现的，旁边还有 28 岁的帕特丽夏·马尔卡希，她当时刚从华纳兄弟公司的明尼阿波利斯发行部调来波士顿。在那之前一周，马尔卡希刚刚从华纳兄弟公司辞职，因为她找到了一份可以经常出国的更好的工作。但她那天晚上之所以会待在酒店里，是因为朋友们事先给她打电话，撺掇她来参加电影首映式聚会。"那天晚上，就在去参加晚会之前，我还跟她说过话，她很兴奋。"她的母亲维吉尼亚·马尔卡希说，"她对我说：'妈妈，我不跟你多说啦，我要去参加一场盛大的聚会，出租车马上就要来接我了。'"

和雷石东一样，就在打开房门的一瞬间，希尔被大火扑倒了。有证据表明，他一开始躲进了浴室自保，但却没能走到窗口，于是又被逼得退回到走廊上，在那里，他和马尔卡希被火焰和浓烟吞噬。他被送往马萨诸塞州总医院，全身 60% 以上被"严重烧伤"，而马尔卡希被送往新英格兰医疗中心，生命垂危。[5] 她的母亲说，她的身体超过 40% 的地方都被烧伤了。马尔卡希在五天后去世。希尔坚持了将近两个月，后来情况似乎还有所好转，但很快就于 1979 年 5 月 17 日因伤重不治去世。[6]

雷石东被送到医院的那天晚上，似乎也面临着同样的结局。雷石东的医生告诉他的家人，他活不过当晚。[7] 他的右手腕几乎完全皮开肉绽，双腿也严重烧伤，以至于医生推断他再也不能走路了。但他被转移到了马萨诸塞州总医院的烧伤中心，在那里，他忍受了几十个小时的痛苦手术，医生从他身体健康的部位剥离皮肤，再将其移植到烧伤处。同年6月初，预后非常好，于是米基便给NATO的负责人写了一封信，向所有往全美娱乐办公室写信和打电话的人通报了最新进展，说萨姆纳·雷石东"已经能在医院的走廊里来回走动了"。[8] 在雷石东所讲的火灾版本中，创伤性遗忘掩盖了德尔萨的存在。从雷石东闻到烟味到他打开房门，这中间到底发生了什么，"他脑子里完全不清楚"。

那天晚上，在雷石东房间外肆虐的大火，只是科普利广场酒店和附近的波士顿喜来登酒店里发生的十多处火情之一。[9] 这些火都是由一名18岁的醉酒青年出于愤怒而点燃的，因为他丢了在酒店洗碗的工作，酒店拒绝了他的重新申请。这个名叫胡里奥·罗德里格斯的男子后来承认犯有纵火罪和过失杀人罪。他放火点燃了三楼走廊里靠近雷石东房间的长沙发，雷石东认为将沙发放置在那里"违犯了现存的所有关于防火的法律"。[10] 近2 000人被疏散，69人受伤，而且科普利广场酒店的经理估计损失超过100万美元。[11] 波士顿消防专员乔治·保罗称，这可能是该市"椰树林"火灾以来最惨烈的火灾事件。[12]

雷石东和菲丽丝共同起诉了与科普利广场酒店有关联的三家公司，要求赔偿1 200万美元。[13] 他们声称，雷石东因严重烧伤而遭受了"肉体和精神上的巨大痛苦"，"他赚钱的能力也已经受损很长一段时间了"。根据法庭文件的记载，菲丽丝提出损害赔偿要求，是因为"其丈夫严重受伤，她已经并将继续被剥夺曾享有的其丈夫应尽的义务，包括社交和抚慰、陪伴、关系、感情和联盟"。那天晚上，雷石东一直在和另一个女人厮混，事实上，在过去十年的大部分时间里都是如此，但这根本就不算什么。这不会是菲丽丝最后一次对她丈夫的风流韵事视而不见，也不会是德尔萨最后一次从自己的人生故事中抹去自己，而这一切都不过是为了那还未到手的上千万美元而已。

一时间，大火似乎要摧毁雷石东的两个世界之间的那点儿极不稳定的平衡。雷石东和德尔萨的名字出现在火灾发生次日《波士顿环球报》关于火灾的相关报道中，当地新闻画面也显示他们两人都从消防云梯上爬了下来。但雷石东的家人禁止德尔萨去医院看望他，几周后，米基所说的关于萨姆纳·雷石东独自醒来闻到烟味的故事已经被敲定为行业内的传说版本。雷石东家族成功地将德尔萨从整件事中彻底抹去，以至于20多年后，雷石东想也不想就用这个部分虚构的段子作为自传的开头。直到2000年，德尔萨那一晚就在雷石东房间中的事实，才由波士顿的某杂志在为她取了假名之后的报道中予以披露，但它真正完整浮出水面则是在她去世之后。[14] 然而，她于2000年出版的长篇小说处女作却让人毫不怀疑她也亲身经历了那场火灾。[15] 在小说中，主人公在一次事故中被烧得面目全非，无法辨认，她的一只手也像雷石东的一样成了疤痕扭曲的爪子。惠特曼说，火灾发生之后不久，因为这段关系，"我们家人仍然感到十分羞耻。后来，大家也都释然了"。

之后许多年里，雷石东一直拒绝那种轻飘飘的说法，即那场大火改变了他，把他的坚强意志锻造成了征服企业的钢铁利器。[16] 但大火确实改变了他。他对自己能力的信念一直都是非常坚定的，此时则变得更加不可动摇了。"坚定的意志，无论关乎身体还是其他，都是绝处求生的关键。"他在自传中写道，"就算没有经历过那次教训，我现在也一样很清楚这一点。"他刚能站起来，就立即把网球拍绑在他那只严重受损的手臂上，然后重返网球场。几乎在刚刚恢复说话能力的时候，他就不顾医生的建议而飞往洛杉矶，在每年 10 月召开的 NATO 年度会议上发表了一次言辞激烈的主题演讲，谴责了"投盲标"这个"既缺德又在经济上害人不浅的政策"。[17]"如果他们不停止这种做法，那么我要说，开战吧！"他说，"我要说，去法庭上战斗，去州立法机构和联邦立法机构战斗，直至去司法部战斗。"为表彰他"鼓舞人心的勇气"，NATO 授予他一项荣誉奖，在灯火通明的博纳旺蒂尔酒店大厅，济济一堂的 2 000 多名放映商为他起立鼓掌。[18]

但他后来痛苦地明白，这远远不够。火灾发生后不久，他去德尔萨家看望她，他们俩一起对未来进行了评估。他看到自己面前有两条路，一是选择放弃，将余生用来经营连锁影院，二是继续开拓规模更大、发展更好的事业。他们俩一致决定要加倍努力。似乎是为了证明自己的观点，雷石东来到钢琴前坐下，开始弹奏，尽管他手上的伤口尚未完全愈合，弹琴有可能让他的手落下蜷爪般的残疾。"当他站起来的时候，"惠特曼回忆道，"琴键上全是血。"

德尔萨全身心地投入写作。到 1981 年，她赢得了 3 000 美元的马萨诸塞州艺术与人文奖学金，这让她得以买了有生以来的第一台电脑，并用它创作了六部长篇小说。与此同时，雷石东有一段时间质疑自己资本家式的冲动，同波士顿大学法学院签约，讲授该院首次开设的关于娱乐业法的课程。1981 年 3 月，他在《波士顿环球报》为其所做的平生第一份重要的人物专报中说："如果我有天赋和能力，那么我应该以更有价值的方式将其发挥出来。"[19] 但随着这篇文章的发表，显而易见，雷石东的遗憾并不在于他以往不够博爱。相反，倒是因为他一直被困在传媒业这辆列车笨重的守尾车厢里太久了。尽管他的公众形象来自他与各大电影公司的不懈斗争，但他真正的愿望是加入它们。"有时候，真希望我们是它们，它们是我们。"他说。

当然，他那时已经踏上了将要掌控整个传媒行业引擎的道路。他在华尔街的成就引人注目：他所持有的二十世纪福克斯公司股份为全美娱乐公司创造了巨额利润，他还在华纳传播公司、米高梅电影公司、哥伦比亚影业公司和时代公司积攒了大量股份。"我不把电影股看成单纯的娱乐股。"他对《波士顿环球报》说，"这些公司每生产一部影片，其实都是在创造一种资产，这种资产的增长速度将超越通货膨胀。这些影片带来的溢出效益正在不断增长。"[20] 他在各家电影公司持有的股份也水涨船高。整个 1981 年，他将所持的哥伦比亚影业股份逐渐增加到近 10%。[21] 到 1982 年 1月，当可口可乐公司同意收购该公司时，他所持的股票价值已达4 800 万美元，他净赚了约 2 600 万美元。[22] 那一年，雷石东首次出现在《福布斯》美国前 400 名富豪榜上，名列第 316 位。[23]

令人好奇的是，这一里程碑是在雷石东对自己行业的前景做出越来越悲观的预测时出现的。早在 1981 年，他就看到了 500个频道的有线电视套餐的未来，以及它对影院业主所预示的威胁。[24]"无论别人怎么说，现实情况就是，用不了多久，普通人就能在电视机上使用 100 种不同的功能，电视机的尺寸和分辨率也会截然不同。这一现实将会对放映行业产生巨大影响，这种影响甚至有可能是颠覆性的。如今，一场巨大的革命正在进行，我不知道大多数影院业主是否已经意识到了这一点，但他们绝对应当意识到。"雷石东在 1981 年 11 月发表于《国际电影杂志》（*Film Journal International*）的文章中这样写道，当时他正在增持哥伦比亚影业的股份。他还补充说："让我们面对这个现实吧：如果发行商开始执行向家庭市场和影院同步发行主要影片的政策，那么影院就没戏了，彻底完蛋。"1982年，在《波士顿环球报》关于他的竞争对手A.艾伦·弗里德伯格的人物报道中，他甚至更加直言不讳。雷石东说："影院行业是一个没有增长的行业，而且正在走下坡路。"[25]

尽管如此，他还是继续建造规模越来越大的多厅影院，并以越来越盛大的排场来举办这些新影院的开张典礼。[26]1982年夏，他在里维尔的上空大放焰火，庆祝他所说的最具雷石东风格的新英格兰地区最大的室内多厅影城"展映影院1~10号"的开业。这家影城是在米基的里维尔汽车影院的原址上建起来的。第二年，他又在怀特斯通汽车影院如法炮制，将其变成了一家有10块银幕的多厅影院，还留出专门空间昼夜不停地供应爆米花。[27]截至当时，他声称，这组建造于（已被他在1979年拆除的）日出汽车影院原址、拥有11个放映厅的综合影城，"是世界上票房收入最高的多厅影院"。[28]如果说他发出了关乎室内影院和汽车影院的混杂信息，那他的否定态度就不是为了作秀。他在1983年告诉《新闻周刊》，"汽车影院正迅速成为我们对过去的一种怀旧，我预测它们在20世纪80年代末就将彻底消失"[29]，并且他已毫不留情地开始加速这一事实的发生。

1983年，雷石东60岁了，在这样一家股东极少的家族企业里，别人要是处在他的位置，可能已经开始把注意力转到物色接班人上了。如果早就这么做了，那也许已经有了回报：无论是布伦特还是莎莉，都是雷石东的优秀后代。两人均为律师，在1980年又各自与别的律师结婚。布伦特追随父亲的足迹，入读哈佛大学，并于 1976 年在雪城大学获得法学学位。20 世纪 80 年代初，布伦特在波士顿担任助理地区检察官，负责起诉谋杀案件，并与来自纽约北部的毕业于罗切斯特理工学院的安妮·范德沃肯结婚。然而，关于他们的婚姻却从未有只言片语出现在媒体上，与之形成鲜明对比的是，莎莉与波士顿著名拉比①家族的后裔艾拉·科尔夫拉比订婚的启事在《纽约时报》占据了半张版面。如果要列出她和未婚夫在他们仅仅不到 30 年的人生韶华里所获得的所有成就，那单子一定很长。

　　莎莉成年后还和小时候一样，依然是雷石东最喜欢的孩子，她长得最像他，他也最喜欢逢人便夸她。"他对莎莉的评价总是比对布伦特的高。"惠特曼说。她遗传了他赤褐色的头发、蓝色的眼睛、智商、争强好胜和执着的性格特征。与雷石东一样，莎莉也总是急不可耐地要抢先做下一步的事情。中学时，她参加了一个特殊的教学项目，学生可以按自己的进度学习。到了高三，她就开始学习所有的高四及大学预科课程。像她那一代的许多青少年一样，她也喜欢安·兰德的书及兰德的客观主义哲学，即一个人首要的道德责任是要保证自己的幸福。但她也被公共服务和儿童工作吸引。她在波士顿儿童医院做志愿者，在高中的空闲时间帮忙教幼儿园的孩子和小学二年级学生。当她从牛顿南部高中毕业并进入塔夫茨大学后，她以为自己可能会进入教育行业。然而，在转入英语专业之前，她学的是精神病学，还撰写了关于警察在逮捕程序中的歧视和自由裁量权的论文。这项研究让她尝到

---

① 拉比是犹太人中的一个特别的阶层，担任犹太人社团或犹太教教会精神领袖，或在犹太经学院中传授犹太教教义，是犹太教负责执行教规、律法并主持宗教仪式的人，主要为有学问的学者。——编者注

了法律工作的滋味，于是继 1975 年从塔夫茨大学毕业，她又于 1978 年获得了波士顿大学法学院的法学博士学位。

但加入一家实力强大的律师事务所从来就不是莎莉的志向所在。她曾有一份在 METCO（大都会教育机会委员会）讲授宪法的工作，这是一个开创性的自愿废除学校种族隔离的项目。那时，在一场葬礼上，她遇到了米基和萨姆纳·雷石东的长期秘书蒂莉·伯曼的侄子马克·舒布。伯曼对莎莉就像是母亲般的存在，不仅指点她如何行走于男性占主导地位的电影业江湖，还在她上学的时候帮她录入论文。舒布的律所，即萨隆-西尔弗-赫弗南-舒布律师事务所，当时正在物色一名协理律师。这家律所承接过一些刑事辩护工作，而莎莉在上法学院时就很喜欢刑事诉讼学教授的课，所以她接受了这份工作。文件记载显示，她与合伙人律师斯蒂芬·萨隆一起处理过至少一起刑事案件。除此之外，她还很喜欢这家律所的快乐文化，在那里，协理律师们会在下班后一起出去喝酒，她还学会了打牌和玩西洋双陆棋。"我们享受生活。"舒布说。但随着时间的推移，莎莉发现她真正想要与之一起工作的合伙人律师是舒布。他负责商业交易方面的案子，这需要对税法有深刻的理解。所以她决定去读舒布在波士顿大学读过的税法硕士课程。

就是在那里，在一场税法讲座的可疑浪漫背景下，她邂逅了她未来的丈夫。他身材瘦小，棕色的眼睛炯炯有神，一副十分自信的样子，坐在同一排与她相隔几个位子的地方。她挪到他旁边坐下，他们开始交谈。她惊讶地发现他压根儿就不认识她，但他们很快就发现双方的祖父竟然关系很近。

艾拉·科尔夫是大拉比雅各布·科尔夫的孙子，雅各布·科尔夫是哈西德派运动创始人的直系后代，他被选为乌克兰基辅附近的兹维尔小镇的最后一位拉比，那里是这场运动的中心。1919年，一场大屠杀席卷了乌克兰，当时这位大拉比正在波士顿，而其家人则成了袭击目标。[30] 他的妻子试图带着还在襁褓中的儿子——艾拉的父亲内森·科尔夫，以及跟在她身后的另外三个年幼的孩子从家里逃走。一颗子弹击穿内森的脚，打死了他的母亲，但孩子们都幸存了下来，并移民到了波士顿。在那里，大拉比和他的家人迎来了潮水般的难民，他们成为波士顿犹太社区的中流砥柱。他的三个儿子后来也都成了拉比，其中最有名的是"尼克松的拉比"巴鲁克·科尔夫。[31] 他是尼克松总统的贴身顾问，曾因在"水门事件"中为他辩护而饱受争议。

科尔夫家族遵从拉比们选择不以从事拉比工作谋生的传统，所以他们总是需要有第二职业，或者像艾拉这样，有第三或第四职业来维持生计。在遇到莎莉之前，艾拉就已经有了横跨宗教和世俗两个世界的丰富学历，令人肃然起敬。他所获得的学位包括希伯来联合学院的犹太教育学士、哥伦比亚大学的文学学士、布鲁克林法学院的法学博士，还有塔夫茨大学弗莱彻法律与外交学院的国际关系学硕士、国际法和外交学硕士及国际法和政治学博士学位。[32] 及至他于1980年结婚时，他已就职于波士顿地区检察官办公室，并在马萨诸塞州总检察长手下工作，当时他还担任国际法和国际关系方面的咨询顾问，并在商界工作。似乎这还不够，他还担任波士顿市的牧师，1975年以来一直是尼达姆阿利亚圣殿（Temple Aliyah of Needham）的拉比。

雷石东从他那能言善辩、雄心勃勃的女婿身上经常看到自己的影子。与雷石东一样，艾拉·科尔夫30多岁时把大部分时间都花在演讲上，所涉内容无所不包[33]，从"里根总统的外交政策"一直到"全球时事"[34]，而雷石东也总是到处显摆他的履历。莎莉订婚的启事注明，"1973 年，24 岁的科尔夫博士被美国商会选为美国十大杰出青年之一"，这种事情也只有雷石东才会在订婚启事中提及。莎莉和艾拉在结婚一年后生了女儿金伯莉，雷石东简直欣喜若狂。（几年之后，雷石东对一位专门写人物报道的记者说："我有一个三岁的外孙女金伯莉，她最近跟我说：'我们应该独处一段时间。'对我来说，这比建 315 家影院更重要。"[35]）至此，艾拉加入了波士顿的伯曼-卢恩伯格（Berman & Lewenberg）律师事务所，还拉了莎莉入伙，并将律所直接重新命名为伯曼-卢恩伯格-雷石东-科尔夫律师事务所。莎莉给丈夫的客户做过一些法律方面的工作，但由于他们的小家增口添丁，于是她认为，干法律这一行与她想做一位好母亲不可兼得，这样的好母亲就是要下得了厨房，就像蒂莉·伯曼曾经说的，能烹饪"70 种不同味道的鸡，而且一种比一种美味"。她保留着自己的律师执照，但专注于她的家庭。

下一代走出专业学校，结婚，并已准备好去闯世界，这像极了米基生活中曾经的那个时间点，那时他开始全面培养埃迪，然而后来有一天却是萨姆纳·雷石东经营起了家族的所有事业。但萨姆纳·雷石东却几乎没有表现出准备把事业之舵交给自己孩子的迹象。布伦特同父亲的关系一向比较僵，因此他从一开始就明确表示，他不想跟家族事业扯上关系，他的父亲也断定他缺乏从事电影业所需要的那种敢打能拼的天赋。莎莉在后来的人生中经常说，她之前从来没有想过要进入家族企业，事实上，她唯一的学徒经历是在读大学时的一个暑假，她到派拉蒙影业的片场实习，主要目的是去加州玩。有那么一段时期，在雷石东看来，这种状态也很不错，因为他在经历了从火海死里逃生之后，真心相信自己永远不会老。

但是，他那经过大火淬炼的勃勃雄心，使他越来越对自己眼中日薄西山的电影业感到焦躁不安。他开始尝试说服他的女婿作为未来的接班人加入，因为一个对内能稳住阵脚、对外能应付大事的自家人总是让人更放心。一天，他带着艾拉·科尔夫在树林里做了一次寓意深刻的散步，告诉他，"我后继无子"，此话是说他没有一个他认为有能力接手其事业的儿子。"如果我出了什么事该怎么办？就算你决定把公司卖了，那你也得先置身其中，了解它值多少钱吧。"他建议科尔夫来公司试试，一周就来一天。当然，雷石东根本无意出售公司，但那次充满"负疚感"的散步起了作用。[36] 到 20 世纪 80 年代中期，科尔夫加入了全美娱乐，担任执行副总裁。雷石东也曾在他的父亲手下担任这一职务。

与此同时，雷石东一心一意要巩固其对全美娱乐公司的控制。一位与雷石东家族关系近的人士说："雷石东想买下迈克尔的股份。"他给迈克尔在全美娱乐公司安排了一份工作，却没有什么效果，但不知他是如何说服迈克尔，让迈克尔相信要套现的是他自己，而不是雷石东的。

根据迈克尔后来提交给法庭的文件，从 1982 年起，雷石东就开始准备赎回他作为露丝·安和迈克尔两项信托基金的唯一受托人及孙辈信托基金的受托人所持有的全美娱乐的所有股份。他指示公司的会计萨姆·罗森准备一份公司的资产估值，然后聘请当时在和解协议中代表埃迪的律师詹姆斯·德加科莫帮助实现赎回。

1984 年，时年 27 岁的迈克尔病情稳定了下来。他回到波士顿，在那里进入东北大学读书。但一个认识他的人说，他在"苦苦挣扎"，为了拿到那笔专门留给他的钱，他不得不越过许多障碍，这不禁让他"火冒三丈"。他就想要拿到现钱。雷石东大喜过望，准备成全他。1984 年 3 月 8 日，根据罗森所做的公司资产估值，雷石东起草了一份协议，要求全美娱乐公司以 2 140 万美元的价格赎回三个信托基金所持有的全部约 83.33 股全美娱乐股份。[37] 正如迈克尔所抱怨的那样，作为信托基金的受托人及全美娱乐公司总裁，雷石东在这笔交易中既是买方又是卖方。

迈克尔得到了 750 万美元。[38] 露丝·安还在南美洲某地漂泊，也没有和家人联系，理论上她也得到了同样的数目，尽管她永远也不会拿到这笔钱。布伦特和莎莉从赎回孙辈信托基金中各获得 320 万美元，但仍持有自己的部分信托基金，两人合计共持有全美娱乐约 33.33 份股份。这使得雷石东获得了约 66.67 份股份，从而掌握了压倒性的控制权。在赎回完成 6 周后，他修改了全美娱乐公司的组织章程，授权公司以现金或保证金形式从事商品和证券交易，这暗示了他打算如何处理这一控制权。[39]

多年后，迈克尔和布伦特都指责雷石东为了自己的利益而低价赎回信托基金。迈克尔抱怨罗森使用两年多前的财务数据，并且将全美娱乐公司作为一次性投资而不计入其（自 20 世纪 70 年代中期开始大量买卖传媒股票）获得的可观收益，从而使公司估值远低于当时的真实水平。也许更诡异的是，罗森在做估值时还考虑到了雷石东对影院行业现状的消极看法，以及由此引发的"对（该公司）将来是否有能力延续以往辉煌的严重担忧"，因为电影行业已经"萧条"了近二十年，面临着"非常严重、有可能彻底毁灭的威胁"。

罗森没有提及的是，在公司的所有样板文件背后，雷石东有一个如何应对这一威胁的计划。但是，他需要有完全的控制权来实施这一计划。

多年后，布伦特声称，雷石东通过赎回孙辈信托基金这一手段获得了控制权，却最终让自己的儿女损失了数百万美元。[40] 为了让这一行动显得合情合理，雷石东对布伦特和莎莉说，未来将由他们管理和控制公司，但他并未说将在什么时候赋权。

菲丽丝不想蹚这趟浑水。1984 年 8 月 23 日，她以受到残忍的不公对待为由提起离婚诉讼。那时，她和雷石东已经分居，她住在牛顿的博尔德佩特路 98 号，雷石东住在波士顿灯塔街 180 号——他的父母早先居住的公寓里。他们的一位朋友告诉《波士顿》杂志，德尔萨被列为这起诉讼的共同被告，此事从此便被坐实。他们的婚姻关系从一开始就不稳定，德尔萨也不是雷石东的第一个出轨对象。莎莉在 2014 年的一封电子邮件中写道，菲丽丝"在她生命中的每一天都受到雷石东在言语、身体和经济上的虐待"，而且两人争吵不断。至于雷石东，他向同事们痛苦地抱怨说，菲丽丝甚至不愿起床给他倒杯咖啡，而且她经常迟到，这让他大为光火。但萨甘斯基医生的女儿玛丽莲·赖斯曼却说，是雷石东的好莱坞梦把菲丽丝逼得要崩溃了。"我认为她是一个挺简单的人，就希望丈夫也跟她一样简单。"赖斯曼对《波士顿》杂志说，"她搞不明白干吗凡事都非要做得那么大。"[41] 鉴于马萨诸塞州的离婚法使菲丽丝能分得雷石东一半的财产，这一离婚诉讼便对他费尽心思想要掌控全美娱乐的计划构成了威胁。雷石东乞求菲丽丝留下来，1985 年 1 月 8 日，菲丽丝撤回了诉讼。

随着雷石东对全美娱乐的掌控愈加牢固，雷石东又开始以新的热情开展针对制片公司的跨行业投资。1981 年，美国五大制片公司之一，以《乱世佳人》和《宾虚》等史诗般的佳作而闻名的米高梅影业收购了濒临破产的三小制片公司之一——联美电影公司。新合并的公司随后将其家庭娱乐部门剥离出来，成立了一家独立的公司，专门开发利用其业内最大的存有 4 600 部电影的片库，以服务于家庭录像、付费电视和其他非影院市场，并且将公司 15% 的股份向公众出售。[42] 雷石东敏锐地意识到，有线视频服务的发展将极大地拓展原影视播放业务的范围，这将使这些老电影重新变得有价值。[43] 于是，他买下了上述优质股份中的近一半，称这是"打入急剧扩大的家庭娱乐市场的最有效方式"。

但两年后，米高梅联美家庭娱乐公司决定购回家庭娱乐部门，该部门是这家原本陷入困境的媒体公司表现最好的部门之一。该公司因为拥有家庭娱乐部门 85% 的股份，所以可以投票决定是否接受母公司提出的任何报价。雷石东发现他们提出的报价"低得令人难堪"，于是他在联邦法院提起诉讼，指控母公司的管理层和董事会存在欺诈、虚假陈述和违反证券规定的行为。该公司后来多次提高报价，最终双方就报价达成了和解——对雷石东而言，这个价格意味着再赚 1 000 万美元。[44]

雷石东举这个例子来说明打官司有时是必要的。但或许更重要的是，这个例子让他看到，他不仅可以从对好莱坞下注中获利，还可以重塑好莱坞的商业惯例。他曾不择手段地用毫不留情的方式从电影公司挖来最好的电影，而如今他也能用同样的方式来打造好莱坞梦想机器本身。

击败维亚康姆人

全美娱乐公司这一天大获全胜，坐等吞下一家收入超出自己 4 倍的公司。萨姆纳·雷石东 63 岁时，突然就成了传媒业大亨。

正如人们通常想象的那样，MTV 这家由摇滚乐视频起家的新兴有线电视公司总是在举办疯狂的派对。但 1985 年秋，在蒙托克的格尼海滨度假胜地举行的一次特别的公司野外拓展活动，却带来了一个特别堕落的转折。以 32 岁的鲍勃·皮特曼为首的高层管理团队在欲以融资收购方式买下该公司的尝试失败后，他们当晚便用龙舌兰酒买醉。他的同事们开始扔瓶子、摔椅子，然后把鱼缸里的鱼抓出来扔掉，最后，连六英尺高的盆栽棕榈树都被扔出窗外。一个胆大妄为的醉鬼还把一大罐 Red Hots 牌糖果从楼梯上扔了下去。"那地方差点儿被我们彻底毁了。"MTV和 VH1 的总经理汤姆·弗雷斯顿说，他那年 40 岁，是这群高管中年龄最大的。"如果 MTV 的人还能回到格尼度假地，那我会很震惊。"皮特曼说。"我们当年的表现实在太糟糕了。"杰拉尔丁·莱伯恩颇有同感，她当过教师，那时正负责运作尼克罗迪恩电视网，时年 35 岁的她与同事相比也堪称"老者"了。"那真是一种令人沮丧的青春期行为不端事件。"

他们有充分的理由感到沮丧。MTV 电视网当时可谓一鸣惊人，前途无量。在不到五年的时间里，其旗舰 MTV 频道已经成为美国青年文化的驱动力。恐怖海峡乐队（Dire Straits）的流行单曲《金钱无用》（Money for Nothing）中有歌手斯汀（Sting）用假声唱的一句歌词"I want my MTV"（我要 MTV），这首歌当时成为全美最受欢迎的歌曲。前一年，也就是 1984 年，MTV 的广告收入超过了所有的其他有线电视频道。到 1985 年，MTV 在所有有线电视频道中赢利最多，增长也最快。[1] 与此同时，拥有更多下属频道（包含尼克罗迪恩电视网和新成立的 VH1）的 MTV 公司，在 1985 年有望实现 1.44 亿美元的收入，比前一年高近 50%。[2]然而，该公司的两家母公司——陷入困境且相互不搭的华纳传播和美国运通都想要退出。1979 年，这两家公司成立了华纳-美国运通卫星娱乐公司（WASEC），其依据的是一种准确但超前的愿景：总有一天，我们的生活将围绕着由电信线路连接的屏幕运转，我们将通过这些屏幕进行娱乐消费和购物。[3] 不过到 20 世纪 80 年代中期，有线电视（尤其是一个以穿着皮裤、涂着粉色口红的男性为特色的频道）已明显不再会成为销售金融产品的工具，美国运通于是急欲退出。[4] 与此同时，在其雅达利视频游戏业务崩溃后，华纳也急需现金，于是它们将 MTV 电视网挂牌出售。

为了把命运攥在自己的手里，皮特曼、弗雷斯顿和 MTV 电视网的其他高管试图在"福斯特曼·利特尔"（Forstmann Little）这家纽约的私人股权公司的支持下，以融资收购的方式把公司买下来。几周以来，华纳传播似乎有意买下美国运通的股份，并准备接受福斯特曼·利特尔起初 4.7 亿美元、后来 5 亿美元的报价，但在 1985 年 8 月的最后几天，这笔交易告吹了。[5] 相反，MTV 电视网和华纳-美国运通卫星娱乐公司投在其兄弟公司 "Showtime/ 电影频道" 中的 50% 的股份，作为一笔金额高达 6.675 亿美元的交易的一部分[6]，落入来自"维亚康姆"（当时发音为 "Vee-uh-com"）公司的一帮金融人士囊中，[7] 愤怒的 MTV 高管开始把这帮人戏谑地叫作"维亚康姆人"。[8]

维亚康姆国际公司成立于 1971 年，当时美国联邦政府出台了新规，禁止三大电视网联合播出自己的节目，这迫使哥伦比亚广播公司将其有线电视和电视重播发行业务分拆为一家独立的上市公司。[9]维亚康姆从 CBS 的库存老片《硝烟》（*Gunsmoke*）、《安迪·格里菲斯秀》（*The Andy Griffith Show*）和《我爱露西》（*I Love Lucy*）等起步，到 20 世纪 80 年代中期，已发展成为一家多元化的媒体集团，不仅拥有 4 家电视台和 8 家电台，还分别持有 Lifetime 有线电视网和全球第十大有线电视运营商 Showtime/ 电影频道的股份，拥有一家出品了《辩护律师》（*Matlock*）等电视剧的电视制作公司，以及一家电视和电影的联合机构，最重要的是，此机构拥有《考斯比一家》的联合播放权，而《考斯比一家》是当时美国收视率最高的电视剧。[10]该集团由特里·埃尔克斯领导，此人戴着眼镜，出生于纽约布朗克斯区，毕业于纽约市立学院，是一名律师和造纸厂前高管，由于 14 年间公司的复合增长率首次达到 23% 而赢得了华尔街的赞赏，但没有人认为这得益于创新性的远见卓识，甚至他自己也不这样认为。[11]1985 年，他向《华尔街日报》表示："从哥伦比亚广播公司剥离的这家公司具有发行和营销的头脑，但没有制作头脑，我们花了很长时间才明白该做什么。"[12]

但不可否认的是，埃尔克斯对 MTV 电视网和 Showtime 的其余股份所进行的势在必得的竞标是精明的，一夜之间，他就使维亚康姆变为有线电视节目的巨头，在有线电视管制逐步取消之际大大放松了 1984 年之前一直勒得有线电视只能保持低收费且节目套餐单薄的那根绳索。[13] 埃尔克斯准确地预见，新的有线立法将促使有线运营商创建一项新的"基本"服务，即将为客户提供更丰富的节目（包括现在可订阅的电影，但收费高于客户当时每月支付 9~12 美元的水平），并带来对有线电视节目的新的巨大需求。他唯一的错误是低估了变化的程度。他一边沉思，一边对《洛杉矶时报》说，新规定可能会允许以 25 美元（约合现在的 57 美元）左右的收费标准推出一种新的有线电视基本服务。2016 年，有线电视的平均收费已达约 100 美元。[14]

但特里·埃尔克斯没有考虑到的是，这些来自 MTV 电视网（该集团目前增长最快的单元和战略核心）的流氓对维亚康姆人的憎恨会发展到什么地步。这种看法在他们悲伤地狂饮烂醉后的第二天上午进一步固化，当时这群宿醉的大多为 20 多岁的年轻人拖着疲惫的身体去参加午宴，并在那里见他们的新老板。埃尔克斯像名副其实的企业征服者一样，乘坐直升机抵达，向他的新下属们发表了硬邦邦的欢迎讲话，然而这次讲话却是彻底的失败。"维亚康姆人本质上是交易人员和分销人员，他们不知道如何与搞创作的人交谈。"皮特曼说，"双方实在是太合不来了。我认为，维亚康姆人就是有点儿蠢。"

与此同时，当时 MTV 电视网的年轻领导层是"酷炫"的象征。这种调性是由皮特曼设定的，这位来自密西西比州布鲁克黑文的长发播音天才 15 岁就开始了自己的广播生涯，还用过"密西西比嬉皮士"作为 DJ（电台主持人）名字。[15] 皮特曼在升任纽约 WNBC（纽约第 4 频道）节目编选主管时只有 23 岁。1979年，他加入了 WASEC，将自己在节目编选方面的专长应用到 HBO 的挑战目标——WASEC 的电影频道上。当 WASEC 的高管约翰·拉克提出创立 MTV 的想法时，他指定皮特曼来当领导。这个想法看似很简单：把各乐队为了推销其专辑所制作的免费宣传视频拿来，放到一个专门以 12~34 岁人群为目标观众的电视频道上集中播放，因为当时主流电视台的高管们或多或少地忽视了这一人群。[16] MTV 成立于 1981 年 8 月 1 日，首播节目就是英国巴格斯乐队（Buggles）献给这一颠覆性创新的赞歌——《视频干掉了广播明星》(Video Killed the Radio Star)。

皮特曼第一批录用的雇员中就有弗雷斯顿。弗雷斯顿身材高大，头发蓬乱，有着一双眼眶深凹的蓝眼睛，来到 MTV 这家反主流文化的创意工厂时，他的往昔背景是最不传统的，在此前十年的大部分时间里，他都在阿富汗和印度经营一家服装公司。弗雷斯顿在康涅狄格州的罗威顿长大，在以全班第一名的成绩从纽约大学斯特恩商学院毕业之后，他便投身于广告行业，后来发现在越南战争最激烈的时候叫卖大兵玩偶实在让他无法忍受。他于是便去世界各地游历，最终在阿富汗定居，开始了自己的事业，因为那时的阿富汗"非常安全，充满魅力和异国情调"。1978 年阿富汗的政变和印度贸易政策的反复无常导致弗雷斯顿的生意失败，于是他在 34 岁时回到美国，欠下了 50 万美元的债。他的音乐制作人兄弟告诉他，拉克正在寻找没有电视从业经验的人来做一个新的音乐频道。弗雷斯顿是个狂热的音乐迷，他对此很感兴趣。1980 年 3 月，拉克当场聘请他负责市场营销，尽管他认为弗雷斯顿所说的"在印度从事进出口业务"有做不甚合法之事的嫌疑。"我想他大概以为我是个大麻贩子什么的。"弗雷斯顿回忆说。

弗雷斯顿和约翰·赛克斯共用一间办公室。约翰·赛克斯24岁,是史诗唱片公司的前推广人,此时负责新频道的推广,他总是满怀对音乐极度痴迷的真爱而慷慨激昂地喋喋不休。早年,弗雷斯顿和赛克斯会到塔尔萨和锡拉丘兹等有线电视市场去搜集证据,以证明MTV确实有助于乐队销售它们的唱片。赛克斯说,他们会问别人:"你卖巴格斯乐队的专辑吗?你卖警察乐队的唱片吗?你卖杜兰杜兰乐队的唱片吗?"要是发现哪家商店突然卖了一大堆杜兰杜兰乐队的唱片,他们就会立刻赶回纽约,为此制作一则广告投给《公告牌》。他们的奔忙得到了回报。

莱伯恩这样回忆道,"MTV就像火箭一样起飞了",还一路带着它的兄弟频道尼克罗迪恩电视网同奔前程。作为第一个完全面向儿童的频道,尼克罗迪恩是一项革命性的创意,荣获大量的节目编排奖项,但它花费了更长的时间才开始赢利。(如今,尼克罗迪恩是维亚康姆公司最有价值的频道。)"我过去常开玩笑说,MTV的通勤费用比我们的节目预算还高。"她指的是豪华轿车服务。早期数额较小的预算还是可以容忍的,因为这相应地带来了较大的自主权,它是由华纳传播的负责人史蒂夫·罗斯制定的。"我们真的只是一家想做出伟大产品的创意公司。"莱伯恩说,"鲍勃·皮特曼并不是个花钱如流水的人,但他对大胆的想法特别来电。"

皮特曼这时理了短发,经常西装革履,当初是作为MTV电视网的总裁和首席执行官加入新"政权"的,主要是出于对他的导师罗斯的忠诚。但这种状况没持续多久。"我们本来是要收购这家公司的，可现在我却要为这些人打工，这让我十分恼火。"
他说。几个月后，他离开了公司，与 MCA 公司合伙成立了一家
新公司。根据一项安排，弗雷斯顿被提名为公司的联席总裁，与
广告销售主管鲍勃·罗甘蒂分享管理权限。莱伯恩解释说，维
亚康姆人"对弗雷斯顿负责广告销售或业务方面的工作不放心"。
与此同时，更多像赛克斯这样的创始高管也跟着皮特曼离开了公
司，而那些留下来的人变得更加沮丧。[17]"他们对我们不理不睬，
也不让我们花钱。"莱伯恩说。

* * *

他们并不知道，早在 1985 年 3 月，也就是他们贷款收购失
败之前半年，一位 60 多岁的波士顿连锁影院业主就已开始悄悄
买进维亚康姆的股票，以对冲自己所在行业增长乏力的风险。[18]
当时，萨姆纳·雷石东已经是波士顿和电影业的风云人物，在投
资伙伴中也深受尊敬，但在这些领域之外却几乎无人知晓。不过，
《波士顿环球报》在那年春天发表的一篇访谈中却透露，他是绝
不会满足于保持现状的。[19]他在访谈中说："真正推动我向前的，
就是我的那股心气儿——无论做什么，我都要比别人做得更好。
我喜欢得到认可。"

大约一年后，也就是 1986 年 5 月，一位当时家喻户晓的名
叫卡尔·伊坎的"企业掠夺者"一开始像是在逗弄维亚康姆，买
下了维亚康姆公司 17% 的股份，并接着表示有意全盘收购。最
后，伊坎的举动被证明仅仅是"绿票讹诈"，这意味着他愿意在
被购公司以高于他的收购价的价格赎回其股份后离开。因此，当

萨姆纳·雷石东、米基·雷石东、艾拉·科尔夫和全美娱乐在
1986 年夏增持维亚康姆的股份至 8.7% 时，华尔街的大多数人都
认为这不过是又一次"绿票讹诈"。[20]《华尔街日报》温和地写
道："虽然维亚康姆被广泛认为是收购目标，但全美娱乐似乎并
无收购之意。雷石东先生经常对娱乐业公司进行大规模投资，在
大多数情况下，他与公司管理层关系融洽。"

　　然而，特里·埃尔克斯并没有冒任何风险。雷石东不断增加
的持股和伊坎的"绿色讹诈"吓到了他，于是他和其他高层管理
人员共同出价 27 亿美元，欲通过贷款收购形式将维亚康姆私有
化。[21]1986 年 9 月 17 日早晨，雷石东一觉醒来[22]，在《纽约时报》
上读到这则消息后勃然大怒。[23] 收购价仅比维亚康姆每股 35 美
元的股票交易价高 5 美元左右，雷石东认为，考虑到 MTV 和
Showtime 作为内容引擎所拥有的潜力，这个报价简直太低了。[24]

　　"他认为：'他们那是想把公司盗走。我可不喜欢这样。我觉
得这家公司的真实价值高得多。'"菲利普·道曼在 2016 年的一
次访谈中回忆说。道曼当时是希尔曼-斯特林律师事务所的年轻
协理律师，那年夏天，雷石东聘请他帮助完成相关规则文件的案
头准备工作，因为投资者在跨过上市公司 5% 的持股门槛时，按
规定需要提供相关的文件。

　　道曼是法国移民的儿子，在曼哈顿长大。他长着一双黑眼睛，
身材瘦小，穿着庄重，对优雅的欧洲风服饰情有独钟，其与生俱
来的睿智才华堪与雷石东本人匹敌。他从幼儿园直接跳级到小学
三年级，13 岁时在 SAT（美国高中毕业生学术能力水平考试）中
得了满分，16 岁进入耶鲁大学。[25] 与雷石东一样，他也没觉得在
常春藤盟校读本科的经历是多么了不起的挑战，所以他把大部分

时间都花在打扑克和玩西洋双陆棋上，从而打磨出一种嗜好，那就是狡猾地将他的同龄人弄得人财分离，而他还把这种嗜好带入了他作为并购律师的职业生涯。他在整段青涩岁月里都被年龄比他大得多、个子比他高得多的同学簇拥，这潜移默化地赋予了他一种品质，而这种品质将让雷石东对他另眼相看。雷石东那时已经习惯了下属在他面前瑟瑟发抖，就好像他是一座愤怒的火山，然而道曼却全然不惧。

"很明显，从一开始，菲利普和雷石东就惺惺相惜。"史蒂夫·沃尔克回忆道，他是道曼在希尔曼-斯特林律所时的上司，"雷石东先听他说了一些情况，然后问了他许多问题，他喜欢菲利普回答问题的方式。他俩之间确实起了化学反应。"

尽管道曼当时只有32岁，而且不是合伙人，但雷石东点名要与他直接沟通。很快，他们每天都要通好几次电话，从每天早上5点雷石东雷打不动地给道曼家打来电话开始。由于接受过在进行大型交易时期通宵工作的训练，因此即便是从酣睡中被叫醒，道曼也能娴熟地在声音上装得十分清醒，让雷石东这位坐立不安的客户觉得对方也和自己一样已经连轴转了好多个小时。最终，道曼跟雷石东说5点打电话会把他的妻子吵醒，雷石东遂同意把通话推迟到早上7点。

在详细了解了管理层的收购企图之后，不出24个小时，雷石东便决定开战，而道曼此时就与他并肩而立。[26] 他立即买进了更多的股票，并聘请美林证券公司来研究他要如何为一项收购融资。[27] 美林证券公司是维亚康姆管理层当时尚未将自己的业务与之关联的一家大型金融机构。包括雷石东自己在内，谁都说不准他的意图到底是什么，但随着他继续增持，维亚康姆的股价一路飙升，超过了管理层最初的出价，迫使他们调整报价。与此同时，雷石东又装出了他最拿手的那副"土老帽儿"的样子，在随后几年里，他常利用这副腔调来确保他的对手低估他。"这是一个全新的世界。"他对《纽约时报》惊叹道，"就在不久前，我对融资收购的了解还仅限于它的简称'LBO'呢。现在我学到的更多了。"[28] 1985 年 10 月 17 日，他最后一次努力说服管理层仍然保持维亚康姆的上市公司身份，但是当第二天董事会投票批准管理层经过调整的报价时，战场已经局势分明。管理层仅拥有 5% 的公司股本，这远低于雷石东所持有的份额，所以他们不得不依靠高利息的垃圾债券来进行融资收购。"他说：'这些人想用比我们投进股份的资金还要少的钱来收购公司。那为什么我们就不能考虑这样做呢？'"一位熟悉全美娱乐的人士回忆道。

为此，雷石东搬进了纽约卡莱尔酒店的一个单间，和道曼、美林证券的肯·米勒及其他顾问一起，与银行家们不分昼夜地谈判。这一干就是好几个月，在此期间，雷石东越来越倚重道曼，因为道曼既能权威地解释"毒药丸"（维亚康姆董事会所采取的反收购措施，即当任何投资者持股超过 20% 时就稀释股票）之类的概念，也能心甘情愿地在深更半夜将准备好的文件送到酒店，好让穿着睡袍的雷石东及时签署。圣诞节的早晨，那时还远没到手机时代，雷石东就有本事一路循着道曼的行踪查到他岳父岳母家的电话号，尽管道曼从未向雷石东提过他妻子的娘家姓。道曼以为一定是交易出了大问题，就跑过去接电话。"他只是想谈谈。"道曼回忆说，"为了找到我，他一定给十来个人打过电话。"

1987 年 2 月 2 日，雷石东提出以每股 49.25 美元的价格收购维亚康姆。[29] 他声称，这个价格不仅比管理层出的高，而且更有保障。几乎可以肯定，如果维亚康姆管理层依靠垃圾债券成功了，那他们就必须贱卖整家公司或把公司大卸八块来支付利息。[30] 按雷石东的提议，全美娱乐将拿出 4 亿美元现金和已持有的维亚康姆股票，外加 22.5 亿美元的银行贷款来实现融资。不过，维亚康姆董事会否决了这一提议，称他们担心雷石东需要很长时间才能排除监管障碍。[31] 雷石东想站得更高，但他需要更多有关公司内部运作的信息。[32] 他就此请求维亚康姆董事会提供相关信息，但很长一段时间都没有得到任何回复，所以他只能另辟蹊径。

* * *

截至当时，鲍勃·皮特曼已经在洛克菲勒广场的新办公室里安顿下来了，还把从华纳传播公司前老板那儿租来的办公空间转租出去，与此同时，在 MCA 公司的支持下，他自己创办的新公司量子传媒启动了。[33] 他在离开时得到的条件还算不错，而维亚康姆也为这家新公司推出唱片出力帮忙。但其实，皮特曼和维亚康姆人之间已无半点儿情义可言，维亚康姆人在他离开之际跟他一分一厘都算清楚了。雷石东请他谈谈对维亚康姆的看法。皮特曼非常乐意与这位来自波士顿的"公司起义者"分享自己的想法，那就是 MTV 电视网的高管们痛恨他们的新老板，人才纷纷流出了公司大门。雷石东对皮特曼印象深刻，问他如何打入 MTV 电视网内部。皮特曼立即打电话给弗雷斯顿和莱伯恩，劝他们说："在维亚康姆，你们就是后娘养的，但要是帮助雷石东，让他得到这家公司，你们就会是皇冠上的宝石。"

"我和雷石东根本就不认识，"弗雷斯顿回忆说，"我们谁都不认识他。我只是听说有这么个脾气火爆的波士顿老头儿，他正打算收购维亚康姆，我们当中要是有谁跟他说话，那就等着被解雇。"但皮特曼很有说服力。一次餐叙活动在卡莱尔酒店安排好了。

除了那一口浓重的肯尼迪式的波士顿口音，弗雷斯顿对雷石东可谓一无所知，他在到达卡莱尔酒店时，心里还思忖着这会不会是个"亚瑟王宫"[①]般的地方。这家位于纽约上东区的优雅长住型酒店曾因被称作肯尼迪的"纽约白宫"而闻名遐迩，这要部分归功于酒店那曲径通幽的地下通道，让总统可以神不知鬼不觉地将情妇秘密接进来，听说其中还包括玛丽莲·梦露。[34] 结果，他惊讶地发现，雷石东只是租了一个相对简陋的房间，而未租下完整的公寓套房，菲丽丝的棉质内衣就晾在浴缸上方的一根拉绳上。"她竟然在一个单间里自己动手洗衣服。"他不由得暗自惊叹。

但事实证明，雷石东是一位颇有魅力的餐友，他问了一大堆有关年轻的 MTV 电视网的问题。"我让他对我们公司兴趣高涨。"弗雷斯顿回忆说，"我宁可用这个家伙——我不认识的恶魔——来交换我所认识的恶魔：这些家伙对我们公司压根儿就没有什么愿景，而我们却想通过这家公司大展宏图。"雷石东想知道，如果他收购这家公司，并解雇埃尔克斯和融资收购背后的其他管理人员，这三个人是否还会离开。"我们说，'肯定不会的'。"莱伯恩回忆道，"我们将把这视为一个我们能真正掌控各项业务的机会。"他们请雷石东到他们位于百老汇 1775 号的办公室参观——从美

---

① 传说亚瑟王宫是亚瑟王和他的骑士们进行圆桌会议所在的宫殿，比喻民众心中神圣崇高的政治期望。——编者注

洲大道 1211 号的维亚康姆总部往北走，很快就能走到。如果被维亚康姆人发现了，他们都会被解雇，他们认为可以偷偷把雷石东带进去。

第二天一早，雷石东出现在大堂里，穿着皱巴巴的运动外套、完全不搭的裤子、方格子衬衫，耳朵上还残留着一抹剃须膏。"我心想：'瞧，他就是个老头子。'"弗雷斯顿说。但雷石东陶醉于迎接他的混乱场面：音乐声震耳欲聋，年轻人披着长发，1/4英寸和 1 英寸规格的录音磁带堆得到处都是。"当然，维亚康姆也有不少他喜欢的其他东西，但只有 MTV 电视网最令他神往，他认为这才是最有吸引力的部分。

雷石东回到卡莱尔酒店的那间企划室，决心拿下这家公司。他又提高了几次报价，但管理层每次都将报价追齐。[35]雷石东的融资能力已接近极限，他深吸了一口气，要道曼和肯·米勒凭直觉掂量一下：他真的要冒一切风险再推高股价吗？"他转过身来对我和肯说：'除非你们说要，否则我就不做这笔交易啦。'"道曼说，"对一位外聘的律师来说，这是一种非同寻常的地位。"

道曼和米勒同意了，雷石东再次提高报价至 34 亿美元。这一次，他又加了一点儿雷石东风格的花式狠话，威胁要起诉维亚康姆董事会。"老实说，我当时认为这个策略有点儿悬，"米勒回忆说，"你最终还得得到被你起诉的那些人的批准才行。他威胁到了他们的净资产，但结果证明，这种威胁相当奏效。"

尽管有些担心，但道曼对这种做法的态度更加开放。他和雷石东给维亚康姆董事会小组委员会主席写了一封措辞微妙但绝对具有威慑力的信，信中对收购竞标进行了评估。核心要点很清楚："管理层必须有这样一种意识，那就是他们不必为了获胜而非要拿到最好的报价。我们相信，无论是我们还是股东，都不会支持这样的结果。"[36]雷石东和道曼用有礼有节的法律语言使出必杀技，简直就是一件赏心悦目之事，沃尔克回忆说，"就如同伦纳德·伯恩斯坦和斯蒂芬·桑德海姆写《西区故事》一样"。

这场演出一炮打响。1987年3月4日，特别委员会的律师们在金融区的办公室开了一场12个小时的会议，之后维亚康姆董事会宣布，他们拒绝管理层在最后一刻给出的以垃圾债券融资33亿美元的收购报价。[37]全美娱乐公司这一天大获全胜，坐等吞下一家收入超出自己4倍的公司。

萨姆纳·雷石东63岁时，突然就成了传媒业大亨。他热情高涨，在接受《华尔街日报》采访时得意地说："这可能会让我增寿10年。"[38]总的来说，这家财经媒体既对此感到兴奋，又极其怀疑他收购的代价过高，也不确定他能否处理由此带来的大量债务，甚至更加无法确信他是否明白该如何运作维亚康姆日益扩展的多元业务，因为此人一生都只是独断专行地经营着他的连锁影院，即该杂志所说的"那个几乎没有多少公司员工的清寡行当"。即使在收购战最激烈的时候，他也从未打破每天早上查看影院票房的习惯。但雷石东对《纽约时报》表示："现在我不得不改变我的管理风格啦。"[39]他说的完全正确。

事实上，他已经改变了。20世纪80年代中期，随着他对电影业的热情移向别处，雷石东把越来越多的管理责任委托给了女婿。他的女婿也开始利用自己在国际上的各种关系，在公司经营中打上自己的印记。就在雷石东拿下维亚康姆的同一个月里，有关新闻不胫而走，称全美娱乐将在英国诺丁汉开建多厅影院，以此作为其海外扩张的第一个项目。[40]此举是科尔夫的主意，主要得益于他在弗莱彻法律与外交学院读书时建立的人脉关系。在该校，他与《纸牌屋》的作者、国际调停人迈克尔·道布斯等英国精英人士成了朋友。在科尔夫的领导下，全美娱乐将继续发展为英国最主要的连锁多厅影院。

在雷石东收购维亚康姆的过程中，科尔夫也是雷石东的贴身顾问，经常飞往纽约，参加在卡莱尔酒店进行的谈判，并帮助雷石东分析推演最坏的结局，那就是即便维亚康姆将来搞砸了，全美娱乐也有支撑其价值的房地产资产。但是雷石东自己的孩子却远离了这场恶战。《华尔街日报》指出，那两人都是律师，"且目前都没有参与家族事业"。[41] 因为家里有三个年幼的孩子，其中一个才一岁，所以莎莉只想做个全职妈妈。布伦特则继续在波士顿地区检察官办公室工作，他也有两个年幼的孩子——凯琳和小名叫李·李的劳伦。

对家族事业来说，这是一个胜利的时刻，但雷石东却没有任何有血缘关系的家人与他分享喜悦。就在全美娱乐赢得收购维亚康姆的竞标一个月后，也就是这场交易正式结束的几个月前，米基突然在佛罗里达州去世，享年85岁。他直到最后一刻都始终保持头脑敏锐，而且小心翼翼地遵守着雷石东近年来对他的要求，即远离多家子公司里的他合作了一辈子的各种各样的伙伴，帮助雷石东巩固对公司的掌控。他尤其不欣赏雷石东近期在媒体上频频亮相，声称自己是一个在廉价公寓里长大、完全靠双手打拼起家的人。"我出生在他之前是件好事，因为他也可以得益于此。"米基有一次不无嘲讽地对一位家人说。但他也为儿子感到自豪，并支持他一心拿下维亚康姆的决定。《波士顿环球报》将米基·雷石东誉为"著名的影院和夜总会业主"、汽车影院的先驱和重要的慈善家，但他在《纽约时报》上的讣告却只有短短的三小段，而且对维亚康姆只字未提。[42]

在这一年所余时间里，死神一直在向雷石东家族逼近。米基去世之后三个星期，埃迪和莉拉接到了日本领事馆打来的电话。当时他们住在马撒葡萄园岛，埃迪刚刚在那里买下了当地银行的控制权。日本领事馆通知他们，他们的女儿露丝·安已于当年4月21日在东京郊区的柏市去世，然后问他们："我们该如何处理？"[43]埃迪和莉拉听到消息都蒙了。他们根本不知道她在日本，更不用说她还有了一个三岁的儿子。他们立即登上一架飞往日本的飞机，去接回她的遗体和他们的外孙，但更多可怕的情况在等着他们。他们发现，露丝·安在巴西怀孕期间患上了子痫，这是一种血压紊乱症，导致她在分娩时陷入昏迷，最后她的大部分脚趾被截去。埃迪和莉拉要求进行尸检，结果发现他们32岁的女儿虽死于肺炎，但真正致死的根源是一个完全型艾滋病病例。家庭成员说，她在巴西因健康危机接受输血而感染了艾滋病，但是，她的病动摇了当时已经更名为"大家庭"的那个邪教，给他们自由性爱的生活方式带来了影响。

"这一发现给'大家庭'带来了巨大的冲击。""大家庭"前成员埃德·普里贝在2002年就此事写道，"尽管他们相信上帝会保佑他们，尽管他们觉得上帝会让他们免受'埃及人的瘟疫'之苦，但他们不得不面对残酷的现实，那就是他们并不能对艾滋病免疫。使事情变得如此严重的是，这名女子曾与伯格的个人家庭成员都发生过性关系。"[44]

埃迪和莉拉带着他们的孙子，一个名叫加布里埃尔·亚当·雷石东的漂亮黑发男孩回到马萨诸塞州。他们要把他当作自己的儿子一样抚养成人。在他们与自己的两个孩子的关系变得如此糟糕不堪之后，这是一个救赎的机会。虽然露丝·安生前已经30多岁，完全有资格领走属于她的信托基金，但她却连其中的一分钱都未碰过，因此，她于1984年得到的占全美娱乐16.7%股份的750万美元就转入了她儿子的信托基金。[45] 雷石东家族的人都管这个孩子叫亚当。

1987年7月1日，紧随其丈夫，贝尔也溘然离世，就好像她离开了他就活不下去一样。"她都快80岁了，对米基呵护备至，好像他是个十几岁的孩子；直到他去世，尽管他有很多不忠行为，但贝尔还是疯狂地爱着他。"[46] 贝尔的侄孙女朱迪丝·纽曼在《名利场》的文章中写道。雷石东很感激母亲逼他做的一切，但他和母亲的关系一直很复杂，她的死给他既带来了痛苦，又带来了解脱。雷石东写道："我一生中最大的遗憾之一就是，无论是我的父亲还是母亲，都没能活着看到我最终取得的成就。"[47]

最终，莉拉再也没有第二次机会做个成功的家长了。1987年12月1日，正如埃迪后来所说的那样，她突然因心脏病发作"猝死"，把他和一个年幼的孩子留在岛上。[48]

收购维亚康姆同时囚禁和解放了雷石东的爱情生活。就在他为维亚康姆施展拳脚之前，他终于下定决心去做这件已经说了15年的事情：离开菲丽丝，与德尔萨一起公开地开始新生活。《波士顿》杂志报道，1986年6月17日，他以感情破裂且无法挽回为由提出离婚，并在书面文件中分别列出了他和菲丽丝的住址。[49] 但维亚康姆管理层于当年9月提出的低成本融资收购出价，促使他考虑自己来收购，这将需要全美娱乐拿出其全部的财力。雷石东不能冒离婚就要损失一半资产的风险，故在提出还价之前，于 1987 年 1 月 9 日撤回了离婚起诉。至少在纸面上，这场成功的公司收购也将雷石东禁锢在不幸的婚姻之中。

然而，等到维亚康姆的收购完成，无论他的婚姻现状如何，他都觉得自己已经有足够的财力和德尔萨过上自己想要的生活。他们在马萨诸塞州林肯市挑中了一栋 20 世纪中期建在 17 英亩林地上的雅致的现代四居室大宅。[50]1988 年 8 月 24 日，由乔治·艾布拉姆斯管理的一个信托基金用 175 万美元买下了它。雷石东搬进来了，德尔萨在这里建了一个写作工作室。雷石东和德尔萨一起举办晚宴，一起参加婚礼和孩子的成年礼，带她的孩子们去加勒比海和亚利桑那沙漠等地度假，像别的家庭一样将照片塞满相册。有时，她的孩子们甚至会和他们一道乘坐维亚康姆的私人飞机，去参加美国网球公开赛或 MTV 音乐视频奖颁奖典礼等活动。其他时候，当雷石东想和德尔萨一起出去时，他就会跟菲丽丝说，他要和道曼夫妇一起出去吃饭，因为他知道道曼会为他做掩护。但同样也有很多时候，德尔萨不得不独自待在家里，去不了雷石东最引人注目的那些高调活动现场，尽管她很想陪他去参加奥斯卡颁奖典礼或民主党大会。"我对与雷石东一起过平静幸福的生活已经不抱希望了，"德尔萨在搬到林肯后不久在日记中写道，"我们俩相差得太多。双方缺少理解。当我刚遇到他时，我完全不是现在这样的，我让他选择了我。而我自己，由于不知道该如何选择，所以只能被人家选择。"[51]尽管如此，他们还是像一家人一样生活了很多年，雷石东为德尔萨提供了生活所需的钱。他与她的孩子们相处得很亲密，尤其是和两个年纪小的——哈特·韦纳和温·惠特曼，他总是在他们需要的时候给予经济上的帮助。他把温带到罗伯特·埃文斯家里，埃文斯听说温想成为一名建筑师，就给温展示了他拥有的第一个法贝热彩蛋，并告诉他，"照明是非常重要的"。雷石东与哈特的关系尤其密切，哈特曾就读于哈佛大学，还获得了多个硕士学位，他因而对哈特更多了几分欣赏，并且在学业上指导她，甚至用飞机送她到斯坦福大学读研究生。当哈特决定通过体外受精要一个孩子时，她把孩子的中间名取作"雷石东"。20世纪90年代初的一天，当他们从德尔萨父亲的葬礼上回来时，雷石东转身对温说："温，我搞砸了。我本应该和你母亲结婚的。"

* * *

那年夏天，在收购维亚康姆的交易完成后不久，维亚康姆在新泽西州阿尔派恩为员工举办了一场野外拓展活动。大巴车载着所有人出去打垒球、排球和网球，游泳池边也躺满了人。雷石东也露面了，但到下午3点左右，他已经玩够了，于是就坐上第一辆大巴回到了办公室。夏日午后，办公室里通常空无一人。亨利·施莱夫也提前回来了。他是刚被HBO聘用的，专门负责运作维亚康姆的娱乐和广播两大板块。大约4点左右，他接到了雷石东从办公室打来的电话。

"亨利，我是萨姆纳。你在忙吗？"

"没有，我现在不忙。"

"能下来一趟吗？我想跟你聊聊。"

亨利打网球出了汗，还穿着短裤和球鞋。他下楼来到雷石东的办公室。雷石东一般都是坐在苏丹式躺椅上接见来者，他转过身来看着亨利。

"能问你一个问题吗？"雷石东问道。

"当然可以。"施莱夫说。他以为雷石东又要问他一个苏格拉底式的启智问题，譬如为什么分支机构要付费给有线电视节目制作人。

"你说我们在这个世界上孤独吗？"

施莱夫看着雷石东，不知道该如何回答。为了增加一点儿轻松的气氛，他调侃道："您是说有没有外星人吗？"

雷石东瞅了一眼施莱夫，那意思是说：不，你这个白痴。

"不，"雷石东说，"我指的是家庭，还有人们。你认为你孤独吗？"

施莱夫抓狂地想找些安慰的话来说："不，萨姆纳，我们有父母、妻子和深爱的人——我们的孩子。您也有您的家人。"

雷石东扫视了一下房间，停了一下，然后直视施莱夫。"不，"他说，"我想我们在这个世界上是孤独的。"

做大派拉蒙

当维亚康姆的缠身债务稍有松弛，让人可以喘口气时，雷石东就开始满世界地说："我们唯一缺少的就是一家电影制片厂。"

从一开始，雷石东就用充满爱意的语言谈论维亚康姆。"我感觉这家公司非常了不起，"他带着 1987 年收购胜利的兴奋之情告诉《华尔街日报》，"它在那么多的成长型企业中一马当先。"[1]但他承认，这种感觉虽然豪情万丈，但相当模糊。那一年，他曾对一群电影放映商说："我真的不知道基本频道和付费频道的所有区别。"[2]维亚康姆的原高层管理人员即将离开，雷石东知道他需要一位经验丰富的专业首席执行官来管理他的新战利品。在马撒葡萄园岛举行的为期三天的权力交接筹划活动期间，即将离任的维亚康姆管理层向雷石东提交了一份包括 HBO 前首席执行官弗兰克·比昂迪在内的名单。[3]

比昂迪时年 42 岁，此前几年因深陷权力之争而离开了 HBO，后转到可口可乐公司领导电视部门。1982 年，可口可乐收购了哥伦比亚影业，从而开始进军娱乐业。作为孩提时代在新泽西郊区长大的人，比昂迪有着一份完美的美国东海岸简历：他有普林斯顿大学的本科文凭和哈佛大学的 MBA（工商管理硕士）学位，进入电视行业之前还在华尔街工作过一段时间。[4] 他知道如何处理陷入困境的 Showtime 频道，不仅如此，他也有金融方面的绝招来帮助维亚康姆解决其巨额债务问题。他梳着整齐的分头，穿着古板的西装，全身上下没有一丝一毫好莱坞的气质，但他的智慧和坦率迷倒了一众华尔街分析师和媒体。和雷石东聊过的许多人都认为，比昂迪是这项工作的不二人选。现在只有一个问题：在可口可乐公司提出要比昂迪搬到伯班克的总部办公后，他刚卖掉了他在纽约北部里弗代尔的布朗克斯富人区的房子，并在比弗利山庄买了一套新房子。另外，他的孩子们已经被洛杉矶的新学校录取了。搬家的货车一周后就要来了。

然而，7月的一个周五晚间，雷石东打电话到比昂迪的办公室，告诉他："好莱坞有人告诉我，你是管理维亚康姆的理想人选。"比昂迪有话直说的性格也许哪一天会惹毛雷石东，但他此刻却没有太端架子。"这也许比我现在要去的地方更好，"他说，"可我7天后就要搬家了。"

"我早上4点就起床。"雷石东回答说，"早上6点以后，任何时候你到我住的酒店来都行。我们一天就能搞定。"比昂迪早上8点到达卡莱尔酒店。到了中午，他们就握手成交了。《纽约客》报道，雷石东让道曼起草书面文件，即一份为期五年的合同，起价为年薪60万美元，外加雷石东对比昂迪所说的五年内价值将达到1 500万美元的股份。[5] 雷石东打电话给比昂迪的妻子卡罗尔，向她表示祝贺，并要她把行李都拆了。[6]

比昂迪的朋友们被这一举动惊呆了。"大家都说，可别这么干。雷石东可是个讨厌的人。"比昂迪回忆说。他咨询过一个人，那人有个亲戚在科普利广场酒店火灾中也受了重伤，被送往马萨诸塞州总医院，他们在那里无意中听到雷石东家人在他的病房里高声尖叫。其他业内同事则干脆提醒比昂迪要小心提防。

但是轻松自如的比昂迪并不担心为一个大人物效力，由于他多年来一直在和维亚康姆的各家公司竞争，因此他对该如何经营好维亚康姆十分自信。他要做的头一件大事就是清除公司里的一股旧势力。但有几个人不在其列，其中包括年轻的财务主管汤姆·杜利，他受过特里·埃尔克斯的副手肯·戈尔曼的指点。比昂迪还很快将汤姆·弗雷斯顿提拔为 MTV 电视网的总裁兼首席执行官，并在多塞特酒店用早餐时告诉弗雷斯顿，他将与弗雷斯顿签下一份为期三年的合同，并给他一份 25 万美元的薪水。"这笔钱多得简直有点儿邪门。"弗雷斯顿回忆说。最重要的是，从弗雷斯顿的角度看，比昂迪要他摆脱其联席总裁的职务。弗雷斯顿早年对雷石东的忠诚得到了回报。

总的来说，雷石东并没有参与实际操作。他参加周二上午的部门负责人例会，但极少发言。"他常常一坐就是几个小时，一句话也不说。"弗雷斯顿说。"他说得出他们家任何一家影院的洗手间里有多少块瓷砖，但却对有线电视业务，也就是收费电视业务一窍不通。"比昂迪说，"他说：'我想做的就是参与交易。'"尽管如此，雷石东还是决心学习，即便这意味着要问一些"愚蠢的"问题。收购维亚康姆第一年的夏天，他经常把亨利·施莱夫叫到办公室，仔细地盘问有关这个行业的基本情况，譬如：为什么人们要在电视上打广告？什么是 CPM（千人成本）？它为什么是这样的呢？你怎么知道人们会受到它的影响？"当你给出答案时，你也在展示自己的智慧，但因为被他像一个好律师那样施压，你开始对自己的智慧感到没把握了。"施莱夫说。他开始把这看作雷石东的"哥伦布式的"例行套路，以假装无知引出真相。"他甚至本来就知道问题的答案。"

最开始，雷石东的维亚康姆——为了向他的奋斗精神致敬，在第一次董事会会议上，他将公司的英文发音拼写改为"VIE-uh-com"（意为"竞争的维亚康姆"）——在头顶高悬着 25 亿美元巨债的情况之下，不可能去冒太大的风险。银行希望维亚康姆出售资产，最好是 MTV 或 Showtime，但是雷石东的志向在内容创作方面，并且他的运气很好。美国有线电视系统公司的创始人恰克·多兰对维亚康姆在长岛和位于郊区的克利夫兰的有线电视系统简直垂涎三尺，以至于同意以 5.5 亿美元的天价收购这些系统。除了这些，重播《考斯比一家》在市场上的收入远远超过了前一届管理层的预期，达到创纪录的 5.15 亿美元。[7] 再加上一些债务再融资，这些举措给了维亚康姆喘息的空间，不必牺牲核心资产。

与此同时，作为维亚康姆的战略核心，MTV 电视网才刚刚开始大踏步前进。虽然这些频道在比昂迪接手时"几乎没有盈利"，而尼克罗迪恩电视网也才刚刚开始做广告，但比昂迪说，"很明显，这些频道都是非常热门的频道"。弗雷斯顿刚完成 MTV 电视网的人员配置，它就开始以每年 25%~30% 的速度增长。该集团拥有强大的管理团队，愿意在疯狂得让人上瘾的原创动画系列剧集《莱恩和史丁比》之类的项目上承担创意风险，但它也有巨大的宏观经济推动力。比昂迪说："从 1987 年到 2010 年，基础的有线电视网络是美国传媒界的最佳业务。"

总之，这些举措意味着雷石东的豪赌得到了迅速且丰厚的回报。在收购维亚康姆一年多一点儿之后，全美娱乐以 4.2 亿美元收购的 83% 的股份的价值就已经几乎增加了两倍，达到 12.5 亿美元，这都得益于维亚康姆股价的飙升。[8] 由于债务还需还本付息，该公司仍处于亏损状态，但收入稳步增长，华尔街显然相信该公司前景光明。[9] 雷石东第一次与唐纳德·特朗普和鲁伯特·默多克等新晋富豪一道，加入《福布斯》精英富豪俱乐部，其资产估计已达 14 亿美元。[10]《波士顿环球报》指出，雷石东家族当时是波士顿最富有的家族。[11] 到 1989 年，《福布斯》将他列为美国第三富有的人。[12] "实际发生的情况就是，我们在维亚康姆以命相搏，两年过后，财富增长了 4 倍。"雷石东对《波士顿环球报》说，"但有了这些钱也真是搞笑。我甚至比以前更卖力地工作，每天要工作 16 到 18 个小时，而我依然住在牛顿的老宅里，那是我 35 年前买的房子。"

大约就在这个时期，雷石东锁定了之后数十年里他将用来诠释其战略和成功的那句名言："内容为王。"约翰·马龙，人称可怕的"有线牛仔"，曾将电信传播公司（Tele-Communications Inc.，缩写为 TCI）打造成全美最大的有线电视公司，面对其实力日益增长的大背景，雷石东想向维亚康姆员工做一次提振士气的讲话，告诉他们在内容与发行的战斗中为什么要站在内容这边。年轻的财务主管汤姆·杜利极富口才，很快就成了雷石东最信得过的顾问之一，他建议雷石东用"内容为王"号令三军，也就是要告诉部下，创意产品（也就是今天所称的知识产权）在谈判中总是占据上风的。雷石东很快就把这句四字名言变成了他的政治演说中永不缺少的一部分。

除了给雷石东带来巨额财富，维亚康姆还将雷石东和他一直渴望的政治扯上了关系。1992 年美国总统大选期间，MTV 频道首次在政治领域试水，将此作为其"选择或失去"（Choose or

Lose）活动的一部分，该活动将空中铁匠乐队（Aerosmith）等无党派人士所做的动员投票服务公告与由 25 岁的塔比莎·索伦领导的政治新闻报道结合起来。然而，这场活动真正的收获是说服了时任州长比尔·克林顿来 MTV 频道回答年轻人的问题。这是由 WASEC 前高管肯·莱勒的公关公司——罗宾逊-雷克-莱勒-蒙哥马利事务所负责完成的。几乎从 MTV 创立之初开始，该事务所就一直或多或少地为其工作。莱勒为纽约的诉讼案提供公司战略方面的建议，但他却派公司驻华盛顿办事处的一位名叫迈克·麦柯里的年轻公关能手去游说克林顿和其他候选人参加 MTV 频道的电视广播节目。"克林顿当时回答了那些直接的、令人尴尬的提问，"麦柯里说，"他在这方面很在行。"1992 年，参加投票的年轻人比过去 20 年间的任何一次大选都多，帮助克林顿入主白宫。MTV 频道举办了一场盛大的就职庆祝舞会——关于舞会由弗雷斯顿、莱勒主持这一点颇有争议——克林顿夫妇在舞会上短暂露面。在震耳欲聋的尖叫声中，克林顿总统大声表示感谢："我想这里的每个人都知道 MTV 和克林顿战胜戈尔有很大关系。"[13]

* * *

然而，尽管雷石东已经坐拥财富和权力，但还是少了点儿什么。雷石东十几岁时在父亲的汽车影院里卖爆米花，就是从那时起，他迷上了电影，除非他拥有制作电影的手段，否则他永远也不会有真正的快乐。即便沉浸在收购维亚康姆的胜利喜悦之中，他也还是对其他的电影放映商说："几十年前，电影行业和电影娱乐的世界就令我倾心不已，这场恋爱永远不会结束。"[14] 当维亚康姆的缠身债务稍有松弛，让人可以喘口气时，他就开始满世界地说："我们唯一缺少的就是一家电影制片厂。"[15]

在许多方面，这是世界上最自然不过的事情。好莱坞是由电影放映商建成的，其中一大批精英骨干是来自东欧的犹太移民，譬如阿道夫·朱克、路易斯·梅耶、卡尔·拉姆勒、华纳兄弟和威廉·福克斯，他们在 20 世纪初都是做皮革和服装生意的，然后一路不断发展攀升，先是建起了众多的"五分钱影院"并放映电影，后来就陆续创立了派拉蒙影业公司、米高梅电影公司、环球影片公司、华纳兄弟娱乐公司和二十世纪福克斯电影公司。[16] 在这些最初的电影大亨的模式中，电影放映只是通向控制知识产权的那架梯子上的一节而已。最高法院的派拉蒙案裁决踹翻了这架梯子，在超过一代人的时间里，电影放映商只能待在自己的位置上。但就在雷石东对维亚康姆采取行动的同时，随着家庭录像和有线电视的崛起，里根时代的司法部在反垄断问题上采取了宽松做法，并公开质疑派拉蒙案时期的合意裁决的相关性。[17]1987年，当好莱坞的电影公司纷纷开始收购连锁影院时，负责反垄断部门的助理总检察长查尔斯·F.鲁尔对《纽约时报》说："从我们的角度来看，这些法令的效用已经过时。上下一体化不一定会产生反竞争效应。"

确实，人们越发认为垂直一体化势在必行。1989 年，作为《时代周刊》《人物》和《财富》杂志的出版商，以及 HBO 的所有者，时代公司同意与华纳传播公司，即华纳兄弟影业和华纳音乐的母公司合并，以创建世界上最大的传媒和娱乐公司。[18] 这笔交易从表面上看主要是防御性的，是一种寻求与德国贝塔斯曼集团、索尼公司（当时刚买下哥伦比亚唱片公司和哥伦比亚影业公司）和鲁伯特·默多克的新闻集团等全球巨头平起平坐的途径。"在全球范围内，将出现 6 个、7 个或 8 个垂直整合的超级娱乐业集团，"时代公司总裁 N. J. 小尼古拉斯告诉伦敦的《泰晤士报》，"至少有一个是日本的，也许有两个。我们认为其中还有两个是欧洲的。也会有几家以美国为主导的企业，我们认为时代公司应该算其中一家。"[19] 此后不久，记者们开始询问雷石东：在这个行业整合的一盘大棋中，维亚康姆的位置在哪里？ [20]

　　从雷石东夺取维亚康姆的那一刻起，他就把目光投向了派拉蒙影业公司，这是他做放映商时和他关系最密切的一家电影公司。[21] 派拉蒙不仅是最后一家尚未被跨国集团收购的好莱坞电影公司，在某种程度上也是雷石东当初一见倾心的那个旧时好莱坞最完整的遗迹。[22] 派拉蒙是第一家真正名满天下的好莱坞电影公司，因为"派拉蒙之父"阿道夫·朱克发明了一种被大量模仿的商业模式，使得美国电影业成为拉动经济的动力源。[23]

　　朱克是匈牙利移民，出生于 1873 年，8 岁时失去了双亲，他靠做皮草买卖赚了第一桶金，在进入 20 世纪之后不久，他投身于一家可放映早期电影旅行纪录片的低价游乐场。他很快意识到，如果要推广电影这一媒介，就需要有更长、更连贯的电影，于是他着手采购舞台剧的电影版本。1912 年，他和别人合伙成立了"著名演员电影公司"（Famous Players Film Company），接着与一个名叫"派拉蒙"的竞争对手和发行商合并，然后接管了这家公司。通过与玛丽·璧克馥这样的明星签订报酬丰厚的专属合约，朱克很快就建立了自己的天下（体现在派拉蒙的山巅星拱标志上），并通过庞大的国际发行系统分摊其成本。

到 1921 年，派拉蒙影业已经是世界上最大的电影制片厂和发行商，出品了如塞西尔·B. 戴米尔于 1923 年导演的《十诫》这样在商业上取得巨大成功的史诗级影片，并在 1929 年凭借《翼》一片获得首届奥斯卡最佳影片奖。十年之间，在疯狂购入一批豪华影院之后，派拉蒙还拥有了美国规模最大的连锁影院。20 世纪 20 年代末，朱克在时代广场为纪念这一成就建了一座"纪念碑"——派拉蒙大厦，其顶端的时钟被星星环绕，排列方式与派拉蒙标志中的山巅星拱一样。直到以 103 岁的高龄于 1976 年去世之前，朱克一直在这座大厦的顶层保留着一间办公室，而如今，该大厦更是因底楼的"硬石咖啡馆"（Hard Rock Cafe）而闻名于世。

　　对雷石东来说，幸运的是，他在派拉蒙的影响力无人能敌。早在1965年，他就帮助派拉蒙击退了"企业掠夺者"赫伯特·西格尔的恶意收购，当时一位名叫马丁·戴维斯的年轻营销主管建议他这么做。他们一起帮忙把派拉蒙影业公司转到了查尔斯·布卢多恩的海湾与西方工业公司手中，从那以后他们一直保持着联系。戴维斯体形瘦削、性情暴躁，是布朗克斯区本地人，他从未完成大学学业，在电影宣传发行中崭露头角，后来成为布卢多恩的左膀右臂。1983 年，56 岁的布卢多恩在其私人飞机上因心脏病突发去世，戴维斯登上了他的位置。戴维斯接着就开始拆解布卢多恩拢合的价值数十亿美元的业务大杂烩，将海湾与西方工业公司精简成一家传媒集团，旗下拥有派拉蒙电影制片厂、一个制作了《干杯酒吧》和《星际迷航：下一代》等电视剧集的电视部门、西蒙与舒斯特出版社、麦迪逊广场花园、纽约尼克斯队和纽约流浪者队、几家电视台，以及一些影剧院和主题公园。[24] 完成这一切之后，他将该传媒集团更名为派拉蒙传播公司。

　　尽管采用了好莱坞的一家电影制片厂的名字来为公司更名，但戴维斯还是不受好莱坞待见。布卢多恩去世后，戴维斯继承了好莱坞历史上最具传奇色彩的电影公司管理团队之一，其中有董事长兼首席执行官巴里·迪勒、总裁兼首席执行官迈克尔·艾斯纳、制作总监杰弗里·卡曾伯格。迪勒和得到他指点的"迪勒杀手"们一起，开创了派拉蒙影业公司最辉煌的时期之一，推出了《比弗利山警探》《周末夜狂热》《夺宝奇兵》等影片。但戴维斯根本无法容忍派拉蒙公司对待成功高管的方式。"他在公司里高傲得就跟珍稀保护物种似的，"戴维斯（逝于 1999 年）在接受《名利场》的采访时这样说迪勒，"我简直受不了。"[25] 迪勒后来离职去了二十世纪福克斯公司当总裁，艾斯纳和卡曾伯格则离职去迪士尼担任了最高的两个职位。这些人在这个行业里有很多朋友，他们不断取得巨大的成功，而戴维斯作为一名冷酷无情、西装革履的纽约高管出名。"他这个人很讨厌。"迪勒说。

　　戴维斯知道大量高层人员出走的派拉蒙面对收购不堪一击，在 20 世纪 80 年代末和 90 年代初的大部分时间里，他都在和一大帮令人眼花缭乱的并购对手谈判，从索尼到甘尼特（Gannett），再到美国电话电报公司（AT&T），戴维斯希望在自己被吃掉之前先吃掉别人。[26] 1989 年，在专做传媒金融业务的艾伦公司（Allen & Company）的赫布·艾伦的撮合下，雷石东和戴维斯进行了几次初步会谈，但当时戴维斯还不准备放弃控制权。然而，情况在 1993 年年初发生了变化。在那之前的五年里，这家电影公司经历了一连串的失败，失去了市场份额，从而削弱了戴维斯的谈判筹码。[27] 更糟糕的是，有传言称戴维斯的宿敌迪勒正在密谋对该公司下手。

雷石东嗅到了血腥味，就把他的交易顾问道曼从其在希尔曼-斯特林律师事务所的合伙人位置上征召过来，委以内部重任，让他担任维亚康姆的高级副总裁兼法律总顾问。道曼有功于收购维亚康姆，于是他在维亚康姆董事会获得了一个席位，但他同时仍一直待在原来的律师事务所，被雷石东聘为私人律师，负责他的遗产规划、遗嘱执行，甚至其家族信托基金的相关事务。多年来，道曼连续参与了雷石东和戴维斯之间最初的几轮秘密谈判，这一点连比昂迪都不知道（雷石东觉得比昂迪是个"大嘴巴"且不擅长谈判），一切都是由雷石东暗中安排的。1993年2月，道曼在时代广场的维亚康姆总部52层有了自己的办公室，就在雷石东办公室附近。又一处作战部署室正在形成。

等下一位投资银行家来敲门，主动提出要撮合雷石东和戴维斯的业务时，雷石东已经准备好了。这次不是赫布·艾伦，而是摩根士丹利的总裁罗伯特·格林希尔。[28] 在那之前几年，格林希尔邀请雷石东参加加利福尼亚州卡梅尔的一个网球夏令营，从而结识了雷石东。1993年4月，雷石东和道曼为赴宴做了精心细致的准备，制订了一个雷石东不主动提起价格而只问控制权的计划。[29] 当雷石东和戴维斯在摩根士丹利的私密餐厅里悠闲地用餐时，雷石东惊讶地发现戴维斯已经决定交出控制权。戴维斯经过盘算，认为与其冒被信不过的人恶意攻击的风险，还不如把控制权交给他信得过的人。派拉蒙比维亚康姆规模稍大一些，市值为68亿美元，相比之下，若将庞大债务考虑在内，维亚康姆的市值只有52亿美元。[30] 但戴维斯并不是派拉蒙的主要股东，而雷石东则几乎拥有整个维亚康姆。在两家合并后的新公司里，雷石东仍将握有控制权。在晚宴上，他们一致同意由维亚康姆掌控董事会，戴维斯将继续担任首席执行官，合并后的公司将被命名为"派拉蒙维亚康姆国际公司"（Paramount Viacom International）。

从那天晚上开始，在与戴维斯的副手唐纳德·奥雷斯曼的谈判中，道曼发挥了主导作用。[31]这场秘密的讨价还价持续了数月之久，维亚康姆无法证明每股出价高于 60 美元的合理性，而戴维斯坚持每股"以 7 打头"要价。尽管如此，雷石东最终还是将价格敲定在每股 69.14 美元，与戴维斯心心念念的"以 7 打头"的报价相差无几。为了锁定交易，雷石东邀请戴维斯到他位于卡莱尔酒店的公寓里与他和菲丽丝共进晚餐。根据雷石东在自传中的描述，戴维斯当时一边从卡莱尔酒店向外眺望着城市的景色，一边说道："你知道吗？萨姆纳，我们的交易完成后，人们将在中央公园的中心位置为你建一座巨大的雕像，而我就会被忘掉。"[32]"不，马丁，"雷石东回答道，"他们会为我们俩建雕像的，我将以崇敬的目光仰望你。"

1993 年 9 月 12 日，星期日早上 7 点 45 分，雷石东正走向位于市中心曼哈顿的希尔曼-斯特林律师事务所总部，他的董事会将在那里开会批准并购派拉蒙的交易。[33]选在公司以外的地方开会，就是为了保守双方会谈的秘密，但就在雷石东快要到达目的地时，他遇到了《纽约时报》专门跑传媒业务线的首席记者杰拉尔丁·法布里坎特，并愉快地接受了对方的采访。"我感觉棒极啦。"雷石东滔滔不绝地说着，"人很累，但感觉真是棒极啦。"随着表决时间的临近，会场里的董事会成员变得坐立不安，道曼就派他的副手迈克尔·弗里克拉斯去找雷石东。弗里克拉斯找到了他，他正在对着《纽约时报》的摄影师摆姿势拍照，并不急于结束采访。"我想他们不会不等我就开始的。"他对弗里克拉斯说。这笔交易当天就对外宣布了。这一切简直太容易了。

第二天，雷石东系着一条图案狂放的黑金相间的宽领带，开心得咧着嘴大笑，与戴维斯肩并肩站在维亚康姆的 7 楼会议室前，宣布本次合并是"一种顺天应命之作"，将创造"世界上最强大的一家娱乐与传播公司"。[34] 这是 1990 年时代与华纳两家公司合并以来最大的传媒业交易，华尔街的初步反应是积极的。尽管新闻发布会上的许多问题都是冲着迪勒去的，但分析师们认为，这笔交易总体上是扎实的，82 亿美元的出售价给派拉蒙股东带来了相当可观的溢价，高于该公司此前每股 61 美元的交易价格。[35] "维亚康姆把价格定得很高，这是一个先发制人的出价。"沃伦咨询公司（S. G. Warren）的分析师莉斯贝思·R. 巴伦对《洛杉矶时报》说。雷石东宣称："这段'婚姻'永远牢不可破。这将是派拉蒙和维亚康姆的时代。有人将这个时代类比于过去的工业革命时代。这是一个见证技术全面变革的时代……为家庭的'信息高速公路'提供节目。"[36]

比昂迪就没那么热情了。在新闻发布会上，他在公司的未来角色显然并没有什么明确的说法，他甚至根本不打算掩饰自己的不满，因而对《洛杉矶时报》调侃说："强制退休政策怎么样？"他对这笔交易的保留态度远远超出了他对不得不让出首席执行官头衔几年，直到 66 岁的戴维斯退休这件事的不快。对他和维亚康姆管理层的很多高管来说，这笔交易缺乏行业逻辑，更糟糕的是，还排除了许多更有利的机会。"我们公司内部对此没有太多的支持声音，"比昂迪说，"这似乎是一件做得相当笨拙的事情。"比昂迪认为雷石东对派拉蒙感兴趣纯粹是出于感情原因。"说到雷石东，你必须明白，这就是一个扬基队的球童在长大后买下扬基队的故事。"雷石东知道，他最信任的一些副手，包括弗雷斯顿在内，对这个主意并不热衷，但他还是通过电话向正在亚洲出差的杰拉尔丁·莱伯恩表明了自己的立场。"我真的很想这么做。"他告诉她，"我想成为路易斯·梅耶。"

杀手迪勒

他是好莱坞的少数几个人之一，他们仅凭个人天赋和
背景就能吸引到足够资金去买下一家电影制片厂或电
视网，如果他们愿意。

有很短的一段时间，雷石东俨然把自己想象成了派拉蒙公司的老板，是自己命运的主宰，其烫金的名字也仿佛已刻在好莱坞星光大道和波士顿拉丁语学校礼堂的雕带上方。但这种狂喜并没有持续多久。在他高调炫耀的新闻发布会后的第二天，《华尔街日报》报道，全美娱乐公司收购维亚康姆的股票，帮助维亚康姆的股价在 7 月和 8 月飙升了 26%，这使得维亚康姆用来支付派拉蒙的资金出现了注水现象。[1] 这篇报道引发了对购买这些股票是否存在道德问题的质疑，因为在事关维亚康姆未来的重大事件中，雷石东掌握了内部信息。维亚康姆辩称，当时收购只是循例行事，但毕竟已经造成损害。[2] 当天，维亚康姆的股价应声下跌，将其收购派拉蒙的出价拉低至 79 亿美元，并很快进一步跌至 75 亿美元。突然之间，雷石东的出价似乎不再那么具有优势了。

　　巴里·迪勒及时地抓住了这个机会。正如马丁·戴维斯所担心的那样，雷石东并不是唯一一个相信派拉蒙注定属于自己的大亨。好莱坞成就了迪勒，他在节目制作方面有着"点石成金"的才能，以及雷石东所推崇的那种永无止境的雄心和好斗精神。他个子不高但结实，衣着挺括整洁，常顽皮地咧着嘴笑，露出宽宽的牙缝，头过早地谢成了有点儿骇人的秃顶，这使得将他说成《辛普森一家》中伯恩斯先生一角原型的传言越发像模像样。迪勒是一位住在比弗利山庄的富有的房地产商的儿子，从加州大学洛杉矶分校退学后，他到威廉·莫里斯经纪行（William Morris Agency）的收发室上班，很快就在美国广播公司（ABC）平步青云，人们认为是他发明了迷你剧集和电视电影。³ 在派拉蒙自1974年开始大获成功的十年里，他作为该公司董事长的青春之旅让他成为一名人生偶像。随着布卢多恩的去世及他与戴维斯之间的冲突，他于1984年离开派拉蒙转投二十世纪福克斯。出乎所有人的意料，他在二十世纪福克斯创建了几十年来的第一个新广播网络，推出了流行文化的现象级电视剧，如《辛普森一家》《奉子成婚》《生动的颜色》等，从而改变了电视的面貌。他于1992年离开二十世纪福克斯，因为在鲁伯特·默多克的帝国里，他一直只能是个打工仔，永远不可能当上老板，他对此感觉十分不爽。⁴《华盛顿邮报》宣称："好莱坞有少数几个人，他们仅凭个人天赋和背景就能吸引到足够资金去买下一家电影制片厂或电视网，如果他们愿意。迪勒就是其中之一。"

　　然而，他却开始了一场对技术精神的求索，拎着他的笔记本电脑游走于全美各地，并从比尔·盖茨和雷石东等杰出名人那里搜罗人才，寻找属于他自己的事业的机会。他最终震惊了整个行业，因为他选择落脚于QVC，这是一家以销售方晶锆石闻名的家庭购物网站。但QVC背后有一些非常睿智的投资者：康卡斯特公司（Comcast）的罗伯茨家族和电信传播公司的约翰·马龙他们总共拥有 QVC 35% 的股份。TCI 那时刚刚宣布，到 1994 年，该公司拥有的数字压缩技术能提供其用户超过 500 个频道，而迪勒将有望主持一个前景光明的新媒体未来，其中有线电视机顶盒将成为"有互动功能的"订购点播电影、购买奢侈品，甚至办理银行业务的门户。迪勒投资了 2 500 万美元，获得了 3% 的公司股份，但马龙和罗伯茨家族同意给他投票表决他们的持股份额的权利和董事长的头衔。[5] 马龙和罗伯茨家族给了正宗的"杀手迪勒"一辆"坦克"，让他想开到哪儿就开到哪儿。

就在宣布收购派拉蒙四天后，雷石东打开《华尔街日报》，才得知迪勒和 QVC 已聘请赫布·艾伦为收购该公司给出针锋相对的报价。[6] 雷石东已经被艾伦搞得够烦了，因为艾伦在看到自己的巨额交易被别的银行家终结时极为不满，所以，雷石东在敲定与派拉蒙的交易后，就给艾伦寄去了一张 100 万美元的支票，但不妙的是，人家把支票退了回来。[7] 此刻，这位纽约最有影响力的传媒业银行家、太阳谷著名的一年一度的艾伦公司传媒会议的主办者，不仅对雷石东感到愤怒，而且在为雷石东的对手效力。

至于迪勒，雷石东并不感到意外，但他确实感到被自己称为"在西海岸最好的朋友"的人背叛了。[8] 他和迪勒多年来一直在相互征求意见。在雷石东策划收购维亚康姆并最终成功的过程中，迪勒是他最常寻求建议的业内名人之一。"我对电视的了解，可能比和雷石东先生打交道或他熟识的大多数人都多。"迪勒说。1993 年 9 月 20 日，也就是维亚康姆董事会投票决定收购派拉蒙 8 天之后，正式竞标到来了。[9] 一位信使将一份标书副本送到住在卡莱尔酒店的雷石东手中，其中附着迪勒手写的一张便条，称希望这不会影响他们的友谊。

但怎么可能不影响呢？ QVC 给出的收购报价简直势不可当，按即时股价计算，每股为 80 美元，即总价为 95 亿美元，比维亚康姆的出价高 20 亿美元。另外，其现金支付量是维亚康姆报价所含现金的三倍多。[10] 多亏了马龙和康卡斯特承诺的 10 亿美元，QVC 才有实力提出如此丰厚的报价。康卡斯特总裁布莱恩·罗伯茨是最初将迪勒招进 QVC 的人，他公开宣称，迪勒是"唯一有资格管理派拉蒙的人"，并补充说，"从迪勒来到 QVC 的那一刻起，我们就知道自己要打造一家大型传媒公司"。

戴维斯完全被吓到了，但依然谨慎小心。任何有关他在评估 QVC 的收购报价时行动迟缓的暗示，都有可能导致其董事会被股东告上法庭。派拉蒙对外发表声明称，他们仍然认为维亚康姆是"最佳匹配"，但将"评估 QVC 的提议"。与此同时，派拉蒙的股东们很乐意看到一场全面的竞购战展开。正如派拉蒙最大的股东之一、加贝利基金的掌门人马里奥·加贝利所言："让拍卖开始吧！"[11] 派拉蒙的股价一路升高，因为华尔街正对维亚康姆出更高的价翘首以待。

在之后的六个月里，商业大鳄之间的冲突占据了商业报刊的主要版面，并使雷石东成为一个家喻户晓的名字。70 岁时，雷石东已登上事业的巅峰，与业界最大牌的迪勒、罗伯茨、马龙等人展开对决，并将自己数十年不讲情面的法律和谈判经验发挥到极致。作为一名媒体大亨，他或许仍在学习，但作为一名交易高手，无出其右。这一点偶尔也会使他与弗兰克·比昂迪的关系变得紧张。当《华尔街日报》打电话给比昂迪，问他维亚康姆是否有计划提高报价时，他回答说，不能排除这种可能性。但在同一篇报道中，雷石东的说法却是毫不含糊的："或许弗兰克表达得不像我这样精确清晰，但我们绝对没有讨论或考虑过提高我们的报价。"[12]

这是属于雷石东的战斗，因此，当然要用雷石东最喜欢的武器。在 QVC 发出收购提议三天后，维亚康姆在美国纽约南区地方法院对 TCI 提起反垄断诉讼，指控 QVC 对派拉蒙的收购是约翰·马龙意图对有线电视行业"进行阴谋垄断的又一步骤"。[13] 这一指控是在传媒业和监管机构越来越担心马龙的势力日益扩大之际提出的。通过 TCI 及其附属公司——自由传媒公司（Liberty Media Corporation），马龙控制了全美 20% 的有线电视用户，这使他成为事实上的有线电视频道生死存亡的把门人。总而言之，马龙的市场实力加上他的强硬策略，即毫不掩饰地利用其对发行的影响力，在一次次的节目收购中获得更优惠的条件，使得时任参议员阿尔·戈尔将他称为"有线电视行业的科萨·诺斯特拉"的头领和"黑武士达斯·维达"。[14]

考虑到马龙对维亚康姆有线频道的实际影响力，维亚康姆管理层对起诉他们最大客户的可能性感到恐惧。在提起诉讼的几天前，在维亚康姆的一个会议室里，雷石东召集他们和公司的法律团队一道来制订他的行动计划。他们中的一些人恳求他重新考虑，担心马龙会采取报复措施，将 MTV 和尼克罗迪恩等有线频道踢出 TCI。汤姆·弗雷斯顿说出了其中的一些担忧，但雷石东不为所动。"没人敢在我头上拉屎！"他怒吼，脸涨得通红。弗雷斯顿一下子面无血色。诉讼如期进行，雷石东的孤注一掷终于得到了回报，MTV 和尼克罗迪恩电视网确实太受欢迎了，TCI 无法撬动其服务。

与此同时，雷石东试图抑制人们对迪勒的热情。[15] 无论是华尔街还是新闻媒体，都把迪勒描绘成一位能够指挥管弦乐团的音乐大师，而这个乐团能够演绎互动媒体的未来。"我才不管这个购物频道是不是无数地方最好的购物频道，它是啥样就是啥样。"雷石东对《洛杉矶时报》表示，"说到互动，你的意思是指打一大堆电话吗？……我想这就是互动吧。有人打电话给你，订购了一些珠宝。对吧？这就是很不错的互动。"生怕有人不明白，他又补充道："除非子弹打穿我的身体，否则这场合并一定会进行。"

在这番强硬言论的背后，在道曼和格林希尔的带领下，雷石东的团队正拼了命地争取更多的支持者，以便提高收购报价。他们向百视达娱乐公司（Blockbuster Entertainment）和纽约电信（Nynex），即后来的威瑞森（Verizon）求助，希望它们参与融资18亿美元。[16] 与此同时，雷石东击败迪勒的最大支持者的努力也取得了成果。就在华盛顿特区风传美国联邦贸易委员会继QVC之后也有意收购派拉蒙时，马龙抛出了一颗重磅炸弹，他称TCI将与贝尔大西洋公司（Bell Atlantic Corp.）合并，而这笔交易大得多，使他在收购派拉蒙上给不了迪勒太大的帮助。[17] 作为战斗的一部分，雷石东曾在参议院做证，声称"在美国，人们能听到什么、看到什么，全都由马龙来决定"。[18] 雷石东很高兴地宣称，让对手靠边站是自己的功劳。

但胜利只是暂时的。考克斯企业集团（Cox Enterprises）和纽豪斯家族的先进出版公司（Advance Publications）也一同介入，为QVC的交易提供资金，这场争斗便又被拖长了。

与此同时，迪勒一方在特拉华州也发起了一场法律攻势，一名法官阻止了维亚康姆的友好合并，批评派拉蒙董事会不恰当地拒绝了QVC更高的出价。[19] 派拉蒙董事会成员对此感到震惊，戴维斯更是极度不安。[20] 在上诉失败之后，派拉蒙别无选择，只能把自己放上拍卖台。

雷石东和迪勒之间的讨价还价抬高了派拉蒙的价格，使之超过 105 亿美元。[21] 分析师开始抱怨说，无论是谁赢了，都要多付几十亿美元。[22] 一位投资银行家对《华尔街日报》表示："我们现在有点儿陷入郁金香热。"雷石东不在乎，他一心要赢，但他没钱了。当迪勒再次提高报价时——看起来他会赢——没想到雷石东在战斗最激烈的时候，同意将维亚康姆与百视达合并，从而获得了自己提高报价所需的额外资金。

华尔街人士痛恨维亚康姆与百视达合并。[23] 他们认为总部设在佛罗里达州的百视达朝不保夕，其家庭录像带租赁业务即将被点播节目的有线电视系统摧毁。维亚康姆的股价下跌了，但维亚康姆看到了每年数亿美元的现金流，还看到有一种合理的方式，可以用来偿还为收购派拉蒙而累积的债务，同时也看到自己手边仍有为战斗准备的更多弹药。雷石东将控制新公司——维亚康姆-百视达公司 61% 的股份。

百视达公司的董事长韦恩·休伊曾加是雷石东愿意与之交往的那种企业家，尽管雷石东未必完全信得过他。[24] 在将佛罗里达州的一家垃圾运输公司转变为世界上最大的垃圾处理公司——美国废物管理公司之后，休伊曾加涉足了许多不同领域，从便携式厕所一直到害虫防治等。再后来，他开拓了录像带租赁业务，把百视达的音像店从 19 家发展到 3 600 多家。他创造了一种工作狂文化，而他自己就是这种文化最好的写照：比其他人早到，比其他人晚走，凡事先行，外加周六不休息。虽然他好几年前就看到了技术的发展前景，并开展以追求内容为主的业务多样化，类似于投资控股《飞越比弗利》(*Beverly Hills 90210*)剧集制作商——斯佩林娱乐集团(Spelling Entertainment Group),但分析师还是把这次合并解读为对休伊曾加的"完美救助",使他赶在其每季度 50% 的营收增益全线下跌之前登上事业巅峰。[25]

与百视达的合并将给雷石东和维亚康姆带来无尽的麻烦,但此时此刻,它却为雷石东提供了他所需要的弹药。拍卖继续进行。随着 1994 年 2 月 1 日投标截止日的逼近,维亚康姆对报价做了最后的调整,增加了 8 亿美元的额外现金和股票,并承诺,如果股价跌至最低价格以下,维亚康姆将提供部分担保,或称"保底金",以弥补差价。[26]维亚康姆和 QVC 的出价都在 104 亿美元左右,但维亚康姆的出价似乎更可靠些。"从表面上看,巴里·迪勒的出价更高,但萨姆纳·雷石东的出价包含更多的现金,且保底承诺让人更放心一点儿。"加贝利在接受《洛杉矶时报》采访时表示。迪勒在最后期限前稍微提高了出价,但没有像维亚康姆那样增加针对股价下跌的保底承诺。[27]这一点恰是决胜的关键。维亚康姆终于大获全胜。

"真是令人痛惜不已。"迪勒回忆说,"当我们盯死一堵墙,并意识到只要我们想让它消失,它就会消失的时候,我们明白,如果我们不出个好价,我们就会输。可惜我们就是没出好价。"在之后的许多年里,迪勒认为他犯了一个错误。"在这一类大规模的并购业务方面,我实在是个新手,以前从未被摆在这样的位置上。我应该提高出价的。事实上,是我错失了良机。"

对雷石东来说,他获胜的消息是在 1994 年 2 月 14 日这个吉利的日子里传来的,那天恰逢菲丽丝的生日。几个月前,在并购竞标过程中,她又一次提起离婚诉讼。[28]维亚康姆的高管们几乎无人对此感到意外，因为他们目睹了太多雷石东和菲丽丝在公司的公务飞机上持续争吵的场面。然而，此时的菲丽丝既对雷石东恨之入骨，但同时又钦佩和爱他。"她曾告诉我：'我们会像猫和狗一样掐架，但之后的性爱却非常棒。'"维亚康姆的一名前高管表示，"他们活着就是为了干仗。他们确实就是这么干的。"和以往一样，过了几周，她又撤回了离婚起诉，但她的意思已经表达清楚了。正如《华尔街日报》所写的那样："她的行为引发了这样的疑问：雷石东最终会在一场离婚官司中失去对他的有线电视帝国的控制吗？"这绝不会是雷石东最后一次在并购中被此疑问困扰。

但就在这个晚上，一切似乎都成了遥远的记忆。当最后的股份被偿付时，雷石东出奇地平静。[29]下午3点左右，他离开办公室，和一名职业选手打网球，然后参加了设在FAO施瓦兹玩具店的尼克罗迪恩频道精品店的开业仪式。当晚，在充满阳刚之气的交易窟"21"——只比派拉蒙晚成立两年的木板条结构的纽约机构——雷石东为菲丽丝举办了一场小型生日晚会。当晚8点30分左右，一通电话打进来，告诉他们交易成功了的时候，道曼、汤姆·杜利和弗兰克·比昂迪均在场。雷石东拿起一杯香槟说："为我们的胜利干杯。"然后他转向妻子，开玩笑地说："可别说我从来没给你买过生日礼物。"

这场高调的战斗不仅让针锋相对的夫妻俩言归于好，还激起了莎莉对其父建立的传媒帝国的兴趣。当雷石东及其团队制定出并购百视达的交易架构时，她恰好就在他的办公室里。她意识到，自己一向以为枯燥乏味的商界，实际上可能相当引人入胜。

永生不死

我跟他说:"爸爸,我是你的女儿,我们一起打网球,我能打得这么好,你难道不觉得很高兴吗?"他看着我说:"不,我不觉得高兴。"

如果说 1987 年收购维亚康姆让雷石东感觉年轻了 10 岁，那么 7 年之后拿下派拉蒙就会让他感到年轻了 20 岁。他周围的人也惊诧地发现了这一点。上天再次屈从于他的意志。而他越发认为，上天会一直眷顾他。但他毕竟已是 71 岁的人了，不愿冒任何风险。长期以来，作为一个健康达人，雷石东坚持每天天不亮就起床，然后在跑步机上跑 3 英里，或者打打网球。他对自己的饮食搭配越来越痴迷，总是以临床医学的精准度监控自己的食物摄入量。糖被请出局，取而代之的是蛋白质；午餐通常只有一块晒干的咸牛肉[1]；服务员要是把一小篮面包端上餐桌，就会受到他的呵斥；和他一起用餐的人如果敢点甜品，他就会不以为然地朝人家歪着嘴轻蔑地笑。他对《波士顿环球报》说："我就是那种不想死的人。"[2]

　　为了永生不死，遭逢一些困难也是值得的，因为派拉蒙公司终于在雷石东 70 多岁时给了他一直梦寐以求的那种生活。交易完成几天后，他便飞往洛杉矶，在派拉蒙旗下的一家影院就企业内部协同合作的话题向公司新员工做迎新动员。[3]但对雷石东而言，真正的享受是和派拉蒙影业集团董事长雪莉·兰辛一块儿坐下来交谈，起先是在派拉蒙片场她的办公室外的会议室，后来是在常春藤餐厅的烛光晚餐上，这家位于西好莱坞的餐厅名流云集，狗仔队环伺，根本无任何隐秘性可言。兰辛有着一头黑发，做过演员，她的母亲在十几岁时惊险地逃离纳粹分子，她本人在35岁时成为二十世纪福克斯电影公司的第一位女电影厂主管，并在1992年成为派拉蒙的董事长。在担任此职位两年后，她仍然在重建这家电影公司的阵容，但是当她提出其理念，即要专注于电影脚本的创作，而非靠明星大腕驱动的"软件包"时，雷石东提到了派拉蒙自家体系内的一个项目，他认为这个项目可以改变一切。"就在那一刻，他说：'给我讲讲《阿甘正传》这部电影吧。'这对我来说很不寻常，因为在那个阶段，我们从未提起我们的任何一部电影。"兰辛回忆道，"我问：'你是怎么知道的？'"雷石东在好莱坞显然有自己的消息源，他听说这部古怪的、由一连串独立情节构成的电影，在此前十年的大部分时间里，一直在电影行业庞大的运作体系中缓慢地经受打磨。"这会是一部了不起的大片。"他说。他说的没错。几个月后，《阿甘正传》这部因封顶预算只有5 500万美元而不断为经费苦苦挣扎的影片，顷刻之间便成为一种文化现象，在全球实现了超过6.6亿美元的票房收入，并摘取了包括最佳影片奖在内的六项奥斯卡奖。这部影片开启了派拉蒙的又一个黄金十年，其间派拉蒙推出了诸如《勇敢的心》《泰坦尼克号》《拯救大兵瑞恩》《碟中谍》等一大批轰动一时的杰出作品。兰辛称雷石东是一个理想的老板，他给了她和她的业务伙伴乔纳森·多尔根自主权和全力支持。雷石东还任命多尔根为维亚康姆娱乐集团的董事长。兰辛说："我认为他之所以如此优秀、如此睿智，都是因为他是一个铁杆影迷，对电影十分热爱。"

获得如此殊荣的代价是极其高昂的。收购派拉蒙之争给维亚康姆留下了 100 亿美元的债务，迫使其出售麦迪逊广场花园和有线电视业务系统等旗下资产。[4] 为了偿还这笔债务，维亚康姆不得不以远超其真实价值的代价收购百视达，从而将一家拥有约 7 000 名员工并侧重于内容制作的公司变成了一家拥有 7 万多名员工的兼顾内容和发行的巨头企业，这在相当大的程度上模糊了雷石东的投资理念。[5] 这笔交易还极大地稀释了全美娱乐公司在维亚康姆的所有权权益，尽管该公司通过超级表决权的股份保持了对维亚康姆的控制。

尽管当时维亚康姆的一些高管辩称，收购派拉蒙产生的债务已经通过后期经充分谈判达成的资产出售获得了回报，如西蒙与舒斯特出版社的大部分资产就以 46 亿美元现金的高价出售给了英国的培生集团，但许多人却认为收购派拉蒙是个错误。"他们需要那家电影制片厂，这件事最终搞得公司如此大出血。就是为了拿下那家电影制片厂，他们不得不多花冤枉钱去收购百视达，而几年后却只能把它当废铜烂铁卖了。" 20 世纪 90 年代重返维亚康姆担任 VH1 领导者的约翰·赛克斯说。"真正的价值在于有线电视业务的增长。"比昂迪对此也持同样的看法，"如果他运营的仍是原来的公司，那他会比比尔·盖茨更富有。事实证明，电影公司并不是成长型企业。它们虽然能够不断增加自己的收益，但大部分收益最终还是会落入演职人员囊中。"

对雷石东来说最具挑战性的是，收购派拉蒙迫使他不得不公布自己的接班人计划。作为 Nynex 为向这场收购提供资金而进行谈判的一部分，Nynex 希望得到保证，即在雷石东死后，派拉蒙公司不会被出售或以其他形式陷入困境。雷石东同意向 Nynex 展示其资产规划，其中明确注明，一旦雷石东去世，就指定道曼接任集团主席。雷石东向 Nynex 保证，关于他的资产及维亚康姆的运作，他最信任的这位顾问都有足够的了解，完全可以阻止其家人在其死后出售或拆分该公司的任何企图。当这个消息开始在更多的高管中流传时，杜利建议雷石东在更大范围内予以披露。一年后，当《纽约客》杂志曝光这一安排时，华尔街震惊了。[6]"我还以为比昂迪会被提名。"[7]一位华尔街分析师对《今日美国》说。另一位分析师也有同感："维亚康姆的成功离不开比昂迪。"（雷石东家族的一位熟人说："雷石东其实根本无意指定继承人。只要他大权在握，他就是提名'嫦娥'又如何？之后再收回这个提名就得了。"）但从某种角度来看，此事的真正内涵是雷石东直接略过了自己的一子一女，他们当时都已 40 多岁，同是律师，也都在维亚康姆董事会有一席之地，而且都在家族企业中努力工作。事实上，莎莉和道曼同岁。

* * *

1991 年 11 月，布伦特·雷石东成为维亚康姆公司的董事，他是雷石东家族同辈成员中加入维亚康姆的第一人。[8]此前一个月，他离开了波士顿助理地区检察官的职位，结束了他 14 年来起诉杀人犯和强奸犯的职业生涯。他经手的发生在萨福克县的案件常常令人毛骨悚然，情感上备受折磨。在他职业生涯的早期，他曾成功地起诉一个强奸 7 岁小女孩的 18 岁强奸犯，使其罪名成立，尽管这个强奸犯最终被判的刑期比布伦特所要求的少了一半。[9]他还起诉过一名男子，其罪名是用电线鞭打其女友的 3 岁孩子277 下，致其死亡。[10]这名男子被控一级谋杀罪，但最终被判犯有较轻的过失杀人罪，因为辩方成功地辩称，可卡因使他暂时精神失常。[11]布伦特的女儿凯琳说，布伦特之所以被这份工作吸引，完全是因为他自己艰辛的童年，那时，他经常看到母亲被父亲气得伤心落泪。"我爸想为人们做点儿好事，"她说，"他要把坏人都关起来。"

布伦特遗传了父亲的身高，却继承了母亲的性情，丝毫没有雷石东最看重的亲近同事身上冷酷无情的特质。[12]他卷曲的头发和粉嘟嘟的脸颊给了他一点儿温良无邪的气质，这种气质很像雷石东，但更丰满些，而他那副厚厚的眼镜更使他显得人畜无害。正如一位维亚康姆前高管所言，布伦特是个"真正的好人，但却不符合雷石东的要求"。他恪守道德几乎到了极端的地步。他爱护动物，很少表露自己的情感，有时似乎完全生活在自己的世界里。20 世纪 90 年代，在一次前往韦尔的推销之旅中，他带着家人第一次尝试滑雪。比昂迪回忆道，第一天，布伦特开心得不得了，"脸颊红扑扑的，笑得合不拢嘴"，但第二天，布伦特抱怨说脚疼得厉害，比昂迪低头一看，发现了他的问题。"他把左右靴子穿反了。他竟然可以这么心不在焉！"

布伦特与父亲的关系一直很紧张。凯琳回忆说，有一次，就在布伦特的检察官生涯即将结束之际，全家人一起去科尔夫家族在马萨诸塞州普利茅斯的住处度假，布伦特和雷石东在那儿起了冲突，雷石东骂他："给我滚一边去！"布伦特勃然大怒，宣布他要带妻子和孩子离开。"大家都让布伦特别把这事放在心上。他们把所有的孩子都支到屋前的沙滩上去玩耍",而大人们却在争吵。1993 年,布伦特永远地离开了波士顿地区,搬到了科罗拉多州的埃弗格林。在那里,他和妻子安妮终于在一片占地 600 英亩的牧场上建起了他们梦想中的家园。当人们后来问他为什么要搬到科罗拉多时,他回答说:"因为波士顿到这里没有直飞航班。"

尽管如此,但当雷石东决定,作为遗产规划的一部分,他要把他的子女们都拉进维亚康姆董事会时,布伦特还是顺应了这个计划。(具有讽刺意味的是,道曼就是那个建议雷石东把他的子女都拉进董事会的人,声称如果他们都身在自家事业版图内,那对雷石东永远不允许自家公司被出售的终极目标来说,可能会更有利一些。)"我爸爸觉得最好还是弄清楚到底在发生什么事,"凯琳说,"他觉得董事会需要有一些理性的声音。"布伦特为维亚康姆公司工作过不长的一段时间,就在丹佛的 Showtime 频道办公室,而丹佛是有线电视行业的早期圣地。他还为全美娱乐在拉丁美洲扩建的连锁影院工作过。到 20 世纪 90 年代末,他在 MTV 的法务部工作,一直努力阻止某些事情的发生,比如当时就有一位母亲起诉维亚康姆,因为她 5 岁的女儿在看完《瘪四与大头蛋》动画剧集后烧掉了她的房车。当听说父亲在遗嘱中指定道曼为继承人时,布伦特气得脸色铁青。"去年我们在多佛(靠近戴德姆的波士顿郊区)的时候,人们说了很多骂道曼的话。"凯琳回忆道,"比如'道曼是个骗子!''道曼是个浑蛋!''道曼就会见风使舵……道曼是个唯命是从的人,所以才能坐上现在这个位子。'"

对于道曼的升迁，莎莉有更多的理由感到不爽。就在维亚康姆争夺派拉蒙之战开打之前，她的婚姻走到了尽头。为了避免受到女儿离婚的牵连——那样会让自己失去对全美娱乐的实际管控——雷石东指使道曼不动声色地稳住艾拉·科尔夫。雷石东早已放手让科尔夫运营连锁影院，并向海外新市场扩张，而他本人则忙于策划最新的超大型企业并购，所以当他听到女儿打算离婚的消息时，他的第一反应便是："这是否意味着艾拉会离开公司？"[13] 莎莉想让她的前夫离开她的家族企业。1994 年 5 月，收购派拉蒙之战刚刚尘埃落定之时，科尔夫就辞去了全美娱乐总裁及董事的职务，但他保留了一份长期的咨询合同，在未来十五年里，他将不停地延续该合同，因为他始终是雷石东的贴身顾问。[14] 这种关系激怒了莎莉。雷石东在科尔夫离开的时候向《洛杉矶时报》表示："艾拉仍然是我的家人，是我外孙的父亲。无论是他和我的业务关系还是个人关系，都没有受到离婚的影响。"

但是，从表面来看，科尔夫本人似乎发生了很大的变化。1990 年，也就是他的婚姻破裂的前一年，他收购了美国最受尊敬的犹太报纸之一——《犹太倡导报》(Jewish Advocate)。该报于 1902 年由犹太复国运动领袖雅各布·德哈斯在波士顿创办，收购该报让科尔夫成为波士顿犹太社区的重要人物。几年后，他的叔叔巴鲁克·科尔夫，也就是那位"尼克松的拉比"，被诊断为癌症晚期。他把科尔夫叫来对他说，希望科尔夫继承祖父曾经拥有的哈西德派尊者（也就是大拉比）的身份。科尔夫同意了，并开始以"Y. A.（伊扎克·阿哈伦·）科尔夫大拉比"这个称呼对外自称。曾几何时，他是那样一位脸颊永远刮得干干净净、始终斗志昂扬的企业高管，就连比昂迪都说："只有经过艰辛而漫长的日子，他才总是看上去像阿尔·帕西诺一样整洁体面。"[15]
科尔夫蓄起了长胡子，披上了飘逸的哈西德教派样式的黑色教服，礼貌地指导人们如何在用第三人称指代他时正确地称呼他。虽然科尔夫一直是一位有传统思想的犹太教拉比，不仅保持洁食，还自豪地宣称自己与哈西德主义的创始人有直接的血缘关系，但波士顿犹太社区一些不知名的人却发现这种转变很奇怪。"我们这儿的人一辈子都没有见到过保守派的拉比能成为哈西德尊者，"波士顿犹太社区的一名成员说，"根本不可能发生这种事。"

雷石东和菲丽丝尊重科尔夫的传统主义，让整个家为了科尔夫和孩子们都保持符合犹太教教义的洁净。但有时传统主义也会造成尴尬。在最终办完离婚手续之后，1993 年，在多佛的犹太教堂的新年礼拜活动上，科尔夫着实把在场的会众吓坏了，他在布道中抨击 MTV 频道及《瘪四和大头蛋》[原文中有 butt（屁股）一词，故他说"在教堂，我都不该说这个词"]之类的节目给美国流行文化带来了低俗的影响。而参加活动的人说，雷石东当时就坐在几英尺外的前排。参加礼拜活动的大约有 30 人，其中有几个人简直吓傻了，但雷石东家族却似乎没有一个人介意。莎莉和菲丽丝坐在单独的女子区域，并始终待在那里，直到活动结束。

莎莉曾经那样支持丈夫作为犹太教拉比的工作，为了吸引更多虔诚的犹太人，她甚至帮忙开设了巴士班车服务，往返于她丈夫在多佛建造的犹太教堂（他们就住在附近）和波士顿的犹太人走读学校之间，车程半小时。[16] 但后来，她对宗教变得不那么专注了。她的朋友们说，她仍然信奉犹太教，只是对哈西德教派不那么有兴趣了。

当莎莉试图弄清楚该如何应对自己人生的下一个篇章时，一位朋友建议她到马萨诸塞州沃尔瑟姆市的一家名为"儿童宪章"（Children's Charter）的受虐儿童诊所去，找其创始人葆拉·斯塔尔谈谈。斯塔尔的工作激励了她，并促使她下决心到波士顿大学社会工作学院攻读硕士学位。"她天生就非常热衷于帮助儿童。"斯塔尔说。

然而，1993 年，刚单身不久的莎莉又一次被她父亲找到，他又使出他那经典的一招，建议她每周来公司工作两三天。"家里总得有人懂得如何经营企业吧。"他说。（一些观察雷石东的人认为，在布伦特到科罗拉多的同一年就出现了这样的提议，肯定不会是巧合。）于是，她向社会工作学院告假离开，半年之内就开始全职工作，薪水达到 20 万美元。她加入了全美娱乐公司董事会，仍旧自称莎莉·科尔夫，和她的父母、哥哥一样成为董事。1994 年，她去掉了前夫的姓，加入了维亚康姆董事会。第二年，全美娱乐任命她为执行副总裁，其父在全面掌权之前也一直拥有这个头衔。"我从未想到过自己会从事这一工作。"她在《票房》杂志于 1995 年为身为全美娱乐公司高管的她所写的第一篇人物专访中说。在配发的照片中，她穿着一件红色对襟短外套（外套衬着"上班女郎"风格的垫肩），留着一头烫过的红褐色鬈发，脸上是一副无所畏惧的表情。

电影放映业是一个男性一统天下的行业，几十年来，全美娱乐也都是由几乎没换过人的一帮男性高管打理的。雷石东建立了固定的周一管理层例会制度，以便莎莉了解公司的业务运作。有一年的时间，她基本上都是只听不说，间或提出一些直接被忽略的疯狂想法，比如在影院里设置免费咖啡。有一次，她召集相关人员开会，讨论拟向全美娱乐公司董事会所做的陈述报告。会议结束后，她走出会议室，只听到身后的门关上了，房间里的男人们围成一圈，在背后对她议论纷纷。蒂莉·伯曼意识到发生了什么事，就让莎莉径直走回会议室，她照做了。不管怎样，男人们后来还是甩开她单独开会了，但这一插曲表明，她不能忍受被自己的团队孤立。她和环球影业的发行主管尼基·罗科成了朋友，部分原因就是她们俩是所有人能想到的仅有的敢做敢当的女性。"作为一名职场女性，你必须多付出一些努力，才能与男性平等相处。"罗科说，"你必须非常坚强，必须有能力承受困难，因为这就是这个行业的现实状况。软弱之人没有立足之地。"

莎莉以雷石东家族特有的热情攻克在全美娱乐所担任的角色。她拜那些为雷石东经营全美娱乐长达几十年的鬓发染霜的前辈为师，很快就突飞猛进，将一波大规模的建筑狂潮继续向前推进，还计划在美国和英国已有 850 块银幕的基础上，进一步将业务深入拓展到欧洲和南美洲。与此同时，她很快就开始在 NATO 的活动中代表父亲出场，就行业发展现状侃侃而谈。

然而，奇怪的是，自始至终，父亲对她在全美娱乐的发展所发挥的作用上基本一言不发。当她开始被新闻媒体说成其父之外的二号实权人物时，雷石东似乎非常生气。1994 年，她向《福布斯》杂志讲述了自己的经历。按她的说法，在网球场上，一般都是雷石东赢她，但最近有一天，却是她打赢了他，这好歹也算是一种变化。[17] "我跟他说：'爸爸，我是你的女儿，我们一起打网球，我能打得这么好，你难道不觉得很高兴吗？'"莎莉对该杂志说，"他看着我说：'不，我不觉得高兴。'"

第

13

章

"记住，我说了算！"

雷石东压根儿就没想培养接班人，他信心满满地认为
自己完全可以掌控整个局面。

雷石东压根儿就没想培养接班人，他信心满满地认为自己完全可以掌控整个局面。弗兰克·比昂迪悠然自得的做派开始惹得他恼火了。"雷石东不喜欢弗兰克，因为弗兰克一到5点就下班了。"汤姆·弗雷斯顿说，"弗兰克不愿意和他一起出去吃饭。弗兰克这家伙从来不喜欢讲废话。他住在布朗克斯，有自己的家庭，每天开着一辆普通小车去上班。他会开自己的支票买房子，也会付水暖工钱。无论何时，我走进他的办公室，他总是正在给人开支票。"对连续100个季度保持两位数增长的MTV电视网来说，这种不干预别人的方式正是这位博士所要求的，这使得MTV的各个频道都能保留其古怪、真实的声音及与受众不可动摇的联系。但雷石东认为，维亚康姆的其他下属公司，尤其是派拉蒙和百视达，需要更多霸气十足的默多克式的首席执行官，他们随时随地都能直接冲到出问题的现场，然后亲手解决问题。他自己就十分渴望扮演这样一个角色。

　　1996年1月17日，周三下午，在时代广场的维亚康姆总部，雷石东手里拿着宣布比昂迪离职的一份新闻稿，紧张地走过隔在他和比昂迪两人办公室之间的那几英尺长的毛绒地毯。他告诉比昂迪，是时候做出改变了。他厌倦了与他人分享声誉，他要亲自管理公司。"我说：'我认为你正在犯一个大错误。'"比昂迪回忆说。

比昂迪深感诧异，因为按照最客观的标准来衡量，他表现得非常好。维亚康姆是传媒业的骄子，在互联网崛起的大背景下，该公司决定专注于内容创新而不是节目发行，尤其是对 MTV 和尼克罗迪恩频道这样有意义的品牌而言，这似乎比以往任何时候都更加明智。[1]分析师预测，此后几年，该公司的发展规模将超过迪士尼、时代华纳和新闻集团等竞争对手至少 10%。1995 年 4 月，罗伯逊·斯蒂芬斯财富管理公司的传媒业分析师基思·本杰明在接受《连线》杂志采访时表示："我找不到一个对维亚康姆管理层有任何微词的人。"在比昂迪掌舵的 9 年里，雷石东当初用 34 亿美元收购的这家公司，其价值已增长到将近 300 亿美元。

但是在过去的几个月里，这朵盛极一时的玫瑰开得不再那么红火了。该公司股价相比 1995 年 9 月的 54 美元下跌了 27%。[2]而就在比昂迪被赶下台的两周前，分析师调低了百视达和派拉蒙的现金流预测，导致该公司的股价单日下跌 8.6%。维亚康姆在收购百视达时发行了可变共有权（VCR），这才是真正的问题所在。如果到 1995 年 9 月底，维亚康姆股票的收盘价未能达到每股 52 美元，那么上述这些证券将转换为维亚康姆 B 股，这将使该公司面临不得不发行 3 900 万股新股的风险，而这么做将大幅稀释其股价。所以比昂迪和他的团队使出了九牛二虎之力维持公司股价上行，这才最终只增发了 640 万股新股给可变共有权持有者。"不过，比昂迪先生和他的团队为公司所描绘的乐观前景，虽然助推了公司股价上扬，但并没有完全变为现实。"《华尔街日报》指出。因此，维亚康姆投资人马里奥·加贝利解释说，雷石东"总得找个人开除吧"。

雷石东在解释自己采取的措施时，几乎完全没提这一点。他确实抱怨过派拉蒙表现不佳，哈里森·福特的圣诞季失败之作《情归巴黎》为其惨淡的一年画上了句号。维业康姆的高管告诉《纽约时报》，尽管雷石东要求比昂迪收紧对公司的控制，但他并没有照做，这让雷石东非常受挫。[3]但是雷石东却刚刚与乔纳森·多尔根和雪莉·兰辛续签了合同，这两位高管当时正负责经营这家电影公司。维亚康姆的其他几位高管也提到，雷石东将自己最喜欢的高管之一杰拉尔丁·莱伯恩离开维亚康姆去迪士尼一事归咎于比昂迪。[4]雷石东在自传中写道，压垮比昂迪的最后一根稻草，就是他缺乏足够的热情，不愿飞往欧洲与广播业巨头里奥基尔希的公司代表亲自会面，并达成一项价值 12 亿美元的协议，以授权该公司在德国使用派拉蒙制作的内容。[5]菲利普·道曼和汤姆·杜利已经去欧洲进行了一轮谈判，雷石东认为他和比昂迪应该去完成这场交易。在比昂迪被解雇后，雷石东对《纽约客》说："弗兰克不是一个好斗的人。"[6]

当时，与这两位都共事过的维亚康姆的许多高管都说，《纽约客》早前刊登了一篇文章，将比昂迪说成"雷石东的秘密武器"，这才是比昂迪失势的开始。[7]在此之前，媒体对他的报道较少，但在 1995 年，他成了一系列溢美报道的对象。《纽约客》随后的一篇文章称，当《连线》杂志想把比昂迪放在封面上时，维亚康姆的公关部门坚持要把雷石东也放上去。[8]

比昂迪也许应该早点儿明白这里面的风险。在派拉蒙公司被收购之后，雷石东表面上决定除掉西蒙与舒斯特出版社受人尊敬的掌门人理查德·斯奈德，因为斯奈德对与他的新老板分享其部门的财务信息毫无兴趣，而他使用专职司机一事令维亚康姆的高管们感到震惊，认为这是危险的挥霍行为的一种信号。（斯奈德说，所谓财务信息可以选择共享的说法简直荒谬至极。他说，"他才不想和别人分享领奖台和出版社呢"，还称维亚康姆的许多董事对他说，"从交易达成的第一天起，你就已经完蛋了"。）但雷石东并不想亲自下手，比昂迪说，因为斯奈德是传媒界的传奇人物。"哦，不行，要不你和菲利普来做吧。"他对他们说。他们就去做了，然后找了一些媒体来报道，比昂迪说："结果他气疯了，因为报道里面没有提到他。"一个参与了关于辞退比昂迪的讨论的人说："他一定要被开除，因为雷石东已经无法再与他共处一室了。"⁹

相反，雷石东越来越喜欢与道曼和杜利共处一室。一些高管戏称他们为"双D"①，在比昂迪下台后，他们俩双双晋升为副董事长。当被问及他以 72 岁的高龄是否已不再适合担任首席执行官时，雷石东便拿鲍勃·多尔还是总统候选人来回应："如果多尔认为他在 72 岁时能管理国家，那么我就能管理维亚康姆。"¹⁰

* * *

华尔街人士因比昂迪的能力、直率和幽默而对他青睐有加，

---

① 两人姓名均以字母 D 开头。——译者注

因此对他离职一事直呼不解，就在他离职的惊人消息传出后，维亚康姆的股票应声暴跌。事实证明，人们的这种直觉是正确的。雷石东并不比比昂迪更擅长解决派拉蒙和百视达等交易根本的结构性问题。

雷石东一上来就开了个强有力的好头，不仅放弃领薪水，还立即跳上飞往德国的飞机，与里奥基尔希集团签订了一份为期10年的协议，交易金额为17亿美元，比维亚康姆之前从市场获得的所有收益还多两倍多。[11] 他在他所说的"千钧一发的"关键时刻卖掉了维亚康姆的有线电视网络，多尔根和兰辛开始大力削减派拉蒙的制片数量，重振营销局势。

但在担任首席执行官一年后，雷石东仍然面临着百视达分崩离析的混乱局面。维亚康姆不得不在1995年第四季度将账面价值刻意减记惊人的1亿美元，以抵消关闭50多家亏损严重的百视达音乐商店的代价，并接着在三个月后进一步将这家录像带租赁巨头的现金流预测下调了15%，这又一次让分析师们深感意外。[12]"当我这么快就得到了与先前给我们的数字截然不同的数字时，我感到非常震惊。"[13]雷石东对《纽约时报》说，听上去就好像在怪小狗把他的作业吃了似的。该公司股价跌得更厉害，一直跌到了27美元，恰是半年前的一半，这促使《纽约时报》郑重对外宣称，金融界对雷石东先生的管理工作持怀疑态度。

在看到百视达的许多顾客都空手而去之后，维亚康姆被迫立即向百视达砸钱，以购买更多的热门电影。但是，原先那些被看好的大的协同动作，譬如将Showtime变成"百视达频道"，建立一个新的由百视达发起的专门出售《星际迷航》手表和"MTV舞会专辑"音乐碟片的维亚康姆连锁商店系列，以及MTV频道的高管们用他们在音乐行业的资源来帮助百视达的音乐商店，等等，都没有产生任何协同效应。最麻烦的是，《华尔街日报》报道，在收购了这家录像带租赁巨头之后，维亚康姆改变了百视达的会计操作，减记其高达 3.18 亿美元的录像带库存的成本，有效地提高了该公司在接下来的关键一年中的收益，而维亚康姆这么做就是试图将其股价保持在高位，从而避免由于其可变共有权而花更多冤枉钱。[14] 事实上，百视达就是一个名副其实的病人，一个上了年纪的老色迷，它的医药费账单堆积如山。

1997 年 3 月 2 日，《商业周刊》刊登了一篇封面报道，给了对新闻媒体一往情深的雷石东最沉重的一击。[15] 这篇题为"雷石东的最后立场"的报道称，他"难以详细阐明公司的综合策略"，深陷迷茫之中，无法得心应手地管理手下的高管，而且更糟糕的是，从维亚康姆的股价这个他唯一关心的指标来看，他也失败得一塌糊涂。1993 年以来，派拉蒙的股价已经下跌至原来的一半，这意味着他的全部资产，即在并购派拉蒙和百视达之前价值 60 亿美元，此时只值 35 亿美元，其中还包括他刚刚以 2.5 亿美元购买的股份。雷石东一直都认为会在这本杂志上看到自己的正面形象，因此差点儿失去了平衡。"我晚上几乎无法入睡。"他在自传中写道，"我看到我的整个生命不仅在悄悄流逝，而且被硬生生地从我的身体中抽了出去。在某种程度上，我就像是遭遇了第二次火灾。"[16]

但雷石东并没有把首席执行官的职务交给更有经验的高管，反而变本加厉了。他甚至把比尔·菲尔兹都赶下了台。[17] 菲尔兹是他刚刚聘请来扭转百视达业绩的沃尔玛前首席执行官。雷石东、菲丽丝、杜利和来自博思艾伦咨询公司的一位名叫鲍勃·巴克希的新员工，一起飞到公司已经空了一半的达拉斯总部，亲自动手解决问题。他们取消了菲尔兹采取的一般零售策略，即为了弥补录像租赁业绩下滑而在收银台附近销售廉价糖果和碳酸饮料，同时还挂出一个不知所云的口号："同一个世界，同一个词：百视达。"[18] 雷石东在一次财报会议上对分析师表示："我们已经退出了零售业务。我们不是卖内衣的。"[19] 百视达高管向雷石东解释说，销量一直在下降，因为百视达的生意是"不尽如人意的"生意，言下之意是，若有人走进店里要租新上映的汤姆·克鲁斯的电影，那店员就要努力说服他买一部五年前的汤姆·克兰西的电影回去，因为克鲁斯的电影已经售罄。雷石东一下子就火冒三丈。"我以为雷石东快要中风了。"当时在场的一位高管回忆道，"他开始朝那个人大喊：'你这是什么意思？什么叫不尽如人意？'"雷石东想出了一个计划，拟通过与电影制片公司就收入分成进行协商，以便以更低的价格获得更多的新电影，他随后亲自进行了大部分的协商谈判。他聘请了塔可钟公司的首席执行官约翰·安提奥科来担任百视达公司的首席执行官，公司的业务也因此有了起色。与此同时，维亚康姆出售了旗下一半的美国网络公司以及西蒙与舒斯特出版社的教育、职业和参考书业务单元，以此减轻了部分债务。

不到一年，维亚康姆的股价就回升至 56 美元，雷石东在接受《洛杉矶时报》采访时扬扬自得地大谈自己的管理技能："我认为没有人对公司的激情能超过我对维亚康姆的激情。我热爱我正在做的事情，也明白这是我所擅长的。有朝一日——我知道这一天会到来——当我觉得自己在为维亚康姆做贡献上已到心有余而力不足的地步时，一定会有人来接过首席执行官的职务。"[20]

当采访者问这位 74 岁的老人，他是否希望其继任者是他的家人时，他断然予以否认。"我有两个非常能干的孩子。我想'孩子'这个词用在 40 多岁的人身上不太合适。但是管理工作将由公司的现任管理者负责。"还是在这一次采访中，他说："我们对收购哥伦比亚广播公司完全没有兴趣。"

最后这两条声明后来都被证实不是真的。

* * *

在 20 世纪 90 年代的大部分时间里，梅尔·卡尔马津在公司的步步高升可谓冷酷无情，直到他带着一个庞大的华尔街粉丝俱乐部登上哥伦比亚广播公司的顶层。此人满头长着过早生出的白发，有着浓黑的眉毛和古铜色的皮肤，让人以为他过着休闲的生活，但其实，就算用宽泛的标准来衡量，他也没过上这样的生活。他是从做电台广告销售起家的，那会儿不但业务预算紧巴巴的，工资也很低，作为全靠提成的销售人员只能逮到什么吃什么了。

卡尔马津是东欧移民的儿子，在皇后区的一个福利住宅项目的房子中长大，高中毕业后进入广告行业，靠晚上在佩斯大学上夜课获得了大学学位。[21] 在一家广告公司工作 7 年后，他先后在 WCBS-AM、WNEW-AM 和 WNEW-FM 等广播电台做过广告销售。1981 年，他与人共同创立了无限广播集团（Infinity Broadcasting），到 1987 年，他已成为这家广播集团的总裁。在卡尔马津的领导下，无限广播集团已经成为美国最大的独立广播公司，这得益于他在主要市场收购运营不佳的电台，并使其业绩逆转向好。1992 年，无限广播集团上市，得益于霍华德·斯特恩和唐·伊姆斯等明星的强力加持，以及卡尔马津对营收成果的一贯痴迷，公司股价每年平均上涨58%，直至1996年西屋电气公司将其收购。1997年，一向对媒体低调的卡尔马津在一次罕见的采访中对《财富》杂志说："我每天都要打开报纸，看看自己公司股价的走势，这给了我极大的动力。我真的是乐在其中。"在此过程中，卡尔马津通过专注于推动广告销售取得了不菲收益。[22]"他会直接走进某个销售办公室，那里坐着一大群销售人员，"长年与他共事的一位老同事告诉《洛杉矶时报》，"然后他就说：'你、你，还有你，被辞退了，剩下的人都只拿佣金提成。'"

卡尔马津当时被视为广播界最聪明的管理者，他成功建立了无限广播集团并将其出售给西屋电气公司，这使他得以跻身西屋电气公司的高管和股东圈子。1995年，西屋电气这家总部位于匹兹堡的百年制造公司以54亿美元收购了CBS，这是其首席执行官迈克尔·乔丹要使该公司脱胎换骨、成为传媒公司的计划行动之一。到1997年，西屋电气公司出售了旗下的国防和技术资产，将公司更名为CBS。[23]身为公司最大股东的卡尔马津在高管职位序列中一路快速攀升。他从经营合并后的西屋/CBS广播集团，到担任旗下电视台集团的首席执行官（《华尔街日报》称此举为"董事会政变"），直至出任公司总裁兼首席运营官。[24]接近1998年年底时，CBS对外宣布，乔丹将比原先预期的时间提早3年退休，卡尔马津将在次年年初接任董事长兼首席执行官一职。[25]消息一出，CBS的股票猛涨10%。

卡尔马津不会就此止步不前。几年来，他一直在盯着维亚康姆，甚至公开放话要收购该公司。雷石东多次断然回绝了他的会面请求。但在1999年8月，联邦通信委员会的官员们给了卡尔马津一个机会。他们放宽了对一家公司在单一市场拥有电视台数量的限制，首次允许在某些市场上可以出现"双头垄断"。这给了卡尔马津（拥有 15 家电视台）一个接触雷石东（拥有 17 家电视台）的借口，看看他们一起能做些什么。在当年 8 月的第三周，雷石东邀请卡尔马津到维亚康姆共进午餐，卡尔马津抛出了他的设想：要是 CBS 把双方在波士顿、达拉斯和迈阿密等市场各有一家的电视台合并，以便享受双头垄断的好处，如何？又或者，假设 CBS 用有线电视网络换维亚康姆的电视台，如何？或者两家干脆合并如何？

雷石东曾对全世界大声宣称，说他根本不想要广播电视网，这让他对购买广播电视网犹豫不决。1996 年，迪士尼收购了大都会通信公司 / 美国广播公司，这对雷石东来说可以说是一种挑衅，当时各大电视台的观众陆续被有线电视网抢走了。但是卡尔马津敦促雷石东将目光越过有线网络，投向电视台、无线广播电台（他们的无线广播电台数量是全美最多的）、户外广告牌和辛迪加控股公司，并把这些整体视为一个广告巨头。雷石东后来对《华尔街日报》说："他开始让我有了兴致，所以一夜之间，我们就进入了非常认真的讨论阶段。"几天后，卡尔马津又到维亚康姆进行另一次会面，此次与会的还有"双 D"——道曼和杜利，他们劝说雷石东考虑这一合并。谈判很快就变得非常激烈，他们不得不从维亚康姆总部（在这里，弗雷斯顿等高管会不断提出问题）转移到卡尔马津在特朗普大厦的公寓，那里恰巧是派拉蒙的前总部所在地。在 8 月 24 日，一个阴雨绵绵的周二，他们终于达成了协议，并 9 月第一个周末获得了维亚康姆董事会的并购批准。

1999 年 9 月 7 日，又是一个下雨的周二，76 岁的雷石东和 56 岁的卡尔马津并肩站在讲台边，宣布了 20 世纪最大的媒体公司合并案。维亚康姆将以 373 亿美元收购哥伦比亚广播公司，成为仅次于时代华纳公司的全球第二大传媒公司。雷石东仍将保留控制权，并拥有合并后的董事会中的多数席位，以及现在基本上只具有象征意义的首席执行官头衔，而卡尔马津将以总裁和首席运营官的身份实际运作公司，所有高管都向他汇报。

华尔街很喜欢这笔交易，它使得双方的股票都在巨量的交易额中飙升。从战略上讲，分析师认为，将维亚康姆的节目制作资产与 CBS 的发行股份进行合并简直太合理了，而这作为能为广告客户提供一个单一平台，让他们抵达不同年龄段的观众［从《淘气小兵兵》（Rugrats）的观众到《60 分钟》的粉丝］的一次合并，也同样极为合理。从迪士尼收购大都会通信公司 / 美国广播公司，到时代华纳收购特纳广播公司，其他所有公司也都在扩张，因此合并似乎是不可避免的。20 世纪 70 年代，维亚康姆从 CBS 剥离，前途未卜，如今它却以完胜的买家身份回归，其中真是有着诗意的机缘。但对许多关注维亚康姆的人来说，这笔交易最重要的好处之一就是，它最终给了雷石东一个法定的继承人。作为交易的一部分，卡尔马津希望道曼和杜利离开。他们每个人都得到了 1.5 亿美元的"黄金降落伞"，但道曼还是留在了董事会。"我们觉得这对这笔交易很重要。"[26] 交易宣布当天，脸色苍白、疲惫不堪的杜利对《华尔街日报》说道。

"这是我从接受成年礼开始就想做的交易。"卡尔马津宣称。但当他在全美的电视上公开宣告他对合并后的哥伦比亚广播公司和维亚康姆公司的战略构想时，雷石东忍不住脱口而出："一切由我说了算！记住，我说了算！"[27]

　　然而，正如当时和雷石东结婚已 52 年的妻子将要证明的那样，他说了并不算。维亚康姆和哥伦比亚广播公司合并的消息公布一周后，菲丽丝再次提出离婚，指控他通奸和虐待，并要求分得他 60 亿美元财产的一半。《纽约邮报》指出，如果她最终得到了她所要求的 30 亿美元，那将是有据可查的涉及金额最大的离婚协议。这也很容易迫使雷石东的传媒帝国解体，因为他几乎所有的财富都集中在维亚康姆的股票上。菲丽丝从与这位谈判大师长达半个世纪的婚姻中学会了一两个技巧，并选择了一个最有利的时机。

　　"前两次，雷石东劝她为了家人放弃诉讼。"菲丽丝的律师，波士顿的纳特-麦克伦南-菲什律师事务所的欧文·赫尔曼告诉《纽约邮报》，"但现在她已经不在乎了。"

　　这一次，菲丽丝手里攥着照片。

　　在自己生命的大部分时间里，菲丽丝都忍受着雷石东的风流成性，而在买下派拉蒙之后，雷石东更是将其提升到一个全新的水平。电影首映式成了他认识青春佳丽的机会。派拉蒙的高管们把他们认为他可能会喜欢的那些女孩引荐给他。他开始把头发染成越来越深的橙色。接着，在雷石东拥有派拉蒙几年后，他的老朋友罗伯特·埃文斯提出续签与派拉蒙的制片协议，但在维亚康姆收购派拉蒙之前的 10 年里，他的电影数量少之又少。[28]埃文斯派了他的商业伙伴，一位名叫克里斯汀·彼得斯的高颧骨、身材像模特的金发女郎（她也是哥伦比亚影业公司前联合主席乔恩·彼得斯的前妻），来为他做演示并跟雷石东见面。克里斯汀·彼得斯介绍了他们正在拍摄的电影，包括前景被看好的浪漫喜剧片《十日拍拖手册》，这部电影后来成为派拉蒙的热门影片。埃文斯如愿续约，而雷石东却被彼得斯迷住了。在她那里，美貌、才智和好莱坞式的奔忙都被打包在一起。1998年，当埃文斯数次中风时，雷石东每周都乘飞机去看望他，鼓励他为恢复健康而抗争。[29] 在城里的时候，他向彼得斯求爱，求她嫁给他。

菲丽丝当然知道这件事，但光是知道还不足以让她无法忍受，要命的是，这已成了公开的羞辱。雷石东在派拉蒙之战中所获得的赫赫名声意味着他的私生活成了八卦小报的绝佳素材。

1998年夏，当雷石东和彼得斯在地中海的撒丁岛度假时，一位听到风声的《每日新闻》的花边专栏作家给雷石东打来了电话，结果他回复说菲丽丝"就在隔壁房间"，他和彼得斯仅仅"一起吃过一次饭，就在洛杉矶"。[30] 到1999年2月，当雷石东和菲丽丝去科罗拉多州看望布伦特一家，并为菲丽丝庆祝生日的时候，气氛紧张得快到白热化的程度了。雷石东在活动中途突然离开，飞往加州，根本不管菲丽丝说她感觉身体不舒服。"我记得他们为此大吵一架。"凯琳·雷石东回忆道，"'别去加州！我知道你要干什么。我知道你要去见那个女人。'她确信他在和克里斯汀·彼得斯一起另建爱巢。"雷石东一走了之，而菲丽丝却在医院里接受了紧急阑尾切除手术。

菲丽丝用不着等很久就可以报仇了。她雇的一名私家侦探于1999年5月20日在巴黎追踪到雷石东和彼得斯，并拍下了他们手拉手走路的照片。[31] 没有进入照片取景框的是彼得斯的两个女儿和母亲。[32] 当时，彼得斯正在巴黎和她的祖国荷兰进行参观博物馆之旅，同行的还有她的两个女儿和母亲。雷石东乘坐维亚康姆的私人飞机冲到巴黎，要带她们一家人出去吃饭。但这种有其他人同行的背景并不重要。菲丽丝已经掌握了她所需要的证据，而且这个证据很快就出现在《纽约邮报》的头版。[33]

瞬时，分析师们开始担心，离婚一事对哥伦比亚广播公司与维亚康姆的合并不利，维亚康姆于是被迫于当天发表声明来安抚他们，称雷石东家族的利益存在于维亚康姆的母公司全美娱乐中，其构成方式使得雷石东先生和夫人之间的私人事宜不会影响维亚康姆的所有权、控制权或管理权，也不会影响其与哥伦比亚广播公司合并。[34] 接着，雷石东的私人律师、曾在维亚康姆和全美娱乐两家公司董事会担任法律顾问的乔治·艾布拉姆斯向菲丽丝发出了警告："为了家族的利益，雷石东选择不公开回应任何指控，无论这些指控是多么虚假或存在误导性。这纯属个人私事，故雷石东先生希望以私人方式予以解决。雷石东先生和他的两个子女在所有可能影响家族商业利益的问题上都是团结一致的。"

这份声明来势汹汹，但却暴露了雷石东的软肋。[35] 他实际上掌握着全美娱乐的控制权，但他并非拥有全部的表决权股份，而是只有三分之二。另外三分之一的表决权股份由他的两个孩子布伦特和莎莉平分享有。鉴于雷石东不知道离婚案的结局会如何，所以他突然非常需要他的孩子，这种情况从未有过。

第

14

章

个中高手

从某种程度来说，莎莉在全美娱乐公司最大的成功不
在于她有什么成就，而在于她没有什么成就。

1999 年 12 月，就在菲丽丝提出离婚起诉后不久，一个温馨的夜晚，雷石东和莎莉在加州纽波特比奇的丽思卡尔顿酒店一边俯瞰着太平洋，一边共进晚餐。那晚出席作陪的是保罗·赫斯，一位蓝眼睛、长着一张娃娃脸的电影放映商，他侃侃而谈，言语中充满真诚和乐观的活力。他在苏联解体后的俄罗斯成功地开办了第一家美式电影院。经过几年的交流，赫斯和莎莉决定合作经商，这使赫斯成为继米基的那些旧时代的走私和赌博伙伴之后，与一向排斥合作者的雷石东家族携手的第一个合伙人。但是莎莉还需要得到雷石东的祝福。

　　晚宴开始时，赫斯很紧张，但当他发现，他为了跟这位刚刚宣布了史上最大传媒企业交易的人共进晚宴而特意选穿的服装（高领毛衣配休闲夹克），竟然与雷石东本人的穿着很搭时，他略微放松了一点儿。他决定听从母亲的建议，"做自己就好"，于是他按照搬到莫斯科后就习惯了的方式开始用餐，要了一杯蔓越莓伏特加。雷石东受到他的启发，就点了自己以前最喜欢的伏特加马提尼。（莎莉则颇有诗意地点了一杯雪利酒。）雷石东再次证明了他是一个多么迷人的同席餐友，他就卢布的行情及鲍里斯·叶利钦最近的可笑举动进行了一番询问。赫斯的祖父非常推崇企业家精神，收藏了很多企业家的名片，还把亨利·福特的名片放在最上面。当赫斯问雷石东，他认为谁是美国历史上最好的企业家时，雷石东半开玩笑地回复说："你的意思是不包括当今的公司吗？"他接着说："我相信我是当今美国最好的公司律师，或者说最好的公司律师之一。"

但当饮品送来的时候，雷石东变得很不高兴，他不待见服务人员的名声一直很差。雷石东开启了一本正经的教授模式，告诉赫斯要给他上一堂商务课，并叫来了服务员。他说："我认识比尔·马里奥特①，我从20世纪50年代起就一直来丽思卡尔顿酒店吃饭，你这杯饮品做得不对。"服务员找来了经理，经理又叫来了领班，接着又找来了另一位经理。然后大家就开始各说各的理，后来有人拿来了一本饮品调制手册。果然，他们发现自己做错了（或者嘴上说自己做错了），于是给雷石东另外上了一杯。"保罗，这说明我对自己的判断深信不疑。"雷石东说，"所以如果你对俄罗斯有信心，或者无论你想要做什么，你都必须坚定你的信念。"

赫斯通过了测试，他和莎莉成立了影院之桥投资公司（CineBridge Ventures），以开发高档影院的特色，比如他在俄罗斯测试过的指定座位。赫斯对合资企业的财务贡献动辄就是上万美元，所以他被任命为总裁。莎莉通过全美娱乐投资了大部分的

---

① 比尔·马里奥特是万豪国际酒店集团董事长，其父老马里奥特是该集团创始人。——编者注

钱，也有生以来第一次当上了董事长兼首席执行官。[1]（尽管她已经在全美娱乐工作了8年，并且担任总裁，管理着共有1 350块银幕的连锁影院，但此前四年以来，她77岁的父亲每天早上依旧要人把票房总收入传真给他，他仍然是全美娱乐的首席执行官。）"莎莉和我想改变人们经营电影院的方式。"赫斯说。他们造访不同的精品酒店，研究其酒吧和大堂的风格，并聘请了从《名利场》杂志中挑选的一名室内设计师，让其用"沙子"一般复杂而又沉寂的色调来装扮他们的作品。2001年，他们在圣迭戈高速公路附近的一家购物中心开办了名为"桥"的一家拥有17块银幕的多厅影院，可提供代客泊车、指定座位、门房礼宾、调制鸡尾酒和现场表演等服务，全套服务收费9.95美元，略低于当时全美平均票价的两倍。"我们的卫生间里摆放着鲜花，还播放爵士乐，"赫斯说，"这在当时真的是非常超前。"

这家豪华影院并不像莎莉和赫斯所期待的那样具有可复制性，在最早开业时的新闻发布稿中，他们允诺"将在美国特定城市陆续开张，同时继续向欧洲国家扩张"。[2]结果仅有另一家"桥"影院在费城开业，然而它的许多特色却都是顶着全美娱乐的Cinema de Lux连锁电影院的品牌在美国各地推广开来的。尽管如此，在一个正在经历其最黑暗时期的行业里，"桥"影院雄心勃勃的概念还是引起了人们的注意，究其原因是全美娱乐的竞争对手无法偿还在狂热建造巨型多厅影院中所欠下的债务，正纷纷破产。

从某种程度来说，莎莉在全美娱乐公司最大的成功不在于她有什么成就，而在于她没有什么成就。1995年年初，当她开始全职担任全美娱乐公司执行副总裁一职时，电影放映行业掀起了一股基建狂潮。前一年，美国总共售出 13 亿张电影票，创下 35 年来的最高纪录，电影放映行业总收入达到了创纪录的 54 亿美元。[3] 这让放映商们误以为，来自有线电视频道和家庭录像的日益激烈的竞争并不像它当初所表现的那样是个严重的威胁。从某种角度来说，他们的看法是对的，即所有新的观影"窗口"不仅给了电影行业新的收入来源，而且反过来更加刺激好莱坞电影公司建造更多这样的"窗口"。正如《纽约时报》所说，一场电影的"海啸"涌入市场，促使影院业主建造更多的场馆。

他们不仅越建越多，而且越建越大。[4] 全美最大的连锁影院公司，如 AMC 娱乐、帝王影院（Regal Cinemas）和卡麦影业（Carmike Cinemas）等，直接跳过多厅影院，造起了所谓的巨型影城，即拥有 15 块以上银幕的影院，这使得每小时更多场次和更丰富的选择成为可能，人们可以不用事先想好要看什么电影就直接开车去电影院。当 1996 年的《独立日》（美国国内票房收入达 3.06 亿美元）等大片在所有影院都一票难求时，有更多新建的影院固然非常好，但一些放映商担心，在好莱坞下一轮不可避免的创作衰退中，那些影院将会变成"昂贵的废物"。

莎莉也是为此担忧的人。"单在市场上多增加一家大型影城，并不一定就会使整体票房提高。"她对《国际电影杂志》表示，强调只有在观影服务有缺口的地区建造大型影城才是一个好主意。

她说到做到。她最早建造的影院之一是位于纽约东部的一家有 14 块银幕的多厅影院，那里是布鲁克林的一个以非裔美国人为主的贫穷社区，当时连一家大型杂货店都没有，更别说电影院了。[5]（这个社区的一位女市议员说，她和她的选民们在听到要建造这家耗资 3 000 万美元的影院的消息时，都高兴得"尖叫"

起来："啊！我太高兴啦！真的，看起来人们要回来了。"）直到今天，该影院仍然属于全美娱乐。20 世纪 90 年代末，莎莉继续适度扩建，在马萨诸塞州的伍斯特开了一家有 7 个放映厅的多厅影院。[6] 在影院开幕式上，她回忆起 1963 年全美娱乐在伍斯特建立第一家影院的情景，说："我就是陪着那家影院长大的……它已深深地刻在我的心中。"她还在长岛的希克斯维尔建造了一家有 12 个放映厅的多厅影院，并宣布在俄亥俄州辛辛那提市郊外再建一家有 20 个放映厅的影城，就在该公司以前的一家汽车影院的旧址上，但这个项目最终未能实现。

然而，莎莉重点关注海外市场，主要是因为在全美娱乐公司，还没有其他人这么做。"我参与了收购、发展和战略规划，这可能是因为父亲太过关注电影。"她在接受《国际电影杂志》的采访时说，"这让我在公司找到了属于我自己的位置。"[7] 1998 年，她一面继续前夫在英国开始的全美娱乐的扩张，一面在智利圣地亚哥开了一家拥有 14 块银幕的多厅影院，迈出了进军南美的第一步。[8] 在这家影院，员工们在大厅里烘焙饼干、点心，观众们可以点一份配有新鲜水果的冷冻酸奶。截至 1997 年，她在 5 个国家共开发了 360 块银幕，其中包括阿根廷和巴西。[9] 从她加入全美娱乐开始，一直到 2002 年，她使公司旗下的银幕数量几乎翻了一番，达到 1 400 块。[10]

但是，在她大建新影院的同时，竞争对手们也在建，而且数量更多。根据全国影院业主协会的数据，1988—2001 年，美国的银幕总数从 23 129 块增加到 37 185 块，增长幅度约为 61%。但同一时期的买票观影人数只增长了约 36%，达到 14.7 亿人。《福布斯》估计，到 2001 年年底，影院的平均上座率只有 12%。

莎莉在维亚康姆董事会拥有一席之地，这让她对这种荒唐的策略有了独特的见解。她参与了维亚康姆削减派拉蒙的电影预算和控制其成本的措施。她告诉《国际电影杂志》说："有趣的是，当所有人都在谈论超级影城，并专注于将电影院越造越大的时候，电影公司却在宣布削减影片的生产。"到 1998 年，莎莉对这个行业的过度扩张发出了警告："一旦这种疯狂的扩建活动势头减弱，就会出现暂时的间歇，而这时各个连锁院线都会评估扩建对市场产生的影响。然后，你就会开始看到影院出现收缩、合并，甚至关闭的情况。"[11]

果然，破产的警钟在 2000 年开始响起。所有的大型连锁院线，诸如 AMC 娱乐、通用院线、帝王影院、洛伊斯影院、联美电影公司，以及一些较小的连锁影院，如卡麦影业和爱德华兹院线，要么根据《联邦破产法》第 11 章申请破产保护，要么向投资者预警它们正在考虑这样做。[12] 然后，合并真的发生了。AMC 娱乐收购了通用院线、洛伊斯影院，最终还有卡麦影业。破产的帝王影院与联美和爱德华兹两家院线合并。全美各地都有影院关闭。全美娱乐公司经受住了这场风暴，部分原因在于其房地产资产作为压舱石发挥了作用。尽管莎莉有时偏离了她的祖父关于影院用地只买不租的策略，而且在英国扩建影院时有几次选址失误，但总的来说，她还是成功地引领全美娱乐这艘航船顺利驶过了凶险的水域。

她的父亲终于注意到了这一点。2002 年 5 月，雷石东在接受《福布斯》采访时表示，"她的表现远超我对她的最高预期。在一个非常困难的时期，她比这个行业的任何人都做得好。"这是雷石东第一次公开表扬莎莉，但同时也把话说得太过夸张了，再次显露真正的雷石东风格。"在娱乐行业，没有人能像莎莉一样迅速崛起。"他宣称，"正所谓有其父必有其女。她没有重大弱点，她是个伟大的女商人。"

莎莉在父亲心目中的地位上升的同时，雷石东与梅尔·卡尔马津的关系却在走下坡路。完全没有人对这一点感到意外。从维亚康姆和哥伦比亚广播公司的合并交易公开的那一刻起，《华尔街日报》就预测，这场"梅尔和雷石东秀"将充满令人沮丧的剧情。[13] 对雷石东来说，经营维亚康姆是一种社交经历，无非就是在四季酒店的台球室、派拉蒙电影首映式或 MTV 活动这些场合，带着菲丽丝与高层管理人员共进晚餐，顺便和博诺（Bono）及吹牛老爹（Puff Daddy）之类的大明星见见面而已。记者们都对他有好感，因为他什么都敢说，也愿意让记者把他说的话发表出来。而卡尔马津最享受的时光就是在他曼哈顿公寓附近的街角小摊上买一块比萨，他躲媒体就像躲瘟疫一样。[14] "梅尔和雷石东就像油和水。"汤姆·弗雷斯顿说。与前任弗兰克·比昂迪一样，卡尔马津也"根本不想和雷石东一起出去应酬。梅尔也是个下午5 点必须下班回家的人"，尽管他这个工作狂可以在破晓时分就出现在办公室里。

卡尔马津完成了一些关键的并购，在 2001 年还监督了对 BET 频道的收购，2003 年更是从合作伙伴 AOL（美国在线）和时代华纳手中买下了中央喜剧频道（Comedy Central）的剩余部分。雷石东很欣赏他对维亚康姆股价的痴迷，但是卡尔马津的穷酸样有时会令他火冒三丈。双方公司"联姻"一年多一点儿之后，作为削减成本的举措，卡尔马津提议取消维亚康姆高管的公司假日聚会。[15] 作为回应，雷石东自掏腰包为在苏富比拍卖行举办的这场奢华盛宴买单，并把他的私人朋友托尼·班奈特请来助兴。但《纽约时报》报道，卡尔马津只来露了个面，在晚宴前就离开了。

卡尔马津与雷石东的子女的关系甚至更糟。莎莉一直反对卡尔马津为他自己塑造的在维亚康姆和哥伦比亚广播公司的合并中的角色。一位维亚康姆前高管说："她觉得雷石东把太多的控制权交给了梅尔。雷石东否认了她的说法。"（维亚康姆董事会其他成员说，在考虑与哥伦比亚广播公司合并时，董事会中普遍存在这样的担忧，但是以零溢价收购哥伦比亚广播公司的最后机会实在太好了，根本不容错过。）在维亚康姆和哥伦比亚广播公司合并之后，卡尔马津立即"投桃报李"，要求莎莉和布伦特停止参加维亚康姆的运营会议。弗雷斯顿说，有一天，雷石东带着莎莉到各位高管的办公室兜了一圈，卡尔马津就"跑下楼来对雷石东说：'今天是带女儿上班的日子吗？'"。从此，雷石东开始在背后叫他"卡尔马浑蛋"。

与此同时，莎莉正在为更广泛地参与维亚康姆的事务而努力造势。从她进入全美娱乐公司的那一刻起，她就一直在寻求集团内部的协同效应，建议这家与百视达合作的连锁影院在全美娱乐所属的场地上开设"街区派对"式的成人娱乐中心，包括音像商店、电影院、虚拟现实游戏厅和零售商店。[16] 她建议派拉蒙向连锁影院派驻代表，还开玩笑说："我们正在考虑《星际迷航》克林贡舰队式的外卖服务。"为了给尼克罗迪恩频道的动画片《啊！有怪兽》（Aaahh!!! Real Monsters）在全美娱乐下属影院的宣传活动增光添彩，她甚至还站在该剧中的两个怪物克鲁姆和伊基斯中间，捧着一袋印有交叉品牌的爆米花摆造型。[17] 她参加了维亚康姆管理层的郊野休整活动，并与高管们，尤其是 MTV 电视网的高管们相处得非常融洽。由于家里有十几岁的孩子，她既关心电视频道，也关心这些频道所属公司的管理情况。"她喜欢我们，我们也很喜欢她。"MTV 电视网的时任首席运营官马克·罗森塔尔说，"她总是很小心，生怕打扰别人。"

然而，她丝毫不羞于大声说出自己想要打造公司未来的雄心。[18] 她在接受《福布斯》杂志的采访时说，尽管她"绝对无意"担任首席执行官（此职位在合同中明确规定在其父亲去世后由卡尔马津接任），但作为维亚康姆的董事会成员，她还是乐于见到维亚康姆进行更多内容制作资产的收购。"维亚康姆是全美娱乐的一笔极为重要的资产。"她说，"我想要担负起更重要的角色。"

她很快就得到了这样的角色。这篇访谈发表一个月后，莎莉和赫斯宣布成立一家新的合资企业，并在俄罗斯建造第一家美式多厅影院。[19] 他们将其称为"新星传媒"（Rising Star Media），取义自《福布斯》的一篇将莎莉称为"一颗冉冉升起的新星"的文章。他们的第一家多厅影院（共有 11 个放映厅）建在莫斯科，位于由宜家开发的一个开发区中，定于当年年底冠以"影星"（Kinostar）的名字开业，这使全美娱乐公司成为进入俄罗斯市场的第一家大型美国连锁影院。

一个月后，雷石东和菲丽丝正式办理了离婚手续。[20] 在几年后的一场诉讼中，一向护着母亲的布伦特指责莎莉在父母离婚期间讨好父亲，以换取父亲的"极端偏爱"。他声称，惊慌失措的雷石东一方面向投资者承诺，突如其来的离婚不会改变他对全美娱乐公司的绝对控制，另一方面向他的两个孩子施加压力，要求他们以不可撤销的投票信托的形式将表决权签字转让给他。"如果（菲丽丝）打算取得雷石东名下的那三分之二股份的一半，她可以和雷石东上法庭打官司，迫使他出售维亚康姆。"凯琳·雷石东说。在布伦特明确表示拒绝转让表决权后，雷石东去找了莎莉，并向她提供了一份可撤销的投票信托，她签了字。布伦特指责说，从那以后，雷石东就屡次对他进行报复。[21] 2003 年，雷石东更是将布伦特从维亚康姆董事会中除名。

雷石东与莎莉的交易帮助他获得了一份有利的离婚协议，以确保他能够继续掌控全美娱乐及维亚康姆。实际上，菲丽丝同意只从雷石东的资产所产生的收益中分得一半，而不是从雷石东的资产本身分得一半。作为离婚协议的一部分，雷石东于 2002 年 6 月 28 日同意，将其占全美娱乐公司三分之二的股份转投一个新的信托基金，即萨姆纳·M.雷石东全美娱乐信托基金（Sumner M. Redstone National Amusements Trust），由七位受托人共同监管。[22] 这七位受托人分别是雷石东、菲丽丝、道曼、乔治·艾布拉姆斯、戴维·安德尔曼（雷石东的税务律师和全美娱乐、维亚康姆的董事）、诺曼·雅各布斯（雷石东的离婚代理律师）和伦纳德·列文（菲丽丝的离婚代理律师）。在雷石东有生之年，他将是此信托基金的唯一受益人，但他只要从中支取任何款项，就必须把税后金额的一半付给菲丽丝。[23] 如果他死的时候菲丽丝还活着，那这些股份的一半将进入此信托基金里菲丽丝的受益部分，而另一半将进入布伦特、莎莉及其各自子女的受益部分，即名为 General Trust 的信托基金。菲丽丝去世后，其遗留的这部分全美娱乐股份将进入该信托基金，由两位家族受托人和五位非家族受托人监管。最初，两位家族受托人分别是布伦特和莎莉，非家族受托人同上所述。（在未来的几轮家族内斗中，布伦特的地位将会改变好几次。）但从一开始，莎莉在信托基金中所担负的角色就比她哥哥的重要得多。根据信托基金的规定，只要她在父亲去世时仍是全美娱乐和维亚康姆的董事，"莎莉就将接续（雷石东）出任（全美娱乐和维亚康姆）董事一职"，并且"任期至少为 3 年"。这一安排的初衷是给菲丽丝一些安慰，即在雷石东死后，她的利益也将会得到家族财富的主要源头的关照。

*   *   *

当莎莉在不断固化她作为父亲的继任者将出任的董事长的角色时，布伦特已然开始接受这个新的江湖秩序了，而卡尔马津想要保住曾被许诺的作为雷石东继任者的首席执行官的位置则越来越难。在公开场合，雷石东对卡尔马津屡下狠手，他拒绝承诺在卡尔马津的三年合同于 2003 年年底到期时为其续约，也不放弃自己的首席执行官头衔。局面变得如此糟糕，以致维亚康姆董事会一度不得不请求雷石东和卡尔马津停止争斗，并正常管理公司。[24]

与此同时，雷石东已经成为令他身边人闻之胆寒的存在。众所周知，只要厨师没按他的偏好去烹制牛排，他就会直接将牛排扔到房间那一头去。他还因为粗鲁无礼地对待服务员而被纽约的马戏团餐厅和艾利奥餐厅禁止入内。有一次，在公司的一架公务机上，当他得知火鸡腿不是来自比弗利山庄地标级的内特纳尔熟食店后，他就把它朝一名空乘人员的头上砸去。

与他关系密切的人认为，他这几年的任性暴躁有一部分是由其个人生活造成的。他与菲丽丝的婚姻走到尽头，但这并没有带来他所心心念念的解放。相反，菲丽丝的私人侦探所拍下的雷石东与彼得斯手牵手倘佯于巴黎街头的照片让德尔萨感到震惊，因为她一直以为她和雷石东之间是一种相互信任的关系。她觉得自己被他骗惨了，尤其是想到他还曾提出要求，要她在他与菲丽丝闹离婚的过程中，尽一切可能不让媒体提及他俩的关系，以免被人用来指控他，并进而导致他对维亚康姆的控制权被剥夺时，她更是有一种强烈的遭人背叛的感觉。最重要的是，在 2000 年的感恩节晚宴上，她震惊地得知，毕生自诩为"自由民主党人"的雷石东把选票投给了乔治·W. 布什（小布什）。（有些人说，这是因为小布什有取消房地产遗产税的计划，而另一些人说，也许更多是因为他的外交政策。）在一起交往了 30 年后，雷石东和德尔萨最终分手了。德尔萨和雷石东的熟人说，虽然德尔萨比雷石东小 4 岁，但她现在毕竟已经七十出头，而且看起来开始显老了，或许这一点与他们分手有很大关系。就像雷石东曾经对一个比他年轻太多的女孩说的："你会与一个和你同龄的人约会吗？"

葆拉·福尔图纳托年近四十，比莎莉年轻近 10 岁。2001 年，经雷石东的股票经纪人——玛德琳·雷石东的儿子史蒂文·斯威特伍德设局牵线，葆拉与雷石东搭上了关系。和许多在雷石东身边工作的人一样，斯威特伍德揣测，如果他的继伯父身边有个女人，他可能会更开心一些，他那让人讨厌的暴脾气或许也能有所收敛。[25] 雷石东也这么认为。他总是试图说服克里斯汀·彼得斯嫁给他，然而几乎同时，他又向一位名叫曼努埃拉·赫泽尔的光彩照人、见多识广的金发美女表白，赫泽尔来自一个富裕的犹太裔阿根廷家族。2000 年，雷石东就带着她和她的孩子及保姆住进了他的公司在纽约皮埃尔酒店的公寓套房。[26] 但这两位金发女郎都断然回绝了他的求婚。

葆拉·福尔图纳托，一个从未结过婚的小学教师，与雷石东之前几年在洛杉矶周边看到的那些世故的好莱坞人完全不是一类人。她是一名长着棕褐色头发的女子，身材姣好，皮肤黧黑，有一双深色的眼睛，面带朱莉娅·罗伯茨式的微笑。她在新泽西州长大，是一位医生的女儿。大学毕业后，她换了好几份工作，直到快30岁时才发现自己对教书很有激情。当斯威特伍德打电话告诉她约会的事时，她根本不知道萨姆纳·雷石东是谁。"他不是我们学校学生的家长，对吗？"她告诉《名利场》杂志，她当时就是这么问的。"因为我不想在学校跟学生家长约会。"她有些不大情愿地同意在"邮差"餐馆跟雷石东见面。两人之间立马就擦出火花了。第二天，雷石东发来了一堆有关他的文章剪报，以便让她更好地了解他。很快，他就开着他的豪华轿车到学校接她，再用他的私人飞机带她去洛杉矶吃晚餐。经过近两年的恋爱，2002年8月，也就是雷石东办完离婚手续一个月后，他们订婚了。[27] 2003年4月的一个寒冷的日子，他们在纽约第五大道上的以马内利会堂举行了婚礼。新娘穿着端庄的长袖斗篷，里面是一件白色的锦缎长袍，而79岁的新郎戴着一顶黑色的圆顶小帽（帽子下面是一头令人难以置信的亮金色头发），笑得像个小男生。

　　当然，他们也有婚前协议。[28]雷石东对《纽约时报》说，这段婚姻"不会对我的经济生活有任何影响，而且葆拉明确表示，她不想从我这里得到任何东西"。他死后的财产将留给他在第一段婚姻中所生的孩子。尽管如此，莎莉一点儿也激动不起来，尤其是因为他们一结婚，雷石东就搬到洛杉矶去了。经过这么多年的打拼奋斗，莎莉终于在这幢大厦中有了自己的一席之地，可她前脚刚到，父亲后脚就带着新娘一起去了美国另一端的海岸。

实际上，在向葆拉求婚之前，雷石东就从邻居西尔维斯特·史泰龙手中买下了位于比弗利山庄专属飞地的这座地中海风格的豪宅，此处高踞陡峭的山顶，俯瞰比弗利群山。一位与这家人过从甚密的人士透露，雷石东甚至一度试图说服德尔萨和他一起搬到西海岸来，但被她一口回绝。不久之后，她的身体开始逐渐变差，最终她搬进了一家生活辅助机构。但雷石东从未忘记她。他不时地给她打电话，每逢她的生日或情人节，他都要为她送上一大捧玫瑰花，那花束大得让人难为情。德尔萨通常会假装生气。德尔萨的儿子温·惠特曼回忆说，到 2011 年，当鲜花又送来的时候，她打开卡片说："萨姆纳……这家伙是谁呀？"

雷石东和葆拉搬进豪宅，开始了他们的新生活：他每天在私人游泳池裸泳，喂养他那品种繁多的热带鱼，并坐在书房里的转椅上通过打电话来运转其商业帝国，一条狗趴在他的怀里，CNBC 播放的画面闪烁在背景里。[29]晚上，穿着足以参加奥斯卡颁奖典礼的晚礼服的葆拉总是陪伴在他身边。有一段时间，他似乎能够享受一种较少被冲突和征服消耗的生活。

但是，搬去洛杉矶也让雷石东脱离了他的根，离开了那些他父亲年轻时就熟悉的波士顿圈子，离开了他的律师团队、他的孩子们、他的大多数孙辈，也离开了德尔萨和她的孩子们，甚至离开了和他离婚不久就又成为朋友的菲丽丝。突然间，他从所有可以对他说不的人身边消失了。在洛杉矶，他不过就是满城的大人物中的一个而已。除了花钱享乐，他无所事事。对萨姆纳·雷石东这样的人来说，这是一种非常危险的处境。

不到一年，他就开始变得坐立不安了。这倒不是因为远离了维亚康姆那游人如织的时代广场总部的热闹非凡，他其实很喜欢他宁静的锦鲤池塘和可以俯瞰洛杉矶峡谷风景的上帝视角。让他难以平静的是股票。在过去 20 年的大部分时间里，雷石东都是通过维亚康姆的股价变化来衡量其自我价值的，他需要不断地购回维亚康姆的股票，就好像其他人需要呼吸一样。2004 年 2 月，维亚康姆决定摆脱境况不佳的百视达，该公司的业务正受到廉价DVD（数字激光视盘）兴起的冲击。[30] 该公司减记了 13 亿美元的资产，并宣布进行免税的存续分立，这使得雷石东在这一年的大部分时间里都无法购回维亚康姆的股票。同事们指出，这一禁令解释了雷石东为何要做出一个令人困惑的决定，即对中途游戏（Midway Games）——一家深陷困境的电子游戏公司进行慢动作收购，该公司已经 5 年没有赢利了。正如维亚康姆一位前高管所说的那样："他手中有大把的时间。"

作为一家在 1978 年就将具有开创意义的《太空入侵者》（Space Invaders）游戏引入美国的公司，中途游戏公司在这个快速发展的行业里有着至尊的血统，而这个行业也因为电视收视率停滞而越来越多地受到责难。到 2004 年，该公司最有名的仍是20 世纪 90 年代的超暴力格斗游戏《格斗之王》（Mortal Kombat），但再也没有一款游戏进入前 20 名畅销榜单，而且该公司连续 17个季度亏损。[31] 然而，雷石东对这家公司的管理层非常熟悉，因为自 1983 年起，他就一直在投资其前母公司 WMS 实业公司，当时全美娱乐的电影院都在使用 WMS 生产的弹球机。[32] 他确信该公司正处于好转的过程之中。因此，2004 年 3 月，他开始将自己对该公司的持股比例提高到 30% 以上，每次提高几个百分点；同年 5 月，他拿下了对该公司的控制权并改组了董事会。[33]在他最早任命的两位董事中，有一位是他的女儿。

从表面来看，他的做法与他最初接触维亚康姆如出一辙，而他的理由（按照他的解释）也很相似，即他想要进入他担心正危及自己目前所处行业的那些行业。但要是说他收购维亚康姆所采取的方式在最初几个月令分析师感到不解，那么他对中途游戏公司发起的收购攻击肯定会令他们更加糊涂。没人能想明白，这位非常成功的媒体大亨对这家显然注定要失败的电视游戏公司到底做了什么，尤其是他还宣称无意将其并入维亚康姆。就连很快会被他提拔为副董事长的莎莉似乎也全然不知该如何解释。[34] "我父亲最初对这家公司很着迷。"她向《芝加哥论坛报》表示，"一切都源自他。我不知道未来会怎样，但我们对中途游戏公司很有信心。"为了更好地理解这一点，她给自己买了一台游戏机，并迷上了《超能力战警》（*Psi-Ops: The Mindgate Conspiracy*）。这是一款射击游戏，玩家使用"吸取精神"和"精神控制"等超能力来打击试图占领世界的恐怖分子。"他把公司当玩物来买，并试图操纵股票。"维亚康姆一位前高管说。

维亚康姆的某些高管认为，莎莉自己也在做"超能力战警"的事，比如她在 2004 年 4 月底购买了一套可以俯瞰中央公园的公寓，并向《纽约时报》表示，她计划从这年秋天开始把自己三分之一的时间用在经营维亚康姆上。"我一直希望孩子们长大后，我能有更多自己的时间，我要在维亚康姆扮演更重要的角色。"她说，"明年，我打算多参加一些会议。"[35] 虽然这一做法是雷石东要求的，但他却有意将其轻描淡写，还强调莎莉不会担任运营方面的角色。"她现在所做的事情极为重要。"他告诉《纽约时报》，"她在建立人脉关系和积累知识。她在协助维亚康姆。"他到最后也没有说她将被任命为董事长，只是说，"一切尚未决定"，但他仍然非常赞赏她对公司旗下连锁影院的管理。"如果她没有做得这么好，她也就不会在那个位置上了。在她干了还不到一年的时候，我就看出她是个中高手。"

如果说"厄运"一词尚未刻到维亚康姆这堵墙上，那么它至少也已经以粗体显示在其股价上了。卡尔马津入主维亚康姆之初，华尔街一片欢呼声，但与哥伦比亚广播公司的合并将维亚康姆变成美国最大的广告播放器之后不久，美国却陷入了长期的广告衰退之中。2001—2003年，维亚康姆都未能实现盈利，股价也连续三年停滞不前。[36] 到2004年6月，由于受到与卡尔马津关系最密切的广播部门的广告业务疲软的拖累，维亚康姆的股价相比前一年下跌了20%。[37] 在卡尔马津手下工作的人都说他是个好老板，为人坦率正直，还有一种风趣且无所畏惧的精神，其手下团队十分仰慕他。但是雷石东已经开始讨厌他了。

在这样的背景之下，《纽约时报》的报道引起了轰动。见报9天后，维亚康姆召开了年度股东大会，雷石东在会上花了大部分时间来抵挡股东们的质疑，极力撇清他与卡尔马津的关系。会后，卡尔马津对相当一部分董事会成员说，他想离开。第二天，在麦迪逊广场花园，卡尔马津参加了维亚康姆公司勉力苦撑的自有电视网络——联合派拉蒙电视网（United Paramount Network）的广告"预演"发布会。发布会结束后，他走回了自己的办公室，打电话给他的律师，让律师告诉维亚康姆他要辞职。卡尔马津带着3 000万美元的离职补偿金走人了，再也用不着和雷石东尴聊了。为了回应关于他在维亚康姆的前途如何的猜测，他后来对《今日美国》解释了他的这一决定："我可不想再过一个'萨姆纳和梅尔'搭档的夏天。"[38] 但他也承认，关于莎莉将扮演什么角色的问题，"是正在发生的事情的一部分"，他补充说，"萨姆纳大权在握，可以为所欲为"。"只要萨姆纳还是控股股东，"他告诉《华尔街日报》，"就不会有继任这回事。"[39]

尽管卡尔马津的离职早就可以预见，但其确切的离职时间却仍令人意外，维亚康姆的高管们要求卡尔马津保密，直到他们制订出继任者计划。卡尔马津打算离职的消息从董事会一传出来，雷石东立刻就将弗雷斯顿叫到他在卡莱尔酒店的公寓，告诉他这个爆炸性消息："'卡尔马浑蛋'要走了，我想让你做公司的首席运营官。"弗雷斯顿不知道该说什么好。

"无论在我人生的哪一个时间点，我都在做我想要做的事情，我不知怎的就醉心于 MTV 电视网的事务，它是我所热爱和关心的一切。"弗雷斯顿说，"这是一份有创造力的事业，我们是在实打实地创作作品。这可不像什么撬动公司的杠杆。我迄今为止的经历让我足以完全了解一家上市公司的首席运营官该做些什么。我可不想再远离这个创作过程半步，并和它生生分离。"

弗雷斯顿的大脑在飞转不停。雷石东只要愿意，就随时都可以表现得极具魅力，他对弗雷斯顿言过其实地大加赞扬，称他根本就是为维亚康姆而生的人。作为 MTV 电视网的董事长和首席执行官，弗雷斯顿长期以来一直在负责维亚康姆集团中这个最大且增长最快的利润引擎。[40]以下这些数字的确不同凡响：当 1987 年雷石东接管维亚康姆并提拔弗雷斯顿时，MTV 电视网的收入约为 1 亿美元；现在，它从不断扩张的全球电视频道网络和商品交易中获得的收入超过 35 亿美元。弗雷斯顿是业内少有的既受人尊敬又受人爱戴的高管。他利用美国付费电视不断增长之势，培育出一种改变了美国社会的创意文化。自始至终，他一直保持着自己反主流文化的本色，把业余时间都用来与烈焰红唇合唱团（The Flaming Lips）这样的乐队打交道，或是在塞内加尔组织音乐节之类的事情。[41]

弗雷斯顿受宠若惊，但也进退两难。"请让我考虑一下，明天再答复你。"弗雷斯顿告诉雷石东。

雷石东可没有那个耐心等，所以平时他的那些同席餐友都备感压力，总是在入席之前就在心里点好单了。雷石东不打算给弗雷斯顿他所要求的 24 个小时。恼怒于弗雷斯顿没有立刻开心地跳起来接受成为首席运营官的大好机会，雷石东在同一天就转头将这个职位给了哥伦比亚广播公司董事长兼首席执行官——极富竞争力且对政治颇有悟性的莱斯利·穆恩维斯。

穆恩维斯曾是一名演员，有着黝黑的皮肤和推销员般的笑容。[42] 他在接触电视节目制作时还是一名表演者，但凭借《犯罪现场调查》和《幸存者》等热播剧集和真人秀节目，将 CBS 从排名第三提升至第一。他成长于纽约长岛谷溪的中产阶级家庭，父亲是一名精神科护士，并经营着多家加油站。他最初在巴克内尔大学上医学预科班，但后来决定当演员，于是便搬到了格林尼治村，在参加试镜期间当酒保来养活自己。

在《无敌金刚》等电视剧中出演角色后，穆恩维斯进入了电视的商业领域，先后在二十世纪福克斯、洛里玛电视公司（Lorimar Television）和华纳兄弟电视公司步步高升，在华纳兄弟，他制作了《老友记》和《急诊室的故事》这样的大热电视剧。1995 年，他接管了当时在电视观众忠诚度排名中垫底的 CBS。凭借在节目制作方面的出色天赋，他一举扭转了局面，并在此过程中被超级经纪人阿里·伊曼纽尔盛赞为"胸中有黄金剧情的男人"。但在无限风光背后,穆恩维斯却是个一丝不苟的工作狂,甚至还有点儿事必躬亲的感觉:他随时随地都会给别人发电子邮件,还会出现在哥伦比亚广播公司节目的选角试镜现场。

穆恩维斯自然立刻就接受了雷石东的提议。第二天,在CBS的卡内基音乐厅举行的面向广告商的预售发布会上,穆恩维斯又进行了一年一度的自吹自擂。("这绝对没错,"穆恩维斯站在台上宣布,"我们CBS在整个集团中展示了全方位的增长,而其他同行都在各板块内陷入低谷!")与此同时,弗雷斯顿打电话给雷石东,说愿意接受这份工作。雷石东告诉他,已经把职位给了穆恩维斯。"天哪,我跟你说过我一天时间!"弗雷斯顿说,"一天还没到呢。"弗雷斯顿一直就像是雷石东的儿子,所以雷石东决定将好处一分为二,让他俩担任联合首席运营官。

弗雷斯顿和穆恩维斯对半瓜分了维亚康姆。除了MTV电视网,弗雷斯顿又将派拉蒙和西蒙与舒斯特出版社揽入旗下,而穆恩维斯则在CBS电视业务之外又加入了广播电台及广告牌业务等单元。除此之外,这一安排还意味着,派拉蒙那位精于财务的乔纳森·多尔根也将离开,而他可是一位精通财务、善于削减成本的高手,雷石东每天都要和他通好几次电话。雷石东说他会把这个消息告诉多尔根,但他并没有这么做,结果还是弗雷斯顿去向多尔根尴尬地解释为什么他的名字没有出现在宣布这一重大变化的新闻稿中的。[43]

2004年5月底,维亚康姆的高管们制作了一份声明,他们很清楚这将震惊华尔街。声明定于美国阵亡将士纪念日[①]这一周

---

① 美国阵亡将士纪念日为5月最后一个星期一,2004年该纪念日为5月31日。——编者注

的周末之后对外发布：卡尔马津辞去了维亚康姆总裁和首席运营官的职务，弗雷斯顿和穆恩维斯被提拔，联合继任这两个职务，雷石东同意于 2007 年之前退出首席执行官的职位。但正当雷石东忙着重新划分他的帝国，并以他在生意场上屡试不爽的那种粗放方式来制订新的继任计划时，悲剧来临了。

"穿裙子的雷石东"

有着红褐色头发、波士顿口音和犀利的谈判风格的莎莉，被维亚康姆一位前高管在《华尔街日报》上起了一个广为流传的绰号——"穿裙子的雷石东"。

亚当·雷石东的生活开始走上正轨。[1] 雷石东那位关系疏远的侄女露丝·安客死日本后留下的这个孩子，在其整个少年时代，一直频繁出入于他的祖父母能用钱买到的最好的戒毒方案的实施地（包括海瑟顿戒毒中心、贝蒂·福特康复诊所和"灰狼牧场"戒毒所），也偶尔光顾牢房。但到 20 岁时，他已经清醒过来，入读洛杉矶的社区大学，而且就在满 21 岁生日的几周前，被奥蒂斯艺术与设计学院正式录取。在那里，他坚持创作大幅油画作品，画好后就把它们挂在朋友的仓库里，他希望这些画能为他开辟一条通向艺术家生涯之路。"如果有朋友抽大麻被抓，他会借钱给他们，把他们保释出来，但他从来不说自己有钱。"查梅因·雷洛玛说，她是在一个游艇派对上认识亚当的，并和他交往了一年左右。亚当在说话时带有冲浪者的拖腔，这掩盖了他在米尔顿高中等名校闪闪发光的美国人成长经历，加上浑身的健硕肌肉和一头棕色头发，他很受姑娘们的青睐，而他也喜欢驾驶自己的福特 F-150 带着她们在日落大道上高速兜风。

但亚当真正的爱好除了绘画，就是骑摩托车。2004 年 5 月 24 日，亚当骑着他的黄色杜卡迪摩托赛车前往位于北岭市的加州州立大学校园，一名喝醉酒的司机从一家 El Pollo Loco 连锁快餐厅停车场开车出来，把他从摩托车上撞了下来，还从他胸口上方碾了过去。

医院打来电话时，埃迪和玛德琳正在睡觉。[2] 玛德琳瞥了一眼时钟——晚上 11 点半，她心里立刻明白一定是出大事了。"从来没有人那么晚给我们打电话。"她后来说。北岭医院的一名女工作人员在电话里解释说，亚当出车祸了。玛德琳尖叫起来："我们马上就到，马上就到！"但是，埃迪明白已经太迟了。"他一下子就垮了。"玛德琳后来回忆说。对玛德琳来说，她得等着电话那头的人亲口说出来："他没能活下来。"

玛德琳回忆道，当她旋即进入行动模式，与验尸官办公室交谈并做出安排时，"埃迪只是怔怔发呆。他失去了女儿，现在又失去了外孙"。亚当是埃迪履行为父之责的第二次机会，他决心纠正他在自己孩子身上所犯的错误。他那时因为一直忙于全美娱乐的事务，未能真正当好一个父亲。他离开了他独居并深爱的马撒葡萄园岛，来到康科德，好让亚当有机会过一个"正常的"童年。他们带他去滑雪、做长途旅行，而在他们夫妻俩当中，玛德琳更有运动天赋，于是她便成了亚当的足球和棒球教练。当他们开始怀疑亚当在米尔顿高中被那些富家子弟朋友引诱接触毒品时，他们央求学校给他做毒品测试。[3] 后来，他被学校开除了，他们就带他去了海瑟顿戒毒中心，开始了一段漫长的戒毒历程。即便他们在那段非常艰难的岁月里不得不采取"严厉之爱"的策略，他们也从未放弃相信他是一个有天赋又善良的孩子，并最终于2002年将他正式收养了。早年与邪教的接触给亚当留下了深刻的印记。他害怕穿西装的人，总是说自己被锁在房间里，卷入人们的混战。但埃迪和玛德琳确信他们能克服这一切。"我们是分不开的，"埃迪说，"我是说我们在感情上是无法分开的。"[4]

对这个家庭而言，亚当的死不仅仅是情感问题。露丝·安去世后，她一分未动的信托基金就传给了她的儿子亚当，但当亚当突然离世，且没有继承人或遗产时，相关文件对这笔钱的归属并没有一个明确的说法，这三项信托基金现在价值近2 500万美元。[5]其中很大一部分将属于露丝·安的弟弟迈克尔，而迈克尔与父亲之间的恶劣关系从未真正改善过。

5月27日，星期四，埃迪和玛德琳带着亚当的遗体飞回了波士顿。[6]在位于俯瞰波士顿公共花园的豪华高楼——四季酒店公寓的家里，他们度过了4天的犹太教守灵期。朋友和家人从全美各地飞来安慰和照料他们。到了周日，也就是葬礼那天，就连整天斗来斗去的雷石东家族成员也几乎悉数会聚于亚当的下葬处——马萨诸塞州韦克菲尔德青翠而又富有历史意义的圣殿以色列公墓，就在凯雷姆沙洛姆会堂附近，该会堂是康科德的一座犹太教堂，亚当曾在那里接受成年礼。[7]出席葬礼的人包括雷石东和葆拉，菲丽丝和姐姐塞西莉、姐夫拉尔夫，布伦特、安妮和他们的孩子，凯琳和李·李，莎莉和她的孩子金伯莉、布兰登、泰勒，玛德琳、埃迪及玛德琳和前夫生的三个孩子。唯一缺席的人是迈克尔，他后来解释说，那天正好是他儿子从伍斯特大学毕业的日子。玛德琳和埃迪对他的缺席非常生气。

一个月后，玛德琳和埃迪提起诉讼，要求从亚当名下的信托基金中划出一部分钱，禁止将其转给迈克尔，并优先用这部分钱来偿还他们抚养亚当所花的部分费用。[8] "他们一直在为亚当支付各种费用，因为他们把他当作自己的儿子，他们本来是不想动这笔（信托基金的）钱的，一心要留给亚当。但是，一旦这笔钱不再归亚当所有，他们就希望，在被撤回到其他信托基金之前，这笔钱能先被用来偿还给他们。"玛德琳和埃迪的律师霍华德·卡斯尔曼解释说。这场官司持续了数年，牵涉雷石东家族的许多成员，结果只是部分打赢了。在这个过程中，查证阶段起底了一些文件，向该家族的年轻一代展示了1972年埃迪离开全美娱乐时，雷石东和埃迪达成的协议，以及雷石东如何在1984年买下迈克尔和露丝·安的全美娱乐股份的细节。这些文件为后来的诉讼奠定了基础，而这些诉讼将威胁雷石东对其帝国的控制，并使他与除了女儿莎莉的所有下一代家族成员的关系破裂。

* * *

当全家人在亚当的坟墓上撒土之后，雷石东和葆拉就离开了，没去出席之后在四季酒店举办的招待会。雷石东还有事情要做。两天后，他与分析师通了电话，试图缓解他们对卡尔马津突然离职的震惊。[9] "没有人要求梅尔辞职。"他说。弗雷斯顿和穆恩维斯是朋友，他们发誓说他们的联合任职将是一种"合作伙伴关系"，而不是真人秀节目《学徒》中的一期。这样的表演起了作用，华尔街对这一戏剧性事件没有多大反应，维亚康姆的股价下跌至每股36.5美元，跌幅仅为几美分而已。[10]

问题是，在之后将近一年的时间里，维亚康姆的股价就一直维持在这个水平，几乎没有任何变化，但这却远低于维亚康姆在宣布与哥伦比亚广播公司合并时的股价，当时维亚康姆每股的价格为 46.3 美元。[11]"这里有很多人的股票期权都跌到谷底了。"一位高管在接受《纽约时报》的采访时悄声说。这桩 20 世纪最大的传媒合并案彻底摧毁了股东们的价值。

这座大厦里越来越多的人一致认为，除了将公司拆分，已别无出路。为首的是鲍勃·巴基什，他曾是 MTV 电视网的广告销售顾问，在弗雷斯顿升职后的岗位调整中被提拔为执行副总裁，负责战略规划。响应他的还有一大批投资银行家，涉及的金融机构包括摩根士丹利、贝尔斯登公司、花旗银行、拉扎德公司等。[12]他们认为，套用一下企业的陈词滥调，若要"解锁股东价值"，最好的办法就是将 MTV 电视网这样的高增长资产与电台和 CBS 广播网络业务等慢增长资产剥离开来。这个资产整理计划免去了雷石东不得不在弗雷斯顿和穆恩维斯之间做出选择的不愉快任务。两人均将以首席执行官的身份运营各自的上市公司，雷石东仍将是双方上市公司的控股股东和董事长。一位分析师将这两家公司分别戏称为"维亚高手"（ViaGrow）和"维亚慢手"（ViaSlow）。[13]

巴基什的团队根据资产的增长率来确定资产应当归属剥离后的哪一方。这就是说，比如西蒙与舒斯特出版社原先是在弗雷斯顿名下，但作为"成熟"企业，其发展速度不够快，因此便被划归到穆恩维斯这边。[14]Showtime 频道也是如此。这一决定让不少金融分析师摸不着头脑，因为一个以电影为主的付费有线电视网络与弗雷斯顿的有线电视频道和派拉蒙影业公司显然有着更多、更好的协同效应。凭借要用 MTV 电视网的知识产权来制作影片的说辞，弗雷斯顿拿到了派拉蒙的电影制片厂，但派拉蒙电视公司却被划给了穆恩维斯。穆恩维斯面对这种局势表现了积极的姿态，他表示，他所管理的业务虽然增长较慢，但现金流充裕，让他有能力支付更多的股息，但他私下里对将他这一方的公司业务描述为"价值型"股票感到愤怒。

有时候，穆恩维斯似乎还真是喝凉水都塞牙。集团有两架一模一样的庞巴迪环球快车公务飞机需要分配，其中一架是旧的，另一架则是全新且带五年保修期的，其价值比旧的那架高约 200 万美元，穆恩维斯和弗雷斯顿都想要那架新的。他们打算掷硬币来决定，结果弗雷斯顿赢得了这架新飞机。

* * *

随着此次资产分离，一个合情合理的继任计划终于浮出水面。就在维亚康姆董事会投票决定将哥伦比亚广播公司剥离的同一天，他们还投票决定让莎莉同时担任维亚康姆和哥伦比亚广播公司的非执行副董事长。[15] 有传言称，在得到这个职位之前，她一直拒绝祝福这次资产分离，但其实雷石东多年来一直在力促她担任副董事长一职。[16] 莎莉对这个头衔心怀谨慎，只答应每年在纽约参加 6 次董事会会议，同时仍然觉得她每天晚上都必须赶回波士顿的家里给孩子们做晚饭。以前她一直犹豫不决，甚至竟然建议在波士顿丽思卡尔顿酒店"蓝厅"的晚餐上讨论此事，就是寄希望于他在大庭广众之下不至于因她拒绝而发飙。但是时至 2005 年，她的孩子们都离开了家，父亲则到加州去过他自己的新婚生活了，卡尔马津的明星地位一日不如一日，她也已经开始把一半时间花在纽约了。[17] 她已做好准备接过这件战袍，而父亲似乎也终于想好要放手交给她了。多年来，关于这件事为何"还未被讨论过"，雷石东一直支支吾吾，含糊其词，但现在他开始公开表示，当他去世之后——而不是如果他去世了，莎莉将接替他担任控股股东的角色。"不管我看上去有多精神，也不管我的身体状况有多好，我总归有一天会死的，那时公司的控制权就会被传给莎莉。"[18] 他在接受《洛杉矶时报》的采访时说。就是在这个时候，有着红褐色头发、波士顿口音和犀利的谈判风格的莎莉，被维亚康姆一位前高管在《华尔街日报》上起了一个广为流传的绰号——"穿裙子的雷石东"[19]。

* * *

有了副董事长的发声大喇叭，她就不怕用它来表达与父亲不同的看法。但她将会明白，她的反对意见其实没有什么分量。真正掌握实权的是那些与雷石东意见一致的人。在她就任副董事长的一个月内，维亚康姆的 MySpace 社交网站被主要竞争对手鲁伯特·默多克夺去，这一事件其实是个严重的教训，将给公司和雷石东家族的未来带来灾难性后果。

这未必意味着 MTV 电视网一定会因为互联网而失去年轻观众。1999 年年初，也就是美国在线和时代华纳进行转型合并前一年，所有的传媒公司都意识到它们需要一份以主动进攻为特征的互联网发展战略，弗雷斯顿召集他的频道主管和数字执行主管们一起讨论互联网的未来。[20] "他认为互联网不仅仅是一种瞬息万变的传媒，而且将成为整个娱乐行业，尤其是音乐领域的一个强大的传媒。"MTVi（网上音乐电视网）集团的总裁尼古拉斯·巴特沃斯在 2000 年告诉《传媒周刊》。MTVi 是维亚康姆将 MTV 等频道的网上资源与近期收购的在线数码公司 SonicNet 整合而成的一个业务单元。尽管唱片公司不愿将其音乐视频的数字版权授予 MTV 而带来重大挑战，但弗雷斯顿有理由保持乐观，因为 MTV 官网（MTV.com）是互联网上最受欢迎的音乐娱乐网站，VH1 推出不到一年就进入了前 10 名，整个集团的网页访问量也在过去一年里增长了两倍。

眼看着各互联网公司估值一路飙升，MTVi 也在那年 2 月提交了 1 000 万美元的首次公开募股（IPO）申请文件，预计第二年的收入将翻一番，达到 4 000 万美元，尽管其亏损还在扩大。[21] 但就在 MTVi 准备开始路演的时候，互联网泡沫破裂了。MTVi 随即撤回了 IPO，并很快裁减了约 100 名员工，占员工总数的四分之一。"这么说吧，以前一张奈利（Nelly）的专辑就有 4 个不同的人来审核。"维亚康姆的一位发言人解释说。

互联网泡沫导致的市场崩溃，以及接踵而至的美国在线与时代华纳合并的灾难性失败，使维亚康姆——也包括其许多竞争对手——多年来一直对在线市场避之唯恐不及。该公司在 2004 年才幡然醒悟自己没有数字战略。

此时，正如朱莉娅·安格温在《谁偷走了 MySpace》（*Stealing MySpace*）一书中所记录的那样，MTV 电视网的高管们开始注意到，其节目的粉丝经常去 MySpace 闲逛，而 MySpace 则刚刚超过了社交网站 Friendster，已经成为访问量最大的社交网站。[22] 2004 年 7 月，MTV 电视网的数字业务主管尼克·雷曼走进他的老板詹森·赫什霍恩的办公室，向他展示在 MySpace 上最受欢迎的片区之一——MTV 的节目《拉古纳海滩》(*Laguna Beach*)。他解释了社交网络的运作方式，并告诉老板，他认为社交网络是 MTV 观众的未来之家。

赫什霍恩表示赞同。"未来的 MTV 应当成为一个平台，由观众自己相互告知什么才是真正的酷。"他说。2004 年 8 月，弗雷斯顿和穆恩维斯为维亚康姆的所有部门举办了一场"数字演示讲解会"，充分展示了他们对维亚康姆数字战略的想法。[23] 与此同时，赫什霍恩将 MySpace 和游戏网站 IGN 加进了他想收购的公司的名单。弗雷斯顿曾公开宣称，他希望在 5 年内，15% 的公司收入来自数字业务，因此他让赫什霍恩放手去干。[24] 同年 12月初，赫什霍恩给 MySpace 的共同创始人克里斯·德沃尔夫打电话，请求与他会面。[25] 很快，MTV 的一群高管就在 MySpace 位于圣莫尼卡的时尚办公室里踱来踱去，触景生情地追忆 MTV 初创时期的一片混乱。就像前雷石东时代的 MTV 电视网一样，MySpace 的人痛恨他们在 Intermix Media（英特玛传媒）的公司霸主，那是一家匪夷所思的大杂烩市场营销公司，其最赚钱的东西包括去皱霜和减肥药。[26]

对 MTV 电视网而言，这似乎是天作之合。MySpace 不仅仅是最大的社交网络，也是一种文化契合。Friendster 是一副认真交友的模样，刚刚登上历史舞台的脸书（Facebook）诞生于一个书呆子在哈佛大学的宿舍，而 MySpace 则被各种乐队大量使用，其开放代码允许人们用惊世骇俗的动画和音乐定制自己的页面，这令整个网站充满夜总会的氛围。

但是，迈克尔·弗里克拉斯领导的维亚康姆法律部门却惶恐不安。他们担心，人们往往会在其个人资料上发布混音音乐，维亚康姆可能会因此被起诉侵犯版权。他们还担心，广告商不肯将广告投放到他们无法控制的用户生成的内容旁边。最重要的是，继纽约总检察长埃利奥特·斯皮策在 2005 年 4 月对 Intermix 提起诉讼，指控其在用户未知的情况下在用户电脑上安装了间谍软件之后，他们担心 MySpace 很大一部分夺人眼球的流量是子虚乌有。一位熟悉维亚康姆的人士透露，尽管 Intermix 与斯皮策在 6 月达成了和解，"但那项调查提出了一个疑问，即许多所谓的流量是否真的就是由潜伏在人们电脑上的间谍软件或恶意软件产生的"。

然而，由于认识到 MySpace 是由 Intermix 控制的，维亚康姆决定和 Intermix 达成交易，于是派出一支团队去加州出席于 2005 年 7 月 7 日召开的初步评估调查会议，其中就包括负责运营的执行副总裁鲍勃·巴基什。可惜维亚康姆并不知道，因为担心 MTV 与 MySpace 之间的密切关系会促使维亚康姆出价单独收购 MySpace 而撇开其母公司，Intermix 在一周前就向鲁伯特·默多克的新闻集团发出了同样的收购要约。

雷石东长期以来一直把默多克当作他最大的竞争对手，部分原因是他们俩太相似了。他们都从各自的父亲那里继承了地区性的经营业务，进而将其打造成世界级传媒和娱乐巨头，且始终将绝对的控制权攥在自己手里，直至晚年。两人暮年后的妻子都比他们年轻太多。两人都在培养自己的孩子接管自己的帝国，尽管在这最后一点上，默多克似乎比雷石东更加投入。默多克家族最令雷石东羡慕的地方，不是默多克如何成功地把孩子们培养成其公司运营中的重要角色，而是他的老母亲能够活着看到儿子所创造的辉煌。"曾经让他郁闷发疯的是，默多克的老母亲依然可以四处走动，而且脑子清醒。"维亚康姆一位前高管说。（伊丽莎白·默多克老夫人于 2012 年去世，享年 103 岁。）唯一让他更加郁闷的事情，就是他把一笔生意输给了默多克。

在 7 月初那疯狂的两个星期里，维亚康姆和新闻集团都属意 Intermix，但维亚康姆根本不知道新闻集团的新任数字策略师罗斯·莱文索恩几天前就已经采取了行动。[27]2005 年 7 月 12 日，新闻集团以 5.8 亿美元现金的"爆炸性"报价击败了维亚康姆，意味着相关条款只到该周末前有效。Intermix 首席执行官理查德·罗森布拉特打电话给正在毛伊岛四季休闲酒店度假的弗雷斯顿，提醒他注意这一出价，并以为他会开启一轮竞价大战。但是弗雷斯顿没有上钩。维亚康姆的交易团队仍处于评估调查的最后阶段，并计划在公司董事会于接下来这一周召开会议后提出收购报价。他认为默多克不可能在该周末之前完成交易，因为有多个竞购者完全符合 Intermix 的利益。弗雷斯顿及维亚康姆的其他人都不知道，Intermix 在与 MySpace 的关系安排协议中有一个模糊的条款，这促使 Intermix 看见第一个出价就立马接受，以避免引发 MySpace 有权直接出售自己的风险。2005 年 7 月 18 日，周一，新闻集团宣布已经同意以 20% 的溢价收购 MySpace 所有者 Intermix。MTV 电视网的高管们都目瞪口呆。"默多克是在周末来的，没有进行任何评估调查，直接就以 5.8 亿美元出手买了，"弗雷斯顿回忆说，"直接就买了。"（一位熟悉新闻集团的人士说，其实他们是做了评估调查的。）

两天后，弗雷斯顿和他的 MTV 电视网的同事们去找维亚康姆的董事会，当面恳求雷石东提出应对性报价。弗雷斯顿指出，由于 MTV 电视网的内部估值高达 8.1 亿美元，所以还有很大的出价空间。根据安格温的转述，莎莉说："怎么会拖这么久？我们应该早就报完价了。"她说她支持反报价。雷石东最信任的投资银行顾问之一艾伦·"王牌"·格林伯格也支持竞购，但雷石东却不支持。"鲁伯特不怕多花冤枉钱，"他说，"他根本就不关心市场，所以一定会出更高的价来超过我。"道曼同意他的看法，事情就这样结束了。

几个月后，这一痛苦的完整过程再现，新闻集团毫无征兆地突然出手，以 6.5 亿美元的价格抢先夺走了赫什霍恩希望收购的不赢利的游戏媒体公司 IGN。这一次，弗雷斯顿亲自去向雷石东道歉，并解释了维亚康姆交易团队不向他汇报的结构性问题。[28]雷石东说，那他只能等到下一年 1 月维亚康姆和 CBS 分拆后，那时他就会有自己的首席执行官头衔了。

几年后，新闻集团以每项不到 1 亿美元的低价甩卖了这两项收购资产，但熟悉维亚康姆交易决策的人士表示，MySpace 陷入低俗、广告泛滥的不堪境地并非不可避免。维亚康姆的一名高级负责人表示，"如果换作汤姆·弗雷斯顿执掌 MySpace，那可能就会是一场漂亮的全垒打"。

维亚康姆一次次地展示出自身具有互联网时代识别传媒发展走向的与时俱进的天赋，但却没有以互联网时代所需的速度执行交易的企业灵活性。维亚康姆的确收购了一些小规模的数字化企业，但是错失的良机终究远多于得偿所愿。尽管坐失 MySpace 一事很快就变得臭名昭著，但最大的失误尚未到来。

2005 年的感恩节，MTV 电视网有意收购脸书。[29]那年早些时候，MTV 战略总监登马克·韦斯特曾非正式地提出，欲以

7 500 万美元收购这个成立还不到两年的网站，但遭到对方拒绝。在此过程中，他听说脸书创始人马克·扎克伯格只愿跟其他首席执行官谈条件。因此，当年 2 月，弗雷斯顿在纽约穿着人字拖欢迎扎克伯格，并向他介绍了 MTV 和脸书两个平台的受众的重合之处。根据大卫·柯克帕特里克在《Facebook 效应》中的描述，弗雷斯顿当时甚至提议说，他可以在纽约帮助脸书开发内容。扎克伯格一口回绝了这个主意，他说："我们认为自己就是一个实用平台。"维亚康姆的一位高管将此次会面描述为一次"婉言谢绝的会面"。但是 MTV 电视网的新总裁——传媒行业曾经的著名顾问迈克尔·沃尔夫并没有打算放弃。他看到了 MTV 的主要受众群体——大学生的有关数据，这些大学生不断提起脸书，于是他就给扎克伯格发了即时信息，让扎克伯格在位于帕洛阿尔托的脸书总部附近预订晚餐，他会飞过去参加。为了最大限度地吸引这位年轻的首席执行官的注意力，沃尔夫想到一个小计策——用维亚康姆的公务飞机捎上他回家过节，扎克伯格欣然接受了。在扎克伯格的父母开着小货车去韦斯切斯特县机场接他之前，沃尔夫和扎克伯格谈到了使用脸书的观众是多么喜欢《拉古纳海滩》这样的 MTV 节目。脸书计划在 2006 年创收 2 000 万美元，但基本上不会有利润。而扎克伯格对沃尔夫说，他相信自己的公司价值 20 亿美元。

　　不久之后，维亚康姆发出以 15 亿美元收购脸书的诚意要约，其中一半多一点儿为预先支付，其余的以获利能力付款的方式承担。正如柯克帕特里克所指出的："这是脸书迄今收到的最认真和最具体的报价。"MTV 和脸书的交易团队进行了数周的谈判。扎克伯格想要更多预先支付的现金。沃尔夫将这部分款项提高到了 8 亿美元，但就一家完全没有进账的公司而言，要是再超过这个数字就不合理了。随着谈判的结束，脸书宣布其已筹集了一轮 2 500 万美元的风险投资，而且它从未将自己挂牌出售过。

在成为华尔街关注的焦点之前，弗雷斯顿确实从自己这边为集团斩获了一笔极其重要的交易。尽管他对自己经营 MTV 电视网的能力很有信心，而这种能力也的确为公司创造了大部分的收入和几乎所有的利润，但他却十分担心派拉蒙，因为派拉蒙正在走下坡路。2005 年早些时候，按照传媒大亨大卫·格芬的建议，他聘请了布拉德·格雷来管理这家电影公司，这让好莱坞内部人士无比惊讶。格雷是布拉德·皮特和詹妮弗·安妮斯顿等人的经纪人，他曾帮助将《黑道家族》等开创性剧集搬上电视。他作为交易高手的名气很响，但在制片方面缺乏经验。他的任务是对电影制片厂进行彻底的改造，但这需要时间。在短期内，公司需要有电影出品，而且要快。格雷发现梦工厂——由格芬与史蒂文·斯皮尔伯格、杰弗里·卡曾伯格共同创立的电影制片厂——在与通用电气下属的 NBC 环球影业进行收购谈判时陷入了困境，于是就把这个机会告诉了弗雷斯顿，而弗雷斯顿批准了一项由维亚康姆尝试购买梦工厂的计划。

2005 年 12 月 8 日午夜前后，弗雷斯顿秘密登上了一架飞往洛杉矶的私人飞机，目的是在最后一刻突然提出收购梦工厂。[30] 在俯瞰太平洋的斯皮尔伯格的家中，弗雷斯顿一边吃着三明治，一边成功地进行了一次游说宣讲。两天后，这两家公司宣布，维亚康姆以 7.74 亿美元收购梦工厂，并承担其 8.4 亿美元的债务。（雷石东担心这笔交易的规模太大，所以弗雷斯顿召集了一批外部投资者，共同筹集了这笔交易所涉及的 16 亿美元中的 10 亿。）

维亚康姆在技术方面也许易受打击，但在传统媒体的圣殿里，搞好关系和尊重人才就是一切，通用电气迟钝的数字计算能力丝毫比不上弗雷斯顿的魅力。这笔交易还包括由斯皮尔伯格和格芬每年制作 4~6 部电影的协议，这对阵容单薄、需要支撑的派拉蒙来说无疑是天赐良机。

＊　＊　＊

莎莉也在为此次公司分家做准备，她在为刚刚分开的维亚康姆和哥伦比亚广播公司的董事会招募独立董事，其中将会包括更多的女性，以及她钟爱的新英格兰爱国者橄榄球队的老板兼朋友罗伯特·克拉夫特。但在她正式进入这两家新公司履职之前，她不得不再多打理一些令人不快的"家务事"。

自从两年前开始增持自己所占的股份，雷石东对中途游戏公司越来越着迷。整个 2005 年，他一直在购买该公司的股票，直到他拥有该公司 89% 的股份，在此过程中将该公司的股价上推了 81%。"该公司股价一路上涨的原因便是雷石东，"一位分析师表示，"几乎没有其他买家购买这只股票。"雷石东家族意欲取代不赢利的中途游戏公司的管理层，但还没等他们这么做，雷石东就已陷入了债务问题。为了购买中途游戏公司的股票，他曾以全美娱乐的股票为抵押物向花旗银行借贷了 4.25 亿美元。[31] 而鉴于中途游戏公司在 2005 年公布了一系列令人失望的收益结果，花旗银行发出了追加保证金的通知，这意味着花旗银行实际上已经握紧了雷石东在全美娱乐中的股份。雷石东请求全美娱乐公司通过购买股票来帮助他摆脱困境。莎莉是全美娱乐的少数股东，她同意做这笔交易，但条件是她必须完全掌控全美娱乐所持有的中途游戏公司的股份，同时全美娱乐此后不得再陷入被迫购买中途游戏公司股票的境地。在一份于 2005 年年底提交给美国证券交易委员会的文件中，雷石东和莎莉同意，如果雷石东想要购买更多中途游戏公司的股票，那他必须用自己的钱而不是家族的财富购买。[32] 雷石东突然停止购买中途游戏公司的股票，该公司股价在之后的两个月里暴跌了 50%。[33]

就在雷石东眼睁睁地看着自己投进心仪玩物的 5 亿多美元蒸发时，他那更加庞大的帝国却遭受了最沉重的打击。出人意料地，布伦特拿着在埃迪和玛德琳诉讼案中披露的那些文件到法院起诉了雷石东，指控其通过一系列运作将自己从帝国里逼走，要求将雷石东价值 80 亿美元的媒体帝国解散，这样他就可以得到属于他的那六分之一的资产。[34] 布伦特对雷石东有诸多不满，包括被他踢出维亚康姆董事会，未能向自己提供有关全美娱乐业务的足够信息，迫使他在就某些问题投票时不得不弃权，以及"尽管盈利极其丰厚"，却从未宣布派发股息。他抱怨雷石东偏袒莎莉和她的前夫，指责雷石东假公济私，"让全美娱乐公司平白无故地给艾拉·科尔夫发放了价值数百万美元的离职补偿"。首遭炮轰的就是中途游戏公司的崩溃。布伦特再次指责雷石东假公济私，先是向花旗银行借贷 4.25 亿美元，"然后要全美娱乐公司以股权交换的形式替他摆脱贷款之困，并偿还债务，而中途游戏公司的大部分股票都是他用此贷款所购买的"。

起诉书最有意思的是它直截了当地宣称，雷石东曾多次对布伦特和莎莉说，他们将"经营这家公司"。埃迪和玛德琳的诉讼案中发现的文件不过是加强了这种与生俱来的权利感：米基建立孙辈信托基金，显然是想让公司一代一代传下去。"原告也抱持同样的期望。"

　　布伦特未能成功地令其家族的媒体帝国四分五裂，但最终他将带着 2.4 亿美元的和解金离开。[35] 他再也没有跟他父亲说过话。

"简直疯啦！"

如果我们要和汤姆·克鲁斯解约，那也应该由派拉蒙
的经营者来做，不该由你做！

2006 年 8 月 22 日，星期二，已是上市公司首席执行官的汤姆·弗雷斯顿乘坐的他那架崭新的环球快车公务机在洛杉矶的范奈斯机场跑道上滑行，这时，他的翻盖手机响了。手机里传来他手下的通信业务部门负责人卡罗尔·罗宾逊震惊的声音，罗宾逊告诉他，雷石东刚刚接受了《华尔街日报》的即兴采访，宣称派拉蒙要与其旗下最知名的明星汤姆·克鲁斯解约，主要是担心他越来越古怪的行为已经影响《碟中谍 3》的票房。"这与他的演技无关。"雷石东对《华尔街日报》说，"但我们不认为，有人折损自己的职业寿命，还让公司付出票房受损的代价，却能什么事都没有。"[1] 弗雷斯顿听后脸色铁青，立马打电话给雷石东。

"简直疯啦！"弗雷斯顿说。"首先，你解雇不了汤姆·克鲁斯，因为他并不是为我们工作。就算他为我们工作，如果我们要和他解约，那也应该由布拉德·格雷来做，他才是派拉蒙的经营者，这件事不该由你做，也不该由我做。"汤姆·克鲁斯是派拉蒙影片库的基石，雷石东为什么要贬低他？雷石东反驳说自己控制了公司，想干什么就可以干什么。弗雷斯顿开始在机舱过道上踱来踱去，大声喊道："你不能这样干！这太差劲啦！简直是疯啦！"

这是他们共事二十年来第一次大喊大叫地吵架，而且吵得如此厉害。雷石东以动辄对下属怒喝闻名，但他与弗雷斯顿的关系几乎像父子一样，他经常和弗雷斯顿一起吃饭，并把他视为自己最亲密的朋友之一。早在20世纪90年代，雷石东在第一次亚洲之旅中提出要求，弗雷斯顿甚至带他和德尔萨去逛了曼谷的性俱乐部。（看到一对赤身裸体的男女弓背骑着一辆哈雷-戴维森摩托车从屋顶冲下来，雷石东第一次尝到商业化色情行为的滋味，但这绝不是最后一次。）不过，弗雷斯顿现在从事的是传媒界最危险的工作，那就是担任雷石东掌权的维亚康姆的首席执行官。

事情进展得不是特别顺利。就在人们都说弗雷斯顿管理的那一半公司增长迅速，而穆恩维斯的那一半增长缓慢之后，相反的情况发生了：哥伦比亚广播公司的股票自2006年年初起上涨了近8%，而维亚康姆的股票却因受到有线电视广告全行业发展放缓的影响而下跌了近12%。弗雷斯顿每天早上一走进办公室，就会面对雷石东发来的一大堆愤怒传真，他想知道股票为什么又下跌了几美分。弗雷斯顿首个季度的业绩令投资者大感意外，因为利润下降了10%，其部分原因是华尔街没有预料到一家德国广告商竟会出现亏损，这让分析师们抱怨说，弗雷斯顿本可以与他们沟通得更多些。[2]此外，一年一度的春季"前沿"广告营销季疲软，让人不禁担心MTV还在失去对年轻一代的营销魔力，这种魔力被优兔等后起之秀抢走了。时至7月，即弗雷斯顿上任仅半年之际，分析师里奇·格林菲尔德就明确表示："如果弗雷斯顿不能迅速将维亚康姆的发展方向调整到位，那么雷石东和董事会就有必要寻找一位新的首席执行官了。"³ 最糟糕的是，鲁伯特·默多克竟然穿着细条纹西装出现在《连线》杂志 7 月刊的封面上，其身后衬着硕大的 "MySpace" 字样。这幅广受赞誉的摄影杰作该叫什么？当然应该叫 "他的空间"（His Space）。

并非只有弗雷斯顿一个人认为解雇汤姆·克鲁斯是发疯的表现。几十年来，克鲁斯一直是派拉蒙的摇钱树，通过《壮志凌云》《糖衣陷阱》和 "碟中谍" 系列等影片为公司赚了大约 30 亿美元。他也因此获得了丰厚的报酬：派拉蒙付给他和他的商业伙伴宝拉·瓦格纳每年高达 1 000 万美元，用于电影项目的开发，他从自己主演的电影票房总收入中获得了 20% 的巨额提成，更不用说还有 DVD 销售收入相当大的一部分了。但在过去的一年里，他那严于律己的正面形象开始下滑。他在传播一种邪教方面变得更加直言不讳，在《今日秀》节目上批评波姬·小丝因产后抑郁症而使用抗抑郁药，并因轰动一时的一段视频而成为网民嘲弄的对象，在那段视频里，他跳上奥普拉·温弗瑞的沙发，公开向凯蒂·霍尔姆斯示爱。

雷石东说，正是他的妻子葆拉首先认识到汤姆·克鲁斯的这一系列行为会对维亚康姆的利润底线造成何等影响。"葆拉和全世界的女性一样，开始讨厌他了。"他告诉《名利场》。他声称，如果克鲁斯没有疏远女粉丝，那《碟中谍 3》近 4 亿美元的总票房还会再高 1 亿美元。事实上，派拉蒙已经在研究以一种更不动声色的方式来降低与克鲁斯相关的成本，比如在他的拍片合同即将到期之际，提出一个约 200 万美元的低续约报价。当克鲁斯的出品公司没有回应时，看上去他就会悄然离开。（事实上，瓦格纳后来说，他们并没有被解雇，而是主动辞职了。）但后来，雷石东却将此事公之于众，完全打破了好莱坞的惯常规则，削弱了格雷和弗雷斯顿两人的地位。这一消息如闪电般传遍好莱坞，证实了越来越多娱乐界人士的怀疑，他们近期经常发现，这位80多岁的老人不是跌跌撞撞地自己撞到墙上，就是在比弗利山庄的豪华餐厅里找不着路而闯进厨房。正如好莱坞消息最灵通也最蛮横的时事记录者尼基·芬克所言："如果我是维亚康姆的股东，我现在就会去问雷石东：你是不是脑子转不动了？"[4]

就在弗雷斯顿在停机坪上和雷石东大吵大闹时，他一点儿也不知道，他其实已经被人耍了。一周前，雷石东把弗雷斯顿的职位给了道曼。雷石东后来声称，这一决定是董事会数周来仔细研究的结果，他们将弗雷斯顿的强项与弱项和道曼的做了对比。[5]但其他董事会成员不记得有过这样的研究，只记得在劳动节下午5点开过一次匆忙安排的电话会议，其间董事会投票决定买断弗雷斯顿6000万美元的合同。

弗雷斯顿对此真的丝毫没有觉察。董事会投票结束一个小时之后，雷石东打电话给弗雷斯顿，想请他到比弗利公园的家中做客，但电话无人接听，他只能留言。[6]弗雷斯顿此刻正忙着和雅虎首席执行官特里·塞梅尔在鲍勃·埃文斯家的庄园打网球，享受最后几个小时的夏日时光。[7]当弗雷斯顿终于给雷石东回电话时，雷石东请他到自己府邸来。弗雷斯顿赶到时，雷石东正拿着一份新闻稿在客厅里等着，眼泪都要流出来了。[8]"坐吧。"雷石东说，"我给我们俩都带来了坏消息。董事会决定你必须离开。"言外之意就是，这个决定在某种程度上不是雷石东能左右的。"要解雇我吗？"弗雷斯顿目瞪口呆地说，他在这个位子上才干了8

个月。就在 6 周前，雷石东告诉《华尔街日报》，至少需要一年的时间来评估此次资产分拆行动的成功程度，而且在"任何情况下"，他都不会把弗雷斯顿赶下台。[9]

弗雷斯顿平静地站起来，没有看新闻稿就离开了。为此，维亚康姆发言人卡尔·福尔塔不得不稍后又打电话给他，询问他是希望对外说辞职还是被解雇。他们最后都同意用"辞职"的说法，弗雷斯顿还加了一句尽管难以置信但却很有品位的话给福尔塔引用："多年来，我与菲利普·道曼和汤姆·杜利紧密共事，对他们的能力有着最高的敬意。我完全有信心，维亚康姆必将在菲利普·道曼的领导下蓬勃发展。"[10] 这最后的羞辱所带来的刺痛，被一笔 8 500 万美元的离职补偿金缓解了。[11]

第二天早上发出的新闻稿宣布，道曼和杜利回归维亚康姆，分别担任首席执行官和首席行政官，这是企业宣传的一大杰作，但其中更是包含了雷石东透露真情的一段评语，他盛赞这两位高管"和我一起共同经历了维亚康姆历史上最富成效也最成功的时期"。雷石东极度怀念 20 世纪 90 年代末期，那是一个高歌猛进的时代，当时维亚康姆的股价在 MTV 电视网神一般的实力加持下飞涨了两倍。[12] 为了让两位回归，他把集团都一分为二了。[13]然而，付费电视订阅用户的增长势头（从 1990 年的 56% 攀升至 2000 年的 83%）却已经在 2004 年开始逆转。[14]

尽管雷石东极富怀旧之情，但维亚康姆在数字化前沿的失利给人们留下了深刻的印象，而这次体制改革的卖点就是要对这种印象进行纠偏。"我们必须加大投入。"道曼对分析师们表示。批评之声不无道理。MTV 仍然宣称每月有 8 200 万名电视观众，但在网上，专门访问其 MTV Overdrive 视频网站的观众每月为 400 万人次，仅仅是 MySpace 每月 5 500 万人次浏览量的零头。但雷石东对数字化的偏好仅限于个人，而非行业。[15] "在默多克还未插手之时，MySpace 就坐拥 5 亿美元。可惜弗雷斯顿从来没弄到手。"他对查理·罗斯说，"那是一次颜面扫地的经历。"

雷石东认为，道曼和杜利作为私人股权投资者的经历给了他们"重要的洞见，这些洞见将使我们能够更好地驾驭数字化转型，并谨慎地抓住明显存在的巨大机遇"。但他们的 DND 资本合伙人公司以投资网球频道等初创有线电视频道闻名。很快，人们就清楚地认识到，雷石东前面那句话中最重要的一个词是"谨慎地"，也就是说他无意为一笔在转型当中的数字交易掏腰包。"我不会考虑脸书，因为我们观察过，它确实是一家了不起的公司，但我们觉得它的要价太高了。"他不久之后告诉查理·罗斯，"我们才不会多付钱！……我们在财务上非常自律。"此前六个月，脸书根据 5 亿美元的估值进行了一轮融资。如今，脸书的市场资本化规模约为 5 000 亿美元，是维亚康姆的 37 倍。

如果说汤姆·克鲁斯被解雇的消息就像划过好莱坞的一道闪电，那么汤姆·弗雷斯顿被解雇的消息就是一颗原子弹。弗雷斯顿在传媒业界的方方面面都是那么受人爱戴和尊敬，对此再怎么描述都不会过分，更难得的是，在传媒业内找不出任何一个有实力的人不自称是他的朋友。在他被解雇之后，奥普拉、博诺、史蒂夫·乔布斯、比尔·盖茨和鲁伯特·默多克纷纷上门来找他。[16]几周后，新闻集团的总裁彼得·切宁在预先为弗雷斯顿安排的一次烧烤会上说："弗雷斯顿被一个年纪这么大的人要了，一定难过得要死。"[17]

华尔街的分析师们也不以为然。弗雷斯顿被解雇的消息传出后，维亚康姆公司的股价下跌了 6%。[18] 分析师们认为，这表明在派拉蒙片场附近有古怪行为的人，并不只是汤姆·克鲁斯一个。美林证券的分析师杰西卡·赖夫·科恩下调了维亚康姆的股票评级，理由是该公司的新管理团队缺乏运营经验，而且给人留下了不受欢迎的印象，即认为这是"雷石东先生试图重新明确自己在维亚康姆统管一切的地位"。[19] 哥伦比亚大学的金融学教授布鲁斯·格林沃尔德向《纽约时报》概括了人们的普遍反应："我认为雷石东已经失去理智了。"[20]

雷石东曾私下向一些关系最密切的顾问表示，他对任命道曼为首席执行官一事是有所保留的。雷石东家族的一位法律顾问说："他说：'我既没有第一人选，也没有最佳人选。我更希望依靠我信得过的人，而不是一个我不大了解的人。'他意识到自己还是有所保留的。"

但是雷石东的错误到底严重到何种程度，直到周四，也就是弗雷斯顿在其办公室工作的最后一天，才被彻底发现。当弗雷斯顿最后一次走出电梯进入大堂时，迎接他的是 1 000 多名员工，他们密密麻麻地挤满了大堂，甚至挤到时代广场的人行道上，为他欢呼、哭泣，齐声高喊着他的名字。[21] 他停下来，说了几句话，许多人和他拥抱。"人们在哭泣、尖叫。"MTV 电视网的一名工作人员告诉《广播与有线》（Broadcasting & Cable）杂志说，"我从来没有见过公司发生这样的事情。"弗雷斯顿可是曾将 MTV 变成几代人的标志性文化声音，将 MTV 电视网塑造成全球最成功的有线电视企业，并建立、润滑和调整了维亚康姆的利润引擎的人，但却就这样离开了。分析师担心，他的那些铁杆部下会跟着他一起离开，公司股价会持续下跌。

但道曼已经习惯了被人低估。他和杜利展开了一场魅力攻势，向弗雷斯顿最重要的副手朱迪·麦格拉思和布拉德·格雷示好，并说服他们留下。格雷是弗雷斯顿亲自聘来的，被认为特别易受打击，因为他即将进入领导派拉蒙的第二个年头，可惜它仍然是最后一名。[22] 但是，就在弗雷斯顿被解雇几分钟后，道曼就给格雷打来了电话，他让格雷放心，并希望格雷能留下来。道曼对麦格拉思——弗雷斯顿的得意门生——也给予了同样的赞美。弗雷斯顿选择让麦格拉思担任 MTV 电视网的首席执行官，而MTV 电视网的高管和员工们都对她尽心尽力。

　　在听到雷石东对 MySpace 之事大发雷霆，并继而将其理解为将有一项大型收购计划后，华尔街的分析师们纷纷落荒而逃。而当道曼和杜利劝说他们回心转意之后，MySpace 的股价也就慢慢地回升了。道曼和杜利承诺不会在战略上做大的改变，当然也就不会有大型收购。[23] 到 2006 年年底，股价重新回归一开始的水平。

＊　＊　＊

　　上任伊始，道曼没有收购潜在的热门网络媒体资产，相反却起诉了一家。在作为 MTV 电视网的长期主力观众的青少年中，优兔的人气正呈爆炸式增长。到 2006 年夏，优兔的每月独立访问者数量已达到 2 000 万，其增长速度远远超过了 MySpace。[24] 但是优兔有一个问题，即大部分的流量都是人们观看《每日秀》和《南方公园》的有版权的视频片段，这些片段都是由用户非法上传的，更不用说那些使用有版权音轨自制的音乐视频了。根据

1998 年的《数字千年版权法》，互联网公司对此类侵犯版权的行为不负法律责任，只要应内容所有者要求将其立即撤下即可，但这种保护只在未从中获利的情况下有效。这意味着优兔不能在其网站上的很多视频中投放广告。为了解决这个问题，优兔一直试图与大型传媒公司谈判并签订授权协议，且取得了一定的成功。但随着优兔的发展，它与传媒公司的紧张关系也在加剧。尽管受众有重叠，但雷石东还是在 2006 年 10 月宣布，由于会牵涉法律责任，他并不认为优兔是一个可收购目标，尽管后来人们发现维亚康姆一直都热衷于打官司。[25] 谷歌可没有这种纠结，2006 年 10 月，它以 16.5 亿美元的价格收购了优兔。

消息公布几个小时后，谷歌的首席执行官埃里克·施密特与维亚康姆的高管们进行了会谈。维亚康姆前一年与优兔达成的通过在互联网上发布 MTV 电视网视频的协议已经失效。为了缓和日益紧张的局势，施密特认为，谷歌作为内容所有者的朋友，正在开发一种数字"指纹识别"系统，以甄别上传至优兔的受版权保护的内容。他甚至提出，谷歌愿意在未来几年向维亚康姆提供高达 5 亿美元的广告收入担保，作为使其免于版权诉讼的协议的一部分。维亚康姆则要价近 10 亿美元。由于这些和其他技术问题，谈判在年底陷入僵局。2007 年 2 月，维亚康姆命令优兔撤下 10 万段版权属于维亚康姆的内容，然后起诉优兔，索赔 10 亿美元，指控其"蓄意大规模侵犯版权"。

这是一个令人震惊的举动，也是传媒公司首次在法庭上挑战优兔。当然，这也是典型的雷石东做派，即利用法院作为在谈判桌上增加筹码的一种手段。但互联网是一个不同于旧时的反垄断领域的竞技场。维亚康姆的许多高管担心，如果从孩子们最喜欢的在线活动中消失，他们的那些频道品牌将变得无关紧要。道曼也误判了他面前的案子。这场诉讼一拖就是 6 年，双方最终达成庭外和解，但没有任何金钱交易。与此同时，维亚康姆将自己的视频授权给 Joost 网络电视等落败者，并眼睁睁地看着大部分的在线视频革命从自己身边路过。[26]

＊　＊　＊

这一错误只有在事后来看才完全清楚，然而在那一刻，道曼正在履行他的承诺，即到 2007 年年底，通过推出 300 多个网站，主要是海外网站，来使公司的数字业务收入翻番，达到 5 亿美元。雷石东没有理由担心。他迷醉于和葆拉的婚姻，他们对友人吹嘘说，他们一天要做爱 4 次，而对西蓝花、紫甘蓝之类的十字花科蔬菜的痴迷让他更加起劲，他认为吃这类蔬菜是他长寿的原因。[27]但他却越来越和纽约的生意隔绝了。他对《新闻周刊》说，就算他明天被一辆大巴撞了，但知道有道曼在负责他的帝国，他也会感到欣慰的。

但就在雷石东对其军师坐镇公司感到放心的时候，他的帝国又遭到了一名不满的家族血亲的猛烈抨击，这一次是他的侄子迈克尔。迈克尔于 2006 年 11 月 3 日起诉雷石东和自己的父亲埃迪，指控他们剥夺了他在雷石东传媒帝国中应享有的合法份额。[28]利用埃迪和玛德琳诉讼中所披露的文件，迈克尔称全美娱乐公司先后于 1972 年收购埃迪的股份和 1984 年收购迈克尔和露丝·安的股份时，都欺骗了他和雷石东家族的其他后代。他想要 40 亿美元，这相当于帝国价值的一半。[29]和以前很多次一样，雷石东对维亚康姆和哥伦比亚广播公司的掌控再次受到了他自己的家族成员的威胁。

雷石东震怒了。"考虑到雷石东先生在帮助迈克尔克服影响其一生的严重障碍方面所发挥的重要作用，这起诉讼尤其令人感到不安。"全美娱乐的一位女发言人说，"实际上，是雷石东先生把迈克尔从困难的家庭环境中拯救出来，把他从精神病院接走，为他支付教育费用，并让他在全美娱乐公司工作的。令人遗憾的是，迈克尔竟然就是这样回报雷石东先生的关爱和慷慨的。"

把迈克尔描绘成一个疯子，同时又吹嘘自己雇了他，这是一种微妙的平衡。但了解迈克尔的人说，他一直都有严重的情绪问题，直到他 56 岁时孤独去世，验尸官判定其死于同时服用芬太尼、羟考酮和替马西泮引起的中毒。[30] "他是个隐士。"一个他的熟人在他出事时说。但他遗传了雷石东家族代代相传的聪明才智和坚韧不拔，并努力拼凑出了一个正常得令人吃惊的成年人生活。他还在位于托皮卡的门宁格诊所时就获得了 GED（普通高中同等学力证书），然后回到波士顿进入东北大学，在那里获得了公共管理学士学位。[31] 他后来在法庭上说，他一直靠自己寻求心理健康治疗，21 岁时被诊断患有创伤后应激障碍（PTSD）。在东北大学期间，他遇到了他的第一任妻子谢利，他们生了三个孩子。1988 年，他在波士顿的本特利大学获得了工商管理硕士学位。在从事一系列工作（包括在他父亲的开发公司工作）之后，他于 1994 年入职全美娱乐公司，从事他所说的国际商业开发业务。"我的职责范围很广。"[32] 他说。一个认识他的人说："他就那么走进来，然后就在办公室里踱来踱去转悠一阵儿。"

迈克尔身材高大，有一双蓝色的眼睛和一头赤褐色的头发，很有一点儿他祖父那样的堪称电影明星一般的帅气颜值。他在与人交往时不善于察言观色，但却对航空和科罗拉多的自然景观情有独钟，后来把家也搬到了那里。他全身心地爱着自己的孩子，却终生与自己的父亲不共戴天。他在 2004 年的一份证词中说，亚当从东京归来的时候，他和谢利从一开始就想收养他，"因为我们知道，一旦我父母把他带走，他就会过上可怕的生活。我很清楚这一点，因为当我还没进医院的时候，我经历过类似的生活，也目睹了发生在我姐姐身上的事情。当亚当死的时候，我真的不怎么吃惊"。[33] 在同一起诉讼中，埃迪声称："我的儿子控制欲强，是个骗子，而且有严重的精神问题。"[34]

在 2004 年埃迪和玛德琳的诉讼案期间，迈克尔了解到他的祖父在 1959 年就为他建立了信托基金。[35] 他还第一次了解到那个"口头信托基金"，也就是他的祖父曾要求他的父亲把其一半的全美娱乐股份留给孙辈。根据迈克尔的投诉，埃迪的和解方案实际上将他和露丝·安在全美娱乐的股份从 50 股减少到约 33.33 股，而且不让他们在这件事上有任何发言权。[36] 他指称，更加恶劣的是雷石东于 1984 年收购他和他的姐姐在全美娱乐公司的股份时采用的方式。他具体指控称："实际上，雷石东当时既是交易的买方，又是卖方，签署协议时，他一方面是全美娱乐的董事长，另一方面是信托基金的受托人。"他争辩道，如此一来，该信托基金便被以大甩卖似的极低价格售出：占公司总资产 45% 的这些股份仅售得 2 140 万美元，尽管仅全美娱乐房地产本身的价值就已超过 1.5 亿美元。[37]

一名法官裁定诉讼时效已过，遂驳回了该案大部分的诉求，但迈克尔终究报得此仇，哪怕拿不到属于他的钱。关于"口头信托基金"一词的含义的争论持续了很多年，将雷石东也拉上了证人席。然而在做证时，雷石东不明智地声称，和解协议迫使埃迪把自己的股份留给其子女，但他却把自己的股份作为礼物送给了自己的孩子们。美国国税局抓住了他的这句话，后来成功地起诉了雷石东，要求其补缴这笔欠缴的税金，外加 40 多年的复利，一些人估计，这两项相加超过了 1 600 万美元。[38] 一位熟悉本案的人士表示："有人将迈克尔诉讼案的所有文件汇总打包，然后根据举报人保护法案提交给美国国税局。"为了保持自己对全美娱乐公司的绝对控制，雷石东总是把自己的家族成员排挤到一边，这种连亲情都不顾的执念在不知不觉中开始无处不在地反噬他。他的年龄也是如此。在证人席上，一名雷石东家族的熟人表示："那不是老雷石东干的，事实存在一些差距。"

"良性治理"

就外界所知，莎莉仍旧有可能女承父业，但在家族内部，父女之间已然决裂。雷石东的帝国众叛亲离，他成了孤家寡人。

到 2005 年，莎莉当上维亚康姆副董事长时，她对整个会议室里只有自己一个女人的现状早已习以为常。她经常是连锁影院会议上的唯一女性、全美娱乐董事会会议上的唯一女性，现在更是全美国第二大传媒公司的唯一女董事。但当这家公司准备一拆为二时，她帮忙招募了一批新的独立董事，以确保至少就上市公司而言，这种情况不会继续。维亚康姆长期以来一直因其高管的薪酬过高而名声不佳，这是那些在排外而又同质化的董事会牢牢控制下的公司的典型特征，但随着公司股价停滞不前，维亚康姆面临着改革的压力。2004 年，即公司股价下跌 18% 的那一年，当雷石东、弗雷斯顿和穆恩维斯他们总共赚走了将近 1.6 亿美元之后，股东们起诉了维亚康姆董事会。[1] 在"良性企业治理"的大旗下，莎莉想要确保维亚康姆和哥伦比亚广播公司的新一届董事会不再因循以往的董事会，搞得那么像王室法庭。这件事最终令"国王"浑身不舒坦。

　　事情在开始时的确充满希望。在她帮忙为这两家公司招募的

7名新独立董事中，有3名女性，还有1名非裔美国人。她聘请罗伯特·克拉夫特，是希望他做她的盟友，担任维亚康姆薪酬委员会主席，其目的是将薪酬与业绩更紧密地联系起来。克拉夫特是她钟爱的新英格兰爱国者橄榄球队的老板。雷石东是爱国者队的狂热粉丝，有一次他和葆拉一家人在新泽西度假时，竟然强迫泰特伯勒机场的员工在圣诞节加班，这样他便可以绕过NFL（美国国家橄榄球联盟）的放送平台管制规则，坐在停靠在机坪上的私人飞机里观看爱国者队的比赛。在弗雷斯顿被解雇后不久，维亚康姆将雷石东的薪酬削减了一半，降至1 050万美元，而且后续将根据公司业绩情况再调定。[2] 几个月后，哥伦比亚广播公司在与起诉它的股东进行薪酬谈判的过程中，也采取了同样的做法，为此，雷石东宣称："我长期以来一直支持绩效工资模式。"[3] 但到此时，那三位新聘请的女性独立董事已全部辞职。

莎莉和雷石东为他的薪酬之事斗了好几年。她刚到全美娱乐不久，雷石东就想提高他在那里的薪酬，因为他还未拿过维亚康姆的薪酬（他只在后来卡尔马津担任维亚康姆总裁时期才开始拿维亚康姆的薪酬）。莎莉对此投了反对票，她的如此胆量令雷石东及全美娱乐董事会的其他成员大吃一惊。在之后的许多年里，维亚康姆和哥伦比亚广播公司的董事和高管们曾多次听到雷石东用不雅之词来指代她。他们为维亚康姆公务飞机的使用争吵，也为连锁影院业务的未来争吵。大多数人把这归结为两种易怒性格之间的冲突。"我从来没把他们俩的任何一次争吵真当回事，"雪莉·兰辛说，她和莎莉、雷石东及菲丽丝都很亲近，"我只是想：'哦，好吧，他们下周就又会和好如初了。'"莎莉仍然在雷石东的生日那天为他写诗，并以"爱你的莎莉"落款。

但到 2006 年下半年，这种紧张关系开始公开显露。当年 10 月，在和刚退休的迪士尼首席执行官迈克尔·艾斯纳一起参加一档访谈节目时，雷石东直言不讳地表达了他和莎莉在影院业务上的分歧，他说他想卖掉影院，而她想继续扩张。[4]"我不会因为她是我女儿就同意她的主张，"他说，"那根本就不是一个有增长潜力的行业。"但当艾斯纳逼问他为何不打算任命莎莉为全美娱乐首席执行官时，他说了大家都记得的一番话："如果你愿意把你的一切都给你的家人，那请便……但我仍然很有活力。我工作起来非常努力，为了维亚康姆往来于世界各地。我不会放弃控制权……这些日子，我的妻子跟我比我的女儿跟我更亲近。"演播室里的观众都笑了，就好像他在开玩笑一样。

但真正破坏他们关系的是中途游戏公司。2007 年年初，尽管雷石东曾在 2005 年年底承诺过，他不会为了自己对中途游戏公司的执念而将全美娱乐再次置于风险之中，但他还是要求全美娱乐买下更多中途游戏公司的股票。莎莉强烈反对这个主意，但她势单力薄，实在不敌道曼、艾布拉姆斯和安德尔曼，他们人多势众。2007 年 2 月，全美娱乐公司又从雷石东手中买了 1 240 万股中途游戏公司的股票，约合 8 500 万美元，将全美娱乐的持股率提升至 74.3%，雷石东个人持股 13.6%。[5]这些人个个都是精明的律师，都清楚中途游戏公司就是个坑，却还是让这种疯狂继续，这让莎莉感到万分震惊。对她来说，从这一刻起，她有心无力的处境算是坐实了，只要这些人还在全美娱乐董事会，她那 20% 的公司股份就永远毫无意义。在她看来，他们更感兴趣的是如何讨好雷石东，而不是代表全美娱乐的信托利益和保护她的家族遗产。

中途游戏公司之事引起的决裂影响深远，足以促使雷石东开始动手破坏莎莉将来接替他担任董事长的权利。他在 2007 年 2 月 8 日给信托基金受托人的信中写道："很不幸，我终于意识到，莎莉并不具备担任这三家公司董事长所必需的商业判断力。"[6] 鉴于 2002 年信托基金签署以来，美国国会已经通过了《萨班斯-奥克斯利法案》，收紧了对上市公司会计行为的监管，雷石东说："我认为，对全美娱乐信托基金的受托人来说，强制要求哥伦比亚广播公司和维亚康姆的独立董事任命莎莉为每家公司的董事长，或许并不明智。"相反，他建议，各公司董事会应当"拥有独立判断是否任命莎莉为董事长的自由裁量权"。在这封信中，他似乎还暗示，由于道曼已经回到公司工作，而且实际担任首席执行官，因此自己不再需要莎莉作为继任者。这封信是在 10 年后的诉讼中才被公之于众的。当然，他之所以在闹离婚期间同意让莎莉当董事长，完全就是为了让菲丽丝确信，在雷石东死后，会有一个忠于她的人，而不是雷石东的跟班，来管理这个帝国。

莎莉已经受够了，她想要脱身离开。她聘请了律师，开始就她可能退出帝国的问题进行谈判。

与此同时，2007 年 4 月，在雷石东承诺向三家医疗机构提供 1.05 亿美元的捐款后，这对父女间的紧张关系再次进入公众视野。[7] 当雷石东要求全美娱乐公司支付他承诺的首期款项时，莎莉发声反对，声称捐款的荣誉应当由全美娱乐公司而非雷石东个人获得。道曼、艾布拉姆斯和安德尔曼再次站在了雷石东这边。安德尔曼对《波士顿环球报》说，这份赠礼"金额适中，在税收上也有很大的优惠"，而且最符合全美娱乐的利益。

这下雷石东也不依不饶了。

2007 年 7 月 20 日，雷石东给《福布斯》杂志发了一封公开信，严词痛斥他的女儿，用她关于"良性公司治理"的言论回敬她。"当我女儿谈论良性治理时，她显然忽视了良性治理的基本原则，即维亚康姆和哥伦比亚广播公司这两家上市公司的董事会应该选择我的继任者。"他说他允许出钱将莎莉买断，使她出局，"只要价钱可以接受"，最后还狠狠地放话："千万别忘了，我孩子们的股票都是我给的，而且正是我在这两家公司董事会的帮助下建立了这些伟大的传媒公司，而孩子们的贡献很小，甚至几乎没有。"[8]

　　对莎莉而言，这简直就是毁灭性的打击。她花了十多年来经营连锁影院，总是努力试图做到当母亲与干全职工作两不误，每天搭乘达美航空的往返航班到纽约出席维亚康姆董事会会议，然后下午赶回家做晚饭，第二天早上再次启程上班。雷石东所说的都是经过篡改的历史。莎莉的女发言人反驳说，莎莉名下最早的全美娱乐股份是她在 1959 年从祖父米基那里得到的，董事长的头衔并不是她的奋斗目标。为了挖苦雷石东抓住首席执行官头衔不肯松手的执着，她还补充说："凡是认识莎莉·雷石东的人都知道，她是雷石东家族中唯一不贪图权力或觊觎头衔的人。"[9]但她确实也说了，莎莉愿意考虑以 16 亿美元的价格出售她在父亲企业中的 20% 的股份，这采用了布伦特在其诉讼中所使用的相同估值。

　　道曼又一次被派去处理莎莉与他人的矛盾，但按照《财富》杂志的说法，这次他是代表雷石东来参加谈判的，"旨在减少莎莉在哥伦比亚广播公司和维亚康姆事务中的影响力"。[10]作为维亚康姆的首席执行官，道曼扮演的是一个奇怪的角色，但了解这家人的人说，他总是首先为雷石东解决难题。他们讨论过雷石东收购莎莉有表决权的股票，或以连锁影院来换取她有表决权的股票，但最后，她的发言人说，她"无意离开董事会"。

到 2007 年年底，当雷石东提名莎莉为中途游戏公司董事长时，两人的宿怨似乎烟消云散了。[11]"我完全支持莎莉当选董事长，我对中途游戏公司的成功充满信心。"雷石东在一份声明中说，尽管这一年该公司的股价已经下跌了 60%。事实上，莎莉升任董事长只是该公司螺旋式衰落的又一站。在雷石东拒绝以 3 亿美元收购这家陷入困境的公司后，公司前任董事长肯·克伦沮丧地离开了公司。菲丽丝的离婚协议中有很大一部分财产是中途游戏公司的股票，莎莉因此觉得自己有责任去为这艘船校正航向。但是在经营中途游戏公司方面，雷石东并没有让莎莉管得比克伦更多。

然后，2008 年 9 月 15 日凌晨，雷曼兄弟公司破产，触发了令莎莉长期彻夜难眠的噩梦场景，雷石东购买中途游戏公司股票所产生的债务突然对全美娱乐的存亡构成极大的威胁。随着全球市场在接下来的三周内自由落体般的直线下跌，哥伦比亚广播公司的市值被拦腰砍去一半，而维亚康姆的市值则下降了近 40%。维亚康姆和哥伦比亚广播公司的投资者们不知情的是，全美娱乐欠有 16 亿美元的银行债务，这笔债务虽然没有做过担保，但却约定与全美娱乐所持股份的价值挂钩。[12]由于股份价值暴跌，全美娱乐公司被迫出售价值 2.33 亿美元的哥伦比亚广播公司和维亚康姆公司无表决权的股份，以避免违反贷款合同。

雷石东试图抢在此事被爆料之前派他的盟友们悄悄告诉媒体，这笔 16 亿美元的贷款是用来扩张连锁影院的，这促使莎莉做出了记录在案的正式否认。[13]"有关出售股票是为了公司连锁影院的运营和扩张的说法是不准确的。"全美娱乐在出售股票后的次日发表声明说。贷款的真正用途包括中途游戏公司的股票购买、改造全美娱乐的老旧影院、扩张连锁院线,以及支付布伦特的和解款项。投资者开始恐慌,担心雷石东将被迫出售他在哥伦比亚广播公司和维亚康姆所持有的有表决权的股份,甚至还可能出售这两家公司本身。雷石东试图让他们冷静下来,他告诉《华尔街日报》,他"绝对不可能"再出售这两家公司的股份了。[14]

但钱总得有个着落。不出所料,雷石东首先想到的就是影院,他向银行家们提议,他可以卖掉整个拥有 1 500 块银幕的家族连锁影院来帮助重组债务,但该提议被由他指派去负责与贷款机构谈判的莎莉拒绝了。[15]她从黑石集团聘请了自己的财务顾问,又有传言称,作为重组的一部分,她可能会彻底退出这个家族媒体帝国。局势已经足够糟糕了,这些相关的谈判不得不先让位于拯救全美娱乐公司。《纽约时报》推测,由于所欠债务如此之高,资产价值又如此之低,雷石东甚至有可能已不再是亿万富翁。

然而,中途游戏公司才是第一个被处理的。2008 年 12 月初,全美娱乐将其持有的 87% 的中途游戏公司股份以 10 万美元的超低价甩卖给了一位名叫马克·托马斯的投资者,对一家雷石东投资了近 8 亿美元的公司来说,这个损失太惊人了。[16]这次出售并不是全民娱乐与银行之间谈判的一部分,但它确实改善了公司的财务状况。雷石东的律师把此次出售视为税收策略,全美娱乐可以将损失计入本年度收入。但由于触发了"控制权变更条款",此次出售导致债券持有人要求全美娱乐全额偿还价值约 2.4 亿美元的债务,由此决定了中途游戏公司的厄运。[17]此次出售两个月后，中途游戏公司申请了破产保护。[18]

接下来轮到影院。虽然莎莉在谈判中起主导作用，但她和安德尔曼、艾布拉姆斯一样，只是全美娱乐董事特别委员会的三名成员之一，到 2008 年 12 月底，她在决定出售影院的投票中被击败。[19]当时形势非常紧张，莎莉和雷石东只能通过传真联系。[20]到次年 2 月，雷石东家族与银行达成协议，将在年底前偿还截至 2008 年 12 月 31 日欠下的 14.6 亿美元债务，并制订了一份计划书来部分出售其 118 家影院。[21]分析师估计，这些影院的价值在 5 亿~7 亿美元。2009 年 10 月，全美娱乐出售了价值 10 亿美元的维亚康姆和哥伦比亚广播公司的无表决权股票，用以偿还债务，从而避免了被迫出售整个连锁院线的命运。[22]几个月后，它卖掉了 35 家影院，其中包括洛杉矶的"桥"影院。这家按米基的设想应成为全美连锁影院的院线公司，已经被削减得只剩下它在东北的根基。莎莉指责父亲葬送了祖父留下的遗产。

莎莉气愤难当，差点儿就步其兄长之后尘，将父亲告上法庭。2009 年，她的律师，即明茨·莱文（Mintz Levin）律师事务所的贝齐·伯内特向雷石东和道曼提交了一份长达 80 页的爆炸性诉状草稿，其中列举了大量的控诉，包括中途游戏公司事件及雷石东多年来对莎莉的苛待，并威胁将于次日正式提交诉状。双方旋即谈判，莎莉最终同意了一项和解方案，即她获得在俄罗斯的连锁影院、在全美娱乐公司终身就职的合同、多项慈善捐款，以及一笔 500 万美元的资金，供其创办一家风险投资基金。作为和解方案的一部分，她同意放弃对所有问题的法律追究。尽管她曾试图争取让雷石东承诺她担任维亚康姆和哥伦比亚广播公司董事长的表述变得不那么模棱两可，但以往那种模棱两可的语言依然存在。就外界所知，莎莉仍旧有可能女承父业，但在家族内部，父女之间已然决裂。"雷石东当时恨死了莎莉。"一位了解谈判情况的人士说。

在这些危机过程中，雷石东和葆拉友好地离婚了。[23] 莎莉在洛杉矶感到无依无靠，有好几次在影片首映式及丹塔纳餐厅同雷石东爆发了场面难堪的公开争吵。[24] 雷石东的帝国众叛亲离，他成了孤家寡人。

第

18

章

奇怪的世界

正当"无处不在的电视"继续以冰川移动般的极缓速度向前推进时，网飞却在持续不断地将其市场份额扩展到大部分美国家庭。

2011 年的一个夏夜，邋里邋遢的、外表雌雄莫辨的女子乐队"电子芭芭瑞拉"（Electric Barbarellas）的五名成员从一辆黑色 SUV（运动型多用途汽车）中鱼贯而出，站在了西好莱坞的人行道上。[1] 她们酒精上头，穿着夜店风格的衣服，个个精神十足，像十几岁的少女似的尖叫着，还开玩笑地互骂。她们做出古怪滑稽的动作是为了给其同名电视真人秀节目造势，该节目刚刚在 MTV 频道首播。

但在几周前，当这支乐队首次在哥伦比亚广播公司的《克雷格·弗格森深夜秀》（*The Late Late Show with Craig Ferguson*）节目中亮相时，这样的挑逗举动一点儿也没有表露。用一位网络评论者的话说，她们打扮得就像"廉价的妓女"，笨拙地唱着她们的专辑《奇怪的世界》（*Strange World*）中的一首普通的流行歌曲，打扮得像几只车灯灯光下的糖果色鹿，跑调跑得厉害，脚上的脱衣舞高跟鞋的鞋跟高得几乎不能跳舞。

到了此时，业内所有人都知道，这种蹩脚的表演是由公司高层"霸王硬上弓"造成的。一年多以前,在丹塔纳餐厅,有人看到这支乐队的领队——一位名叫希瑟·内勒的29岁女子和雷石东及穆恩维斯夫妇在一起吃饭。[2]雷石东希望内勒把她的节目推介给CBS有部分股份的CW电视网。有人向《每日野兽》的记者彼得·劳里亚透露了这个消息。劳里亚写了一篇爆炸性的报道,称雷石东迷上了内勒,用其私人飞机载着她和她的乐队成员去纽约,想说服MTV电视网那些极不情愿的高管给她们一个演出机会。意见不合使得双方的关系紧张至极,连朱迪·麦格拉思都开始考虑辞职了。她可是一位爱穿匡威经典款帆布鞋、获得过"皮博迪奖"①、成年生涯中一直在极力捍卫MTV品牌真实性的女性。维亚康姆发言人卡尔·福尔塔甚至都没有打算否认正在发生的情况。他说:"雷石东很喜欢这个节目的理念,认为这些姑娘都很有才华,而且这个节目很有可能一炮而红。"

雷石东得手了,但他决心堵住漏洞。报道登出几周后,最喜欢电影《教父》的雷石东给劳里亚发了一封威胁性的语音邮件,恐怕连唐·柯里昂②都要替他感到自豪。[3]雷石东提出,如果劳里亚说出向他爆料的是谁,他就给他金钱上的回报。"我们又不会杀他,"他说,"只是想和他谈谈。"在多年试图摆脱父亲与黑社会的联系之后,雷石东尽管年事渐高,可依旧还是米基·雷石东之子。

语音邮件使事情变得更糟,引起了轰动,而且很快就有消息

---

① "皮博迪奖"是美国广播电视文化成就奖,是全球广播电视媒体界历史最悠久、最具权威性的奖项。——编者注
② 《教父》中的角色,被称为"教父",是黑帮首领,也是许多弱小平民的保护神。——编者注

称，雷石东向 MTV 前制片助理内勒提供了价值 15 万美元的维亚康姆股票。[4] 雷石东的另一个女友后来声称，在事情完全了结之前，他还给了内勒 2 100 万美元。[5]（熟悉内勒想法的人说，这 15 万美元是为了解除与她相关的演出合同而付给她的，而雷石东虽然确实为她的乐队和演出投资过，但并没有给过她 2 100 万美元。）在雷石东与葆拉离婚后的那些年里，他在许多年轻貌美的女人身上挥金如土，内勒不过是其中之一而已。他要么是从其传媒帝国的某些角落里将她们发掘出来，譬如哥伦比亚广播公司商务飞机上的空姐马莉娅·安德林；要么就是借工作之名和她们厮混在一起，譬如那位 30 岁的交际女郎罗希妮·辛格，他还要求 Showtime 频道的高管聘用她。罗希妮·辛格的律师透露，安德林和辛格都得到了 1 800 万美元。公司高管将这段时期称为"雷石东的第三次中年危机"。

雷石东还通过他的外孙布兰登·科尔夫认识了一些这样的女人。2009 年，24 岁的布兰登搬到洛杉矶，来到 MTV 工作。在所有的兄弟姐妹中，布兰登是天生最有演艺圈缘分的一个。正如某个认识他的人所说，一个衣着整洁、眼神阴郁的人为了变得"富有和出名"，搬到了洛杉矶。2006 年，布兰登从乔治·华盛顿大学毕业后的第一份工作，是在埃米纳姆（Eminem）的品牌唱片公司 Shady Records 打工。到 2008 年，他加入了自己家族的企业，担任全美娱乐的企业发展经理。这份工作与迈克尔曾经担任的职位本质上是一样的：监督新英格兰爱国者橄榄球队主场附近爱国者广场"现场音乐秀"（Showcase Live）的场地启动工作。一年后，他先是搬去和外祖父一起住，然后在比弗利山庄附近找到了一个住处，不过仍然会回到外祖父的豪宅，和"暴脾气外公"一起在养着热带鱼的观鱼厅里观看体育比赛，或者陪他出席一些活动。与此同时，他也有享乐主义的倾向，喜欢开一辆宾利车，制作过一部颇受好评的关于"电子雏菊嘉年华"（Electric Daisy Carnival）电子舞蹈节的纪录片，并且常常和漂亮女人一起出去玩。他把其中一些人介绍给了他的外祖父，而外祖父就会跟她们约会，大方地送她们很多礼物。有一次，布兰登带了一个漂亮女人去参加 MTV 的活动，结果最后她却和雷石东一起走了。

雷石东有充分的理由感到精力充沛。2004 年，他战胜了前列腺癌，他将这一壮举归功于他的医生——著名的肿瘤学家戴维·阿古斯。[6] 在那之后，他比以往任何时候都更相信自己会长生不老，并专注于他的日常锻炼计划和"食用每一种人类已知的抗老化剂"。他总是随时在近处放上几碗枸杞干和杏干，吃饭时必喝红酒，他还十分迷信巴西莓饮料蒙纳维（MonaVie），以至于后来还成了该饮料的经销商。"我的生命数据相当于一个 20 岁的男人。"2009 年，他在米尔肯研究所对拉里·金吹嘘道，"我就喜欢现在这个状态。"[7] 按他的话说，他之所以喜欢这种状态，部分原因就是他一直没有在性方面放慢脚步，这还得归功于他所说的"男性专用药"。他开始撰写一本名为"如何长生不老"的回忆录。[8]

作为一个长期宣称"维亚康姆就是我"的大亨，维亚康姆不断提高的业绩极大地增强了雷石东的不可战胜感。[9] 到 2010 年，美国经济逐渐走出金融危机，维亚康姆也随之向上攀升。对维亚康姆来说，那次经济崩溃并非完全是坏事。它为道曼提供了很好的理由，让他可以从维亚康姆公司的 13 000 个职位中裁掉 3 000 个（其中有近 1 000 个职位来自派拉蒙公司），这令传媒竞技场上的竞争变得更加公平。[10] 尽管在金融危机前，维亚康姆的股价一直远低于同行——某种程度上是拜雷石东对维亚康姆的压倒性控制权造成股价大打折扣所赐——但在危机之后，此差距已经大为缩小。[11]MTV 推出了道曼时代的第一个真正意义上的热门真人秀节目《泽西海岸》，该节目大力宣扬一群皮肤晒得黝黑的二十多岁的意大利裔美国年轻人所自称的"圭多"（guido）生活方式。[12] 该节目在巅峰时期曾吸引了惊人的 800 万名观众，并使史努姬（Snooki）等明星家喻户晓。与《少女妈妈》（Teen Mom）等其他更为严肃的真人秀节目一起，这档节目助力 MTV 的收视率在接下来的几年里以两位数的幅度增长。[13]

在长期困厄不堪的派拉蒙，情况更是大有好转，格雷将派拉蒙的影片产量几乎减半至一年 12 部的策略创造了破纪录的利润。[14] 尽管继格雷与梦工厂的领导层发生冲突、道曼将共同创始人史蒂文·斯皮尔伯格说成"无关紧要之人"之后，派拉蒙与梦工厂的联姻在 2008 年以分手告终，但梦工厂还是留下了至关重要的《变形金刚》电影的特许发行权，于 2009 年推出了轰动一时的续集。再加上低成本恐怖电影《灵动：鬼影实录》的突破性表现（这部电影的制作成本仅为 1.5 万美元，票房收入却达 1.07 亿美元），多年来一直在票房榜上居最后一名的派拉蒙影业突然逆袭为一家盈利公司。与此同时，维亚康姆的高管们向华尔街承诺，他们不会进行大规模收购，而会专注于购回股票，这是整个行业在促进公司股价上升时最常用的手段。[15] 到 2010 年年底，维亚康姆的股价为 40 美元，是经济危机最严重时的两倍多，而道曼则赚了8 500 万美元，成为美国薪酬最高的首席执行官。[16]

尽管维亚康姆的财务状况正在变得越来越好，但道曼在此期间所做的一些交易却给该公司的未来蒙上了阴影。2009 年，MTV 电视网签署了一项协议，将《南方公园》和《海绵宝宝》等老剧集搬上网飞。[17] 当时，网飞还是一家新兴的流媒体服务公司，只有 1 000 万名用户，与订阅付费电视的约 1 亿户家庭相比，只是零头而已。许多传媒高管认为流媒体交易简直就是轻松赚快钱。但也有一些人担心，他们是在帮忙塑造危险的竞争对手，而这一对手会训练观众耐心等待，直到某一天可以在没有广告的、顺畅且易于使用的平台上观看自己喜欢的节目，而价格只是传统付费电视的一小部分。道曼不属于这群忧心忡忡的人。2010 年，维亚康姆签署了一项为期 5 年、价值 10 亿美元的协议，通过付费电视服务商 Epix 将派拉蒙的电影提供给网飞，从而进一步强化了网飞的片源提供服务。[18]"当卫星电视作为一种新的发行渠道出现时，这对内容所有者来说是一件非常好的事情。"道曼在接受《华尔街日报》采访时表示，"同样地，无论是和网飞还是视频网站 Hulu，或是其他正在开发基于发行专业制作内容的模式的服务商签约，对我们来说都是非常积极的发展。"[19]

虽然华尔街可能已经发现维亚康姆缺乏收购欲望这一点让人宽心，但这意味着维亚康姆错过了一些大好时机。2009 年，创造了蜘蛛侠、美国队长和钢铁侠的漫画帝国漫威娱乐公司（以下简称"漫威"）挂牌出售。派拉蒙已经与漫威签订过电影发行协议，要是作为合作伙伴出手收购漫威也顺理成章，但道曼放弃了这一大型收购的可能性。[20] 结果，迪士尼以 40 亿美元收购了漫威。分析师最初认为迪士尼为收购漫威支付了过高的价格，但在《复仇者联盟》于 2012 年首映后的第一个周末即获得 2.07 亿美元的国内票房后，他们开始改变说法。[21] 如今，这笔交易被认为是迪士尼首席执行官罗伯特·艾格所采取的最睿智的行动之一，其他系列收购还包括皮克斯动画和卢卡斯影业，这些收购让迪士尼的市值几乎达到其最大对手的两倍。

道曼与演艺界人才的关系冷淡，维亚康姆公司有时就因为这一点而与一些特别火的热门节目失之交臂。[22] 尽管弗雷斯顿会开车去《南方公园》的创作者马特·斯通和崔·帕克的工作室逗留儿个小时，但道曼从来没有去过。这二位在开发百老汇音乐剧《摩门经》时，道曼最初同意维亚康姆投入 100 万美元，这样维亚康姆就有权利将"喜剧中心频道出品"的字样加到该剧的剧名上方。但在支票即将生效那天，他却改变了主意，只批准投资一半，并放弃了冠名权。这部音乐剧共筹集资金 1 000 万美元，并于 2011 年首演，到 2018 年，总票房已超过 10 亿美元。

道曼在当上首席执行官后最早采取的行动之一，就是跟 Vice 传媒公司（以下简称"Vice"）的合资公司一拍两散。[23]Vice 是一家总部位于布鲁克林的新闻机构，作风彪悍，是最早涉足在线视频的公司之一。Vice 创办于 1994 年，最初是蒙特利尔的一本免费杂志，一直致力于把杂志的野性精神移植到视频旅行报道中，譬如"切尔诺贝利的放射性野兽"，该报道引起了维亚康姆一位名叫杰夫·亚普的高管的注意。2007 年，维亚康姆和 Vice 推出了 VBS.tv 网站，这是一家合资企业，专注于报道类似巴基斯坦非法军火市场这样的地方性的情况。"这把维亚康姆的人吓得要死。"亚普说。这次合资还促成了 Vice 首席执行官沙恩·史密斯和另一位喜欢寻求刺激的环球旅行者汤姆·弗雷斯顿之间的友谊。弗雷斯顿刚被解雇的时候，正值 VBS.tv 准备推出，Vice 于是便决定退出。维亚康姆向 Vice 提供了 300 万美元的贷款，附带购买股权的认股权证，最后，他们决定不使用认股权证。Vice向维亚康姆返还了300万美元，然后继续按照先前的决定行事。

尽管MTV和Vice的观众似乎是完美相容的绝配，但史密斯还是很乐于离开后弗雷斯顿时代的维亚康姆。"我过去经常乘那里的电梯，每个人都在说自己公司的坏话，"他说，"那真是个有毒的环境。"相反，史密斯和弗雷斯顿现在都有很多时间，他们开始一起出去玩，一起到异国他乡旅行。弗雷斯顿意识到在Vice中也有他在早期的MTV中所看到的那种火花，史密斯的胆大妄为让他十分受用。他以顾问的身份加入Vice，并为其打开了自己的富豪和权势朋友关系网。如今，在二十一世纪福克斯和迪士尼等公司的投资下，Vice的估值达到57亿美元，成为最有价值的新媒体公司。[24]（《纽约时报》的一篇报道揭露了Vice因员工性行为不端和男性特权文化而与人达成的几项和解协议，自此，Vice未能实现一些营收目标，并不得不为其"男孩俱乐部"似的氛围道歉。[25]）

道曼花了好几年的时间，才完全摆脱弗雷斯顿和他那帮既快乐又能赚钱的搞笑高手对MTV的影响，但如果硬要找一个转折点，那就是2011年5月5日，周四，也就是"电子芭芭瑞拉"乐队在MTV首秀的第二天。就在那一天，朱迪·麦格拉思宣布辞职，这个女人以超越其他任何人的努力，成就了MTV当下所呈现的形象、所发出的声音和所具有的意义。道曼还算厚道，称她是一股创造力，"在极大的程度上定义并推动了我们在创意和商业上的巨大成功"，并开玩笑说，"填补朱迪离去所留下的匡威经典款帆布鞋风格的空缺将是一项艰巨的任务"。但他无意去填补。他让她的直接下属开始向他汇报，并采取了一项具有象征性但很说明问题的举措——将一度独立自治的 MTV 电视网更名为维亚康姆传媒网络。[26] 维亚康姆的有线电视频道将再也无法企及麦格拉思在任时的收视率，也无法再发挥出当时那样的影响力。

随着道曼收紧管控，创意总监们纷纷逃离。第二年，由他主导的同喜剧中心频道签约明星乔恩·斯图尔特和斯蒂芬·科尔伯特的谈判是如此令人恶心，以致为这两位具有巅峰实力并居于美国话语中心的艺人于两年后离开公司埋下了伏笔，更引发顶级每日秀的同人们，包括约翰·奥利弗和萨曼莎·比，更大规模地投奔其他有线电视网。[27] 斯图尔特在克里斯·史密斯的《每日秀：口述历史》（*The Daily Show: An Oral History*）一书中说："我认为道曼并不觉得我们的表演有什么特别之处。在他眼里，明星就意味着资产，而我们是或不是那个把资产开发出来并让其变得价值连城的人，对他来说并不重要。"

*   *   *

对此种种情况，雷石东却一点儿也不上心。到 2010 年年底，他那低俗不堪的追蜂逐蝶已成为公司的一大负担。布兰登厌倦了把他外祖父介绍给女孩子，然后外祖父对她们大把撒钱的套路，他觉得外祖父需要有个更稳定也更体面的女友，于是他请了 Bravo 公司旗下的《百万富翁婚嫁》（*The Millionaire Matchmaker*）节目的主持人帕蒂·斯坦杰为他牵线搭桥。"他想找一个可以认真交往的好女孩，他比较倾向于浅黑肤色那一类，"斯坦杰说，"不过其他类型的也不是不可以。"雷石东花了 12 万美元签约成为斯坦杰的百万富翁俱乐部的一年期会员，这使他有权结识各类女孩。斯坦杰说，起初，"雷石东想把自助餐上的东西都吃个遍"。但最终，他锁定了一个约40岁的肤色浅黑的女人，她有着一双猫一样的蓝绿色眼睛，还有一种刻薄的幽默感，她的名字叫西德尼·霍兰德。

她在出生时叫西德尼·斯坦杰（但她与帕蒂·斯坦杰没有任何关系），父母一个是整形牙医，一个是社会工作者转型的明星干预主义者，她从小在圣迭戈北边富裕的海滩小镇拉霍亚长大。在这里，女高中生常常会跟二三十岁的冲浪帅哥约会。"这里的姑娘们就是愿意跟那些比她们大好多的男人交往。"十几岁时的西德尼对《洛杉矶时报》说，那会儿她的一个朋友在与一个24岁的男生交往，"我们这里就是这个样子的。说到生活，我们可比别人聪明"。[28]

从拉霍亚乡村走读学校毕业后，西德尼决定放弃上大学，直接进入时尚行业，帮助奢侈品牌做营销，并最终创立了自己的内衣和环保型运动服装系列生产线。[29] 她的父亲在她20岁时因严重的心脏病发作而去世。他总是告诉她，她是一个天生的推销员，应该考虑成为一名企业家。认识她的人说，父亲英年早逝可能是她偏爱年长男人的原因之一。

2000年，她嫁给了塞西尔·霍兰德，这是一位总承包商兼雨果博斯（Hugo Boss）前模特，比她大16岁。他们三年后就离婚了。2004年，她以自己的本名出镜打了一则广告，以推广跟一位商业伙伴共同创办的新机构——"小圈子VIP社交俱乐部"。[30]"城里有了新媒人！"那则广告宣称，"超一流的约会服务，专为追求一生挚爱的非凡男士和高雅女士呈现！"她和她的合作伙伴原打算将此项服务作为一档真人秀节目的基础，但是没有成功。[31]

西德尼欠了很多债，并开始努力戒除酒瘾。

但是，2009年，有次参加匿名戒酒互助会的集会时，她遇到了一名很有钱的年长男子，他看上去像是有意要帮她解决经济上的困难。他叫布鲁斯·帕克，53岁，离异，是一名很有天赋的推销员，他在卡拉威高尔夫公司的职业生涯使他成了百万富翁。在该公司，他支持一些前卫的想法，比如邀请摇滚歌手艾利斯·库柏推销高尔夫球杆。布鲁斯·帕克的妹妹苏茜·帕克说，他喜欢可卡因的味道和美女的陪伴，尽管他已经开始戒毒。他和西德尼一见如故，很是投缘，两人仅仅约会一个月后，她就搬入了他在威尔希尔大道的公寓。做帕克生活中的女人有个特别的好处，那就是可以得到大把零花钱。"他过去常常让他的女朋友疯狂购物。"他的妹妹说，"他就是这么干的。他这人出手非常大方。"然而，2009年10月24日晚上，帕克在吸食可卡因后心脏病突发去世，令西德尼转眼间就变成了无人资助的人。她拒绝离开公寓，也不肯退还帕克为她租的奔驰车，这迫使帕克的遗产继承人起诉她，要求收回公寓。"直到布鲁斯去世，她才露出了真面目。"苏茜说。两位知情人士透露，几个月后，帕克的家人同意付给她大约6万美元，把她打发走了。

几个月后，在2010年秋，39岁的西德尼遇见了87岁的雷石东。在法庭文件中，西德尼描述了他们旋风般的浪漫故事：开车沿着马里布海岸兜风，聆听托尼·贝内特和弗兰克·辛纳屈的歌舞音乐，在餐馆里分享"雷石东最爱的甜点"——巧克力慕斯，陪他出席各种慈善活动、电影首映式和专为这位大亨组织的庆祝派对。[32]尽管当时他还和其他女人约会，但他只想要西德尼带他去看牙医，因为他的牙齿慢慢地都得替换。"他们或许完全没有意识到，"西德尼的律师写道，"他们差不多每时每刻都黏在一起。"而雷石东自己的律师则说："他被西德尼·霍兰德迷得神魂颠倒。"[33]

2011年年初，雷石东请西德尼搬去和他同居。[34]她说，大约就是那个时候，他向她求婚，给她买了一枚9克拉的淡黄色订婚戒指。西德尼成了他的固定伴侣，以私人助理一样的高效率安排他的生活起居，帮他实现愿望。这通常意味着要帮他维持与其他女人的关系。她是在特定的时候为德尔萨订购鲜花或礼物的人，也是为了帮葆拉取晚餐而提前打电话给丹塔纳餐厅做安排的人，因为雷石东和葆拉还一直保持着友好关系。雷石东的律师说，在这段时间里，西德尼"还安排其他女性来看望"雷石东，不过和西德尼关系亲近的人说，这些来访都是这位意志顽强的大亨自己安排的，她只不过容忍了而已。她处理雷石东与维亚康姆和哥伦比亚广播公司高层的通信，甚至一度在雷石东家里组织了董事会会议，还为他安排定期的周日观影聚会，管理他的社交日程。[35]最重要的是，她监督他的医疗护理情况。

她的付出得到了很好的回报。2011年3月31日，雷石东更新了遗嘱，同意给西德尼50万美元。[36]到当年5月，他已经为她买了一栋价值180万美元的房子。时至夏末，雷石东的律师称，她在遗嘱中获得的赔偿数额已经升至300万美元。他还开始资助她的又一家公司——名为"里奇嬉皮制片"（Rich Hippie Productions）的一家电影制作公司。

斯坦杰认为，这一切都是典型的雷石东风格。"他有钱便是王。"她说，"他在女人面前好为人师，跟她们说：'我要让你去做生意。'这就是他的风格。如果你也是这样用钱说话的，那你还真不能五十步笑百步。他就喜欢女人离不开他的感觉。"

　　有人向《纽约邮报》泄露的电子邮件显示，大约就在这个时候，西德尼给其律师发过一封电子邮件，讲到她是如何得到一枚"华丽的钻石戒指"的，以及遗嘱中提到给她的遗产金额"高达"300万美元。[37]他们在邮件中还讨论了有关结婚的打算，但西德尼说她怀疑雷石东"压根儿就不会娶我"。那位律师还提到，连同房子和债券，她可能已经从雷石东那里捞到了900万~1 000万美元，他于是写道："开始觉得欣慰些了吗？"西德尼回应说："2 000万才好呢！我也就这么一说。"2015年，当这些邮件泄露时，西德尼的律师表示她认为它们都是假的。

＊　＊　＊

　　当西德尼跟雷石东的关系变得越来越亲密时，莎莉试图摆脱他的阴影，走自己的路。2009年，当她在祖父当年的戴德姆汽车影院的原址上，为一家 Cinema de Lux 多厅影院和一家豪华购物中心（其中包括一家苹果旗舰店）开张揭幕时，她在演讲中盛赞这片"遗产之地"，然而却刻意地未提其父一字。莎莉说，"我的祖父高瞻远瞩"，并进一步补充道，正是由于他坚持要买下连锁影院脚下土地的远见卓识，后来收购维亚康姆和哥伦比亚广播公司才成为可能。[38]

　　同年，莎莉开始以不同的方式思考遗产问题，她和女婿杰森·奥斯海默举行深夜头脑风暴会议，讨论投资传媒和科技初创企业的问题。[39]杰森和莎莉的女儿金伯莉相识于宾夕法尼亚大学，并一同于2004年从该校毕业。2007年，他们在波士顿洲际酒店的花园里结婚，举行了盛大豪华的婚礼招待会，连新英格兰爱国者橄榄球队的老板罗伯特和迈拉·克拉夫特夫妇及澳大利亚传媒大亨詹姆斯·帕克等人都莅临出席，婚礼结束时还在波士顿港上空燃放了心形烟花。[40]金伯莉是一位古典美人，在像母亲一样决定留在家里带孩子之前，她一直在法律援助协会做律师。[41]杰森曾在黑石集团的私募股权部门工作，但一直有自主创业的渴望。[42]

2009年，在维亚康姆召开董事会后，莎莉对投资初创媒体和科技初创企业的想法产生了兴趣，当时《泽西海岸》正风靡一时。"我当时问道：'我们都了解是什么人在看《泽西海岸》吗？'"她在2015年的一次采访中说，"答案五花八门。我也没有对维亚康姆不恭的意思，但这的确是个绝佳机会。"专业测评机构尼尔森公司跟踪监测电视收视率已经有好几代人的时间了，但随着电视观众开始转向网络平台，该公司很难再跟上潮流。当时，传统电视台根本无法获得那些网站为了解其访客情况而采用的即时数据。莎莉觉得这是个机遇，可以投资于她和奥斯海默所说的那个新一代的"CMO（首席营销官）的工具"，以便在数字时代实时掌握观众的动态。他们还对新兴的在线视频播放平台、数字出版商、电子竞技和虚拟现实公司感兴趣。

2011年6月，莎莉及其合作伙伴决定以1.9亿美元的价格将俄罗斯新星传媒连锁影院卖给俄罗斯最大的电影放映商，这家连锁影院是她在2009年与其父的和解协议中得到的。[43]两个月后，她又从她在那次和解中所获得的500万美元里拿出一部分，与奥斯海默一起创办了Advancit Capital风险投资公司，它主要侧重于传媒、娱乐和科技等领域里的早期投资。[44]第一只基金规模不大，仅为 320 万美元。一年后，他们招募了第三位合伙人乔恩·米勒，此人系数字业务的资深高管，曾任新闻集团数字业务主管兼 AOL 首席执行官，并推出了一只 2 500 万美元的基金。[45] 第三只基金的目标是筹集 4 000 万美元。[46] 多年来，他们投资了不少公司，譬如营销技术公司 Percolate、内容营销公司 NewsCred、专注于千禧一代的数字传媒公司 Mic、被迪士尼收购的多频道在线视频网络 Maker Studios。莎莉保留了全美娱乐公司总裁的头衔，但该头衔仅是礼仪性的。她决定把自己重新打造成一个穿着紧身牛仔裤、戴着苹果手表的风险投资人。"我要卸掉我全部的主要工作，这就是我打算做的。"她对自己说，"看起来这世界变化得实在是太快了，我在想，什么方式才能最好地让我为全美娱乐、维亚康姆和哥伦比亚广播公司增添财富呢？那就是真正理解未来。"

* * *

就在莎莉推出 Advancit Capital 的时候，道曼本人的软肋开始显现，那就是他对数字传媒生态系统或许没有那么好的掌控能力。2011 年 8 月，网飞推出了一个叫作"儿童专享"（Just for Kids）的新功能，让孩子可以通过点击卡通人物形象，如"海绵宝宝"或"爱探险的朵拉"，在该网站进行浏览。[47] 几乎与此同时，尼克罗迪恩频道的收视率应声直线下跌。[48] 分析师曾担心，如果将播放内容授权给网飞等流媒体服务，就会扼杀付费电视这只"金鹅"，现在他们抓住这件事来证实自己的担忧。[49] 当然，看起来情况就是这样的，当有机会在网飞上观看无广告的《海绵宝宝》老剧集时，孩子们就很少会再去看尼克罗迪恩频道了。桑福德·伯恩斯坦调查公司（Sanford C. Bernstein）的分析师托德·荣格对《华尔街日报》表示："这差不多就是个确凿的证据。"

道曼反对这种说法。[50] 在一次剑拔弩张的财报电话会议中，他坚持认为，不应该指责网飞，因为网飞报告给维亚康姆的"内容流"数量在收视率下跌前的夏季和之后的秋季"几乎完全一样"。他把收视率下降归咎于迪士尼频道上的竞品节目，以及尼尔森机构新测量样本的小故障。但当第四季度收视率下滑 25% 时，分析师开始在整体上对尼克罗迪恩频道和维亚康姆的策略提出了更大的疑问。[51]《海绵宝宝》于 1999 年首播，是该电视台最大的热门节目。在 2011 年，《海绵宝宝》一部剧就占了尼克罗迪恩频道 40% 的播放时间。他们使本来稳操胜券的一件利器掉了链子，让其价值被一点点地侵蚀，而且不去投资新的拳头产品来取代它。道曼预见有人会提出这种批评，于是就强调说，公司计划在 2012 年制作出更多的《海绵宝宝》新剧集，这是公司大力推进的当年共制作 500 集电视剧计划的一部分，这一数量比上一年产量多三分之一。[52] 但是，购回本身才是最能说明问题的投资行为。维亚康姆表示，在 2011 年的最后一个季度，它斥资 7 亿美元购回了自己的股票，并计划在 2012 年年初继续以同样快的速度购回股票。[53] 在宣布这一消息时，该公司股票的交易价格大约为每股 48 美元。

从理论上讲，传媒公司应该早就能将它们的电视节目和电影转移到新的平台上，比如笔记本电脑、iPad（苹果平板电脑）、手机和机顶盒，完全用不着颠覆商业模式。毕竟，新出现的这些看电视的平台只会增加人们观看电视的总量。但在处于至关重要的早期阶段，美国的宽带和无线基础设施终究十分强大，足以让人们在任何地方都能够观看电视直播，而电视频道所有者（如维亚康姆）和节目发行商（如康卡斯特）却还在迟钝地相互对峙，这肯定会让曾养肥它们双方的稳赚不赔的高利润付费电视业务毁于来自硅谷的"野蛮人"之手。

付费电视行业在"无处不在的电视"的名号下进行反击，这个乐观的名号来自时代华纳和康卡斯特的一项早期试验。在早期的版本中，时代华纳同意将其数字频道，如 CNN（美国有线电视新闻网）、TNT（特纳网络电视）和卡通网络（Cartoon Network）的数字版权授予康卡斯特，由康卡斯特为其用户打造一个数字播放平台，使他们能够在自己的数字设备上观看已经付费的那些频道。只有一个非常恼人的问题，那就是用户必须输入密码，以证明他们当下仍然是已付月费的康卡斯特的有效用户。这个做法并不完美，但却是反击网飞入侵的一个良好开端。诚如时代华纳首席执行官杰夫·比克斯等高管所指出的，这种方式的号召力其实并没有那么强，原因就在于其所提供的内容（在当前这个阶段，仍然主要提供传媒行业中一些早就过气的"残羹剩饭"），而不在于其提供内容所采用的方式。时代华纳的愿景中还有一个关键的组成部分，即它是免费将这些数字版权提供给其发行合作伙伴的。其主要想法就是希望激励全世界的"康卡斯特"都来投资这项技术，使时代华纳的各个频道能够入驻更多的平台。

但是，电视节目制作者和发行商之间关系的本质就是，除非双方签有每隔几年就需要再谈判的大规模长期发行协议，否则很可能什么事也做不成。如此多的电视节目制作公司都渴望打造"无处不在的电视"，但它们发现自己不得不等上很多年，直到与某发行商之间的协议该续签了，方才有可能让自己的频道在苹果平板电脑或其他机顶盒上播放节目。维亚康姆也经历过如此过程，它是最早尝试打造"无处不在的电视"的节目制作公司之一，早在 2008 年就在时代华纳有线电视网上设有名为"权利"的服务功能，同时它也是让自己的电视频道在数字平台上正常播放的最后一批传媒公司之一。尽管它们没有明确地向发行商收取与其电视频道相关的数字版权费用，但它们确实将其作为整体提价的由头，这进一步延缓了生态系统的演变。与此同时，很早就答应在发行商的视频点播服务中加入广告业务的承诺也从未兑现。从技术上讲，用当前的广告替换旧广告相当困难，而且考虑到观看广告的观众数量极少，这么做根本不值得。

"运营商只是坐在那儿，就让网飞、Hulu 网及其他平台拿走了其整个业务中的数字部分。"一位传媒公司高管说。它们从来没有对基础设施进行过任何投资（这种基础设施能使付费电视像网飞一样好用），因为没有这个必要，它们完全可以彻底退出电视业务，而把精力集中于推销宽带，电视仅是将各种电信服务黏在一起的黏合剂，而不是吸引观众的主要因素。节目制作成本每年都在大幅上升，除非发行商提高价格，否则这种情况就会侵蚀它们的利润率，对发行商而言，这是一个很容易做出的战略决策。"我认为发行商可能不那么在乎，"这位高管表示，"它们的宽带生意那么红火，电视已经沦为次要业务。"因此，正当"无处不在的电视"继续以冰川移动般的极缓速度向前推进时，网飞却在持续不断地将其市场份额扩展到大部分美国家庭，引领整整一代人期待没有广告的电视。不过，道曼依然怀抱希望，他在之后的数年中经常和同行开玩笑说，维亚康姆从网飞、亚马逊和 Hulu

网所赚到的钱，比这三家中任何一家所赚到的都多，而且这三家的侧重点是公司增长，而非赢利。

维亚康姆的股价持续上升，每股的收益作为最终的华尔街成绩单，上升的速度则更快，这一切都得益于该公司的不断购回。[54]截至2012年夏，派拉蒙庆祝成立百年之际，维亚康姆股票的每股收益自道曼担任首席执行官起已经增长了一倍多。这位曾经很高兴在雷达监控下飞行的应急大队长，在《纽约时报》一篇报道的标题中被称为"将会成为雷石东的人"。"我说不好我死后会发生什么——那是永远也不会发生的事。"雷石东对《纽约时报》说，"但我认为，每个人都明白，菲利普·道曼将接我的班。"

在幕后，道曼和莎莉却在暗中角力。《纽约时报》的这篇报道发表两周后，雷石东接受了《华尔街日报》的采访，他澄清道："尚未确定谁将是我的继任者。菲利普知道这一点。他知道莎莉也可能是我的继任者，他们之间不存在竞争。最终会怎样，我们只能拭目以待。"但他接着又说，道曼有可能接下维亚康姆董事长的职位，而穆恩维斯有可能继任哥伦比亚广播公司董事长。他有充分的理由这样说，因为无论是道曼还是穆恩维斯，他们的合同里都有明确的条款，即如果出现他们不得不向雷石东以外的人汇报的情况，那么他们可以获得巨额补偿并离开公司。

然而，真正的争斗并不是围绕哥伦比亚广播公司和维亚康姆的董事会，而是围绕有朝一日将同时控制这两家公司董事会的信托基金展开的。于是，渐渐地，莎莉开始感到迟早会有一天，她必须通过起诉道曼来保护她家族的帝国。在《华尔街日报》的报道发表一个月后，她匆匆草拟了一封给父亲的信，抱怨他在遗产规划方面的变化，她觉得这样对她自己极为不利。[55]她将该信寄给西德尼征求建议。"这不过是菲利普想把我赶出公司，限制我的职责继续扩大的如意诡计而已。"莎莉在给父亲的信中写道，"从小到大，您一直都是陪伴着我的良师益友，我观察工作中的您，并耳濡目染地学到了很多东西。我相信您能理解我为什么不会向霸凌屈服。"然后，她在给西德尼的信中写道："与此同时，一旦我不得不与菲利普对簿公堂，我父亲给我发的每一封电子邮件就都能派上用场，来对付我。"

* * *

2013年年初，雷石东快要90岁的时候，他已经虚弱到需要有人整夜看护他，而西德尼这时已经筋疲力尽了。雷石东要求西德尼时时刻刻都守在他身边，如果她去了另一个房间或外出办事，他就一遍又一遍地给她打电话。（雷石东的孙女凯琳曾对西德尼开玩笑说，雷石东应该去给她买一个震动项圈，当她不在他视线范围内时，他会变得非常狂躁。）所以，当雷石东认识很久的一位女友曼努埃拉·赫泽尔决定在自己的房子翻修期间搬来这座豪宅时，西德尼不禁十分感激。

曼努埃拉是一位在阿根廷出生的金发美女，在雷石东与葆拉结婚之前，她就曾与雷石东交往过。曼努埃拉比西德尼大7岁，见过的世面更多。她出生在布宜诺斯艾利斯一个富裕的犹太家庭，很小的时候就随父母和四个兄弟移民到了美国。她能说流利的法语、西班牙语和英语。她在巴黎读大学，21岁时，她在那里邂逅了埃里克·查姆乔姆并嫁给了他。查姆乔姆来自一个富裕的黎巴嫩家庭，他家在尼日利亚有生意。在经历一场痛苦的离婚之前，他们育有两个孩子——布莱恩和克里斯蒂娜。曼努埃拉与后来的男友生下了她的第三个孩子凯瑟琳·赫泽尔，她在哥伦比亚广播公司出品的《国务卿夫人》中扮演国务卿的女儿。

与克里斯汀·彼得斯一样，曼努埃拉与雷石东也是通过罗伯特·埃文斯这个好莱坞永远不知疲倦的"美女迷"认识的。两人当时都在他的庄园里上网球课，由职业网球运动员达里尔·戈德曼介绍认识。后来两人便交往了两年。雷石东向她求婚，但她不想再婚。相反，她成了雷石东的朋友和红颜知己，尤其是当涉及雷石东与其他女人的关系时，而雷石东也和她的孩子们越来越亲近。《财富》杂志报道，2009 年，他在比弗利山庄为她买了一套价值 385 万美元的房子；到 2010 年，她说雷石东告诉她，他已经为她和她的孩子们留了一笔钱。[56]雷石东在结识西德尼后不久，就邀请曼努埃拉和她的儿子布莱恩来家里吃饭，同时也和西德尼见面。两年后，曼努埃拉的房子装修一直拖拖拉拉完不了工，她已经厌倦了在外租房子，雷石东便邀请她和她的女儿凯瑟琳搬到他的豪宅里来住。她于 2013 年 4 月搬了进去。

于是，雷石东家族史上的一对陌生人的伙伴关系就这样开始了。在任何正常情况下，西德尼和曼努埃拉都会把对方当作对手，但她们最终却联手组成一个团队。她们一起在豪宅中为残障人士提供便利，并竭力满足雷石东日益复杂多样的医护需求。她们也一起开始在雷石东的遗产规划中获得他越来越多的个人资产。在雷石东满 90 岁高龄之际，他的律师说，在雷石东的遗嘱中，她们每个人都可以得到 1 500 万美元。

"我们的家"

雷石东常常犯迷糊，他会问这些女人在他的家里做什么，当别人告诉他，她们就住在这里时，他会表现出非常惊讶的神情。

为了庆祝雷石东90岁的生日，西德尼和曼努埃拉为他送上了一场惊喜的生日聚会，这场聚会完全配得上他一直以来的"好莱坞之王"的名号。汤姆·克鲁斯、马克·沃尔伯格、大卫·莱特曼、丹尼·德维托和艾伯特·戈尔都从她们铺好的红地毯上大步流星地走来，一直走到一幅巨大电影幕布背衬下的雷石东位于比弗利山庄的豪宅。她们在后院搭了一个帐篷，并在里面建起舞台，一场包含四道菜的晚宴在此举行，助兴的娱乐活动由雷石东的好朋友托尼·贝内特提供。他感谢雷石东"让我上了MTV，从而成为比以前更有名的明星"。道曼、穆恩维斯和格雷也在，老朋友罗伯特·埃文斯、雪莉·兰辛、杰弗里·卡曾伯格、迈克尔·米尔肯和迈克尔·艾斯纳都在。莎莉和她的孩子们来了，前妻菲丽丝也来了。他们中的每一个人，连同西德尼、曼努埃拉和她的孩子们，都在一段精心制作的生日视频中现身，该视频是专门为雷石东制作的——"由西德尼和曼努埃拉用爱制作"。西德尼坐在一只硕大的泰迪熊旁边，她的腿上放着一只白色的玩具贵宾犬，而且她话里话外真把自己当成了雷石东的家人，她说："能与我们所有的家人和朋友一起庆祝您的生日，我太激动了。"曼努埃拉说得就更加公开和直白了："什么都不足以表达我们对有幸成为雷石东家族的一分子的感激，无论是昨天、今天、明天，还是我们今后的有生之年。"

在雷石东真正的家人面前说这种话实在很奇怪。但是，根据曼努埃拉的法律文件，这就是他们在谈起对方时所用的称谓：他称她为家人，她也回称他为家人。[1] 她和她的孩子们跟他一起过生日和节日，而他于 2012 年在南加州大学参加了她的儿子布莱恩的毕业典礼。西德尼决定她也要当妈妈，2013 年 6 月，她（在雷石东的资助下）聘请的一位代孕者为她生下了一个孩子。雷石东的律师说，当这个红头发、蓝眼睛、名叫亚历山德拉·瑞德的婴儿被带进雷石东的豪宅时，曼努埃拉和西德尼各自在雷石东遗产中所能获得的份额已升至 2 250 万美元。[2] 大家都说，雷石东很喜欢这个孩子，西德尼说他在 2015 年就把这个孩子写进了遗嘱。

莎莉把这个孩子看作西德尼增加自己对雷石东的影响力的一种计谋。2013 年 4 月，莎莉写信给儿子们说："西德尼有一份孩子将在夏天出生的代孕合同。'暴脾气外公'没打算收养这个孩子，但孩子肯定会住在那里。我算是完了。"[3] 她仍担心雷石东有可能真的会收养这个孩子，于是接着又说："我要是 5 月 27 日去，那就完了。我可不想去住着西德尼的孩子的那个家。"

莎莉并不是唯一担心西德尼和曼努埃拉影响雷石东的人。2013 年 6 月 12 日，当西德尼去圣迭戈接那个孩子的时候，希瑟·内勒路过雷石东家，与其共进午餐。[4] 根据后来的法律文件，内勒似乎是专程赶来向雷石东透露这一信息的：西德尼是专门冲着他的钱来的淘金女郎。内勒扶着雷石东坐下来，给他看了打印出来的西德尼的不雅照片，还有西德尼和她的律师谋划如何从他那里得到更多钱的邮件。[5]《财富》杂志报道，曼努埃拉目睹了这场交谈，但她淡化了那些材料的意义，从而打断了这场交谈。西德尼以状告内勒并索赔 100 万美元作为反击，指控内勒于 2011 年偷走了她的笔记本电脑（她认为这是那些材料的来源），并要求内勒归还电脑、销毁那些材料。内勒否认持有这台笔记本电脑，同时提出反诉，指控西德尼让雷石东相信她的乐队"没有才华"，导致 MTV 取消了她的演出，并使她与雷石东的关系破裂。[6]内勒还声称，西德尼已经把雷石东禁闭起来，甚至过分到换掉了他的电话号码，将潜在的竞争对手彻底隔绝，这样她便可以为了"自己在经济上捞好处"而"控制"雷石东。[7]西德尼否认了这些说法。

在这场纷争之后，雷石东的律师声称西德尼和曼努埃拉彻查了雷石东家里的所有雇工，解雇了长期服务的老雇工，甚至切断了与雷石东的长期私人医生戴维·阿古斯之间的联系。[8]她们雇用了听命于她们的新员工，还聘请了新医生理查德·戈尔德。（西德尼的熟人认为，决定都是雷石东做的，西德尼不过是应他的要求聘用了新雇工。）阿古斯说这纯粹是胡扯。"请戈尔德医生来的决定，百分之百是由西德尼·霍兰德和曼努埃拉·赫泽尔做的。"他说，"她们一滚蛋，我立马就恢复了与雷石东先生的友谊。"在这段时间里来看望雷石东的朋友们都震惊地发现，这个原本一直非常注重养生且很少吃药的人，竟突然吃起了安眠药和抗焦虑药。雷石东的律师指称，西德尼和曼努埃拉要求护士给雷石东服用抗焦虑药劳拉西泮，以使他能在她们要求他签署文件时平静下来。[9]
（与西德尼相熟的人强烈否认这一点。）

雷石东的一位多年的老朋友说，在这段时间里，雷石东常常犯迷糊，他会问这些女人在他的家里做什么，当别人告诉他，她们就住在这里时，他会表现出非常惊讶的神情。"上次他打电话给我，是用快速拨号拨通的。之后所有的快速拨号号码都从他的手机里被删除了。"这位朋友说，"他说：'帮帮我，快拨号码全都不见了。你能过来一下吗？'就在他内心深处的某个地方，他知道原因。"

这位人士还补充说："他根本就不在状态，打 2011 年起就这样。她们都很清楚这一点。"

* * *

关心雷石东的朋友们认为，他的家人一定会出来调解，但他们却没有意识到，他的家人越来越彼此隔绝。从西德尼和曼努埃拉的角度来看，雷石东与莎莉之间的不睦只是多年来一直折磨这个家族的紧张关系的延续。2012 年 12 月 27 日，莎莉在给儿子泰勒的信中写道："我无法忍受在洛杉矶待四天，更受不了'暴脾气外公'。我甚至无法描述这对我的精神和身体的影响。"

到 2014 年年初，父女俩的关系更加紧张。与这位大亨关系密切的人士称，雷石东认为莎莉的行为"太不稳定"，不能成为他的继任者，所以道曼、乔治·艾布拉姆斯和戴维·安德尔曼开始筹划将莎莉买断、让她出局的方式。全美娱乐公司成立了一个特别委员会，专门研究如何买下莎莉名下所占的 20% 的股份。

由于担心自己将来在后雷石东时代要向道曼汇报，穆恩维斯便成了莎莉的天然盟友，他在此事刚刚露出苗头时就有所耳闻，并给莎莉提了个醒。"如果我父亲想让我去死，他无须做任何其他事。"莎莉在 2014 年 6 月 3 日写给她的孩子们、母亲、安德尔曼及乐博律师事务所（Loeb & Loeb）的遗产规划律师利亚·毕晓普的信中说，"他已经把他对我的看法表达得再清楚不过了。"这一年里，莎莉花了大部分的时间就此买断提议进行谈判，最终还是成功地将其打了回去。与此同时，道曼向西德尼表示，如果雷石东去世后，莎莉想拿走西德尼从遗产中应得到的东西，那他会出手阻止莎莉。

在后来的诉讼中，雷石东的律师声称，西德尼和曼努埃拉拦截雷石东家人的电话，禁止他们来探访雷石东，然后告诉雷石东，他们根他，所以连个电话也不打，并且不来看望他。[10]（西德尼和曼努埃拉均否认曾阻止莎莉及其家人来豪宅或者跟雷石东交谈，相反，两人在法律文件中都指出，莎莉与雷石东之间的紧张关系由来已久。）尽管如此，几位与雷石东家族关系密切的人士认为，这两个女人加深了雷石东父女之间的鸿沟。雷石东的一位多年的老朋友说，雷石东这些年来的确没少抱怨莎莉，也不想让她来掌管家族的事业，但是"他从来没有如此讨厌莎莉，完全不像她们说的那样"。

* * *

到 2014 年，根据雷石东律师的说法，比弗利山庄豪宅里的生活已经形成了每天都会有一袋袋的商品发过来的节奏，这些全是用百元大钞或雷石东的信用卡在圣罗兰旗舰店、香奈儿旗舰店及巴尼百货这样的商店购买的。但随着雷石东 91 岁的生日临近，他的律师声称，西德尼和曼努埃拉开始担心莎莉及其家人将挑战雷石东在遗嘱中给她们的馈赠，于是她们便雇了一名遗产规划律师，专门探讨如何趁雷石东还活着的时候将他更多的财富转到她们名下。（熟悉西德尼想法的人说，是雷石东指示她们雇了那名律师，因为他担心莎莉会做出什么事来。）由于雷石东把几乎所有的净资产都投入了维亚康姆和哥伦比亚广播公司中的全美娱乐股份，所以他确实拥有来自这些公司的各种股票期权和其他形式的报酬，这些收益均可转换成现金，而不会威胁他的控制权。2014 年 5 月 19 日，雷石东把投资者吓得不轻，因为他操作其期权并抛出总价值约为 2.36 亿美元（税后约 1 亿美元）的股票，而他差不多将这些钱全部对半平分，给了西德尼和曼努埃拉。在同一天之内，她们俩各自获得了 4 500 万美元。[11]雷石东的律师说，因为这两个女人掏空了雷石东的银行账户，他不得不从全美娱乐借来 1 亿美元，用以支付隔代赠与税。与此同时，雷石东还改变了遗嘱，将剩下的 1.5 亿美元，即家族后代信托基金之外的全部遗产，平分给了这两个女人，还把她们称为他的保健助手。

到此时为止，雷石东的长期私人律师戴维·安德尔曼已经签署发放了雷石东赠给这两个女人的所有礼物。但安德尔曼开始向雷石东表达自己的担忧，正如他在宣誓声明中所指出的，这两个女人可能正对雷石东"施加过度影响"，尤其是在 2014 年年初雷石东解雇了他的长期护理员兼房屋管理人卡洛斯·马丁内斯之后。[12]因此，雷石东的律师们说，这两个女人招募了利亚·毕晓普，要她与雷石东一起处理当下及未来所有和遗赠有关的事宜。

凯琳·雷石东说，毕晓普曾在一次聚会上向她做自我介绍，说自己是"保护你的祖父不受莎莉伤害的好人之一"。考虑到毕晓普对情况的了解，这是一个可以理解的立场。在此期间，雷石东在提到莎莉时常常用羞辱性词语指代她，而且态度强硬地要让西德尼和曼努埃拉得到一切。安德尔曼称，为了保护那些既得的馈赠利益在未来不受挑战，每当雷石东要做出任何遗产分割决定时，毕晓普都会对雷石东的心智能力进行老年精神病学测试并签字确认。

这一切让莎莉忍无可忍。2014 年 5 月 26 日，雷石东送出两份各为 4 500 万美元的遗产一周后，莎莉给孩子们发邮件说："我正在考虑各种法律选择方案。不管本案的阻力有多强，我都要把那两笔钱追回来。这简直太过分了！西德尼以为，就她可以继续为所欲为，而我们只会无动于衷吗？报应到了。"[13]

在这样的暗斗背景之下，雷石东 91 岁的生日派对相比其 90 岁的聚会，规模简直小太多，气氛也更紧张。[14]派对由曼努埃拉和西德尼安排在马里布的诺布酒店的一个私人房间里举办，二三十位分属敌对阵营的来宾出席。其中一位就是凯琳·雷石东，这个当时 30 岁的法学院毕业生正被西德尼和曼努埃拉着意培养，因为她们知道凯琳与姑姑莎莉有嫌隙。作为布伦特的女儿，凯琳从小就经历了雷石东家人之间太多的恩怨情仇，但近年来，她和莎莉之所以成为不共戴天的仇人，却全是因为对菲丽丝那位膝下无子的姐姐塞西莉·戈登的健康看护之争。塞西莉患有痴呆，凯琳跟她特别亲。凯琳曾申请成为姨奶奶塞西莉的监护人，却遭到莎莉的反对，最终在法院指定了一位独立监护人后，凯琳撤回了她的申请。此后不久，戴维·安德尔曼于 2013 年将凯琳从雷石东信托基金中移除，并代之以莎莉的儿子泰勒。此举实际上是将家族中的布伦特这一支在雷石东信托基金中的存在痕迹彻底抹去，而该基金仍然保持了其为雷石东所有五个孙辈而设立的性质。

凯琳要再过一年才知道上面所说的变化，但在诺布酒店的那个晚上，莎莉毫无疑问是时刻准备战斗的。[15]雷石东吞咽有困难，所以让凯琳坐在他旁边协助他吃东西。莎莉要凯琳和她换一下座位，这样她就可以挨着父亲坐了。凯琳声称，当她表示拒绝时，"莎莉勃然大怒，威胁说要杀了我"。（莎莉的发言人南希·斯特林在 2016 年向法庭呈交文件时，否认了凯琳的所有指控。[16]）

西德尼的法律文件显示，2014 年夏，由于担心莎莉起诉曼努埃拉和西德尼会给自己带来不利影响，雷石东雇了四个不同的法律团队作为保护。[17]鉴于雷石东和莎莉仍然在继续有关将她从公司买断的谈判，这场交易里便出现了一个新的重要条件。根据当年流传甚广的一个版本，如果莎莉想获取 10 亿美元的免税补偿金，作为交换，她就必须放弃她在全美娱乐中所占的 20% 股份，并放弃维亚康姆和哥伦比亚广播公司的董事会主席职位。此外，只要她同意签署法律放弃声明，承诺不追究西德尼和曼努埃拉从雷石东处获得的赠与利益，她就可以带着她自己创建的那几家连锁影院离开。

莎莉拒绝签字，所以雷石东、西德尼和曼努埃拉就尝试采取另一种策略：2014 年 7 月 7 日，雷石东提出了未来自己的安葬指引，宣称如果出现挑战他的遗产计划的任何情况，雷石东家族位于戴德姆的沙龙纪念公园内的墓地就将给曼努埃拉和西德尼留下位置。[18]然而，莎莉还是拒绝签署法律放弃声明。

随着这场私怨之战在 2014 年爆发，雷石东对他的媒体帝国的公共领导力已经严重缩水，仅仅成了每次在财报会议开始时他所说的那些含混不清的开场白——他总是背书似的照着讲稿夸赞道曼是"我所认识的最聪明的人"，称穆恩维斯是个"天才"——以及在维亚康姆和哥伦比亚广播公司的年度会议上种种敷衍的表现。不过，在 2014 年 3 月的维亚康姆年度股东大会上，股东们投票决定提高他在 9 月结束的 2014 财年的薪酬，理由是他的"远见卓识和领导力"。[19] 两个月后，哥伦比亚广播公司也召开了年会。[20] 在年会活动开始之前，两个人高马大的男人搀扶着雷石东来到幕布后面的舞台上。大幕拉开时，雷石东以《华尔街日报》所称的"有力但却含糊不清的声音"向台下与会者表示欢迎，并介绍了穆恩维斯，称他是一个"超级天才"。会议一结束，大幕就拉上了。哥伦比亚广播公司没有提高雷石东这一年的薪酬水平，但继续给他 175 万美元的薪资和 900 万美元的奖金，以及其他形式的补偿。[21] 从此，股东们再也见不到他本人了。

这一年 7 月，维亚康姆的股价创下历史新高——每股 88.36 美元。之后，雷石东的身体几乎马上出现了一系列令人担忧的问题，他在很短的时间里连续三次住院。雷石东在住院期间及后来身体变差，折射出维亚康姆股价将开始长期下滑的趋势，以及那两个女人最终下场的开始。

"头脑敏锐"

在一个充斥着网飞这样月费仅 8 美元的诱人替代选择的世界里，每个人都知道大坝即将决堤，而且会很快发生。

2014 年 9 月，雷石东躺在洛杉矶西达赛奈医疗中心的一间私人病房的病床上，又一次从死亡边缘恢复过来。[1]他吞咽困难的问题变得更严重了，他将食物吸入了肺部，引起吸入性肺炎，被送进了重症监护室。这是他那年夏天第三次住院，但这一次他的病情已经非常严重，他在美国东海岸的家人们都接到通知赶来了。医院稳定了他的病情，将他又转回了他自己的病房，西德尼和两名护士正在那里等候他的家人到来。医生们不希望雷石东冒着再次发生这种情况的风险继续吃固体食物，所以他是通过一根鼻饲管来接受营养的，这使得雷石东的脾气比平时更加暴躁。他让护士们把他移到一张躺椅上，护士们照做后，他便和西德尼争吵起来。

其中一名护士乔瓦尼·帕兹的宣誓声明显示，雷石东当时对西德尼说："我想要回我的 4 500 万美元。"[2]（一位与西德尼关系密切的人士否认他提到了具体的数字，说他只是神智失常地为钱的事尖叫。）

帕兹说，西德尼试图把话题引开，但雷石东坚持不让。

"我会把钱还给你的，但是我们现在不要谈这个，下次找个时间再谈好吗？"按帕兹的说法，西德尼这样对雷石东说，"你的家人就要来了。请不要这样对我。"

雷石东的律师文件描述道，西德尼从护士身边走开，去打电话给当时在纽约的曼努埃拉。帕兹说，西德尼在回到病房之后，对雷石东的护士说："我们得让他入睡。"（了解西德尼想法的人说，她从来没有说过最后这句话，而且认为那种以为不仅医院员工，而且其他任何人都可以控制雷石东在医院服用药物的说法简直可笑至极。）几分钟后，医院的一名护士来到病房，给雷石东打了镇静剂。雷石东放松下来，变得安静了。等到他的外孙布兰登赶到时，他几乎要睡着了。

帕兹心里很不是滋味，就提醒布兰登要注意他所看到的一切。这不过是第一次，在之后的几个月里，雷石东的护士们采取了一系列类似的行动，向莎莉和她的家人发出警告，要他们警惕那两个女人在雷石东的治疗过程中某些令医护人员担心的做法。在后来的法庭诉讼中，雷石东的律师将这些护士描述为出于关心的吹哨人，而西德尼和曼努埃拉的律师则把他们说成由莎莉及其盟友花钱雇的一帮"卧底"。曼努埃拉最终甚至依据《美国防止诈骗及反黑法》（RICO）对莎莉、她的孩子和护士们提起诉讼，指控他们参与了包括非法录音在内的团伙阴谋，而此法原本是为了清除犯罪集团分子而设立的。曼努埃拉后来将相关护士从其诉状中去除，但西德尼继续追究他们的责任。"西德尼无法证实自己的指控。"护士约瑟夫·奥克塔维亚诺和贾吉洛的律师博尼塔·摩尔表示。莎莉和泰勒否认了他们指使护士录音的指控。

帕兹并没有给莎莉带来多大帮助，几天后，曼努埃拉和西德尼解雇了他，说他缺乏必要的医疗资质。[3] 后来在诉讼中出现的电子邮件显示，在他被解雇后，莎莉给了他一个月的薪水。[4] 但奥克塔维亚诺却实实在在帮了大忙。几天后，他在医院把莎莉叫到一边，告诉她，那两个女人一直在对雷石东说，她和她的孩子都是骗子，他们恨他，从来都不会想到来探望他。[5] 他说，那两个女人经常责骂雷石东，把他弄得泪流满面。他还主动告诉莎莉自己在豪宅里都看到了什么，尽管他知道他在冒着迎来和帕兹一样的下场的风险。

　　雷石东的身体状况十分危急，这使得雷石东的家人和他的同居女伴之间长期酝酿的紧张关系首次转变为公开的战争。由于是西德尼和曼努埃拉，而不是雷石东自己的家人，被指定为他的医疗保健代理人，因此关于治疗看护的所有决定都会引发歇斯底里的争吵。其中一次是凯琳无意中听到的，当时她正沿着走廊向雷石东的病房走去，她听到莎莉和她的女儿金伯莉在与西德尼争论，后来她才知道争论的原因是医生建议将雷石东的临时鼻饲管撤去，并在他的胃部安插一根永久喂食管。按凯琳的说法，西德尼当时说："就听医生的吧。""医生就是这么说的，"莎莉回答说，"这样不符合犹太教的洁食教规！"（在后来的法庭文件中，曼努埃拉声称莎莉反对安插永久喂食管，但莎莉否认自己反对过。在当时写给家人的一封电子邮件中，泰勒建议说："如果没有其他可能的方法来提供营养，那么就可能需要安一根喂食管。"接着他又补充道："如果人们认为他还有能力做出决定，这件事就不该由我们决定。"医生最终还是给雷石东安了一根永久喂食管。）凯琳说，激动的雷石东只能咕哝着反对他们掐架，他说："别吵啦！别吵啦！我还没死呢！"

* * *

雷石东回到了比弗利山庄的家中，人瘦得完全不成样子。他自己走不了路，也不能独自站立。他现在离不开一根导管，再也无法自主地吃一顿饭了。按曼努埃拉的说法，对这位曾经舌灿莲花的雄辩之士来说，最糟糕的也许是吸入式肺炎造成他的大脑损伤，使他几乎无法说话。[6]曾几何时，雷石东站在波士顿拉丁语学校的讲台上慷慨陈词，并且自那以后，他运用语言的功力便是他通向成功的钥匙。而现在，他说话几乎仅限于单音节词的嘟嘟囔囔。他比以往任何时候都更依赖曼努埃拉和西德尼，莎莉对她们的敌意只会让他把她推得更远。"我刚给他打了电话，告诉他我爱他，我明天就会去看他，可他一直在说，别再烦西德尼和曼努埃拉。"莎莉在2014年9月15日给孩子们的信中写道，"他都说100遍了。他对'我爱你'或者'我和泰勒要来看你'根本不感兴趣。"[7]

第二天，莎莉和泰勒来到雷石东的豪宅看望他，而此时西德尼和曼努埃拉正好出去了。[8]气氛很快就变得紧张起来，西德尼打电话给雷石东，要他让他的家人离开。他就照做了。当天晚些时候，奥克塔维亚诺给莎莉写了一封电子邮件，说这件事就是那两个女人对待雷石东的典型方式，他过去经常看到。"我几乎每天都能目睹她们用言语谩骂他。"他说，"有一回曼努埃拉跟你爸说，他的家人，除了她们俩，谁都不喜欢他。"

莎莉向他表示感谢，并请他也将近来的情况告知她的儿子泰勒。泰勒现年 28 岁，是家中的宠儿，他不仅像母亲那样对最新科技充满热情，同时也沉浸在父亲家庭的宗教和调解的传统之中。与他的父亲一样，他也是一名律师和拉比。他追随父亲的脚步，在布鲁克林法学院获得了法学博士学位，同时在恰伊姆柏林犹太拉比高校（Yeshiva Rabbi Chaim Berlin）攻读拉比学位。大学毕业后，他开始了自己的法律执业生涯，专注于企业交易事务。他加入了朋友的科技初创公司 BugReplay，担任首席执行官，后来又与人合伙创办了另一家名为 tvParty 的公司。但从 2013 年开始，他承担起比自己年龄大得多的责任，同时加入了布鲁克林法学院和全美娱乐公司的董事会。2014 年，在全美娱乐，他与戴维·安德尔曼和乔治·艾布拉姆斯一道加入了一个专门为评估其母亲的潜在买断方案而设立的特别委员会。

泰勒天生是个讲求实际的"和事佬"，他很担心母亲一门心思要起诉那两个女人。随着买断方案的谈判拖延到秋季，他对母亲仍然拒绝考虑签署放弃声明书感到沮丧。"连放弃声明书都不予考虑是一个错误，"他在 2014 年 9 月 30 日的一封电子邮件中写道，"她要起诉那两个女人（并不是为了要回钱），她要起诉道曼（据说他表示不会强推提名她担任董事会主席的协议），她要起诉全美娱乐公司的买断意图，声称买断费应是按她所持有的 20% 的公司股份补偿的红利，而这只是最低数额。"

表面上，是来自雷石东的信件给莎莉造成了更大的压力，那些信件恳求她签署放弃声明书，以便让他得享安宁，而莎莉反倒铆上了劲儿。9 "既然 SMR（雷石东的全名缩写）在我一生中从未给过我任何安宁，那我又为什么要满足他临终前的安宁之愿呢？"她在 2014 年 10 月 1 日给泰勒的信中这样写道，"追究那两个女人才会让我内心安宁。她们应该得其所应得。"她雇了一名私家侦探去调查她们的过去，并在 10 月 5 日的一封电子邮件中对泰勒说，她对初步结果感到满意。"一个星期之内，我们肯定能根据过往背景锁定她们。"一周之后，她对父亲的愤怒变得毫不掩饰。"他用尽一切手段来确保我们什么遗产都得不到，而他的那两个情人却可以在没有我们干扰的情况下拿走所有东西。"她在一封电子邮件中写道，"当然，安德尔曼、艾布拉姆斯和道曼都受到了 100% 的保护，而我就可以被弃如敝屣了。"

* * *

2014 年 11 月 14 日，当雷石东用微弱的声音宣布开会时，拨通维亚康姆季度财报电话会议的华尔街分析师们只能听出这一两句话："大家早上好。这是我睿智的朋友——菲利普。"这是他们最后一次听到他的声音。

由于派拉蒙的最新影片"变形金刚"系列的意外成功，维亚康姆的表现比分析师们的预期好。[10] 但在季度业绩的背后，核心业务却存在一些深层次的裂痕。有线电视网络收视率呈直线下降之势，所有最大的有线电视网络的收视率都出现了两位数的下降。在这一季度中，BET 下降了 34%，尼克罗迪恩频道下降了 28%，MTV 下降了 27%。道曼将收视率下降归咎于尼尔森公司，因为该公司尚无法检测移动终端上的收视情况。他说："我们正处于一个过渡时期，现有的检测服务还没有跟上市场的步伐。"尼尔森公司非常认真地对待了他的批评，并在当天做出回应，保证将"致力于提供全面综合的检测"。但是，总的来说，正如一位媒体高管所嘲讽的，业内其他人认为道曼此说法就好像说"狗把我的作业吃了"一样。道曼宣布了一项新计划，试图在未来"不靠尼尔森公司"提高广告收入，这表明任何人都不应指望收视率或测评数据会很快有所改观。更危险的是，2014年夏，两家小型分播商——Suddenlink Communications 和 Cable One，放弃了维亚康姆的全部二十多个频道，并好好地存活了下来。尽管这两家公司的用户总数仅略高于 200 万，但分析师担心，这可能预示着维亚康姆的发行优势开始走向终结。

多年来，维亚康姆充分利用尼克罗迪恩频道在所有儿童类频道中独大的地位，以及《每日秀》等必看节目的优势，迫使有线电视公司和卫星电视公司将其 22 个频道打包签下，并在分播合同即将到期时，每隔几年就提高收费。但随着每家传媒公司都在做类似的事情，有线电视的平均费用正迅速接近每月 100 美元，而在一个充斥着网飞这样月费仅 8 美元的诱人替代选择的世界里，这是一个完全不可持续的价格。每个人都知道大坝即将决堤，而且会很快发生。维亚康姆在分播发行方面的问题看起来似乎就将成为一个转折点。分析师们公开担心卫星电视运营商 Dish Network 将会是下一家退出的企业，该公司约有 1 300 万名订阅用户，首席执行官为机智善变的查理·厄尔根。但在财报电话会议上，道曼向分析师们保证，Suddenlink Communications 和 Cable One 的退出是偶发事件。

财报电话会议两个月后，道曼的合同又延长了两年。[11] "菲利普一直是我的长期合作伙伴，致力于将维亚康姆打造成今天的全球娱乐巨头。"雷石东在一份声明中说，"在过去八年多的时间里，他一直是一位出色的首席执行官，他的战略眼光和创造性领导力带来了出色的运营和财务业绩。"

一周后，该公司披露，道曼上一财年的薪酬上涨了19%，达到4 430万美元，然而该公司的股价在此期间下跌了8%。[12]

* * *

又过了三天，也就是2015年1月29日，雷石东的律师称，包括奥克塔维亚诺在内的多名雷石东的护士和家政人员向洛杉矶县成年人保护服务机构提交了一份报告，指控西德尼和曼努埃拉在精神和经济上虐待雷石东。这年1月，是比弗利山庄豪宅里非常残酷的一个月，充斥着雷石东的哭喊和尖叫，而使莎莉和她的母亲、孩子们签署放弃声明书以保护西德尼和曼努埃拉的战斗也达到了高潮——雷石东向莎莉和她的孩子们发出一封信，威胁要禁止他们参加他的葬礼，除非莎莉签署放弃声明书。在此过程中，奥克塔维亚诺的电子邮件为泰勒展现了事情背后的情景，让泰勒看到了雷石东给他们的信到底是怎么回事，以及为什么家族成员总是很难与雷石东取得联系。例如，1月8日，也就是莎莉的家人收到威胁信的那一天，上午11点左右，西德尼在观鱼厅跟遗产规划律师利亚·毕晓普和雷石东开了一场会。奥克塔维亚诺写道，到11点半，他听到雷石东在开会时哭了。过了一会儿，西德尼走过来告诉奥克塔维亚诺，雷石东不能接他的家人打来的电话，"尤其是莎莉和金伯莉"，不过可以接他的股票经纪人、继侄史蒂文·斯威特伍德以及凯琳·雷石东的电话。

几天后，1月12日，金伯莉终于打通了电话，和外祖父说上了话。奥克塔维亚诺表示，当雷石东告诉西德尼，他告诉金伯莉，随时都欢迎她和她两个年幼的孩子来访时，西德尼很生气，告诉雷石东，就像家里的其他人一样，金伯莉也是个骗子。雷石东尖叫着回复她："我爱金伯莉！"结果惹得西德尼发出更多的尖叫声。

这些事情的经过完全符合那种范围更宽泛的针对雷石东的虐待模式，这些是护士杰里米·贾吉洛、奥克塔维亚诺和帕兹在后来诉讼的宣誓声明中都有过概述的。[13] 在他们的叙述中，西德尼和曼努埃拉花了大量时间指导雷石东应该对毕晓普说什么，有时会在记事本上用大号字母写好一些话，这样他就可以在遗产规划会议之前背下自己的台词。她们趁他昏昏沉沉的时候将他弄醒，要他签发提取现金的表格或法律文件。凡是他跟那两个女人就金钱等敏感话题碰头时，护士们就会被赶出房间，但他们经常能听到雷石东的哭泣声；碰头结束后，他们再回来，就会发现雷石东心烦意乱，把自己弄得脏兮兮的，并且好像就那样呆坐了至少半个小时。贾吉洛反映说，谁要是在他们碰头的时候接通雷石东家人打来的电话，那绝对是"犯了让你丢掉饭碗的忌讳"。

西德尼认为，这些奇闻逸事都是莎莉花大钱打点的护士瞎编的。在曼努埃拉的法律文件中，她辩称，在帕兹从莎莉那里得到1万美元后，其他护士就认为，只要站在莎莉一边，就能得到同样大手笔的好处，或者至少工作是有保障的。[14] 西德尼的法律文件指出，在奥克塔维亚诺和莎莉往来的一封电子邮件中，对于莎莉问她能为他做些什么，他回答说想买一套房子。[15]

根据贾吉洛的证词，成年人保护服务机构曾派出一名调查员到雷石东家拜访他，西德尼当时已出城，但她却吩咐家政人员不要让调查员进门，要求机构以后再预约。[16] 几天后，按照预约的时间，调查员走进雷石东家，发现围在雷石东身边的是那两个女人和几名律师，其中包括罗伯特·夏皮罗，此人最出名的地方就是曾加入辛普森案的"法律梦之队"。他也是雷石东极力推荐西德尼和曼努埃拉聘请来保护她们免受莎莉追究的法律"大佬"之一。当天在家中的贾吉洛说，调查员只与雷石东、那两个女人和一众律师对话，而没有与任何护士、家政人员或家人交谈。成年人保护服务机构从未对这一投诉采取任何行动，也没有对同年8月提出的另一项投诉采取任何行动。曼努埃拉的律师声称这些虐待投诉全都是故意捏造的。

莎莉和泰勒并没有被吓倒，他们继续搜集有关这所豪宅里所发生事情的信息。有时，透过跟护士们的交流，他们感到有些护士可能不仅仅是在偷听，还可能偷偷地录下了雷石东、那两个女人及其律师们之间的对话——这在加利福尼亚州可是犯罪行为。

* * *

然而，西德尼和曼努埃拉还是以失败告终，这并不是莎莉操纵的结果，而是由于她们俩惧怕莎莉在雷石东死后会出手对付她们。2015年春，西德尼和曼努埃拉决定公开她们俩与雷石东相处的情况，所以接受了资深商业调查记者威廉·D.科汉为《名利场》杂志所做的人物专访。她们将此次专访视为一次良机，可向世人展示雷石东对她们的爱和对莎莉的怨恨，进而建立一道壁垒来抵御一切针对她们继承遗产的挑战。维亚康姆发言人卡尔·福尔塔认为这么做不明智，但他的意见被否决了。曼努埃拉和西德尼聘请了颇具影响力的公关大腕迈克·西特里克，此人是洛杉矶危机公关机构西特里克公司的创始人。为了给这篇专访拍摄正式的肖像配图，她们俩还特意穿了走红地毯式的晚礼服。

考虑到雷石东说话极其困难，所以科汉不被允许探视或采访他，但会有一个通过电子邮件进行问答的环节，莎莉知道福尔塔和毕晓普正在为雷石东起草回答。[17] 莎莉担心他们会"在这篇专访中对我进行大肆诋毁"。她在给泰勒的信中写道："我不知道你外公会怎么说。也许那两个女人让他说什么他就会说什么。"她说，如果没有她的律师和发言人来保护她，她觉得自己可能扛不过去。她还补充道："因为这是一场战争。"

莎莉的直觉是正确的。几天后，奥克塔维亚诺得以一窥那些问题和回答的草案，然后告诉莎莉，那些内容对她很不利。[18] 那里面说，唯一来看过雷石东的家庭成员就是凯琳，而且雷石东后悔把公司里的权力交给莎莉。他还反映说，看到了西德尼为雷石东写有关那篇专访的要点提示，让雷石东在电话里读给毕晓普听，还看到她像做听写似的教他说"是我把莎莉从家里赶了出去"这句话，他则一遍又一遍地反复说，准备对毕晓普讲这句话。（西德尼的熟人表示，事实并非如此。）

然而，毕晓普最终认为，在回应该杂志的专访时批评莎莉并不是一个好主意。4月9日，一位名叫亚当·斯特赖桑德的律师给那两个女人发来一封电子邮件，建议雷石东在他的电子邮件采访中克制自己，不要把莎莉当成敌人。[19] 此人曾与毕晓普同在乐博律师事务所共事，近期已经跳槽到盛智律师事务所，并开始充当西德尼和曼努埃拉的代表。"维亚康姆、利亚等方面主要关心的问题是，如果雷石东公开羞辱莎莉，那么莎莉接着就会寻求建立针对雷石东的监护。"他写道，"如果她真的这样做了，那他目前的状况就会被公之于众，而维亚康姆将不得不解除雷石东的管理者和董事职务，并停止向他支付薪酬。"

当这份电子邮件泄露一年之后，莎莉否认曾考虑建立对她父亲的监护。但电子邮件可能是最强有力的证据，表明雷石东周围的人，包括道曼、汤姆·杜利、莎莉和安德尔曼这几个在雷石东控制下的各上市公司董事会任职的人，早在雷石东卸任维亚康姆和哥伦比亚广播公司有权制定薪酬水平的执行主席前一年，就已经知道他不再适合在这些董事会中任职了。其中至少有两人——道曼和安德尔曼——是信托基金受托人，他们有权判定雷石东是否已经丧失能力，不能继续掌控持有全美娱乐公司股份的信托基金。[20]依据雷石东信托基金的条款，他只有被具有适当管辖权的法院判定为"无能力"，或由三名医生向受托人出具鉴定书，证明他"无法以具备能力的方式管理自己的事务"，才能被视为"精神上无行为能力"。然而他们根本没有这样做。只要道曼和他的支持者，如乔治·艾布拉姆斯，仍然是信托基金的受托人，莎莉就没有发起这件事的动机，因为她完全有可能像中途游戏公司那次投票失利一样，被别人以多数票否决。而道曼只要有雷石东继续为其签发越来越高的薪酬，就也没有采取任何行动的动力。在之后的几年中，道曼和莎莉双方都提起过诉讼，指称雷石东缺乏心智能力，或者受到别人的操纵。但就眼下而言，雷石东还是继续通过了毕晓普安排的心智能力测试，状态依然如故。

最终，头脑冷静的人占了上风，《名利场》杂志发表了题为《谁控制了萨姆纳·雷石东》的文章，但未引用雷石东攻击莎莉的任何话语。[21]然而，这是一枚经过精心报道的重磅炸弹。福尔塔和杜利第一次开始对他的健康状况进行记录。杜利告诉科汉，

"他的下巴失去了部分活动能力"，但在语言治疗师的帮助下，他已经取得了长足的进步。福尔塔补充说，"他还不能跑到室外去"，这确认了那些说他不能走路的报道，但未证实有关他那仍然神秘的喂食管的传言。当话题转到雷石东的心智状态时，杜利说："他头脑敏锐。"

　　然而，该篇专访中最令人惊讶的那部分出自曼努埃拉之口，她谈论了她和西德尼是如何看待她们与雷石东的财务安排的。她告诉科汉，雷石东死后，她希望得到照顾。"说到钱的问题，其实有一道很微妙的界限。"她说，"他把我当作家人，把我的孩子当作家人。我的意思是说，那就是他的全部。他常说：'你就是我的家人。'一般人不会去选择家人，但雷石东会。他就是会。他想要见到他在生命中想见的人。"她说，雷石东告诉她，他希望在他去世后由她来管理他的基金会，而她也明确表示，她希望他的遗嘱中有留给她和西德尼两人的遗产。"我得告诉你，如果他没打算为她做点儿什么，那她还会在那里吗？ 恐怕不会。但是她爱他吗？ 绝对爱。我对此毫不怀疑。"曼努埃拉说的是西德尼。西德尼是个"好姑娘，总是把他的最大利益放在心上。对她来说，这几乎就是一份工作，也确实是一份工作"。（西德尼的熟人说，西德尼从来没有把和雷石东相处当作工作。）

　　在被这篇文章震惊的人当中，有一位当过演员的名叫乔治·皮尔格林的 49 岁男子，他同时有犯罪前科，他与西德尼的恋情已经持续了近一年。[22] 凭借强壮帅气的外表，他拿下了电视剧《指路明灯》及 Showtime 频道的色情惊悚剧《红鞋日记》中的角色。皮尔格林曾经拥有他所称的"极其丰富多彩的"生活，但因涉嫌参与广告欺诈，在 2006—2008 年入狱服刑两年多。从一开始，他就知道西德尼是雷石东的同居女友。2014年春，他在好莱坞行业媒体上读到一篇关于西德尼起诉内勒的报道后，就在脸书上联系了她。皮尔格林也正在与内勒因故相斗，起因是内勒拒绝解除与她助理的合同，这样她的助理就无法参加皮尔格林参与打造的真人秀节目，为此，皮尔格林认为他和西德尼可以联手。他把自己的电话号码发给她，她给他打来了电话，到2014年年中，他们开始约会。她对他的"坏男孩"经历如此着迷，以至于她为自己的里奇嬉皮制片公司买下了他正在撰写的自传《公民皮尔格林》。她在亚利桑那州的塞多纳买了一套价值350万美元的房子（他曾被假释到他父母在当地的家里），他很快就搬了进去。他们一起加入了一个乡村俱乐部，乘坐私人飞机外出，互发内容露骨的短信，并开始谈婚论嫁。2014年年末，皮尔格林给她发送了表示家人、戒指和新娘的表情符号，然后打电话向她求婚。他后来发短信问："你愿意吗？"她回答"愿意，愿意"，然后加了一串爱心符号。大约在这个时候，西德尼要求皮尔格林捐献精子，并试图通过体外受精怀孕。作为新时代精神的信徒，她在塞多纳的房子周围布置了黑色电气石水晶，以消灾避祸。这些东西好像真的管用，就在某一时刻，吉姆·埃尔罗伊——被莎莉请来调查那两个女人的联邦调查局前特工，给这所房子打过电话，但莎莉并未采取实际行动来曝光西德尼。

与此同时，西德尼告诉皮尔格林，她和雷石东之间的关系不是情爱关系。她说，他是她的"导师"，而她则负责他的医疗保健。当皮尔格林等得没有了耐心，给她发短信，要她跟他私奔时，西德尼回复道："那行啊。"皮尔格林发短信说："还得等着人家慢慢死掉！说什么我们可以像印第安纳·琼斯 ① 一样环游世界？去他的！""我知道，"西德尼回复，"很抱歉，这事儿对咱们俩来说都够让人难受的。"她告诉皮尔格林，为了确保她能得到雷石东的遗产，她必须高度警惕，绝不能让雷石东单独与他的家人待在一起。"听我说，我不能离开这栋房子一步。"她对他说，接着又补了一句，"他老了，总是哭"，但雷石东的家人"也干不了什么，我会一直守在这里，'斗牛犬'也会"，"斗牛犬"是西德尼和皮尔格林给曼努埃拉取的绰号。金伯莉有次来看望雷石东，西德尼偷拍了她和雷石东一起看电视的照片，然后发短信给皮尔格林说："这也太假模假式了吧，她就是个小间谍，我才不会离开这个房间呢！"

　　皮尔格林本来就对他们之间的关系有想法，所以当他看到《名利场》的那篇专访引用西德尼热情奔放的原话，说雷石东怎么会有"如此漂亮的头发"，"皮肤也是我这一生中所见过的最美的"时，他不禁醋意顿生。他开始酗酒，到2015年5月，西德尼说他到得克萨斯州奥斯汀市外的一家康复中心去检查并入院治疗，他的母亲是他的担保人。在他住院的时候，她把他在塞多纳的房子里的东西都扔了出去。他发觉之后，就从康复中心跑了出来，拦下一辆出租车，说服出租车司机开了18个小时将他送回塞多纳。他们为此一拍两散，双方律师也很快介入。西德尼想让皮尔格林闭嘴，而皮尔格林想让西德尼补偿他上千万美元。双方律师就这笔钱的数额来回讨价还价。8月，一份1 000万美元

---

① 　印第安纳·琼斯是卢卡斯影业和派拉蒙公司出品的冒险动作电影"夺宝奇兵"系列的主角。——编者注

的和解协议放到了桌子上，只要皮尔格林和与他关系密切的人签署保密协议，他就将获得塞多纳那所房子的部分收益，以及西德尼从雷石东那里得到的很大一部分遗产。

但是，2015 年 8 月末，患有双相障碍的皮尔格林已经对继续谈判感到不耐烦了。[23] 一天晚上，他和他的前女友（在他和西德尼分手后又和他在一起了）走进了豪华气派的比弗利山庄的沃利酒吧，这家酒吧是由一群投资者合伙开的，其中就包括曼努埃拉的女儿克里斯蒂娜的男友马特·马西亚诺，即 GUESS（盖斯）牛仔服公司联合创始人乔治·马西亚诺之子。他们发现自己坐在了曼努埃拉、她的儿子、她的女儿克里斯蒂娜和马西亚诺旁边。皮尔格林知道他们是谁，但他们却根本不知道他的存在。听着他们在那儿调侃打趣，他开始怀疑自己是否做对了。一个星期后，也就是他的和解协议生效前两天，他被邀请去沃利酒吧参加一个聚会，他在那儿又见到了马西亚诺。这一次，他决定把事情掀个底朝天。他向马西亚诺介绍自己，自称西德尼·霍兰德的未婚夫，为了证明还拿出手机上的照片给他看。他的话传回曼努埃拉的耳朵里，她对皮尔格林的事一无所知，因此感到非常生气，所有被牵涉的人都一致认为，西德尼必须把事情说清楚。2015 年 8 月 30 日，西德尼和她那位知名度颇高的律师帕蒂·格拉泽（罗伯特·夏皮罗的律师合伙人）请雷石东坐下来，对他讲了皮尔格林的事。说到最后，西德尼和雷石东都泪流满面。不到 48 个小时，西德尼和亚历山德拉就离开了。

曼努埃拉立即巩固了自己的实力。9 月 3 日，雷石东打电话叫来了毕晓普，把西德尼从他的遗嘱中删去，并提高了给曼努埃拉的遗产份额，除了价值 2 000 万美元的比弗利山庄豪宅，还另有 5 000 万美元。[24]（雷石东已经将曼努埃拉列为他在卡莱尔酒店的价值 375 万美元的公寓的共有人，因此在他死后，曼努埃拉可顺理成章地继承该公寓。）他还解除了西德尼作为他的医疗保健代理人的职务，所以现在这个职位就由曼努埃拉独担了。[25]道曼被指定为她的替补人选。在法庭文件中，曼努埃拉以雷石东未选择他自己的家人担任这个职位一事，来证明雷石东有意疏远莎莉。为了确保遗嘱的修改万无一失，毕晓普请来了老年精神病专家詹姆斯·斯帕医生对雷石东进行心智能力测试，而雷石东通过了测试。她后来告诉《华尔街日报》，这样做是为了"防范无德的挑战"。[26]

曼努埃拉知道，她的新角色需要有人支持。西德尼离开后的第二天，她给凯琳打了电话，告诉她可以立即行动了，因为几个月来凯琳一直在说要从科罗拉多搬到洛杉矶。撇开别的不论，单是凯琳现身于这栋豪宅就意味着别人很难再指责曼努埃拉禁止雷石东的家人来探访他。对曼努埃拉而言，凯琳是一个很安全的盟友，因为她可能是这世上比曼努埃拉还要恨莎莉的那个人。凯琳已经与自己的父母布伦特和安妮在信托基金的问题上开战，而该基金是他们为她建立的，而且她还未度过限制期，所以她搬家需要资金上的援助。凯琳在法庭文件中说，雷石东同意把信用卡借给她用，以支付搬家、酒店住宿和食物等费用。[27]9 月 9 日，在凯琳抵达洛杉矶后不久，雷石东就以她的名义建立了一只 100 万美元的信托基金，由曼努埃拉担任受托人。[28]凯琳在 20 年内不能碰该基金的本金，但可以靠其收益生活。为了帮助她走出当下面临的经济窘境，凯琳说，雷石东同意在 2015 年先给她 15 000 美元，2016 年再给她 15 000 美元，并对她说："你想做什么工作都可以。"

当凯琳刚到洛杉矶时，她便发现雷石东非常焦虑和愤怒，沉迷于观看乔治·皮尔格林的影片，并为自己豪宅的安全担忧，因为之前曼努埃拉曾跟他说，皮尔格林和西德尼正在策划杀死他。但他确实大哭了好多次。很快，他又迷上了一个叫特丽·霍尔布鲁克的女人，她是一位 60 岁的福特汽车前模特和达拉斯牛仔队的啦啦队员，雷石东在 2010 年就认识她了。霍尔布鲁克说，雷石东多年来一直在赞助她的两匹赛马，并补充说："他是我生命中的救世主。"曼努埃拉声称，2010 年以来，霍尔布鲁克已经从雷石东那里收到了大约 700 万美元，其中包括一套房子和每月付给她的 4 500 美元，雷石东的私人司机会把这笔钱放在比弗利山庄大门口的警卫处，等着给她。[29] 根据凯琳的说法，霍尔布鲁克的来访都是由贾吉洛安排的，这位护士私下里效忠于莎莉，在霍尔布鲁克和雷石东两人相会时，他会为霍尔布鲁克翻译雷石东讲的那些含混不清的话。随着时间的推移，凯琳称，贾吉洛因能安排霍尔布鲁克的来访而控制了雷石东。雷石东的迷恋变得如此强烈，以至于有时一天里他好几次要求见她，也忘了自己之前已经见过她了。

曼努埃拉对霍尔布鲁克很警惕。雷石东的律师说，曼努埃拉让雷石东的医生告诉他，每周只允许他做一次爱。[30] 雷石东的律师声称，当雷石东坚持要见霍尔布鲁克时，曼努埃拉就会编出各种各样的借口以解释她为什么不能来，比如她生病了，她母亲生病了，她不得不在最后一刻取消赴约。霍尔布鲁克说，这些全都不是真的。"我告诉他：'如果有人对你说我不能来看你，那就是他们在撒谎。'"她说。

最重要的是，曼努埃拉想要把西德尼隔得远远的。10月初，西德尼的律师请毕晓普把她的一封信亲手交给雷石东，在此信中，西德尼忙不迭地为自己的不忠道歉，并再次表达她对雷石东的爱，可信被曼努埃拉截获，并用她自己写的信来偷梁换柱。雷石东的律师说，那封信是这样写的：

萨姆纳：

　　我没有骗你，其他人都在撒谎，我从来没有过外遇。

　　这不是真的，人们就是想要拆散我们。

　　你要相信我，我从没骗过你，我根本不认识他。

　　我不明白你为什么就是不相信我，而情愿相信其他所有人。

西德尼

雷石东的律师声称，曼努埃拉让护士们给雷石东读了这封信，而不是真正的原信。在另外一起诉讼中，曼努埃拉声称这封信的草稿是莎莉的盟友们留在她的电脑里的。

同时，贾吉洛用心偷听这栋宅子里发生的一切，然后传话给泰勒。[31] 根据曼努埃拉在另一案子中的诉状，贾吉洛甚至把雷石东和曼努埃拉以及毕晓普和詹姆斯·斯帕医生之间开会的情况进行了录音，并把相关信息报告给莎莉和她的律师。该起诉书还称，贾吉洛从雷石东的司机伊西勒里·"伊西"·图阿纳基那儿搞到了一个电子邮件地址和密码，用以登录并查看曼努埃拉的电子邮件和家庭网络摄像头的监控录像，这些摄像头是那两个女人按雷石东的要求安装在房子周围的。

9月18日，贾吉洛和泰勒通过短信商讨把曼努埃拉赶出去的计划。

"早上好。"贾吉洛发短信给泰勒，"谢谢昨晚和我交谈。海豹突击队今天开始'自由行动'！仅供参考！我会与你保持联络……"

"哈哈，确实需要像海豹突击队一样精准！谢谢你更新情况。"泰勒回复道。

"希望一切顺利。今天早上SMR问了我同样的问题。他一旦知道真相就会大发雷霆！……还有，把曼努埃拉/凯琳的视频片段曝光可能会搞得人人自危，从保护每个人的角度来说，你认为这是个好主意吗？另外，菲利普·道曼与曼努埃拉合作密切。"贾吉洛写道。

"视频伤不到你（除非你被逮个正着！）……如果M（曼努埃拉）违背SMR的意愿解雇任何人，视频还可以帮助保护你。"

当曼努埃拉最终滚蛋时，她的反应将撼动雷石东家族的全球帝国的根基。

第

21

章

性 与 牛 排

莎莉·雷石东告诉法庭，自从她和孩子们能够定期探
视她的父亲并接手他的治疗康复后，他的健康状况就
"越来越好了"。

到 2015 年 10 月，雷石东在华尔街的沉寂已经引发震耳欲聋的喧嚣。他已经有将近一年没有在财报电话会议上发言了，也没有参加维亚康姆和哥伦比亚广播公司的年度会议。与此同时，迪士尼首席执行官罗伯特·艾格表示，ESPN（娱乐与体育电视网）已经遭遇了"一定的用户流失"，此言一出，传媒类股票在 8 月大幅下跌，但长期以来，人们一直认为此频道对付费电视分播商十分重要，以至于该频道可以向它们收取令人震惊的每用户 7 美元的费用，这比其他任何频道都高许多倍。[1] 投资者认为，这番话证实了他们长期以来的担忧，那就是有线电视业务即将崩溃。维亚康姆的业绩一直令人失望，受创也最严重。截至 2015 年 10 月初，该公司股价在过去一年中下跌了 40% 以上。

长期投资者见识过雷石东因维亚康姆股价小幅下跌而一个接一个地解雇首席执行官，所以在他们看来，道曼能够留任似乎清楚地表明，雷石东已经不再是雷石东了。有一段时间，莎莉被道曼的表现搅得心烦意乱，她便直接去找他，说他们俩都清楚他不是领导维亚康姆的合适人选。（道曼回答说，他无意终身担任首席执行官，但公司即将进行一些子公司的关键交易，他觉得自己参与其中很重要。）当这一招不管用时，莎莉去找了董事会的委员会，请求他们撤掉道曼的职务。但是，维亚康姆董事会里到处都是雷石东的密友，比如乔治·艾布拉姆斯和威廉·施瓦茨，他们从雷石东于1987年接手公司之后就一直在董事会任职。而那些董事会之外的人则几乎没有什么影响力。由于对公司的发展方向感到不满，同时认为在目前的治理结构下，自己对此无能为力，莎莉的盟友罗伯特·克拉夫特于2015年8月离开了董事会。

2015年10月7日，《华尔街日报》在头版刊登了一篇文章，称投资者对维亚康姆公司的表现越来越不满，以及质疑雷石东的心智状态。[2] 报道专门提到莎莉，和那些愤愤不平的投资者一样，在公司股票下跌的形势中，她也损失了自己及子女的很大一部分个人财富。报道还指出道曼或将面临不利的情况，即尽管莎莉没有被明确指定为其父的继任者，但她也看到了掌控信托基金的一条路径。在这篇报道发表的几个小时之前，雷石东给《华尔街日报》发了一封电子邮件，全力发声支持道曼，并表示"他将继续得到我毫不含糊的支持和信任"。接着，他重复2007年在《福布斯》发表的那封信的说辞，对莎莉进行了猛烈抨击，他说："将我一手创建的财富，即我在维亚康姆和哥伦比亚广播公司的控股权益，转移至我几十年前就设立的一个独立的信托基金，将确保这些资产得到符合所有股东利益的专业管理。最近关于我的个人日程安排的种种猜测，只让我更加确定自己曾经的决定是多么明智。"

这是"滚开吧，莎莉"的道曼式说法。雷石东能够写出，甚至口述出这则声明，这引起了人们的怀疑，但维亚康姆的领导层有封闭的等级，所以一切又都指向他最近刚通过的那次心智能力测试，当时他将西德尼从他的遗嘱中除名了。《华尔街日报》后来报道说，道曼在福尔塔的帮助下撰写了这份声明，其中堆砌着大量夸赞他自己的内容，不过在文字上有一些编辑改动，但还不完全清楚具体是谁在豪宅中进行修改的。[3]

那篇文章发表后的第二天，道曼去看望雷石东。[4] 老人坐在铺了软垫的扶手椅上，正在静音模式下观看棒球比赛，道曼在他左侧的座位上坐下，而曼努埃拉坐在雷石东右侧的座位上。在后来的一份证词中，道曼声称，在他这次来访期间，"雷石东'神情专注，彬彬有礼'"。他说："我们就最近《纽约时报》和《华尔街日报》刊登的文章进行了广泛的业务讨论，还谈到了一些个人问题。"曼努埃拉对当时场景的描述则完全不同："在道曼先生坐在房间里的这段时间，萨姆纳根本就没朝他看几眼。多数时间里，萨姆纳就是坐在那儿，神情有些茫然地盯着电视，要不就是看着我。道曼先生来访，从头到尾，他们俩之间都没有过双向对话或讨论，一点儿也没有……纯粹就是道曼先生在那儿自说自话，萨姆纳似乎根本没听懂。"

雷石东在此次显然无关紧要的会面中的心智状态，由于接下来所发生的事情而变得至关重要。在此次来访之后不到一个星期的时间里，曼努埃拉·赫泽尔到底是如何被轰出雷石东豪宅的，其中的真相都消失在指控和反指控的一片迷雾之中，不过有些事情还是显而易见的。第一，雷石东没有处理好与西德尼的分手。他一直在哭，在他漫长生命中的任何时候，他都没有像此时这样脆弱和不堪一击。第二，曼努埃拉不受家政人员待见。在西德尼离开后气氛紧张的那几个星期里，小道消息开始说下一个就轮到她了，而她则一天到晚都是一副严厉苛求的老板模样，对所有在雷石东家里工作的人实施了员工所说的"恐怖统治"。第三，这种恐怖发展到她要把所有对手都撵出这栋宅子，不管是西德尼还是雷石东随便花点儿钱就能买到其性服务的其他任何女人。

根据曼努埃拉的法律文件，道曼来访几天之后，一群效忠于莎莉的护士和家政人员，包括图阿纳基、贾吉洛，以及另一位名叫伊戈尔·弗朗哥的护士，跑到雷石东那里针对曼努埃拉出手"干预"。[5] 图阿纳基拿出雷石东的遗嘱，跟他说，他原本只打算留给曼努埃拉 1 500 万美元，而不是他最后给她的 5 000 万美元。根据这一文件，雷石东最终用了一个终结他们之间关系的简洁陈述句来回应："叫利亚来。"

根据雷石东的法律文件，家政人员反叛曼努埃拉是出于爱，而不是为了钱。[6] 在这一版本中，家政人员告诉雷石东，曼努埃拉一直逼迫他们在他最喜欢的女性同伴之一特丽·霍尔布鲁克是否有空过来的问题上撒谎，还拦截了西德尼道歉信的真正原件。

根据曼努埃拉的法律文件，2015 年 10 月 12 日早晨，她在醒来后非常担心雷石东的健康状况。[7] 在前一晚的电影之夜活动中，雷石东在和友人——哥伦比亚广播公司董事会成员阿诺德·科佩尔森及其夫人安妮一起看电影时，似乎感觉特别不舒服，甚至一度不得不让人清理房间，以使他的气管变得通畅些。曼努埃拉告诉家里的一个护士，雷石东的医生当天会来给他做检查，然后她就出去办事了。那天早上晚些时候她回来时，一切都变了。

根据曼努埃拉的法律文件，图阿纳基在她走近门厅时对她说："雷石东先生不想让你待在这里。"她从他身边走过，沿着门廊走进大厅，雷石东、一名护士、几名助手、毕晓普都在等着她。混乱场面爆发了。正与安德尔曼通话的毕晓普举起手机喊道："你不能在这里！"然后，她又对安德尔曼说："曼努埃拉在这里，但她不应该在这里。我不知道她是怎么进来的。"

曼努埃拉朝雷石东走去，雷石东茫然地看着她。"你还好吗？"她问他。按照曼努埃拉的说法，雷石东什么也没说。但是，按照雷石东从乐博律所聘请的律师加布里埃尔·维达尔的说法，雷石东答道："是的。"

毕晓普要求曼努埃拉离开这所房子，这样她就可以单独跟雷石东交谈了。"你要我离开？你在生我的气吗？"曼努埃拉问雷石东。这一次，按照曼努埃拉的说法，雷石东还是什么也没说；按照雷石东律师的说法，他还是说："是的。"

曼努埃拉一连问了三遍，雷石东才嘟囔了一声，并开始放声痛哭。曼努埃拉问贾吉洛雷石东说了什么。贾吉洛回答，雷石东说他希望她离开。"我该怎么办？"曼努埃拉问毕晓普。毕晓普说，雷石东想和她单独谈谈，曼努埃拉可以晚点儿再回来打包自己的东西。曼努埃拉朝屋外走去，回过头来看了看雷石东，他仍在抽泣。

曼努埃拉后来打电话问毕晓普，为什么她会被一脚踢开，毕晓普只是说，她"欺骗了"雷石东。她又去问道曼，他告诉她，所谓"欺骗"就是指雷石东允许凯琳使用那张信用卡，可他后来忘记了，另外就是曼努埃拉安装了监控摄像头，还声称曾得到雷石东的同意。（"我没有撒谎，"曼努埃拉在法庭文件中说，"雷石东就是忘了他自己说过的话。"）

2015 年 10 月 16 日，曼努埃拉被撤除了雷石东医疗保健代理人的身份，并从他的遗嘱中被除名，这为莎莉和她的孩子们重新进入雷石东的生活铺平了道路。[8] 道曼被指定为新的医疗保健代理人。根据曼努埃拉的文件，这栋宅子中曼努埃拉和她家人的所有照片都被撤去，家政人员签署了忠诚宣誓文件，承诺不向雷石东谈及曼努埃拉或与她联系。凯琳也被赶走了，直到次年 2 月经律师协商，她才获得许可回来探望她的"暴脾气外公"。

但是曼努埃拉并没有就此罢休。2016 年春，她和西德尼聘请了皮尔斯·奥唐奈，这是一位颇具魅力、名声很响且律师费高得离谱的好莱坞专家级律师，此人特别精通在诉讼中使用媒体作为武器。她们聘他就是为了保护自己，以避免雷石东的家人在他死后对她们发起法律追责。由于在另一起案件中所发挥的作用，奥唐奈在洛杉矶一时间声名鹊起，已成为家喻户晓的人物，此案正好也涉及一名富有的年长男子，他心智健康但也被人质疑，他的女友也比他年轻得多，而他的传媒资产也同样前途未卜。奥唐奈曾代表洛杉矶快船队老板唐纳德·斯特林的妻子谢莉·斯特林处理过一起案件，此案中，在丈夫的种族主义言论被他的某位前女友发布到 TMZ（美国的一个名人新闻网）后，谢莉·斯特林就将球队卖给了微软前首席执行官史蒂夫·鲍尔默。雷石东曾经付给奥唐奈 10 万美元的律师费，请奥唐奈与毕晓普一起密切合作数月，目的是强化雷石东给那两个女人的遗产的地位。

现在，随着这些遗产被剥夺，当奥唐奈试图让曼努埃拉能面对雷石东再解释一下，并争取找到机会重新要回属于她的东西时，他突然发现自己竟然和乐博律所正面对决了。最终，11 月 23 日，在双方法律团队进行了一场暴风雪般的谈判之后，曼努埃拉被允许短暂地回到雷石东的宅邸。[9] 她的另一位律师罗纳德·理查兹回忆说，当时那个阵仗就跟她"试图进入白宫一样"。宅邸内外的地界上到处是便衣保安，每个保安都戴着美国特勤局式的无线耳麦。雷石东卧室附近挂着不透明的黑色帘子，周围有六个保安，这样就避免了视觉和听觉接触。"雷石东就好像是被软禁在自己家里一样。"理查兹说。他还说，在他们离开后，为了找出窃听器，整幢宅邸被彻底清查了一遍。

2015年11月25日，在将一切胸有成竹地谋划停当之后，曼努埃拉投下了一枚重磅炸弹，这势必改变两家大型大众传媒公司的未来。她向洛杉矶高等法院递交了一份诉状，要求恢复自己作为雷石东的医疗保健代理人的身份，并声称雷石东当时签署将她从遗嘱中除名的文件时，他的精神并不健全。因此，她还要求由一名独立医生对他的心智能力进行测试。但是，这一说法让她有点儿难办，因为她必须说明为何雷石东9月初在遗嘱中留给她7 000万美元，并指定她担任自己唯一的医疗保健代理人时还是心智健全的，但仅仅六周之后就突然变得心智不健全了。提起诉讼只是一个幌子，其实是为了让她的律师搜集有关雷石东心智能力的证据，目的就是挑战他做出的将她从其遗嘱中剔除的决定。然而，此案的影响远不止于此，因为曼努埃拉问的那个问题，即"这中间有人插手吗"，也是维亚康姆和哥伦比亚广播公司的投资者在问的问题。媒体已经在尽情享受她的爆料，其中充斥的低级趣味的种种细节，反映了雷石东整天晕头转向、生活不能自理、完全依赖旁人的"活鬼"般的生活，而尽管如此，他还是每天沉迷于吃牛排和性生活。最令维亚康姆、哥伦比亚广播公司和全美娱乐的董事会和最高管理层感到沮丧的是，曼努埃拉宣称雷石东"根本无法跟上电影或电视节目情节的发展，也无法进行时间稍微长一点儿的交谈",写不了东西,也谈不了话,"只能对特定导向的问题哼哼唧唧地进行回应",不再知晓外界发生的大事或金融市场的变化。

如果曼努埃拉对雷石东现状的描述是真实的(在这个问题上,是她要求由独立的医生来对雷石东进行测试,她的可信度因这一事实而大大增强),那么一场针对维亚康姆和哥伦比亚广播公司股东的大骗局就已经展开,因为他们一直为之付出数千万美元的董事会执行主席,其实连一场棒球比赛的电视直播都不能清醒地从头看到尾,看部电影《死侍》也会在开场字幕播出时一直抽泣。更糟糕的是,他的名头和说过的话被拿来为留用那个首席执行官开脱,而就是此人在过去两年中眼睁睁地看着公司价值蒸发了一半。道曼几乎别无选择,只能回应。所以,在曼努埃拉递交诉状之后,雷石东在乐博律所的律师们就立刻提交了回应文件,试图阻止她进一步爆料,还附加了道曼的证词,他说近几次探访雷石东时,他都发现雷石东"神情专注,彬彬有礼"。[10]

华尔街响起一片强烈抗议之声,导致维亚康姆股价暴跌,哥伦比亚广播公司股价也大跌,只不过幅度略小而已。马里奥·加贝利——其基金拥有维亚康姆除了雷石东家族的第二大有表决权的股票份额——要求道曼披露更多关于雷石东心智能力的相关情况。[11]"我只知道,你不能置菲利普·道曼——一家存在某些业务问题的公司的首席执行官——于新闻界都说缺少可信度的位置上。"加贝利说,"我只是想看到一点儿澄清说明,这是任何上市公司都必须做的。"

雷石东的乐博律师们猛烈反击,竭力不把雷石东交出去接受精神测试,但他们却保护不了道曼。由于道曼先前的宣誓证词,曼努埃拉的律师有理由传唤他，要求他做证。[12] 道曼被迫雇用自己的法律团队以尽力撤销传票。与此同时，正值道曼以打官司来保护自己的信誉之际，一位名叫埃里克·杰克逊的激进的维亚康姆投资者在一份 99 页的措辞严厉的幻灯片演示报告中攻击道曼没有商业头脑，认为他应该被解雇。由于管理的资产只有 3 亿美元，杰克逊的 SpringOwl 资产管理公司很难在维亚康姆这家管控十分严谨的公司里掀起什么波澜。但是杰克逊厚颜无耻的幻灯片，包括其多处引用电影《老板度假去》，以及用法国漫画式的尖刻反应（"棒极啦，真是太贵了！"）来调侃道曼的超高薪酬，却在投资者阶层中引起了轰动。罗伯特·克拉夫特的办公室也要了一份幻灯片副本。

上述幻灯片演示的效果非常明显，以至于随着维亚康姆年度高管薪酬报告在几天后浮出水面，该公司试图掩盖道曼近期涨薪的情况，所采取的手法就是将与道曼薪酬相关的信息分散开来。2016 年 1 月 20 日，维亚康姆采取了极不寻常的一步，对外宣布因所承担的责任已大幅减小，雷石东 2015 财年的薪酬已经下降了 85%，道曼的奖金也下降了 30%，但维亚康姆没有给出任何进一步的详细说明。[13] 不过，当完整的薪酬报告两天后公布时，道曼 2015 财年的总薪酬实际增长了 22%，达到 5 420 万美元，而该公司的股票价格却下跌了 44%。[14]

这简直太恶劣了。华尔街人士对道曼恨得咬牙切齿。然而，此事必须有个了结，因为大家都明白，根据审理曼努埃拉起诉案的法官的命令，她亲自精心挑选的老年精神病医生很快就会评估雷石东的精神状态。[15] 对维亚康姆和哥伦比亚广播公司的董事会来说，这意味着一切都结束了。就在那位医生开车穿过比弗利山庄的一道道大门去执行测试几天后，尽管测试的结果尚未揭晓，但维亚康姆和哥伦比亚广播公司仍宣布，雷石东将退出董事会执行主席的职位。

哥伦比亚广播公司抢先一步，为搞好同莎莉的关系而首先采取了重大举措。[16] 依据她所享有的权利，该公司董事会主动向她奉上非执行董事长的职位，但莎莉拒绝了这个职位，并提名穆恩维斯来担任执行董事长。在穆恩维斯就此提议发表的声明中，他感谢了她，并赞扬了"她的商业头脑和关于传媒领域的丰富知识"。哥伦比亚广播公司的动作让维亚康姆有点儿措手不及，但这里可就没有那样的好事了。在维亚康姆董事会就选举下一任董事长进行投票之前，莎莉发表了一份声明，表示她认为她父亲的继任者"不应该与雷石东家族的事务纠缠在一起，而应该是一位可以独立发声的领导者"。一般认为，这番话意味着道曼已出局，而召开董事会的这天上午，市场将维亚康姆股价推高了5%。[17] 但在接下来选举下一任执行董事长的投票中，道曼获得了莎莉那一票之外的所有选票，将该公司股价重新打落。富国银行的分析师玛西·里维克写道，道曼"升任执行董事长或许意味着在公司的掌控上不会有任何变化"，并且补充说，"这是股价回落最有可能的原因"。与此同时，哥伦比亚广播公司的股价上涨了1%。

在美国商界，很少有高管能在如此沉重的压力下获得如此大的晋升。就任执行董事长三天后，在有分析师参加的财报电话会议上，道曼一改其不慌不忙的君子风度，猛烈地抨击他的批评者说："我们的前景和事实全都被反对者、利己的批评者和追求宣传效应的人扭曲了。"但在另一个灾难性的糟糕季度的各种报告面前，这些话显得太空洞无力了。在这一季度，收入和利润双双下滑，收入低于分析师的预期，公司被迫调低对未来收益的预期，因为它再也不可能像以往那样收到那么多的订阅费了。公司股价因收入原因下降了13%，接近五年来的最低点。当分析师问董事会，到底是看中了道曼的什么才能和表现而给了他这个新的位子时，道曼回答说，将股票下跌过度渲染的是围在我们四周的巨大噪音。他还说："我认为，每个人都很清楚，这噪音是什么。"

如果道曼想要撑下来，他就需要搞一些大动作，而且速度得快。2015年，他做过几笔非常精明的交易，包括收购英国电视台第5频道，从而使维亚康姆国际部门的业绩立即得到提振，以及前瞻性地与Snapchat交易，针对这个"阅后即灭"通信应用所属的公司所拥有并经营的内容发售广告。但这些都无法抵消核心有线电视频道仍在承受的收视率大幅下滑和发行困境的影响。多年来，华尔街的许多人都在抱怨维亚康姆，说它应该甩掉派拉蒙，因为派拉蒙的财务状况根本不值得维亚康姆如此煞费苦心地经营。在过去一些关键时刻，派拉蒙都曾提供可观的利润，但到2016年年初，它已经连续四年在票房排行榜上垫底，因为布拉德·格雷推崇谨慎的策略，即拍摄的影片比竞争对手的少，寄希望于更多地聚焦利润。随着"变形金刚"系列电影和《灵动：鬼影实录》等影片开始老去，损失也越来越大。截至2016财年，派拉蒙公司已亏损4.45亿美元。

所以，在就任执行董事长两周后，道曼宣布维亚康姆考虑在6月底之前出售派拉蒙的少数股份。这个计划是有其道理的。按照市场赋值，派拉蒙仅值约10亿美元，但道曼认为，这家创立于 104 年前的好莱坞电影制片厂的神秘感，连同其拥有 3 000 多部影片的庞大片库，一定能让合作伙伴乐于将其估值为接近 100 亿美元，尤其当合作伙伴是像大连万达集团（以下简称"万达"）这样财力雄厚且有"追星"倾向的中国公司时。万达刚刚为曾出品《侏罗纪世界》的传奇影业支付了 35 亿美元，但传奇影业这家制作公司连"迷你型大制片厂"都算不上，更别说是真正的大制片厂了。事实上，到 2016 年 3 月中旬，道曼声称已经收到了 36 家公司对派拉蒙感兴趣的消息，包括"某些亚洲的有意收购者"。后来有消息称，万达正就收购派拉蒙 49% 的股份进行谈判。万达的雄心是要组建一家纳入 AMC 娱乐公司和迪克·克拉克制作公司（Dick Clark Productions）等资产的娱乐巨头。分析师和投资者对这个想法普遍表示欢迎，尤其是加贝利。几个月前，他曾公开提议派拉蒙与阿里巴巴或亚马逊进行类似的交易。

凡是了解雷石东的人都知道他是绝不会这么干的。派拉蒙就是他的孩子，也是他活着的理由，正是这个"电影王国"让他当上了"好莱坞之王"。在道曼宣布其出售派拉蒙股份的计划之后，雷石东开始对愿意听他说话的任何人，包括家政人员、布拉德·格雷、老朋友和家人唠叨这句话："我不想卖掉派拉蒙！"到 2016 年 4 月，他的这番情感变化不胫而走，登上了《华尔街日报》的头版。

与此同时，那些希望将窥探雷石东精神状态的目光都转走的人当头挨了一棒：洛杉矶高等法院法官戴维·考恩裁定曼努埃拉诉雷石东心智能力不正常一案可以继续，并将开庭日期定为 5 月 6 日。在解释他的决定时，他提到了那份密封的 37 页报告（这是斯蒂芬·里德医生在雷石东的豪宅内为他做了精神状态测试后所写的），称其"足以对雷石东是否缺乏能力提出有理由的疑问"，还说"很难读懂关于此人为何仍在苟延残喘的描述"。他补充说，他发现"有一点令人费解，那就是雷石东仍然让菲利普·道曼及维亚康姆的首席运营官托马斯·杜利排在他亲生女儿的前面，担任自己在失去行为能力后的代理人"，如此安排"让法庭无法相信"莎莉和雷石东已经言归于好。

　　在曼努埃拉取得这一多重意义上的重大胜利（因为她的起诉中充满对雷石东和莎莉之间的关系如此紧张的指责）之后，雷石东家族做出了一个至关重要的决定，那就是聘请一位名叫罗布·克利格的新律师加入雷石东的法律团队。[18]

　　在此之前，雷石东的诉讼事务一直由加布里埃尔·维达尔代理，这位诉讼律师与为雷石东代理遗产事宜的毕晓普同在乐博律所共事。他们都是遗产规划和遗嘱认证方面的专家，但由于本案将朝着非常公开的审理方向发展，而维达尔和毕晓普都在曼努埃拉的证人名单上，莎莉和她的律师对雷石东一方由乐博律所独家代理有一定的担忧。维达尔向她另外推荐了一名律师，也就是罗布·克利格，此人是通过一个共同的朋友被介绍给她的丈夫亚伦·梅认识的。梅给克利格打了个电话，发现他正好也有空。克利格刚刚加入了休斯顿·亨尼根律师事务所，对这个传媒帝国的业务非常了解，并且具备能够匹敌，甚至最终超越奥唐奈的自信、对传媒界的悟性及叙事天赋。

　　尽管两鬓微微染霜，但克利格依然年轻而充满活力，讲起话来有着 X 一代[①]的抑扬顿挫，深色的眉毛让他看起来有几分像演

---

① X 一代指出生于 20 世纪 60 年代中期至 70 年代末的一代人。——编者注

员鲍比·坎纳瓦尔。他在匹兹堡的一个医生家庭长大，1997年毕业于斯坦福大学法学院，平均成绩在班上排第二。后来，他去了好莱坞，为雷石东麾下的许多客户代理过法律事务，包括派拉蒙、MTV、尼克罗迪恩频道和Showtime。在此过程中，他还涉足电影行业的创作领域，与人共同创立了一家名为Paradise Collective的制作公司，并在2016年的科幻惊悚片《短波》等影片中获得了执行制片人的头衔。在公司的宣传照中，他手里举着一台电影摄影机。他的法律文案读起来就像电影剧本，节奏紧凑，场景丰富多彩，对人物的发展脉络也把握得轻车熟路。

他的加入标志着策略上的重大变化。雷石东家族绝非仅仅要与曼努埃拉对簿公堂，以便让她从雷石东身边滚开。他们其实是要对战整台机器——曼努埃拉、道曼、董事会、信托基金等这一切，以便让莎莉掌握控制权，踢走道曼，并制止对维亚康姆价值的毁坏。这一策略的基石，就是要除去作为雷石东医疗保健代理人的道曼，并让莎莉取而代之。在出售派拉蒙股份问题上的分歧，完美地揭示了雷石东和道曼之间的长期友情已然恶化。

"萨姆纳对菲利普已经不抱任何幻想了，并不是因为维亚康姆一塌糊涂的业绩，虽说这也让他受够了，但最主要还是因为道曼在派拉蒙的问题上不听他的。"一位雷石东的熟人说，"你只要忠于萨姆纳，他就会对你手下留情。一旦菲利普对萨姆纳不忠，萨姆纳就不想与他再有任何瓜葛。所以他要做的第一件事就是剥夺菲利普作为其医疗保健代理人的身份。"

乐博律师事务所的律师认为，在即将开庭之际，采取这样的行动具有极高的风险，但克利格仍然坚持这么做，因为从本质上说，这是从被动防守转向主动进攻。从考恩法官关于莎莉角色的表述中也能看出，比起使案件审理复杂化，不能担任雷石东医疗保健代理人给她带来的风险会更大。

鉴于该案开庭在即，莎莉和道曼被传唤为雷石东的心智能力做证，这是他们俩都想竭力避免的一件事。所以，在4月初，曼努埃拉和雷石东双方的法律团队便进入了和解谈判，而莎莉则从旁助推。[19] 双方敲定了一项交易，曼努埃拉将由此得到3 000万美元，以及免税获得卡莱尔酒店的那套公寓。[20] 然而，最重要的是，有件事虽然成于和解谈判中，但跟和解协议无关，那就是莎莉终于取代道曼成了雷石东的医疗保健代理人。和解谈判还是破裂了，部分原因是曼努埃拉又提出了一系列要求，其中有一条：如果雷石东的家人，包括他们的堂亲加里·斯奈德，将她告上法庭，那他们就必须支付她所有的法律费用。斯奈德也住在比弗利山庄，他自己在3月就代表雷石东提交了关于曼努埃拉虐待雷石东的起诉书，所用材料均来自曼努埃拉本人当初在要求恢复其作为雷石东医疗保健代理人的身份的诉状中描述的细节。曼努埃拉认为贾吉洛和图阿纳基一直对她不忠，所以她要求雷石东的家人辞掉这两个人，但被他们拒绝了。不过，其中最重要的是，她想最后再见一次雷石东，主要是为了她和她的孩子们能出席他的葬礼。(虽说她从与雷石东的关系中获利颇多，但她也是真的在乎他，了解她的人都这么说。) 雷石东的家人根本不予理会。即使在谈判破裂后，莎莉也保留了作为雷石东医疗保健代理人的角色。

现在，一切皆在莎莉的掌握之中。她告诉法庭，自从她和孩子们能够定期探视她的父亲并接手他的治疗康复后，他的健康状况就"越来越好了"。

＊　　＊　　＊

　　2016年5月6日的开庭审讯简直就是一场热闹非凡的媒体马戏。洛杉矶高等法院的法庭里挤进了太多的记者，法警们只得挨个检查，以确保每家媒体单位只有一人入内。这样一来，其他人就只好挤在走廊上，凑到一扇又小又脏的窗户前，他们从那儿只能辨认出演示文稿上的一些大标题，譬如"雷石东的错觉"。莎莉也在法庭现场，她穿着灰色的套装，相比之下，她的儿子布兰登穿得更随意些。曼努埃拉也在，她穿着黑色裙子搭黑色上衣，深色长袜配过时的黑色高跟鞋。奥唐奈做开场陈述，其间莎莉频频摇头表示不同意，因为他将其客户的出局描述成"宫廷政变"，并称这"得到了雷石东的女儿莎莉的资助"。

　　然而，庭审最精彩的就是雷石东做证的视频，这是在他的语言治疗师的协助下录制的，此刻正在一间封闭的审判室里播放。[21] 记者们随后只拿到了该视频的文字记录。然而，这份记录让人无法了解雷石东到底在多大程度上可以遣词造句，以及他自己的话在何处结束，翻译者的话又在何处开始。在录制证词的过程中，雷石东试图用激光指示器拼写单词，但未成功，也回答不出他的名字是什么。但在这份视频的文字记录中，他回答了一个问题，即他如何看待曼努埃拉在"特丽能否来看他以及西德尼的来信"这些事情上欺骗他——显然那些词语都出自翻译之口。但有一句话却被清晰地反复使用，就好像鹦鹉学舌一样："曼努埃拉是个该死的女人。"当被问到他想让谁来为他的康复治疗做决定时，他有些支支吾吾的，但最终还是说："莎莉。"

　　"我认为他说的话都是发自内心的。"考恩法官在看完视频后

内容之王　　366

说，"看完这个视频，我怎么还能坐在这里说，'不，你不能没有曼努埃拉'？"在接下来的星期一，法官驳回了此案，说雷石东明确表示，他不希望曼努埃拉负责他的治疗和康复。[22] 但这位法官还是谨慎地说明，他这么做并不意味着他对雷石东的心智能力做出了任何判定。

克利格赢了，他不无得意地声称："赫泽尔女士还以为借用雷石东在与人沟通上的困难，就能让她重新回归他的生活、获得他的财富呢，她真是打错了算盘。"奥唐奈的一位助手跟随莎莉从法院回到了雷石东的宅邸，他将在此为她代理一个 7 000 万美元的新案子，在该案中，莎莉、她的儿子及雷石东的员工被控联手毁掉了曼努埃拉与雷石东的关系，并夺走了她所继承的财产。曼努埃拉的背后动机昭然若揭，而莎莉占据有利地位。她对克利格的表现非常满意，要克利格为她代理这起她很清楚是来自曼努埃拉的诉讼。在法庭外的走廊上，她如释重负地哭了起来。"我感谢法庭结束了这场旷日持久的折磨。"她在一份声明中说，"我为父亲感到高兴，他现在终于可以在朋友和家人的陪伴下平静地生活了。"[23]

在庭审结束那天的午餐时间，雷石东恳求某潜在情人和他一起与"鲍勃"及"最美丽的制片人"搞四人合欢的一段录音，被人发到名人八卦网站"雷达在线"（Radar Online）上。[24] 这段言辞露骨的话录于何时尚不清楚，但《纽约邮报》声称是在此前两年内。先前没有被诉讼摧毁的尊严，此刻已荡然无存。

一片混乱

两年来，她一直深信年老体衰的父亲在被人利用。现在，她却要辩解说，父亲具有对他长期持有的遗产规划做出巨大改变的心智能力。

菲利普·道曼的大办公室里塞满了各式玩具——海绵宝宝玩偶、"爱探险的朵拉"小摆件，以及新近添加的青少年喜爱的忍者神龟玩偶系列，这些代表着他为维亚康姆所设想的以知识产权为原动力、商业化为主导的全球化未来。但他最引以为豪的物件是由迈克·泰森和伊万德·霍利菲尔德共同签名的一副拳击手套，而就在那次签名几分钟之后，泰森就咬掉了霍利菲尔德的一大块耳朵。[1]那场比赛在 Showtime 频道直播，道曼当时正站在拳击台旁边。"事情发生得让人猝不及防，太吓人啦，"道曼向英国的《金融时报》表示，"现场一片混乱。"

　　如果说在并不嘈杂也见不到血的企业媒体办公室也会发生类似泰森突然狠咬对手一口这样的事，那就非 2016 年 5 月 20 日周五傍晚某人大笔一挥莫属了。那天晚上，即雷石东针对曼努埃拉所说的证词透露他不知道自己的名字仅仅两周后，一位声称代表雷石东的洛杉矶律师给道曼发了一封电子邮件，不过道曼从未听说过此人，那封邮件通知他，雷石东已经将他从全美娱乐公司董事会中踢出去，并解除了他信托基金受托人的身份。接替他的是一位做过媒体分析师的抽象派画家，名叫吉尔·克鲁蒂克，此人是莎莉交往20年的朋友。在这份文件上，雷石东的签名几乎向着页面的右上角高高地呈直线上扬，似乎在暗示他希望自己的股票有朝一日也能这样再次上涨。[2]乔治·艾布拉姆斯也遭遇了同样的厄运。就在令人震惊的一瞬间，道曼和他的盟友都被人从雷石东王国实实在在的权力宝座上拉下。随着这一宝座的失去，包括维亚康姆首席执行官一职在内，道曼的其他所有任职当然都会全面丧失。

自从那两个女人被赶出雷石东的家，莎莉开始花三分之一的时间陪在父亲身边起，道曼就一直担心她会这么干。2016年1月，他和艾布拉姆斯聘请了律师，研究如果他们作为信托基金受托人被踢开，他们能有什么样的追索权。[3]（答案就是，要努力证明雷石东已经丧失能力，且被其女儿操纵。）在这场庭审结束几个星期后，有关某些机制有可能被利用来赶走道曼的种种暗示，譬如雷石东可以把道曼而非莎莉除掉，开始一点点地渗透媒体。[4]所以当最终的打击到来时，尽管它令人震惊，但道曼其实已经严阵以待。电子邮件发来仅仅数分钟之后，维亚康姆发言人卡尔·福尔塔便向《财富》杂志发声，抨击道，发送这些邮件是"莎莉为了控制雷石东而采取的可耻手段，她非法使用了她的父亲萨姆纳·雷石东的姓名和签名"，并且指出，刚刚过去的庭审向所有人表明，"雷石东现在已经失去了采取这些步骤的能力"。[5]周一上午，马萨诸塞州政府大楼一开放，道曼和艾布拉姆斯就立即向诺福克遗嘱认证和家事法庭（雷石东家族信托基金确立之地）递交了诉状，以阻止别人将他们踢出信托基金。

莎莉坚决表示她与此事无关。[6]在一份措辞滴水不漏的公关声明中，她言简意赅地说："我完全支持我父亲的一切决定，尊重他做出这些决定的权威。"事实上，在庭审后的几周内，雷石东的家人围绕雷石东建立了一个由律师和公关专业人士组成的网络，这样一来，莎莉将完全与任何以雷石东的名义发表的声明或法律文件撇清关系。这中间发挥核心作用的就是雷石东的律师罗布·克利格，那位非常有创意且积极主动的诉讼律师。他帮雷石东打赢了与曼努埃拉的官司。

2016年3月，克利格加入了针对曼努埃拉的法律团队，不久之后，他就成了雷石东家族值得信赖的顾问。正如其中一位家族成员所说，克利格"全力以赴"的行事风格是以前的律师所没有的。他看问题总是从全局着眼。在诉讼案开庭之前，是他提出要力推莎莉出任雷石东的医疗保健代理人的，庭审结束后，又是他提议为雷石东找一位新律师来担任"公司法律顾问"的，由此，雷石东便可用新律师去跟自己几十年来最信任的心腹开战。

有必要给雷石东找一位新律师，其中部分原因就是，在即将到来的诉讼争斗中，派拉蒙显然首当其冲，而克利格此时还在为派拉蒙处理其他事务，因此他在职务上存在利益冲突。克利格知道派拉蒙公司必将引发一场大战，因为还在案件开审之前，当他在雷石东的豪宅中翻阅遗产规划时，雷石东就请他转告维亚康姆，说他不想继续出售派拉蒙。克利格先是将此话转述给了维亚康姆法律总顾问迈克尔·弗里克拉斯，但雷石东坚持要他去找更高的管理层，即直接转告董事会。所以克利格便又将雷石东的话转告了董事会的两位成员：乔治·艾布拉姆斯和弗雷德·萨勒诺，后者是威瑞森公司的前副董事长。自从威瑞森公司的前身纽约电信协助维亚康姆收购派拉蒙后，萨勒诺就进入维亚康姆董事会任职至此时。他听完了克利格的话，但说他要亲自和雷石东本人核实，因为他根本不认识克利格，甚至无法确定克利格真的代表雷石东。（后来，在开庭前后，萨勒诺多次尝试拜访雷石东，但都无功而返。）艾布拉姆斯几周后回顾道，他当时对克利格说，对于雷石东嘴上说的想要的，是否真的就是他心里想要的，他也说不准了。"我会以自己对雷石东的内心想法的观察来审视这件事。"艾布拉姆斯告诉克利格。

在经历了如此多的法律操作、索赔和反诉——更不用说还有一大群律师轮番上阵，各显神通——之后，在这样的时刻，的确很难知道该相信谁或该相信什么。因此，在收到这些信息后，无论是维亚康姆管理层还是董事会都未采取任何行动也就不足为奇了。他们的不作为却恰恰给了雷石东除掉他们的全部理由。

开庭后的第二天，克利格就按照原先的计划飞到夏威夷度假去了，但他大部分时间都在打电话，为了给雷石东找到一个没有利益冲突的公司法律顾问。经过别人引荐，他找到了奥睿律师事务所负责股东诉讼业务的迈克尔·杜。奥睿律师事务所是洛杉矶为数不多的与哥伦比亚广播公司或维亚康姆没有业务往来的律所之一，而且该律所不惧怕与世界最大传媒公司之一的首席执行官对簿公堂。另外，通过莎莉的发言人南希·斯特林的推荐，克利格还为雷石东找到了一位发言人——居住在波士顿的迈克尔·劳伦斯。接着，杜和劳伦斯便着手代表雷石东向道曼和艾布拉姆斯发难，在很大程度上，其理由就是道曼和艾布拉姆斯违背雷石东的意愿继续出售派拉蒙的股份。维亚康姆方面反驳说，他们俩没有代雷石东说话，因为就在几天前召开的董事会会议上，雷石东曾通过电话参会，但他并未提出任何反对出售派拉蒙股份的明确意见。

事实上，双方都有自己的事情要做。在质疑雷石东的心智能力方面，道曼陷入了一个尴尬的境地，即他此时所主张的意见与他在曼努埃拉诉讼案中所说的截然相反，他在当时提交的证词中可是称雷石东"非常投入和专注"。与曼努埃拉一样，他不得不小心翼翼地说清楚为何前不久（就本案而言即 2 月）雷石东还有正常的心智能力（当时还投票推举道曼接替他担任维亚康姆董事长），然而转瞬之间就没有了。道曼不仅面临法律挑战，维亚康姆持续的糟糕业绩对他来说更是雪上加霜，这使得任何意欲撤掉他的首席执行官职务的举措尽管不是那么直接，但更加符合逻辑，最符合股东们的利益，也与雷石东对先前首席执行官的做法一脉相承。

但莎莉所面临的挑战和风险更大。与道曼一样，她也突然发现，在有关她父亲的心智能力这一点上，她竟然自相矛盾地站到了自己先前所主张观点的反面。两年来，她一直深信是西德尼和曼努埃拉利用了她年老体衰的父亲，并发誓要起诉她们俩，理由是她们对他施加了极其过分的不当影响。现在，她却要辩解说，父亲具有对他长期持有的遗产规划做出巨大改变的心智能力。（这一年还没过去，那两个女人一直以来对接受雷石东遗产和馈赠之事恐遭人挑战的担忧，就被证实并非多余，雷石东将会起诉曼努埃拉和西德尼虐待老人和施加不当影响，而这两个女人则声称这场官司的幕后人是莎莉。）这种观点基本上把莎莉推到了维亚康姆董事会的对立面，而对于雷石东因在曼努埃拉案中做证反倒暴露自己的真实精神状态一事，董事会在惊恐之余便立即投票表决削减他的报酬，因为他们完全有理由担心，如果不这么做，他们就会在股东的诉讼面前不堪一击。"且不说别的，你总得问问该给他多少报酬才合适吧。"一位了解董事会想法的人士说，"你肯定要质疑他是否有能力当这个董事会的决策者。"

与雷石东亲近的人士指出，他对自己被减薪感到异常愤怒，这是他下决心开除道曼和艾布拉姆斯的又一个原因。几天后，在正式宣布这两位的继任者，并任命莎莉的女儿金伯莉为全美娱乐公司董事会成员之际，雷石东的声明简直带有《旧约》般的韵味："这就是我的信任、我的决定。"他说，"我启用那些对我忠诚者，除去那些对我不忠者。"[7] 如果你仔细听，你几乎可以听到《教父》的主题曲在背景中飘荡。

* * *

弗雷德·萨勒诺知道，对他来说，这部电影的结局可不那么美妙。就在一周前，这位资深的电信业人士被任命为新设立的首席独立董事（他在其他上市公司董事会担任过这一职务），这是维亚康姆为平息外界对其管理不善的批评所做出的最后努力。但从雷石东对道曼采取行动的那一刻起，萨勒诺就决定与这位四面楚歌的首席执行官风雨同舟，他们毕竟在维亚康姆董事会共事近30年。"我们相信，菲利普和整个管理团队已为公司发展繁荣制订了强有力的明智计划，我们当然支持这一计划。"[8] 他在一封致维亚康姆员工的电子邮件中写道，而此时正值道曼被赶下台的周末。

几个星期以来，萨勒诺一直在与雷石东的律师玩猫捉老鼠的游戏，试图找雷石东亲自聊一聊，这样他便可以自行判断雷石东是否真的知道那些正在以他的名义进行的一切，但徒劳无功。开庭之前，律师们禁止任何人拜访雷石东，以免惹他不高兴。庭审结束后，克利格又表示，任何造访都必须等到雷石东的公司法律顾问到位后才能进行。可等到杜上任后，他又延续了把萨勒诺晾在一边的这套把戏，称鉴于萨勒诺对媒体发表过有关雷石东和莎莉的评论，所以对他要见雷石东的请求"必须予以仔细斟酌"，并要求萨勒诺提交一份拟会面的日程表。萨勒诺不无嘲讽地按要求行事，说会面将开始于"共事几十年的老同事相互寒暄问候，并愉快地回顾过往的共同经历"，接着会有"问答环节"，以及"雷石东愿意与我分享的任何话题"，最后就是"道别"。

但萨勒诺知道，他和董事会的其他大部分人也会被赶下台，只不过分时间早晚而已。他们计划在特拉华州提起诉讼，以避免被统统赶走。[9]特拉华州是全美娱乐公司的创建之地。"我们都很清楚，这样的行为，仅从表面即可看出，完全不符合雷石东一生秉持的承诺，即在他丧失行为能力或去世后，维亚康姆仍要有一个独立董事会及专业的管理团队。"萨勒诺于2016年5月30日在一封回应有关他即将下台的猜测的公开信中写道，"说得更具体些，这同样与他发表了好多年的那个评断大相径庭，即他女儿莎莉不应该掌控维亚康姆或他的其他公司。"[10]他表示，转身离去很容易，但是"为了一个人"，董事会觉得从道义上也一定要反击，原因就在于那句"根本就说不通的断言，所谓雷石东是在按自己的自由意志行事"，但同时却又竭力回避与萨勒诺和另一位董事会面。董事会对维亚康姆的业绩当然不满意，萨勒诺写道，这也正是董事会想出售派拉蒙部分股份的原因，这样便可筹措急需的现金，并争取战略转圜来帮助公司重新站稳脚跟。

事实证明，维亚康姆的衰败正是莎莉所需要的契机。在道曼被踢出信托基金之后的那一周里，维亚康姆的股价上涨了13%，说明投资者正急切地盼着他走人。为了应对萨勒诺的进攻，莎莉至少在一定程度上不再装作与此次人事大变动毫无关系。[11] 通过她的发言人，她再次重申，她"无意管理维亚康姆，也无意担任董事会主席"，但她提出了强有力的理由，认为有必要进行一场彻底的变革。"萨勒诺和其他独立董事自己号称代表的那些股东已经表示，他们希望公司顶端出现新的管理层，也希望董事会里有能够发挥独立监督作用的强势董事。"各种报道开始披露消息，说莎莉已经在着手物色首席执行官来取代道曼，并与公司鼎盛时期的杰出人物，如朱迪·麦格拉思和杰弗里·卡曾伯格，都已交谈过。[12] 雷石东的律师们提交了阻止道曼请愿的动议，声称雷石东一直都被证实"具有法律层面的心智能力"，他们还提到，道曼"在经营维亚康姆的过程中做得非常糟糕"。[13] 像是要坐实这一观点，派拉蒙的夏季大片《忍者神龟：冲出阴暗》刚刚遭遇票房惨败，预计仅有3 530万美元的进账，但摄制该片却花费了1.35亿美元。[14] 如此惨淡的业绩使维亚康姆不得不降低第三季度的利润预期。

就在雷石东的律师们认为他具有正常心智能力的同时，他们却也（相当令人难以置信地）声称，就算雷石东真的没有那个能力也不成问题。[15] 在马萨诸塞州法院于6月7日举行第一次听证会的几天前，克利格透露，雷石东信托基金的七位受托人中，有四位已经批准了雷石东拟撤销道曼和艾布拉姆斯受托人身份的决定，从而使这一行动合法有效，而无论雷石东是否具有相应的心智能力。这就意味着，当雷石东身体健康时就长期与道曼和艾布拉姆斯保持步调一致的戴维·安德尔曼，现在却在雷石东生病时站到了莎莉一边。几位了解内情的人士表示，安德尔曼为那两个女人签发了那么多雷石东给的钱，所以他真的不堪一击。"戴维并不是超级有钱。"其中一人说，"多年来，他一直给雷石东家族成员开律师账单，但他后半辈子却经受不起雷石东跟他打官司。他做了一个非常现实的决定：'我要跟莎莉站在一起。'他一直就是个最易攻破的环节……莎莉一旦有了戴维，那基本上就赢定了。"安德尔曼否认这是他反水的动机。"莎莉从未因为我在雷石东付钱给那两个女人的过程中起过作用，就以起诉来威胁我，我也没有'掉过头来就站在她这边'，而是继续代表雷石东，并以最符合其利益的方式行动。"他说。

全美娱乐这次投票意味着道曼和艾布拉姆斯"真的赢不了"，正如一位知情人士所说。即使马萨诸塞州法官发现雷石东缺乏正常心智能力，他们俩也不可能再回到全美娱乐董事会或信托基金托管会。然而，6月6日，周一，道曼和艾布拉姆斯的律师要求立即为雷石东进行体检，因为他们声称，他的身体非常不好，不能"说话、站立、走路、吃饭，也不能写东西或看书"。[16]雷石东的外孙女凯琳决定加入被踢走的这两位受托人的阵营，说她最后一次看到自己的"暴脾气外公"是在2月，当时他就那样"毫无生气地坐着"。[17]凯琳的代表律师是奥唐奈，他目前仍在几场法律战斗的前线替曼努埃拉作战。透过奥唐奈，凯琳指称莎莉及其子女想方设法"成功地绑架、洗脑和利用了我的外公，就因为他的精神状态糟糕透顶，身体也极其虚弱"。

凯琳是其外祖父信托基金的受益者及莎莉的死对头，如果莎莉和她的盟友控制了该信托基金，那凯琳将损失惨重。曼努埃拉的起诉被驳回的那一天，凯琳在推特上发了一张经过篡改的莎莉照片，照片中的莎莉吸血鬼似的苍白面孔上流着鲜血，一直流到下巴。凯琳还发了一则更具煽动性的推文，指责莎莉为她父亲"召妓买嫖"，尽管该推文当时就被立即删除了，但还是被《好莱坞报道》杂志截屏发了出来。[18] 她唱的这一出戏，足以令她从克利格那儿领到一封勒令停止的警告信。

道曼和艾布拉姆斯并不是唯一急不可待的人。就在第一次开庭的前夜，新组建的全美娱乐董事会宣布已经修改了维亚康姆的内部规章制度，要求必须有一致同意的投票结果，才能出售派拉蒙的任何股份，给道曼为拯救公司财政恶化局面而采取的绝望的最后努力踩下了急刹车。[19] 维亚康姆谴责此举"不合法"，但越来越明显的是，维亚康姆管理层执掌该公司大权的时间不会太长了。耶鲁大学管理学院高级副院长杰弗里·索南菲尔德对《华尔街日报》表示，这一举动"显然有点儿像猫在杀死猎物前先逗弄一番"。[20]

* * *

2016 年 6 月 7 日，星期二，一个炎热潮湿的早晨，在马萨诸塞州波士顿郊外的坎顿，22 名律师挤进诺福克遗嘱认证和家事法庭亮着日光灯的审判室。[21] 从这个法庭沿着公路往前走，就是米基最初在故乡戴德姆创立的汽车影院。一方面，在这里审理此案似乎再合适不过，因为庞大的雷石东传媒帝国的命运将决定于此，就在这个雷石东故乡的不知名的办公园区里，就在这座外形酷似胶卷的现代主义奇怪建筑里。而打造这一建筑的伊士曼柯达正好就是维亚康姆可以一比的公司，原因就是维亚康姆同样无力适应技术变革。另一方面，该法庭似乎对这场争斗的规模和重要性毫无准备。道曼和艾布拉姆斯在诉状中点到了雷石东家族信托基金的所有受托人和受益人的名字，甚至连金伯莉和杰森·奥斯海默的两个幼小子女也没漏掉，迫使他们每个人都雇用律师。用一位观察员的话说，这个法庭看起来"就像是律师协会在开会"。法官乔治·费兰对涉案金额感到惊讶。"我是在贫困家庭救济住房中长大的，"他说，"那时口袋里能有 25 美分，我就感到很幸运了，所以直到今天我仍在努力理解'亿万财富'到底是个什么概念。"

费兰似乎不愿意采取任何快速行动，而快速行动却是道曼和艾布拉姆斯所需要的。虽然他们的律师——保罗-韦斯律师事务所的莱斯利·费根声称雷石东已然"命悬一线"，但克利格却反驳说，雷石东每天都锻炼身体，还离开家去看望他的外孙布兰登，以及他在马里布的朋友们。[22] 费兰法官询问，如果雷石东对派拉蒙极为不满，那他近日往董事会会议打来电话时为何不说出来，克利格解释说："一般来说，打电话不是他最能充分表达观点的方式。"费兰法官表示，他需要几天时间来决定是否允许开展快速调查，但在雷石东的律师们于当月晚些时候提出驳回此次诉讼的动议之前，他"可能会，也可能不会"做出决定。[23] 道曼和艾布拉姆斯所需要的快速进程，看来在马萨诸塞州是没希望了。

第
23
章

"内部清理"

雷石东多次明确表示，在孩子们前面排第一位的总是他的最爱——他的事业。相比之下，莎莉当年坚持每晚回家与其一起吃饭的人，现在已经成了她属下的董事会成员和信托基金受托人。

与此同时，随着各路律师大军于2016年6月初在马萨诸塞州和特拉华州集结到位，莎莉的儿子泰勒想知道能不能以另外一种方式来化解当前局势。[1]在瞒着自己母亲的情况下，这位30岁的初创公司首席执行官悄悄地与道曼接触，想看看双方是否可以通过幕后途径来达成和解协议。泰勒在全美娱乐董事会与道曼一起工作过，这两位彬彬有礼的曼哈顿律师有一个共同的喜好，那就是都痴迷于工商交易律法。泰勒心里十分确定，道曼是个非常现实而又不愿冒险的人，所以他有足够的理由坐下来谈判，进而找到一条不动干戈的退路。他是对的。

不久之后，泰勒和他的律师，来自霍兰-奈特律师事务所的戴维·斯隆，以及道曼和他的律师——保罗·韦斯律师事务所的鲍勃·舒默，在维亚康姆总部的一间会议室里坐下来，拉开了将近两个月的和解谈判的序幕。泰勒认为，此事的关键是要让道曼感到其漫长的职业生涯已经达到顶点，而对道曼这样一位资深的企业并购律师而言，最好能达成一笔理想的交易，让他风光体面地离开。在最初的谈判中，泰勒甚至提出了合并维亚康姆和哥伦比亚广播公司的想法，这个想法，全美娱乐公司董事会已经酝酿了三年。但很明显，道曼觉得眼下为了稳住维亚康姆而最急需的交易，是为派拉蒙找到重要的合资伙伴。于是，这笔交易的大致框架很快就出来了，即在得到机会向董事会阐明派拉蒙交易的种种好处之后，道曼就离职下台，而其他几位惹是生非的董事会成员也差不多要立马走人。

＊　　＊　　＊

与此同时，道曼的对手们对正在进行的和谈毫不知情，仍然不断升级他们的攻势。为了反驳所谓"雷石东已经命悬一线"的说法，莎莉用一辆小面包车载着雷石东，亲自开车送他到派拉蒙总部。6 月 10 日，周五上午 11 点左右，她将车停在萨姆纳·雷石东大厦前，这里曾经设有行业前辈阿道夫·朱克的办公室。[2]早在 2012 年，在为大厦命名的致辞中，雷石东就曾自鸣得意地说，这些人不想等到他离世后才以他的名字来命名这座大厦，因为"我永远不会死"。大约有短暂的十分钟光景，莎莉邀请布拉德·格雷进入面包车与雷石东会面。一位知情人士向《好莱坞报道》的记者说，雷石东接着在这里参观了一番，这是他一年来首次公开露面。《华尔街日报》报道，在之后那一周的周二，他和莎莉又在哥伦比亚广播公司位于电影城的西海岸办公室如法炮制，哥伦比亚广播公司的首席执行官莱斯利·穆恩维斯也从办公室跑下来同雷石东聊了大约十分钟。[3]萨勒诺一直请求与雷石东面谈，却始终未有任何进展，就在他把这些见面称为"为了法律和宣传搞的把戏"时，雷石东的发言人却发表了一则声明，其中说"我不再信任菲利普（·道曼）或那些支持他的人"。

直到此时，汤姆·弗雷斯顿依然对维亚康姆的衰落耿耿于怀，他转而投身于忙碌的慈善和投资事业，并帮助 Vice Media 在业界开疆拓土。但在 6 月 15 日接受 CNBC 的采访时，他公开了自己对道曼的极低评价。"我认为，对该公司而言，他从来都不是一个最合适的领导者。"弗雷斯顿说，"他有一系列相当严重的失误。"[4] 弗雷斯顿的批评火力十足，从优兔诉讼案中的连连昏招，一直到糟糕的企业文化在数月之内就逼走了大厦内所有的创新人才，其中包括来自喜剧中心频道的大牌明星乔恩·斯图尔特、斯蒂芬·科尔伯特和约翰·奥利弗。对此，维亚康姆认为不得不有所回应。维亚康姆发言人对 CNBC 表示："相比菲利普·道曼的前任于 2006 年卸任时，如今的维亚康姆明显规模更大，全球化程度更高，所创造的利润也更多。"

在随后的采访中，弗雷斯顿说，他上电视并不是为了把道曼赶下台，但当他们开始向他发问时，他却禁不住完全照实回答。至于是不是莎莉撺掇他这么做的，他告诉 CNBC，尽管他们之间关系很友好，"但她并不知道我要上电视"。但在他下了节目之后，莎莉给他发来了一封满是笑脸表情的电子邮件。在舆论的法庭上，道曼已经输了。

维亚康姆董事会在次日突然改组，若换作其他任何日子，这都可能是件令人震惊的大事，但在上述当众打冷枪的不同寻常的大背景下，这一切似乎也就很平常了。[5] 正如这出大戏中的各色人等数周前就预料到的，全美娱乐公司正式宣布，将解除道曼、艾布拉姆斯、萨勒诺及另两名独立董事在维亚康姆董事会的职务。取而代之的是拥有更多传媒行业经验的一大批新董事，其中就包括：长期担任 MTV 公关顾问的肯·莱勒，他后来与人共同创办了《赫芬顿邮报》，并担任 BuzzFeed 新闻网的董事会主席；朱迪思·麦克海尔，探索通信公司前首席执行官；罗纳德·纳尔逊，梦工厂的前首席运营官，后来成为安飞士巴吉集团的董事长；尼科尔·塞利格曼，索尼娱乐公司前总裁；汤姆·梅，波士顿 Eversource 能源公司的董事长。萨勒诺立即在特拉华州起诉，意图阻止这场全面变革，称这是莎莉为了违背其父意志而要控制维亚康姆的"一次厚颜无耻且明显无效的尝试"。莎莉否认精心策划了这一行动，但她通过她的女发言人表示，她支持这次全面重组，因为"这根本无关权力或个人性格，一切都是为了将维亚康姆所有股东的价值最大化"。道曼尚未正式卸去首席执行官一职，这一决定技术上应由董事会做出，但接下来形势发展的走向已然毫无悬念。根据《华尔街日报》后来的一篇报道，就在同一天，莎莉给汤姆·杜利打来电话，请他在道曼离职后担任临时首席执行官。[6] 杜利表示同意，并踱步到道曼的办公室，把这件事告诉了他。道曼认命地辞职了，他说："若说这是她的计划，那么这就是她的计划。"

但这并未阻止他在交出权力前完成最后一笔交易。由于整个 7 月，私下进行的和解谈判及诉讼事宜都一直在拖延，道曼便继续推动为派拉蒙寻求合资方，并就将该公司 49% 的股权出售给中国的万达进入先期谈判，因为他认为此交易将令维亚康姆的股价上涨 10 美元。但当此谈判的消息被泄露给路透社后，全美娱乐很快就否决了这个主意——而且显然并未考虑股价——声称这样一笔交易将限制维亚康姆接纳其他合资伙伴的能力，"也令那些或许有意于包含整个维亚康姆的更大宗交易的各方寒心"。[7]
按照分析师们的预计，在这类更大宗的交易中，最有可能的就是
并购哥伦比亚广播公司，许多分析师多年来一直在推动这一交易。
穆恩维斯曾表示有意经营一家电影制片厂，并始终对 2006 年的
大拆分中派拉蒙落入弗雷斯顿之手感到恼怒。7 月初，他现身于
一年一度在爱达荷州太阳谷举办的艾伦公司传媒行业会议，并开
着一辆租来的别克带莎莉去吃晚饭。[8]

* * *

7 月 27 日，道曼与泰勒及雷石东的其余家人谈妥了他不失
体面的投降协议，并且已经准备好与维亚康姆董事会的其余成员
分享这一消息。然而这一结果并没有什么用。萨勒诺及其独立董
事同人们对道曼背着他们与人谈判大为光火，也对这笔交易让道
曼自己软着陆，却让其手下的董事们仓皇离开感到不痛快。"我
认为他们对菲利普的做法非常不满，"一位了解谈判情况的人士
表示，"但他们并没有立即否决它，而是能拖则拖，就是想看看
在马萨诸塞州和特拉华州会发生什么情况。"

在马萨诸塞州和特拉华州发生的情况，就是道曼和其他身陷
困境的董事大胜，从而改变了和解谈判背后的权力动态。[9]在这
两地的审理中，维亚康姆董事关于雷石东遭人操纵的指控得到了
足够的重视，所以开庭日被定在 10 月。特拉华州法官安德烈·布
沙尔尤其不屑于所谓雷石东的心智能力无关紧要，因为他们已经
在他不在场的情况下投过票的说法。"这或许是彻底利用了一个
根本无意这样做的人，这是完全不可能作数的。"于是谈判进入

休眠期。

维亚康姆灾难般的第三季度收益报告让谈判重启了。[10] 8 月 4 日，该报告一经发布，就成功启动了多个州的数十名律师都无法办到的事情。维亚康姆在该季度的利润下降了 29%。各有线电视网的低收视率令广告收入减少了 4%。最令人担忧的是，几十年来作为维亚康姆增长引擎的代销商业务，即来自有线电视及卫星电视公司的本应不断上涨的收费，也下降了 10%。高管们还警告说，派拉蒙当年将亏损运营，而最终实际亏损接近 5 亿美元。此次财报电话会议后，全美娱乐公司表现得更像一个特别积极维权的投资者，而不是维亚康姆的控股股东，并发表声明说，维亚康姆管理层"未能明确一个可靠的长期计划来扭转公司颓势"。[11]

对陷入这场闹剧的几名局内人来说，这次财报电话会议是压垮他们的最后一根稻草。紧随其后，莱勒请求莎莉允许他给她和自己的朋友阿里耶·布尔科夫牵线搭桥，布尔科夫是专注传媒的精品投资银行 LionTree 的创始人，而且数月来一直在非正式地为萨勒诺提供建议。看到雷石东与其女儿几十年纷争不断，萨勒诺起初深深怀疑莎莉是否真的可以代表她的父亲重组其帝国。但随着维亚康姆的业绩每况愈下，在布尔科夫的帮助下，萨勒诺开始意识到，他对维亚康姆独立股东的责任与莎莉取代道曼的愿望，并非完全不同的目标。此外，道曼背地里进行和解谈判也令萨勒诺颇感不是滋味。8 月 7 日，萨勒诺接受了布尔科夫的邀请，前往莱勒在纽约州奎戈的家，他们三人在一起完成了制定一份新协议的基础工作。为了做一个礼貌有加的宾客，布尔科夫在去会面的路上，在南安普敦的泰特面包店买了糕点。可谁也没有碰这些糕点，因为他们太害怕碳水化合物了，但源于这些糕点的故事登上了《华尔街日报》，所以后来这次会面就被人们广泛称作"松饼峰会"。在仅仅两周之内，各方都签署了和解协议。

这份新协议与最初的那份几乎没有什么不同，只是允许大多数被解职的董事会成员留任至翌年2月的公司年会，但声明中未具体列出哪些人将离职。[12] 道曼将于2016年9月13日辞去首席执行官职务，新的董事会成员也将在这一天开始履职，汤姆·梅有望成为新的董事长。杜利将出任临时首席执行官，直至9月30日维亚康姆财年结束为止。道曼极想在董事会上做最后一次演讲，解释出售派拉蒙股份的种种有利之处，但在经历了一场狂飙突进运动① 般的折腾之后，他只是悄悄地分发了一份备忘录，卖出了自己相当一部分的维亚康姆股票，然后借助于其7 200万美元的"黄金降落伞"的缓冲，最终悄然归隐于普通人的生活之中。[13]

达成"和平协议"的那个周末，派拉蒙和米高梅斥资1亿美元重拍的1959年经典影片《宾虚》的同名电影在影院上映，却以史上罕见的惨败终，美国国内票房仅为1 140万美元，让人唏嘘不已。[14] 这部电影由马克·伯内特和罗马·唐尼制作，他们之前凭借剧集《圣经故事》成功掘金，所以此片主要面向那些蜂拥争睹《耶稣受难记》的教徒观众，但却未能获得同样的反响。派拉蒙副董事长罗布·穆尔将此片的失败解释为行业大趋势的一部分，他向《纽约时报》表示："诸如《捉鬼敢死队》《独立日》《宾虚》这样的影片，表面看来都像是肯定会大火的大片，但在重

---

① 狂飙突进运动是指18世纪60年代晚期到80年代早期德国新兴资产阶级城市青年发起的一次文学解放运动，也是德国启蒙运动的第一次高潮。——编者注

拍片的世界，观众特别挑剔。"好莱坞在创意方面已经江郎才尽，而派拉蒙尤为明显。

＊　　＊　　＊

9月14日，周三，维亚康姆的新董事会在纽约举行了首次会议，新任董事们发现，公司的财务状况比他们想象的还要糟糕。维亚康姆的信誉正逼近垃圾级别，派拉蒙令人瞠目的亏损也在加速。经过一个多星期严苛的预算和战略会议，高管们制订出一个紧急"止血"的计划：股息分红减半，利用债券市场立即给公司一些喘息的空间，并且采用非同寻常的先置手段，预先将一部未命名电影的预期票房调低1.15亿美元，该片虽然尚未发行，但显然也是会让人惊掉下巴的类型，所以高管们认为根本无须揣测其上映后的表现。[15] 根据后来披露的消息，该电影就是《怪兽卡车》，一部运用了电脑特效的动作片，讲述了一头怪兽赋予一个少年的玩具卡车特殊能力的故事，灵感源于派拉蒙公司一位高管对其三岁大的孩子喜欢玩卡车的观察。新董事会正式否决出售派拉蒙股份，接受杜利的辞职并向他支付了6 000万美元，从而将"前朝旧制"的主要残余一扫而光。"现在需要做什么一清二楚，"一位了解新董事会想法的人士表示，"董事会决定现在就行动，为了向前发展而重新开始。"

但谁将领导新班子呢？唯一明显的候选人就是莱斯利·穆恩维斯，这位哥伦比亚广播公司的首席执行官，是一位有点石成金才能的节目制作人、能完美取悦华尔街的人，也是企业政治的专家级领路人。多年来，分析师和投资者一直充满渴望地谈论，要是能以穆恩维斯的创意杰作来指导维亚康姆那些陷入困境的品牌该多好，更不用说他手里的哥伦比亚广播公司广播网络对 NFL 比赛和其他运动赛事的强大转播权，对于为无体育节目的 MTV、尼克罗迪恩频道和喜剧中心频道等平台的节目发行而与有线电视和卫星电视公司谈判来说会多么有利。

在电视上，NFL 比赛的转播权就像核武器一样，确实十分昂贵，但也带来了无价的十足底气，没有人会不把你当回事。哥伦比亚广播公司巧妙地利用该转播权和其他体育节目版权，以及《生活大爆炸》等一大批热门剧集，与转播其下属各家电视台节目的有线电视公司达成了有利的协议。与此同时，它还利用这些业务，从那些不属于自己的当地 CBS 联盟公司压榨不断上涨的费用，创造一种对投资者有利的商业模式，促使哥伦比亚广播公司逐渐从依赖波动不定的广告市场，转向稳定的订阅收入。与此同时，在穆恩维斯的领导下，哥伦比亚广播公司与其他广播网络所有者分道扬镳，创建了每月收费 5.99 美元、直接面向消费者的流媒体服务，名为 CBS All Access。此服务在刚推出时并没有 NFL 的比赛，那是由于哥伦比亚广播公司尚未获得相应的数字版权，然而大多数业内高管依然认为，该服务是在发行谈判中可以用来胁迫有线电视和卫星电视公司的利器。但哥伦比亚广播公司开始向该服务提供原创内容，将最受观众喜爱的一些影视剧（比如"星际迷航"系列的最新作品）放到该平台上，并最终获得了在该平台播放 NFL 比赛的权利。两年后，其订阅用户数量超过了 100 万，预计到 2020 年将达到 400 万。这些数字很难与网飞的数字相比，但它们昭示了大有可为的前景，表明只要经营得当，即使哪一天付费电视的城堡轰然倒塌，那些高质量的内容和品牌也能够靠自己生存下来。这正是维亚康姆的投资者想看到的一线希望之光。

同时，穆恩维斯始终想要拥有一家由他自己经营的电影制片厂，这可是娱乐行业中的终极权力宝座。多年来，由于有道曼这个共同的竞争对手，他和莎莉一直保持着相互尊重，有时甚至有些谨慎的联盟关系。[16] 从 2015 年年初开始，有关雷石东的健康状况急转直下的消息就传得沸沸扬扬，令那些专注于传媒业的银行家不禁窃喜，期待维亚康姆和哥伦比亚广播公司有可能出售或合并。[17] 而就在此时，各种报道浮出水面，称穆恩维斯正与私募股权公司商讨如何买下全美娱乐在哥伦比亚广播公司中的控股股份。但随着维亚康姆的业绩持续恶化，以及莎莉的崛起上位，他开始着手争取她的支持，以便为前景非同寻常的后雷石东时代，即一个没有了道曼的未来做好准备。

与此同时，2006 年维亚康姆和哥伦比亚广播公司最初拆分中的许多其他纯粹的行业元素还没有派上用场。电影制片厂与优质的付费有线频道应当相辅相成。当派拉蒙和 Showtime 都为同一家公司所有时，它们就代表了一种简练的垂直整合。当年的拆分令两家各自为政，这意味着在与 Showtime 的交易失败后，维亚康姆不得不从零开始打造另一个付费频道 Epix。而当派拉蒙久负盛名的电影制片厂在拆分中并给维亚康姆时，其电视制作部门却并给了哥伦比亚广播公司，给派拉蒙留下了一个空洞。布拉德·格雷直到近期才开始填补这个空洞，重新从零开始打造派拉蒙电视公司，但为时已晚。与此同时，哥伦比亚广播公司推出的影业公司也表现平平。

2016 年 9 月 29 日，道曼离开其办公室仅仅两周之后，全美娱乐就致信维亚康姆和哥伦比亚广播公司两家董事会，要求他们探讨合并事宜，说两家合并"或可形成巨大的协同效应"。[18] 信中更是推崇全股份交易，并警告那些垂涎欲滴的银行家说，全美娱乐不会考虑任何会让自己失去对这两家（或分或合的）公司的掌控的交易。信函由全美娱乐首席执行官萨姆纳·雷石东和总裁莎莉·雷石东共同签署。

原则上，这是有道理的。"我们从不认为它们应该分开。"墨菲特内桑森调研公司（MoffettNathanson）的分析师迈克尔·内桑森告诉《华尔街日报》。他还说，2006年的那次拆分"在十年里摧毁了大量的家族财富"。但这样的公开声明给了穆恩维斯极大的筹码，而且他对将来有可能被维亚康姆的重重困难拖累的前景已经很坦然了。他要的只是交易时哥伦比亚广播公司股票的估值能高于维亚康姆的股票，以及交易后他仍能享有自己早已习惯的同等程度的自治权。虽然有传言说莎莉可能把带表决权的股份摊在台面上来完成这笔交易，但现实却是，就如同她的父亲一样，她也决不会放松一丝一毫雷石东家族对所有公司的控制。

尽管如此，两家公司的董事会都成立了专门委员会，聘请了大批银行家和律师来权衡合并的利弊。[19] 在内部会议上，维亚康姆为哥伦比亚广播公司描绘了一幅美好的前景：得益于每年增长5%的广告收入及其他方面的向好发展，原本交易价格在每股30美元左右的维亚康姆股票将很快会涨到每股60美元。"哥伦比亚广播公司也说得实在：'好啊，那就快去干吧，什么时候干成了再回来找我们。'"一位了解会议情况的人士说。穆恩维斯没什么热情，因此投资银行家们也没多大进展。"正所谓孤掌难鸣，"一位了解会议情况的人士表示，"莎莉为了换掉那两家公司中的一家的首席执行官也整整奋战了一个夏天。要想转过头来就去跟另一家的首席执行官再战，这也太难了。我不确定她是否真的有勇气坚持到底。"

但是，当要莎莉站出来为保护父亲而同那两个她认定欺负了他的女人做斗争时，她还真是颇有勇气的，之后也豪气不减。当特别委员会及其顾问们在权衡这个传媒帝国的未来时，罗布·克利格准备好了一起轰动一时的诉讼，要以曼努埃拉和西德尼一直最害怕的方式追究她们。2016 年 10 月 25 日，雷石东向洛杉矶高等法院状告这两个女人虐待老人，并试图"连本带利"追回他给她们俩总计 1.5 亿美元的财产。[20] 克利格坚称，尽管莎莉曾威胁要起诉这两个女人，但"莎莉恳求父亲不要提起虐待老人的诉讼。假定西德尼和曼努埃拉将雷石东同他的家人一直隔绝到他去世，那莎莉一定会很乐意与他们开战。而既然她已经迎回了父亲，她现在最大的愿望就是西德尼和曼努埃拉从他们的生活中永远消失。她宁愿她们俩留着那些钱，也不愿她们俩留在这一团乱麻之中搅和"。

与此同时，西德尼和曼努埃拉的律师声称，莎莉是整件事情的幕后主使。他们注意到，该诉讼被提起的时候，雷石东其实已经不能说话了，更别提雇用法律顾问来应对复杂的起诉了。

对一个刚刚实施了惊人地成功的公司政变的人来说，这是一个风险极高的策略。由于克利格提出雷石东太容易受到不正当影响，所以那两个女人才能够在他并没有真实同意的情况下从他的银行账户里大肆取钱，克利格正在近乎危险地动摇 2015 年以来众多决策（以及莎莉的崛起）所依据的基础，即他们所主张的雷石东当时心智能力正常的说法。（尽管在这种语境下，克利格的主张，即无论雷石东心智能力正常与否都无关紧要，因为莎莉已经握有投票结果，有更大的意义。）这引出了另一个疑问，即莎莉作为维亚康姆和哥伦比亚广播公司两家公司董事会的成员，既然早在2014年就得到有关其父亲经常被年龄比他小一半的女人弄得泪流满面的报告，为什么没有更早地发声表示关切。

与那两个女人打官司使莎莉内部圈子的某些成员担心，认为她应该见好就收。但是，随着官司从几个月一直打到几年，有趣的事情发生了：竟然啥事也没有。雷石东的法律团队成功反击了那两个女人让他下台的企图。曼努埃拉被赶出了卡莱尔酒店的公寓套房。截至2018年春，这场诉讼仍未结束。不过，至此为止，克利格为雷石东家族所冒的所有风险都得到了回报。2017年7月，他被投票选为哥伦比亚广播公司董事会的成员。

* * *

随着杜利的离去，在特别委员会权衡合并之际，需要有人来确保维亚康姆各方面继续正常运转。这份工作要求既要有罕见的能力，还要有谦逊的品格，因为穆恩维斯完全有可能很快就会让此人结束使命。鲍勃·巴基什完全符合这个标准。作为维亚康姆国际部的首席执行官，他管理着公司里一个业绩可圈可点的部门，也幸运地避开了2016年的那出大戏。

巴基什身材高大，面色红润，胸膛宽阔，敞开的衬衫领口经常露出一点儿胸毛，散发出一种极易接近的普通人气质。他是一个技术官僚，不是有创见的梦想家，但是他在那些电视发行系统明显不同的国家的经历，给了他关于如何包装和推广维亚康姆各频道的各种创新想法。最重要的是，他不是一个信口胡言的人。他在 2016 年 10 月 31 日担任了代理首席执行官。[21]

六周之后，穆恩维斯仍然对合并缺乏热情，而维亚康姆最新的季度财报则显示利润下降了 25%，全美娱乐于是叫停合并谈判，并任命巴基什为维亚康姆的常任首席执行官。华尔街人士窃窃私语，称穆恩维斯已经全力以赴了，但莎莉却滔滔不绝地大声说，正是巴基什重整计划的力量使她改变了想法。巴基什承诺恢复维亚康姆的创意文化，修复与发行商的紧张关系，控制派拉蒙的财务状况，同时推动该公司以其更多的电影创意来发掘维亚康姆频道品牌的潜质，譬如 MTV 和尼克罗迪恩频道。

最重要的是，就算没说出来，巴基什也是莎莉的人。他欢迎她提意见，而她也对他的才华赞不绝口。在谨小慎微和避开聚光灯多年之后，她看上去似乎放松多了，开始做更多的公开演讲，在各种现场即兴回答问题，从大型传媒公司的规模需求，一直到区块链技术给科技投资者带来的机遇。她不时地脱口而出她父亲的那句经典格言——"内容为王"。但她做得最多的还是赞扬巴基什，说他正在恢复曾经定义了她父亲鼎盛时期的维亚康姆文化。此话的确不假，在巴基什的领导下，MTV 重新启动了《互动全方位》(*TRL*)、《不插电原音重现演唱会》(*Unplugged*)，甚至《泽西海岸》的特许发行权，希望能恢复其失去的魅力。

到 2016 年年底，随着莎莉亲自精心挑选的首席执行官走马上任，媒体和娱乐产业界已经明确意识到，她自己终于成了行业大亨。《好莱坞报道》将她命名为"年度娱乐业高管"，以表彰"她在对家族企业公私领域进行内部清理方面所取得的成功"。[22]

在诉讼悬而未决的情况下，虽然每个人仍猜不透她到底是如何做到这一点的，但这位身处其中的角斗士却给整个业界留下了深刻的印象。她感激地颔首接受那些桂冠。"对我个人、我的家人、我的职业生涯来说，这都是非常艰难的一年。回首过去，我们所取得的成就令人难以置信。"她对《好莱坞报道》这样表示。媒体专栏作家迈克尔·沃尔夫称她为"出人意料"的媒体大亨，但他指出，她也是"首位当上媒体大亨的女人"，她身上具备了所有被认为女性化的特质，诸如耐心、谦逊、开放的胸襟和同理心，但这些特质显然都是非雷石东式的。[23] 她继续坚称自己不想亲自管理公司，只是要确保所有公司都拥有优秀的首席执行官和强有力的董事会。"当他们需要我的时候，我就在那里；当他们不需要我的时候，我就去做我的非营利工作，以及我在 Advancit Capital 公司所做的工作。"

身为大亨，她最重要的责任就是要确保过去一年的噩梦不会在 30 年内再次上演。因此，在所有战斗的背后，她悄悄地把儿子布兰登带入全美娱乐董事会当了董事。就这样，她的三个子女全部进入全美娱乐董事会，已然准备好接过上一代人监管这个家族传媒帝国的衣钵。尽管他们每个人性格迥异——金伯莉是一个改良家，布兰登擅长表演，而泰勒是解决难题的能手——但他们之间没有任何不和的迹象，这与莎莉和其哥哥布伦特的关系完全不同。三个人共同经营着一个慈善基金会，另外，正如法庭文件显示的，他们曾一起努力搜集关于曼努埃拉和西德尼的相关材料，就好像是在团队作战。莎莉和艾拉·科尔夫的婚姻或许不能令他们白头偕老，但毕竟不像莎莉和布伦特还小的时候，雷石东和菲丽丝几乎天天吵架那般。雷石东很爱他的孩子们，但也多次以大大小小的方式明确表示，在他们前面排第一位的总是他的最爱——他的事业。相比之下，被莎莉始终视作头等重要的家人——她当年坚持每晚回家与其一起吃饭的人，现在已经成了她属下的董事会成员和信托基金受托人。

随着巴基什搬进道曼位于 52 层的维亚康姆总部的原办公室，莎莉也着手翻新父亲在走廊尽头的老办公室，在这里，令人眼花缭乱的全景视角能让人看到世界贸易中心一号楼犹如方尖碑似的赫然矗立在曼哈顿下半部分街区之上。她的品位，即便不如斯巴达式那么清苦，也是非常清新简约的，是奶油色和米色的柔和交响曲。在为数不多的几件装饰品中，有一幅她的朋友吉尔·克鲁蒂克的画，这幅由淡紫色和灰色构成的模糊抽象画反映了远处朦胧的天际线；一件收藏在镜框里的新英格兰爱国者橄榄球队四分卫汤姆·布雷迪的球衣；数张加了相框的她那天使般可爱的黑发孙辈的照片；一小张她依偎在父亲身边的抓拍照，当时两人都穿着爱国者队球衣。照片上，她竖起两个大拇指，而他看起来毫无生气。

尾声　首位传媒女大亨

　　2017 年 11 月 30 日下午，一群头发染成紫色、穿着破洞牛仔裤、叽叽喳喳的十几岁孩子从维亚康姆总部鱼贯而出，涌入了时代广场，他们要不是都在低头看手机，简直就会被人当成他们上一代的青少年版本。毕竟，他们刚刚排队参加了一场极具 20世纪 90 年代末期之风的活动——MTV 的《互动全方位》节目的现场录制。这是一场音乐视频倒计时秀，曾令一代年轻观众为布兰妮·斯皮尔斯、埃米纳姆和碧昂斯等明星倾倒。该节目停播了近 10 年之后，恰逢智能手机和社交媒体兴起，维亚康姆新的管理层就决定恢复该节目，重点推出几位在照片墙（Instagram）上拥有大量粉丝的新锐主持人。最热烈的尖叫声当然是留给帅气的多兰双胞胎的，这对时年 17 岁的"优兔人"拥有 500 多万个社交媒体粉丝。那天下午，他们的拿手好戏是互相刮胡子和吃放了好多虫子的比萨。（假如米基·雷石东也在现场，那他无疑会把他们当成杂要演员。）该节目的重启，只是由鲍勃·巴基什执掌的新维亚康姆的众多举措之一，目的就是重新确立其作为流行文化权威、收视率赢家和不容小觑的媒体巨头的地位。

在过去的十年里，巴基什一直在运营维亚康姆的海外国际频道。在海外，MTV 品牌仍是青年文化的灯塔，付费电视的市场也仍在增长。看到这种情况，他对维亚康姆众多经典产品的持久力有了独特的认识，尽管他也承认，由于智能手机和社交媒体的出现，仅仅重新恢复维亚康姆那些最畅销的拳头产品还不足以重振公司。在巴基什上任后的头 12 个月里，MTV 已经复活了《不插电原音重现演唱会》《我甜蜜的 16 岁花季》，以及最符合也最牵动巴基什作为新泽西人的那颗思乡之心的《泽西海岸》节目的特许发行权。《泽西海岸》最初于 2009—2012 年仅在美国国内独播，但放眼全球范围，几十部仿拍的节目至今仍在播放，包括《乔迪海岸》（*Geordie Shore*）和拍摄地在其实地处内陆的华沙的《华沙海岸》（*Warsaw Shore*）。巴基什在 2017 年 11 月举行的商业内幕新闻网 Ignition（点火）大会上说："美国制作团队 5 年前就将其放弃了，这真的很愚蠢。"在派拉蒙，继解雇布拉德·格雷（2017 年 5 月因癌症去世）之后，巴基什于 2017 年 3 月为这家电影制片厂指派了新的负责人吉姆·贾诺普洛斯，此人希望通过拍摄《壮志凌云》（1986）和《终结者》（1984）的续集，让派拉蒙走出低谷。

这是一个没有多少回旋余地的人的计划。头一回踏进这间角落里的办公室时，巴基什就发现这家公司的负债已经摇摇欲坠，处于垃圾水平，派拉蒙刚在一年之内亏损了 5 亿美元，MTV 等招牌频道的收视率 5 年内竟然都没有增长。由于收视率如此低，该公司再也无法居高临下地欺负节目发行商，后者讨厌维亚康姆多年来迫使它们接受几十个它们大多不喜欢的频道，否则就让它们得不到《海绵宝宝》和《每日秀》。一些分析师认为，主要发行商完全放弃维亚康姆只是时间问题。同样糟糕的是，维亚康姆也没能很幸运地把自己的节目拿到 Hulu 网或优兔等服务平台提供的新一代更便宜、更小的付费电视捆绑服务上。[1]

巴基什的解决办法很现实：鉴于未来没有那么大的空间容纳维亚康姆的 24 个频道，他在 2017 年 2 月宣布，维亚康姆将把业务范围缩减至 6 个核心电视网，即尼克罗迪恩、小尼克（Nick Jr.）、MTV、喜剧中心、BET 和斯派克（Spike），Spike 被重新命名为派拉蒙电视网（Paramount Network）。[2] 这 6 个频道除了获得资源来改善节目编排和全球发行，还会让派拉蒙将其最优秀的知识产权制作成电影。其他频道也不会立刻被彻底取消，但那些实力最弱的极有可能会枯萎消亡。巴基什对这 6 个核心频道的领导层进行了大刀阔斧的改组，亲自聘请了能像印钞机般赚钱的制片人泰勒·佩里为 BET 制作节目，为派拉蒙制作电影，并成立了一个新的数字摄制中心，专门为移动终端制作内容短片。他偿还了债务，还悄无声息地裁退了一家 9 000 多人公司中的大约 400 名员工，同时制订了更大规模的重组计划。他试图以更温和的方式来重新修复公司与节目发行商之间严重受损的关系，向他们提供广告和内容创作方面的帮助，并在提高费用方面采取更加和缓的路线，这方面体现在建立一支新的发行团队。结果，在巴基什上任后的第一年里，维亚康姆非但没有失去任何一家主要的节目发行商，事实上，它反而还成功使一家小运营商 Suddenlink Communications 回心转意，该运营商先前曾决定退出维亚康姆的所有频道，这被视为维亚康姆陷入大麻烦的最初信号。

在整个过程中，巴基什从莎莉·雷石东的全力支持中获益匪浅。他定期给她发邮件，聆听她的建议，并经常予以采纳。而在莎莉这方面，她发现，自己通过 Advancit Capital 在数码世界里建立的所有联结，终于开始收到成效了。任命巴基什为首席执行官后不久，她就向他提出，他应该去见一见布莱恩·罗宾斯，他是 AwesomenessTV 电视网的创始人，该电视网是专门针对青少年的优兔内容生产商和节目发行商，多兰双胞胎就是它的签约艺人。巴基什飞往洛杉矶与罗宾斯见面，对此人印象非常深刻。几个月后，罗宾斯被聘为新成立的派拉蒙玩家公司（Paramount Players）的负责人，该分公司成立的目的就是发掘维亚康姆各有线频道，找到合适的人物角色和故事大纲来拍摄成电影。

然而，尽管出现了这些新的协同效应和良好的感觉，维亚康姆的股价却仍在下跌。到 2017 年 11 月，维亚康姆股价已触底至每股 23 美元，远低于一年前巴基什及其同事向哥伦比亚广播公司推销维亚康姆前景时提出的每股 60 美元。这种"好人式"的发行使维亚康姆的各个频道能够尽可能多地留在用户的电视屏幕上，从而支撑起维亚康姆的广告业务，但这也意味着维亚康姆现在开始接受向授权发行商收取的费用降低的现实。这实际上改变了数十年来推动该行业发展的主要引擎，使之逐渐失去动力。另外，与道曼的时代不同，巴基什领导下的维亚康姆无法用来自网飞和 Hulu 网的丰厚支票来弥补发行收入上的漏洞。由于担心这些平台对付费电视生态系统造成不利，巴基什做出了从这些平台撤出的战略决定。聚力于六大核心电视频道的策略，最初带来了一些收视率的增长（MTV 的夏季收视率 6 年来第一次实现增长），但在巴基什第一年任职期结束时，鉴于整个行业收视率的加速下降和发行渠道的加速恶化，这些成效基本被抹去了。2017 年最后一个季度，几乎所有主要的电视频道都遭遇了两位数的收视率下降，而这一年弃用有线电视的人数增长了30%，达到2 200万。[3]貌似越来越回天乏术的不仅仅是维亚康姆，有线电视本身才是问题的根源。根据Pivotal公司的研究分析师布莱恩·维塞尔所撰写的尼尔森收视率分析报告，多兰双胞胎吃虫子比萨的那集节目的总收视人数仅为9.2万，大约仅为该节目巅峰期的八分之一。该节目推出之后，MTV发现社交媒体上各种活动激增，但它却没有从其中任何一项活动中获利。

维亚康姆的那些规模较大的竞争对手通过合并来应对这些压力。在一年的时间里，CNN的所有者时代华纳同意将自己出售给美国电话电报公司；探索通信公司同意收购食品电视网（Food Network）的所有者斯克利普斯网络互动公司（Scripps Networks Interactive）；二十一世纪福克斯公司同意将其大部分资产出售给华特迪士尼公司，这可是业内所有人都没有想到的一大举动。而鲁伯特·默多克竟然会同意解散其花费毕生精力打造的庞大帝国，也让许多人感到不可思议。然而，他的解释就是实话实说：他的公司根本不可能拥有堪与网飞和亚马逊竞争的规模，因为这两家已经投入了数十亿美元的资金来制作电视剧和拍摄电影。"新技术、竞争对手和消费者偏好的改变已经重新绘制了整个传媒业版图。"他说。

默多克的举动震惊了莎莉，让她重新采取行动。她一直认为维亚康姆和哥伦比亚广播公司合并是合理的，但现在传媒业三天两头变换门庭的游戏正迎来一个潜在的危险结局。"福克斯-迪士尼一事改变了所有人对业界的固有认知。"莎莉的一个熟人说。归根结底，她猜测全美娱乐的传媒资产可能足够为一些规模更大的公司，譬如威瑞森这样现金充裕的电信公司，或拥有狮门影业之类的电影制片厂的公司，最终完成重组拼图，但只有等维亚康姆和哥伦比亚广播公司实现重新合并，这些交易才有可能达成。2017年10月，莎莉在纽约佩利媒体中心对观众说："规模非常重要，将来还会继续重要。"[4]到2018年1月，她已经敦促穆恩维斯启动新一轮合并谈判。[5]

穆恩维斯对这个想法已经不像一年前那样有兴趣，他周围的世界已经改变了。华尔街人士仍然将他视为传媒业最有才华的节目策划人，但现在看来，整个行业的问题已经非常严重，远非凭他的天赋就能解决。尽管维亚康姆的情况更糟一些，但哥伦比亚广播公司和维亚康姆在2017年的表现双双逊于分析师的预期。[6]没错，穆恩维斯是个极具价值的人才，但没有他就真的不行吗？私下里，莎莉和哥伦比亚广播公司董事会的其他成员开始抱怨，认为该公司的管理层没有做好接班人储备或长远规划的工作，而这恰恰是该行业中最好的通行做法，尽管人们普遍认为首席运营官乔·伊安聂罗就是穆恩维斯的接班人选。[7]到2018年1月中旬，《华尔街日报》报道了上述一些不满情绪。该报指出，莎莉正在努力着手为哥伦比亚广播公司董事会注入新鲜血液，并且已经为某些可能要换人的岗位找到了继任人选。在那些她认为有可能接替穆恩维斯管理合并后的公司的优秀人选当中，巴基什赫然在列。《华尔街日报》的报道吓坏了哥伦比亚广播公司的管理层，作为回应，维亚康姆的一位高管悄悄对《视相》杂志说："又来了。"[8]

几天后，路透社报道称，穆恩维斯和巴基什就合并事宜进行了初步交谈。[9]莎莉的观点被明确阐述。尽管穆恩维斯手中或许有大把的筹码，譬如富国银行估计，如果穆恩维斯离开哥伦比亚广播公司，该公司的股价将下跌 10%，但他依然选择要遂莎莉的心意。到 2018 年 2 月，哥伦比亚广播公司和维亚康姆的董事会宣布，他们将再次考虑合并事宜。

＊　＊　＊

　　莎莉毕竟是雷石东的女儿，他们一样固执坚定，一样精明干练，一样不是特别有耐心。在掌权后的整整一年里，她向整个业界展示了第一位真正的女性媒体大亨的风采。这位庞大资产的所有者既不是被动的家庭管家，也不是某种程度上的"天才"，譬如奥普拉·温弗瑞或阿里安娜·赫芬顿，而是一个战略家、一个咄咄逼人的运营者和交易高手。莎莉坐拥 50 亿美元家族资产，并且管理着价值 360 亿美元的数家公司（其中就包括以爱德华·默罗和沃尔特·克朗凯特闻名的哥伦比亚广播公司的新闻部门），是继凯瑟琳·格雷厄姆于 20 世纪 70 年代成为《华盛顿邮报》公司的第一位女首席执行官和女董事长以来，传媒机构历史上出现的最重要的女人。

　　莎莉的经历和格雷厄姆有很多相似之处：两人的父亲都积累了大量的传媒资产，然后把它们交给了在哈佛大学受过教育的女婿，而不是自己的亲骨肉。（格雷厄姆的父亲解释说，他在 20 世纪 40 年代末就做出了一些安排，让女婿拥有比女儿更多的公司股份，因为"男人不应该处于为妻子打工的境地"。[10]）曾有一段时间，莎莉和格雷厄姆都满足于扮演贤妻良母的角色，而格雷厄姆还自称丈夫的"风筝尾巴"。莎莉常说自己很乐意在家做糕点，并在 1995 年告诉《伍斯特电讯公报》，她认为家族的连锁影院是她"永远不会涉足的行业"。[11]只有人生逆境(格雷厄姆的丈夫于1962年自杀,而莎莉于1992年离婚)才给了这两个不幸的女人机会加入并最终领导她们的家族事业。

格雷厄姆曾写道,她"很高兴"父亲能想到让她的丈夫而不是她来继承家业,而在雷石东大胆收购维亚康姆和派拉蒙后,莎莉则开始对父亲和丈夫所受到的如潮赞誉感到恼火。与这个家族相熟的人指出,莎莉当时将自己离婚的事情告诉了父亲,却只听到他对女婿要离开公司大为惋惜的声音,这一刻便是莎莉与父亲关系不睦的根源,因为对这个男人来说,生意才是其生活中最具活力的东西。有人说,莎莉参与家族事业完全是其家族内部风云促成的,唯有如此,她才能真正被其父亲刮目相看。具有讽刺意味的是,莎莉在职业上的逐步高升,只能通过与自己的父亲斗争来实现,而这位父亲固执地拒绝别人继承他的位置。一位与该家族关系密切的人士表示:"他不想让她进入公司,不想让她将来接他的班,但当她真的进了公司时,他便气势大减。"他给她的任何权力都是她从他那里夺取的,就像他从别人那里夺取一样。

然而,莎莉一闯入家族企业董事会的大门,就不得不面对凯瑟琳·格雷厄姆在一代人之前所经历的同样的阻碍。她们俩都被别人看低,被别人说三道四,被别人暗中嘲笑,而对莎莉来说,这个"别人"就是她自己的亲生父亲。即使进入21世纪已经这么久了,传媒企业的女性所有者仍然像独角兽一样罕见。在美国,尽管联邦法规几十年来一直试图增加电视台所有者的多样性,但女性拥有的电视台数量至今仍不到7%。[12]而在传媒业的其他领域,女性所有者就更是凤毛麟角,以至于都无法形成讨论的话题。由于这个根本性的性别失衡,在为大千世界讲故事的这一方天地里,便充斥着女性似乎永远只能扮演小角色的悲哀而陈腐的事实：女性出现在镜头或电视新闻中的时间大约只占三分之一，只有大约三分之一的新闻报道文稿出自女性之手，女电影导演的占比也只有 6%。[13]

后来，大约在莎莉掌权一年后，业界的大坝决堤了。《纽约时报》和《纽约客》曝光了哈维·韦恩斯坦数十年来对女性的性侵和性骚扰，从而引发了针对娱乐界及其他领域内其他男性的潮水般的指控。没人知道这次声讨洪流过后，好莱坞会变成什么样子，但肯定会出现更多的女掌门人。在看到传媒行业被曝光的暴行和厌女主义现实之后，一个身处其中的女人为了攀上权力巅峰而不得不凶狠地为自己拼出一条血路，这难道有什么好奇怪的吗？

在莎莉作为名正言顺的媒体大亨的第一年，她继续进行本家族同其父亲的前女伴的法律斗争，就算面对令人难堪的个人电子邮件被起底，以及被人警告要指控她参与密谋违反加州法律，她也毫无畏惧。（她的律师否认了所有指控，并坚称莎莉与雷石东起诉那两个女人没有任何关系。）她本人接受过法律培训，从小在一个法律从业者众多的家庭中长大，这样的经历早就让她做好了充分的准备。到目前为止，凡是针对她的诉讼几乎都进展甚微。在 2017 年 10 月，她甚至还打了一回胜仗，法官裁定曼努埃拉·赫泽尔必须迁出卡莱尔酒店的顶层公寓。[14]

无论细节多么错综复杂，在公众舆论的法庭上，很少有人因莎莉收回她与生俱来的权利而指责她。多年来，她经营过连锁影院，在维亚康姆和哥伦比亚广播公司的董事会工作过，还投资过初创企业。这些经历使她对如今发生彻底巨变的行业有了独特的理解，并建立了广泛的业内人脉。如果连她都不知道该怎么办，那其他人就更不知道了。在做生意方面，她和父亲一样，总是对下一个新事物感兴趣，譬如将取代电影的有线电视、将取代有线电视的电子游戏，当然还有将取代这一切的数字传媒，但她比父亲面临更为复杂的局面。

如果雷石东的全部能力俱在，他会在意识到一股巨浪正将其公司（特别是维亚康姆）冲垮时采取不同的措施吗？还有，他是否也会像默多克那样意识到，传统媒体公司正在直接与不受监管的、自动化的、不断膨胀的科技巨头正面竞争，从而决定将他的筹码变现？很难想象，他竟然没有对整个业界形势——谷歌和脸书在2017年的数字广告支出已占全球的84%，商业媒体冷静地称之为"双头垄断"——进行研判，也不尝试提起一些反垄断诉讼，那可是他最信得过的称手武器。[15] 但是，他会随性地改变心意，推翻自己的遗产规划文件（其中有详尽的条款来禁止继承人卖掉他的公司），从而为子孙后代留下这笔财富吗？

他可能依然有机会。这些天，雷石东舒服地躺在比弗利山顶的豪宅里，由忠于他家人的护士们照看着，通过FaceTime视频通话与家人保持联系，他们偶尔也来看他，但除此之外，他与外界的任何形式的联系都被切断了。他不能吃东西，也不能说话，只能通过平板电脑上的按钮与人交流，平板电脑里面留着他在身体尚好时录下来的声音，包括"是""不"，还有他最喜欢的"去你的"。这个人一直事无巨细地亲自完全掌控局面，相信自己的能力超过其他任何人，发誓永远不卖出维亚康姆，还信誓旦旦地说自己永远不会死。就在本书撰写之时，萨姆纳·雷石东仍然在呼吸，或许这得益于其一生坚持的健康饮食，抑或是更有可能得益于他自己的钢铁意志。拥有自家各公司绝大多数控股股份的是他，而非莎莉。只要还没有宣布他丧失行为能力，那就必须由他在技术层面决定合并还是出售维亚康姆和哥伦比亚广播公司这个迫在眉睫的问题。虽然内容依然为王，但事实证明，王者也可以像其他任何人一样被买断。

致谢

本书之所以能问世，首要的原因就是我在《华尔街日报》的编辑阿莫尔·沙玛拥有独到的眼光。早在 2015 年夏末，他就颇有先见之明地注意到，长期以来，投资商在谈论维亚康姆时总绕不开一个问题，即"雷石东近来过得怎么样？"，这或许可以写成一篇大文章。我很感激他给我时间和空间在《华尔街日报》深入发掘这样一篇大型报道，也很感激他在本书推进过程中的每一步所给予我的支持。

哈珀柯林斯出版社联系我的编辑霍利斯·海姆布希也同样具有远见卓识，甚至在雷石东传媒帝国权力之争尚未开始之际，她就主动提到是否有可能就此写一本书。她还协助我构想书的内容框架，比我原本的设想更加雄心勃勃。与她一起合作真是愉快至极。

然而，如果没有我的经纪人爱丽丝·马泰尔，这本书就不会问世，我永远感谢她的信任、鼓励和才智。

除了个人，《华尔街日报》这家机构令我受惠极大。要讲述一个延续了一个多世纪的商业故事，没有什么资源能比一份有129年历史的工商报纸的档案更好了。虽然本书后面一些章节的内容大多出自本人为该报所做的报道，但前面那些章节大多基于我的前辈和同行的工作成果，包括劳拉·兰德罗、梅里莎·马尔和马丁·皮尔斯。今天，我为能与才华横溢的同事合作出版本书而备感荣幸，他们是乔·弗林特、乔安·卢布林、本·弗里茨、艾利希·施瓦泽尔、萨拉·拉比尔，以及其他媒体的莎莉尼·拉玛钱德兰、杰弗里·特拉奇滕伯格、卢卡斯·阿尔珀特、苏珊娜·弗拉尼卡、亚历克斯·布鲁埃尔、本·穆林和劳拉·欧赖利。感谢吉姆·奥博曼和丽萨·施瓦茨在研究方面提供的帮助。我特别感谢乔·弗林特和阿莫尔·沙玛在我休产假期间顶替我工作。

感谢拉朱·纳里塞蒂促使我就职于《华尔街日报》，感谢马丁·皮尔斯雇用我、指导我，给我极大的帮助。我非常感谢盖瑞·贝克批准我告假写作本书，也非常感谢杰森·安德斯和杰米·海勒支持我下定决心在包罗更广、更深的内容的基础上写出本书。

感谢与我交谈的雷石东家族、罗斯坦家族和奥斯特洛夫斯基家族的许多成员，以及他们不吝时间与我交流的顾问。我特别要感谢凯琳·雷石东和加里·斯奈德的耐心和慷慨。

许多历史学家和历史爱好者对我的研究给予了极大帮助，其中最突出的是伦敦西区博物馆的杜安·露西亚，以及谷溪历史学会（Valley Stream Historical Society）的斯蒂芬妮·肖罗、戴维·克鲁和艾米·本特利。感谢阮黎芳卿在研究方面所给予的耐心和热情的帮助。感谢布莱恩·维塞尔的收视率研究。

感谢卢克·库默、戴维·恩里奇、丽萨·达洛斯、迈克·斯佩克特和迈克尔·沃尔夫为我提供睿智的建议，感谢林赛·布朗斯坦和史蒂夫·布朗斯坦的鼓励。同时我也要感谢我所有的朋友，特别是妮塔·普拉蒂特潘、朱莉·亚历山大、德里克·利舍、利娅和塔尔·葛詹斯基夫妇、柯尔斯滕·奥苏尔、米歇尔和奈杰尔·诺伊斯夫妇、劳伦·兰开斯特和迈克尔·德尔格罗索，在过去的两年里，他们宽容待我并为我鼓劲加油。我很感激我的哥哥福斯特·哈吉和嫂子斯蒂芬妮做我的坚强后盾。

感谢玛吉·哈里斯和比尔·哈里斯，他们在几个重要节点替我照看孩子，并在整个项目过程中给予我热情的鼓励。感谢我的祖母黛安娜·伊格尔哈特，是她让我临时住到她家并在那里进行一周的写作，还为我做午饭。感谢住在我家的互惠生戴安妮·雷曾德，她的智慧和创造力让我们的生活变得更美好，也感谢格里芬·班克罗夫特−贝恩斯在关键时刻帮忙做临时保姆的朋友情谊。

我要感谢我的父母，金格尔·哈吉和钱德勒·哈吉，是他们教会我如何从书本中获取巨大的乐趣，并为我拥有令人满意的知识人生奠定了基础。我感谢他们把我的教育放在首位，也感谢他们对本书写作的热情支持。

最重要的是，我要感谢我的丈夫韦斯利·哈里斯，是他做出的牺牲使本书的出版成为可能，是他无与伦比的建议改进了本书。还有我们的女儿贝尔和琼，谢谢你们的陪伴，谢谢你们让我们的生活充满欢乐。

作者的话

本书主要基于170多次访谈，受访对象包括与萨姆纳·雷石东及其家族媒体帝国有关的家人、朋友、情人、同行、顾问、员工和竞争对手，这些访谈都是在2015—2018年进行的。尽管其中大部分是为撰写本书而进行的，但还是有小部分，诸如对莎莉·雷石东和菲利普·道曼的采访，最初是为《华尔街日报》撰稿而做的。

若无其他特别注明，书中引文均出自上述这些访谈。其中一些是公开对外的，但由于这一话题的敏感性，更多的只是作为背景资料供参考之用。为清楚起见，凡经多个来源证实的相关事实均不加注出处。而单一来源的事实，我都已予以注明。

这部长篇传记的大部分内容，也取材自雷石东家族成员50年来法律内斗的法庭文件，以及涉及萨姆纳·雷石东的前伴侣、高级助手和他女儿的一系列引人注目的诉讼。这些以及被我用作原始材料的许多其他报纸、杂志、书和文件，均已详细地列入本书后所附的注释。

我还特别受惠于《波士顿环球报》《华尔街日报》《纽约时报》《视相》《票房》的出色报道，受惠于法庭观察网络（Courtroom View Network），也受惠于朱迪丝·纽曼、格雷琴·沃斯、布莱恩·伯勒、威廉·D.柯汉、肯·奥雷塔、朱莉娅·安格温、大卫·柯克帕特里克、彼得·埃尔金德和马尔蒂·琼斯这些令人钦佩的记者。最重要的是，本书在很大程度上也得益于2001年出版的萨姆纳·雷石东与彼得·诺布勒合著的自传《赢的激情》（*A Passion to Win*），该书捕捉到了这位业界"大佬"在巅峰时期的战斗精神。

注释

序 "我不想卖掉派拉蒙"

1. Keach Hagey, "The Relationship That Helped Sumner Redstone Build Viacom Now Adds to Its Problems," *Wall Street Journal*, April 11, 2016.

第 1 章 日出之雨

1. "Outdoor Auto Movie House, First in State, Being Erected on Highway at Valley Stream," *New York Times*, July 3, 1938.
2. "Parking-Film Theater Started in Valley Stream," *Brooklyn Daily Eagle*, July 3, 1938.
3. *Popular Science*, 1938.
4. "Drive-In Theater; State's First Auto Movie Theater Opens Wednesday on Sunrise Highway," *Brooklyn Daily Eagle*, August 7, 1938.
5. "Outdoor Theatre Protest in Dedham," *Boston Globe*, October 1, 1937.
6. Sunrise Drive-In Theatre advertisement.
7. Kerry Segrave, *Drive-In Theaters: A History from Their Inception in 1933* (Jefferson, NC: McFarland, 1992), 1–11.

8. William E. Geist, "Drive-In Movies: An Innovation Hits 50 and Passes Its Prime," *New York Times*, June 7, 1983.

9. Sunrise Auto Theatre, Inc., business entity summary, Secretary of the Commonwealth of Massachusetts.

10. *New York Times*, August 14, 1938.

11. "Drive-In Theatre Open Until Mid-November," *Wave*, September 4, 1938.

12. "Profile: A Night at the Movies; the Rise and Fall and Possible Rise Again in the Popularity of Drive-in Theaters," *CBS News: Sunday Morning*, June 30, 2002.

13. "Harry Rohtstein of Mattapan; Services Today," *Boston Globe*, August 27, 1967.

14. Reed Ueda, *West End House, 1906–1981* (Boston: West End House, 1981), 4.

15. Daniel J. McGrath, "Politicians, Planners and the Dilemmas of Urban Redevelopment: Boston's West End and the Consequences of Rebuilding an Old City" (undergraduate thesis, Harvard University, March 23, 2000).

16. Robert I. Rotberg, *A Leadership for Peace: How Edwin Ginn Tried to Change the World* (Palo Alto, CA: Stanford Uni-versity Press, 2007).

17. Joseph F. Dinneen, Spilling the Beans, *Boston Globe*, March 12, 1943.

18. "'Nigger Pool' Agents Are Now Being Fined $250," *Boston Globe*, November 11, 1930; "Nigger Pool Arrest Made on Lynn Wives' Plaints," *Boston Globe*, July 12, 1935.

19. "Lottery Ring Raid Nets 26," *Boston Globe*, July 30, 1932.

20. Judith Newman, "Fort Sumner," *Vanity Fair*, November 1999.

21. Emily Sweeney, *Boston Organized Crime* (Charleston, SC: Arcadia Publishing, 2012), 23–24.

22. Albert Fried, *The Rise and Fall of the Jewish Gangster in America* (New York: Columbia University Press, 1980), 104.

23. Stephanie Schorow, *Drinking Boston* (Wellesley, MA: Union Park Press, 2012), 103–8.

24. Nicholas Gage, "Ex-Head of Schenley Industries Is Linked to Crime 'Consortium,'" *New York Times*, February 19, 1971.

25. "Explanations Due from Max; Must Uncover Mystery of Stolen Bag," *Boston Post*, May 22, 1921.

26. Interview with Judith Newman.

27. "Real Estate Transactions," *Boston Globe*, September 30, 1925.

28. Belle Redstone to Edward Redstone, 1971.

29. 1930 census records.

30. Sumner Redstone with Peter Knobler, *A Passion to Win* (New York: Simon & Schuster, 2001), 41.

31. Schorow, *Drinking Boston*, 115–19.

第 2 章　康加舞地带

1. Schorow, *Drinking Boston*, 103–20, 136.

2. "Restaurant License on Site of Mayfair," *Boston Globe*, January 10, 1934.

3. "Restaurant License on Site of Mayfair; Declared 'Probationary' by Boston Board," *Boston Globe*, January 29, 1934.

4. *Boston Globe*, January 29, 1940.

5. Susan Welch, "American Opinion toward Jews during the Nazi Era: Results from Quota Sample Polling during the 1930s and 1940s," *Social Science Quarterly* 95, no. 3 (September 2014): 615–35.

6. Nick Tosches, "A Jazz Age Autopsy," *Vanity Fair*, May 2005.

7. "Gaming Raids Result in 12 Arrests," *Boston Globe*, September 19, 1947.

8. Frank Mahoney, "U.S. Links Rothstein to Bootlegging Gang," *Boston Globe*, April 8, 1960.

9. Redstone, *A Passion to Win*, 46.

10. Interview with Bob Sage.

11. "Club Mayfair Gets Special 3-Day Permit," *Boston Globe*, February 26, 1943.

12. Joseph F. Dinneen, Spilling the Beans, *Boston Globe*, September 9, 1942.

13. "Club Mayfair Gets Special 3-Day Permit."

14. Joseph F. Dinneen, Spilling the Beans, *Boston Globe*, September 9, 1942.

15. Barbara Walters, *Audition: A Memoir* (New York: Vintage Books, 2009), 26–29.

16. Boston property records.

17. "Louis Winer, 79, Was Boston Lawyer," *Boston Globe*, March 12, 1993; Julia Collins, "The Double Life of George Abrams '57," *Harvard Law Today*, April 25, 2000.

18. Joseph F. Dinneen, Spilling the Beans, *Boston Globe*, September 9, 1942.

19. "Boston Niteries and Hotel Spots Expand Due to Best Biz in Years," *Billboard*, October 24, 1942.

20. Testimony of Virgil Peterson, operating director of the Chicago Crime Commission, to the Kefauver Committee, U.S. Senate Special Committee to Investigate Organized Crime in Interstate Commerce, July 7, 1950.

21. Nicholas Pileggi, "Crime at Mid-Century," *New York* magazine, December 30, 1974–January 6, 1975.

22. Kefauver Committee testimony.

23. Stephanie Schorow, *The Cocoanut Grove Fire* (Beverly, MA: Commonwealth Editions, 2005), 10–26.

24. Samuel Cutler, "400 Dead in Hub Night Club Fire," *Boston Globe*, November 29, 1942.

25. John Esposito, *Fire in the Grove: The Cocoanut Grove Tragedy and Its Aftermath* (Cambridge, MA: Da Capo Press, 2006), 129.

26. Leslie Ainley, "Grove a 'Death Trap'— Bushnell," *Boston Globe*, March 17, 1943.

27. Schorow, *Drinking Boston*, 145.

第 3 章 "全局大势"

1. Leslie Ainley, "24 Held in Racket Drive; Curley Confirms $8500 Loan from Dr. Sagansky," *Boston Globe*, January 14, 1943.

2. "Scores Arrested in Multi-Million Dollar Lottery," Associated Press, January 14, 1943.

3. "24 Held in Racket Drive."

4. Jack Beatty, *The Rascal King: The Life and Times of James Michael Curley, 1874–1958* (Reading, MA: Addison-Wesley, 1992), 273.

5. Esposito, *Fire in the Grove*, 15.

6. Leslie Ainley, "Probe of Department's Anti-Gaming Work for Last 2 Years Indicated," *Boston Globe*, January 15, 1943.

7. Leslie Ainley, "Sagansky Rearrested; Pool Code Solved in Boston Area," *Boston Globe*, January 17, 1943.

8. Massachusetts State Senate Special Commission to Investigate Organized Crime and Organized Gambling, Second Report, July 1955, 11.

9. "Dec 1, 1942: Mandatory Gas Rationing, Lots of Whining," *Wired*, November 30, 2009.

10. Ainley, "State Police Strike at Boston Rackets."

11. Leslie Ainley, "Timiltys, Fallon and Long before Grand Jury Today," *Boston Globe*, February 5, 1943.

12. Esposito, *Fire in the Grove*, 208.

13. Ainley, "State Police Strike at Boston Rackets."

14. "7 Police Heads Indicted; Commissioner on Leave; Others Are Suspended," *Boston Globe*, March 28, 1943.

15. Ainley, "Timiltys, Fallon and Long before Grand Jury Today."

16. Leslie Ainley, "Grand Jury Calls Comr. Timilty and Capt. Sheehan," *Boston Globe*, February 7, 1943.

17. "Indicted as Leaders of Huge Liquor Ring: Four Men Accused in Brooklyn Said to Have Operated Fleet from Canada and Europe," *New York Times*, January 5, 1933.

18. "Louis Fox Rites Today in Brookline," *Boston Globe*, October 27, 1963.

19. "Fox's Testimony," *Boston Globe*, March 22, 1957.

20. "Timiltys Move to Restrict Their Books to Jury Use," *Boston Globe*, February 9, 1943.

21. Leslie Ainley, "Sagansky Offered Bribes for Beano, Malden Officials Say," *Boston Globe*, February 9, 1943.

22. Leslie Ainley, "Sagansky and Carrigan Deny Beano Bribe Offers," *Boston Globe*, February 12, 1943.

23. "Club Mayfair Gets Special 3-Day Permit."

24. "Club Mayfair Keeps All of Its Licenses," *Boston Globe*, March 9, 1943.

25. "2 Men Wounded in Night Club Mystery Shooting," *Boston Globe*, March 26, 1943.

26. "Timilty Recommends All Latin Quarter Licenses Be Ended," *Boston Globe*, March 27, 1943.

27. *Harvard Freshman Red Book*, 1940.

28. Redstone, *A Passion to Win*, 48.

29. George Packard, *Edwin O. Reischauer and the American Discovery of Japan* (New York: Columbia University Press, 2010).

30. Redstone, *A Passion to Win*, 50.

31. Ibid., 55.

32. *Harvard College Yearbook 1943–1944.*

33. Joseph F. Dinneen, Inside Boston, *Boston Globe*, August 11, 1943.

34. Joseph F. Dinneen, Spilling the Beans, *Boston Globe*, March 10, 1943.

35. Esposito, *Fire in the Grove*, 189.

36. Ronald Kessler, *The Sins of the Father: Joseph P. Kennedy and the Dynasty He Founded* (New York: Warner Books, 1996), 45.

37. "Robert T. Bushnell Dies Suddenly in N.Y. Hotel," *Boston Globe*, October 24, 1949.

38. "Legendary Boston Bookmaker Dead at 99," Associated Press, January 31, 1997.

39. Tom Long, "Harry Sagansky, 99, Masterminded Bookmaking Empire in the '30s and '40s," *Boston Globe*, January 20, 1997.

40. Richard J. Connolly, "At 90, Alleged Bookmaker Begins His Jail Term," *Boston Globe*, January 8, 1988.

41. "Dr. Harry Sagansky, 99, of Brookline, Dentist," *Boston Herald*, January 29, 1997.

42. Paul Sullivan, "Crafty Bookie's Kids Come Out $9.5M Ahead," *Boston Herald*, March 27, 1997.

43. "The Dunes," Online Nevada Encyclopedia, http://www.onlinenevada.org/articles/dunes-hotel.

44. "Ruling Delays Foreclosure against Dunes," *Reno Gazette-Journal*, July 25, 1987.

45. JFK Assassination System Identification Form, FBI, Record Number 124-10342-1000.

46. John Riley, "Latin Quarter Offers a New Kind of Entertainment for Night Clubs," *Boston Globe*, November 16, 1949.

47. "Revere Drive-In Theatre Opens, with 'Swordsman,'" *Boston Globe*, August 25, 1948.

48. "Redstone Pushes Hub Plans; Points Up Over-Expansion," *Billboard*, April 15, 1950.

49. "Councilors Blast Curley for OK on Drive-In Theatres," *Boston Globe*,

September 13, 1949.

50. McGrath, "Politicians, Planners and the Dilemmas of Urban Redevelopment."

51. William J. Lewis, "Woman Serves Injunction in Drive-In Row," *Boston Globe*, December 31, 1949.

52. "Mulligan to File Bills to Regulate Drive-In Theatres," *Boston Globe*, January 1, 1950.

53. "Hynes Can't Halt Curley Drive-Ins, Baxter Decides," *Boston Globe*, January 21, 1950.

54. McGrath, "Politicians, Planners and the Dilemmas of Urban Redevelopment."

第 4 章 下一代

1. "Redstone Pushes Hub Plans; Points Up Over-Expansion."

2. Bettye H. Pruitt, *The Making of Harcourt General: A History of Growth through Diversification, 1922–1992* (Boston: Harvard Business School Press, 1994), 18.

3. Alex Ben Block, *George Lucas's Blockbusting: A Decade-by-Decade Survey of Timeline Movies, Including Untold Secrets of Their Financial and Cultural Success* (New York: itBooks, 2010).

4. Michelle Pautz, "The Decline in Average Weekly Cinema Attendance: 1930–2000," *Issues in Political Economy* 11 (2002): 54–65.

5. Tino Balio, *The American Film Industry* (Madison: University of Wisconsin Press, 1976), 401.

6. Ibid.

7. Ibid., 253.

8. Pruitt, *The Making of Harcourt General*, 49.

9. Balio, *The American Film Industry*, 402.

10. Pruitt, *The Making of Harcourt General*, 18.

11. "Redstone Pushes Hub Plans; Points Up Over-Expansion."

12. Redstone, *A Passion to Win*, 41–45.

13. US City Directories, Boston, 1932, entry for Morris Rohtstein; US City Directories, Boston, 1933, entry for Rebecca Rohtstein.

14. "Real Estate Transactions."

15. Edward S. Redstone and Madeline Redstone v. Mark Schuster, George Duncan and Samuel Rosen, Middlesex Probate Court, Massachusetts, Deposition of Edward Redstone, November 16, 2004.

16. "Miss Leila B. Warren of New York Engaged to Edward Redstone of Cohasset," *Boston Globe*, December 2, 1951.

17. David H. Warren obituary, *New York Times*, November 3, 1966.

18. *Variety*, July 16, 1952.

19. "Miss Leila B. Warren Is Bride of Edward S. Redstone in New York," *Boston Globe*, November 16, 1952.

20. Redstone v. Schuster, Deposition of Edward Redstone.

21. Pruitt, *The Making of Harcourt General*, 3.

22. Newman, "Fort Sumner."

23. Redstone, *A Passion to Win*, 43.

24. Redstone v. Schuster, Deposition of Edward Redstone.

25. Sumner Redstone speech at Boston University, March 31, 2010, https://www.youtube.com/watch?v=11zypIc5QMY.

26. Boston Latin School website, http://www.bls.org/apps/pages/index.jsp?uREC_ID=206116&type=d.

27. Redstone, *A Passion to Win*, 45–46.

28. Robert Lenzner, "True Grit," *Boston Globe*, March 17, 1981.

29. Redstone, *A Passion to Win*, 46.

30. *Harvard College Yearbook 1944–1944*.

31. Redstone, *A Passion to Win*, 57.

32. 1920 census document for Hilda Cherry.

33. Eli Raphael naturalization document.

34. Gretchen Voss, "The $80 Billion Love Affair," *Boston* magazine, January 12, 2000.

35. Redstone, *A Passion to Win*, 57.

36. Marriage Announcement 7, *Boston Globe*, January 26, 1947.

37. Voss, "The $80 Billion Love Affair."

38. Marriage Announcement 7, *Boston Globe*.

39. Harvard Class of 1944, 10th Anniversary Report and 25th Anniversary Report.

40. Marla Matzer and Robert Lenzner, "Winning Is the Only Thing," *Forbes*,

October 17, 1994.

41. Redstone, *A Passion to Win*, 57–58.

42. "Atty Redstone Named to Washington Post," *Boston Globe*, August 15, 1948.

43. United States v. Paramount Pictures, Inc., 334 U.S. 131.

44. Redstone, *A Passion to Win*, 60; "2 Ex-Justice Aides Put under Inquiry," *New York Times*, August 7, 1952.

45. Matzer and Lenzner, "Winning Is the Only Thing."

46. "2 Ex-Justice Aides Put under Inquiry"; Redstone, *A Passion to Win*, 62.

47. Ruth Marcus, "Death of a Law Firm: D.C. Partnership a Victim of Changing Times," *Washington Post*, April 7, 1986.

48. Redstone, *A Passion to Win*, 64–66.

49. Ibid., 65–66.

50. Matzer and Lenzner, "Winning Is the Only Thing."

51. Jane Fitz Simon, "Sumner Redstone," *Boston Globe*, October 5, 1986.

52. Frank Rose, "There's No Business Like Show Business," *Forbes*, June 22, 1998.

53. Redstone, *A Passion to Win*, 69.

54. Thomas N. O'Connor et al. v. Sumner M. Redstone et al., Suffolk Superior Court, Massachusetts, Testimony of Sumner Redstone, July 27, 2009.

55. "Redstone's Boston Drive-In Bows Okay," *Billboard*, September 1, 1948.

56. "Whitestone Drive-In Will Open on Friday," *Brooklyn Daily Eagle*, August 10, 1949.

57. "Redstone Pushes Hub Plans; Points Up Over-Expansion."

58. Redstone, *A Passion to Win*, 68; and Cinema Treasures, http://cinematreasures.org/theaters/12250.

59. "Lake Shore Drive-In Sold to Boston Man for $110,000," *Democrat and Chronicle* (Rochester, NY), October 22, 1955.

60. Segrave, *Drive-In Theaters*, 73.

61. Redstone, *A Passion to Win*, 67.

62. Segrave, *Drive-In Theaters*, 77.

63. Redstone, *A Passion to Win*, 70.

64. "Wall Able to Resist 100-Mile-an-Hour Wind," *Courier-Journal* (Louisville, KY), June 12, 1949.

65. Charlie White, "Theater Is for Sale but Potential Buyer Says Information Scarce," *Courier-Journal* (Louisville, KY), December 30, 2009.

66. Cinema Treasures, http://cinematreasures.org/theaters/9787.

67. Guy Livingstone, "Boston," *Variety*, March 14, 1956.

68. "Dates Set to Open Drive-Ins," *Democrat and Chronicle* (Rochester, NY), June 6, 1956.

69. Pruitt, *The Making of Harcourt General*, 49.

70. "San Francisco Drive-In Agenda TOA's 'Conventionette' Expects Attendance of 250 Ozone Operators," *Variety*, March 3, 1958.

71. "Frisco Forum's Faith in Trust Fund; Rue Unwanted Results of Divorce," *Variety*, April 2, 1958.

72. "Film Industry Own Worst Enemy, Exhibitors Allege," *Los Angeles Times*, March 28, 1958.

73. "Prime TOA's 11th Year: Convention Set for Miami Beach," *Variety*, June 25, 1958.

74. *Variety*, July 16, 1958.

75. "Dept. of Justice's Open-Ears to Ideas but No Return to 'Favored Theatres,'" *Variety*, October 29, 1958.

76. Andy W. Smith Jr., "Greater Exhib-Demand for A's; Drive-Ins' Plus Values," *Variety*, January 4, 1950; Pruitt, *The Making of Harcourt General*, 21.

77. Segrave, *Drive-In Theaters*, 57.

78. Gene Arneel, "'Exploding' an Import at the Waldorf," *Variety*, March 25, 1959.

第 5 章　全美娱乐

1. Estate of Edward S. Redstone, Deceased, Madeline M. Redstone, Executrix v. Commissioner of Internal Revenue, U.S. Tax Court, 2015.

2. Redstone, *A Passion to Win*, 71.

3. Pruitt, *The Making of Harcourt General*, 47.

4. Ibid., 2.

5. Ibid., 9.

6. Ibid., 22.

7. Ibid., 23.

8. Ibid., 37.

9. Ibid.

10. Ibid., 51.

11. Ibid., 40.

12. Redstone, *A Passion to Win*, 71.

13. Joseph Pereira and Nikhil Deogun, "Parent of General Cinema Chain Files for Chapter 11; Top Executives Resign," *Wall Street Journal*, October 12, 2000.

14. "$250,000 Renovation for Redstone Indoor," *BoxOffice*, November 5, 1962.

15. "William Riseman, Architect of Numerous Movie Theaters," *New York Times*, June 21, 1982.

16. Marjory Adams, "'Great Race' to Open New Cleveland Circle Cinema," *Boston Globe*, November 21, 1965.

17. "Theater Owners Told of Fight on Pay-T," *Los Angeles Times*, September 16, 1960; convention schedule from *Variety*, September 12, 1960.

18. "TOA's Sumner Redstone Raps Toll as Detriment to Pix, Regular TV," *Variety*, May 24, 1961.

19. "TOA Elects Redstone Prexy; Inches Nearer Allied Merger," *Variety*, September 29, 1964.

20. "Three Files Establish Andrews as TAO's Darling of the Year," *Variety*, October 20, 1965.

21. "Reopen Milford Drive-In," *Bridgeport (CT) Post*, April 25, 1962.

22. "Proposed Drive-In Upsets Township," *Variety*, March 6, 1968.

23. "Edward Redstone at Helm of N.E. Exhibs," *Variety*, April 20, 1966.

24. "The Real Estate Front," *Boston Globe*, June 29, 1969.

25. Sumner Redstone v. Commissioner of Internal Revenue, Testimony of Sumner Redstone.

26. "Manchester," *Bennington (VT) Banner*, September 9, 1964.

27. Redstone v. Commissioner of Internal Revenue, 2015–237, United States Tax Court, 5 (2015).

28. O'Connor v. Redstone, Amended Complaint.

29. Brent D. Redstone v. National Amusements, Inc., Baltimore Circuit Court,

Maryland, 2006, Complaint.

30. Edward S. Redstone and Madeline Redstone v. Mark Schuster, George Duncan and Samuel Rosen, Middlesex Probate Court, 2004, Deposition of Edward S. Redstone, 7.

31. Redstone v. Schuster, 24.

第 6 章 "祸不单行"

1. Interview with Eliot Finn.

2. Redstone v. Schuster, Deposition of Michael Redstone, 25.

3. Ibid., 29.

4. Alex Beam, "The Mad Poets Society," *Atlantic*, July/August 2001.

5. Robert Lowell, "Waking in the Blue," in *Selected Poems* (New York: Farrar, Straus and Giroux, 1976).

6. Redstone v. Schuster, Deposition of Michael Redstone, 30.

7. Ibid., 58.

8. Estate of Edward S. Redstone v. Commissioner of Internal Revenue, 264.

9. Redstone v. Schuster, Affidavit of Michael Redstone, 57–58.

10. "Jerry Swedroe Is Promoted," *Journal News* (White Plains, NY), April 26, 1967.

11. Sumner Redstone v. Commissioner of Internal Revenue, U.S. Tax Court, 2015, 7.

12. Sumner Redstone v. Commissioner of Internal Revenue, Testimony of Sumner Redstone, 2009.

13. Redstone v. Schuster, Affidavit of Michael Redstone, 66.

14. Sumner Redstone v. Commissioner of Internal Revenue, Memorandum of Findings of Fact and Opinion, 9.

15. Letter from Edward Redstone to Mickey Redstone, July 19, 1971.

16. Redstone, *A Passion to Win*, 69.

17. O'Connor v. Redstone, Testimony of Sumner Redstone.

18. Memorandum by Jim DeGiacomo regarding Edward Redstone, June 16, 1972.

19. Sumner Redstone v. Commissioner of Internal Revenue, Memorandum of Findings of Fact and Opinion, 10.

20. Letter from Belle Redstone to Edward Redstone, 1972.

21. Letter from Edward Redstone to Belle Redstone, February 18, 1972.

22. Sumner Redstone v. Commissioner of Internal Revenue, 11–13.

23. Redstone v. Schuster, Deposition of Edward Redstone, 28.

24. O'Connor v. Redstone, Complaint, 10.

25. Ibid., 11.

26. Lynn Sherr, "Brandeis: A Breeding Ground for Rebels?" *Chicago Tribune*, December 6, 1970.

27. "Final Report on the Activities of the Children of God to Hon. Louis J. Lefkowitz, Attorney General of the State of New York," submitted by the Charity Frauds Bureau, September 30, 1974.

28. Roy Rivenburg, "25 Years Ago, the Children of God's Gospel of Free Love Outraged Critics," *Los Angeles Times*, March 21, 1993.

29. Gordon Shepherd and Gary Shepherd, *Talking with the Children of God: Prophecy and Transformation in a Radical Religious Group* (Urbana: University of Illinois Press, 2010), 7.

30. James T. Wooten, "Ill Winds Buffet Communal Sect," *New York Times*, November 29, 1971.

31. Family International website, https://www.thefamilyinternational.org/en/about/our-history/.

32. "The Christmas Monster," letter from David Berg to his followers, September 8, 1973.

33. Redstone v. Schuster, Deposition of Edward Redstone, 27.

34. "Final Report on the Activities of The Children of God," 8, 21, 22.

35. Shepherd and Shepherd, *Talking with the Children of God*, 9.

36. Ed Priebe, "Prostitution and Political Seduction," exfamily.org, March 2002, http://www.exfamily.org/art/exmem/ffing_ed.shtml.

37. Redstone v. Schuster, Deposition of Edward Redstone, 51.

38. Steve Bailey, "A Family Argument," *Boston Globe*, February 25, 2005.

39. Lonnie Isabel, "Woman Links Attackers to Her Stand on Cult Bills," *Boston Globe*, April 11, 1980.

40. Redstone v. Schuster, Deposition of Michael Redstone, 59.

41. Ibid., 31–32.

42. Barbara Kantrowitz, "'Woodstock' Beats Censorship Bid," *Boston Globe*, July 25, 1970.

43. Redstone v. Schuster, Deposition of Michael Redstone, 70.

第 7 章 "交易有道"

1. Harvard Class of 1944, 25th Anniversary Report, 1969.

2. "Para Sesh a Rousing Success," *Independent Film Journal*, October 11, 1976.

3. "Redstone Present as Fox Up; He's Close to Yablans," *Variety*, March 12, 1975.

4. "Inside Stuff—Pictures," *Variety*, November 1, 1972.

5. Robert Lenzner, "Hollywood's Hermit Seeks to Go It Alone Professionally, Too," *Boston Globe*, April 12, 1981.

6. Robert Lenzner and Marla Matzer, "Late Bloomer," *Forbes*, October 17, 1994.

7. Redstone, *A Passion to Win*, 69.

8. Abel Green, "Par Exec Comm. Ousts Duo," *Variety*, August 25, 1965.

9. "Multiplex Cinemas," Trademark Electronic Search System, 1984.

10. George McKinnon, "Redstone Movie Chain Expands," *Boston Globe*, July 10, 1973.

11. Cecille Markell, "Redstone Opens Tenplex Cinemas in Revere," *Jewish Advocate*, August 5, 1982.

12. Jim Robbins, "Two Redstone 10-Plexes Expected to Heat N.Y. Environ Competition," *Variety*, October 26, 1983.

13. Doris Whitbeck, "Suburban Movie Theaters Scramble for Films, Some Lose," *Hartford Courant*, September 25, 1977; "Patrons Switch to Suburban Cinemas, New Issue for New Haven Exhibitors," *BoxOffice*, March 17, 1975.

14. "Nice Movies Didn't Pay Way," *Hartford Courant*, March 10, 1974.

15. "Patrons Switch to Suburban Cinemas New Issue for New Haven Exhibitors," *BoxOffice*, March 17, 1975.

16. Whitbeck, "Suburban Movie Theaters Scramble for Films."

17. "File Anti-trust Suit against Major Movie Firms,"*Ames (IA) Daily Tribune*, March 13, 1975.

18. Steve Weinberg, "Some of Cast Walk Off Court Stage in Movie Theater Dispute,"

Des Moines Register, December 31, 1977.

19. "Redstone Smacks Exhibs, Attorneys with $10M Suit," *Independent Film Journal*, December 23, 1977.

20. "Goodrich Apologizes to Redstone, Yablans," *BoxOffice*, February 26, 1979.

21. "Blind Bidding Agreement Signed," *Variety*, August 21, 1968.

22. Redstone, *A Passion to Win*, 86.

23. "New York Seen Key State: Exhibs, Distribs, Clash on Bids in Albany," *Variety*, April 25, 1978.

24. Aljean Harmetz, "15th State Outlaws Blind Bidding on Film," *New York Times*, June 19, 1979.

25. Laura Landro, "National Amusements Inc.'s Redstone Is Known for His Tenacity and Timing," *Wall Street Journal*, April 12, 1986.

26. Matzer and Lenzner, "Late Bloomer."

27. Redstone, *A Passion to Win*, 102–3.

28. Voss, "The $80 Billion Love Affair," 58.

29. Delsa Winer, *Almost Strangers* (New York: Simon & Schuster, 2000).

30. "Miss Eisenberg Engaged," *New York Times*, August 7, 1949.

31. Delsa Winer, "Spaces in the New Year," *Tikkun*, November/December 1996. Also Winer, *Almost Strangers*.

第 8 章　火中淬炼

1. "Boston Welcome to Film Row Execs," *Variety*, March 28, 1979; "Roger Hill's WB Post," *Variety*, March 3, 1976.

2. Redstone, *A Passion to Win*, 15; interview with Virginia Mulcahy.

3. Redstone, *A Passion to Win*, 16.

4. William R. Cash, "List of Those Hospitalized after Fires," *Boston Globe*, March 30, 1979.

5. Ibid.

6. "Fire Victim Sues Copley Plaza for $12m," *Boston Globe*, August 24, 1979.

7. Redstone, *A Passion to Win*, 16.

8. "Father Gives Graphic Details of Sumner Redstone's Ordeal," *Variety*,

June 6, 1979.

9.   "Julio Valentin Rodrigues, 19, of West Springfield," *Boston Globe*, October 1, 1980.

10. Sumner Redstone interview for the Archive of American Television, https://www. youtube.com/watch?v=ZunBI9O3ZsU.

11. Pamela Merritt and Victor Lewis, "Hundreds Flee 2 Hub Hotel Fires," *Boston Globe*, March 29, 1979.

12. Sean Murphy, "An Uncertain Time for Julio Rodrigues," *Boston Globe*, July 22, 1979.

13. Avery Mason, "Redstones File $12 Million Suit for Fire Injuries," *BoxOffice*, September 3, 1979.

14. Voss, "The $80 Billion Love Affair."

15. Winer, *Almost Strangers*, 94.

16. Redstone, *A Passion to Win*, 18.

17. Ralph Kaminsky, "Redstone Denouncing Blind Bidding, Calls for Fight," *BoxOffice*, November 5, 1979.

18. "Two Bostonians: Both Fairly Long-Winded, Will Open NATO Convention," *Variety*, October 31, 1979; "Sumner Redstone Honored at Theatre Owners Convention," *Jewish Advocate*, November 15, 1979.

19. Lenzner, "True Grit."

20. Ibid.

21. Robert E. Dallos, "Theater Owner Acquires More Columbia Stock," *Los Angeles Times*, November 19, 1981.

22. Landro, "National Amusements Inc.'s Redstone Is Known for His Tenacity and Timing"; "Columbia Board Approves High-Priced Takeover Bid from Soft-Drink Company," *Variety*, January 20, 1982.

23. "America's Jewish Billionaires. How Rich! How Charitable?" *Moment*, December 31, 1996.

24. Sumner Redstone, "Redstone Theatres," *Film Journal International*, November 9, 1981.

25. Bruce A. Mohl, "Coming Soon: Movie War," *Boston Globe*, January 12, 1982.

26. Markell, "Redstone Opens Tenplex Cinemas in Revere."

27. Robbins, "Two Redstone 10-Plexes Expected to Heat N.Y. Environs Competition."

28. Nan Robertson, "Multiplexes Add 2,300 Movie Screens in 5 Years," *New York Times*, November 7, 1983.

29. Toby Thompson, "The Twilight of the Drive-In," *American Film*, July 1, 1983.

30. "Nathan Korff, 91, Milton Rabbi Known for His Generous Spirit," *Boston Globe*, February 3, 2010.

31. Eric Page, "Baruch Korff, 81, Rabbi and Defender of Nixon," *New York Times*, July 27, 1995.

32. "Announce Betrothal," *Jewish Advocate*, March 27, 1980.

33. "To Speak at 54th Annual Union Guest Day in Needham," *Jewish Advocate*, April 17, 1980.

34. "Rabbi Korff on Foreign Policy," *Jewish Advocate*, December 4, 1980.

35. Marian Christy, "The Redstone Scenario," *Boston Globe*, May 22, 1985.

36. "National Amusements Raises Its Viacom Stake," *Los Angeles Times*, June 2, 1986.

37. O'Connor v. Redstone, Complaint.

38. Robert Lenzner and Devon Pendleton, "Family Feud," *Forbes*, October 27, 2007.

39. O'Connor v. Redstone, Complaint, 15.

40. Redstone v. National Amusements, Complaint.

41. Voss, "The $80 Billion Love Affair."

42. Landro, "National Amusements Inc.'s Redstone Is Known for His Tenacity and Timing."

43. "National Amusements Discloses 5.1 Percent Stake in Unit of MGM/UA," *Wall Street Journal*, July 11, 1984.

44. Redstone, *A Passion to Win*, 105–6.

第9章 击败维亚康姆人

1. Laura Landro, "Viacom Is Increasingly Seen as Takeover Play Despite Firm's Lack of Acknowledged Suitors," *Wall Street Journal*, October 11, 1985.

2. William Knoedelseder Jr., "MTV Considers $469 Million Bid," *Los Angeles Times*, August 9, 1985.

3. "Cable TV Joint Venture Will Launch Company to Distribute Programs," *Wall Street Journal*, November 9, 1979.

4. Craig Marks and Rob Tannenbaum, *I Want My MTV: The Uncensored Story of the Music Video Revolution* (New York: Dutton, 2011), 227–331.

5. Laura Landro and David B. Hilder, "Warner Communications Is Expected to Sell Cable-TV Interests to Viacom," *Wall Street Journal*, August 26, 1985.

6. Michael A. Hiltzik, "Viacom to Buy MTV and Showtime in Deal Worth $667.5 Million," *Los Angeles Times*, August 27, 1985.

7. Interview with Tom Freston.

8. Interview with Geraldine Laybourne.

9. Laura Landro, "Viacom Is on the Prowl for Purchases," *Wall Street Journal*, August 16, 1985.

10. Dan Dorfman, "Oilman Davis Rumored to Be after Viacom," *Minneapolis Star Tribune*, April 17, 1986; Redstone, *A Passion to Win*, 108.

11. Paul Richter, "Viacom Quietly Becomes Major Force in TV," *Los Angeles Times*, September 22, 1985.

12. Landro, "Viacom Is on the Prowl for Purchases."

13. Richter, "Viacom Quietly Becomes Major Force in TV."

14. Leichtman Research Group, http://www.leichtmanresearch.com/press/090315release.html.

15. Marks and Tannenbaum, *I Want My MTV*, 16.

16. Ibid., 41.

17. Ibid., 233–36.

18. Jane Fitz Simon, "Sumner Redstone," *Boston Globe*, October 5, 1986.

19. Christy, "The Redstone Scenario."

20. "Viacom Stake Raised to 8.73 Percent by a Group Led by Theater Firm," *Wall Street Journal*, September 15, 1986.

21. Geraldine Fabrikant, "Viacom Chief Leads Group's Buyout Bid," *New York Times*, September 17, 1986.

22. Ibid.; Redstone, *A Passion to Win*, 109.

23. Redstone, *A Passion to Win*, 109.

24. Ibid.

25. Thomas S. Mulligan, "Viacom CEO May Lack Cool, but He Has Clout," *Los Angeles Times*, October 7, 2007.

26. Redstone, *A Passion to Win*, 110.

27. Geraldine Fabrikant, "At Least Two Investors Report Stakes in Viacom," *New York Times*, September 18, 1986; Redstone, *A Passion to Win*, 110.

28. Geraldine Fabrikant and Dee Wedemeyer, "Viacom Investor Puzzles Wall Street," *New York Times*, October 13, 1986.

29. Laura Landro, "Viacom Gets Counteroffer to Buyout Bid," *Wall Street Journal*, February 3, 1987.

30. Wendy Fox, "Sumner Redstone Goes for Viacom," *Boston Globe*, February 3, 1987.

31. "Viacom Rejects Bid by Redstone Unit," *New York Times*, February 11, 1987.

32. Redstone, *A Passion to Win*, 125.

33. "Pittman's Plans for MCA-Backed Outfit Include Acquisitions," *Variety*, January 21, 1987.

34. Alexandra Wolfe, "The Never-Ending Glamour of the Carlyle Hotel," *Wall Street Journal*, September 12, 2013.

35. Peter Barnes, "Two Rival Suitors for Viacom Sweeten Bids Again," *Wall Street Journal*, March 3, 1987.

36. Redstone, *A Passion to Win*, 134–36.

37. Peter Barnes, "National Amusements Wins Bidding War for Viacom with Its Offer of $3.4 billion," *Wall Street Journal*, March 4, 1987.

38. Laura Landro, "Theater Magnate Redstone May Find Running Viacom Is Toughest Act Yet," *Wall Street Journal*, March 6, 1987.

39. Geraldine Fabrikant, "His Toughest Challenge Yet," *New York Times*, March 15, 1987.

40. "Mystery Multiplex Plan Fueled Redstone UK Launch Rumours," *Screen International*, March 28, 1987.

41. Landro, "Theater Magnate Redstone May Find Running Viacom Is Toughest Act Yet."

42. "Michael Redstone, Owned Theaters, Latin Quarter Nightclub; At 85," *Boston Globe*, April 6, 1987; Michael Redstone obituary, *New York Times*, April 6, 1987.

43. Ruth Ann Redstone obituary, *New York Times*, April 30, 1987.

44. Ed Priebe, "Prostitution and Political Seduction," exfamily.org, March 2002, http://www.exfamily.org/art/exmem/ffing_ed.shtml.

45. Redstone v. Schuster, Deposition of Edward Redstone, 48–49; Lenzner and Pendleton, "Family Feud."

46. Newman, "Fort Sumner."

47. Redstone, *A Passion to Win*, 142.

48. Redstone v. Schuster, Deposition of Edward Redstone; "Leila W. Redstone," *Lowell (MA) Sun*, December 3, 1987.

49. Voss, "The $80 Billion Love Affair."

50. Declaration of Trust of the Twin Pond Trust, August 24, 1988; Mortgage for 4 Twin Pond Lane, August 30, 1988.

51. Delsa Winer diary from 1988–89, courtesy of Winn Wittman.

第 10 章　做大派拉蒙

1. Landro, "Theater Magnate Redstone May Find Running Viacom Is Toughest Act Yet."

2. "Redstone Tells Showeast Exhibs He Still Holds Pix/Theaters Dear," *Variety*, September 23, 1987.

3. Interview with Ken Gorman.

4. Kathryn Harris, "Entertainment Mega-Merger: Biondi: 'Glue' for Media Colossus?" *Los Angeles Times*, February 16, 1994.

5. Redstone, *A Passion to Win*, 147; Ken Auletta, "Redstone's Secret Weapon," *New Yorker*, January 16, 1995.

6. Redstone, *A Passion to Win*, 147.

7. Auletta, "Redstone's Secret Weapon."

8. Robert Lenzner, "Redstone's Entertainment Empire: It All Adds Up to a Family Worth between $1.5 and $2 Billion, Possibly the Wealthiest in Boston," *Boston Globe*, August 7, 1988.

9. Lisa Gubernick, "Sumner Redstone Scores Again," *Forbes*, October 31, 1988.

10. "The Rich Get a Little Richer," Associated Press, October 11, 1988.

11. Lenzner, "Redstone's Entertainment Empire."

12. Jack Thomas, "He Lives by His Own Rules," *Boston Globe*, November 6, 1989.

13. "MTV Inaugural Ball Bill Clinton," YouTube, https://www.youtube.com/watch?v=0rt9oy-wbA0&t=206s.

14. "Redstone Tells Showeast Exhibs He Still Holds Pix/Theaters Dear."

15. "Redstone Cautious about Buying Studio," *Boston Globe*, October 7, 1989.

16. Neal Gabler, *An Empire of Their Own* (New York: Doubleday, 1988).

17. Andrew L. Yarrow, "The Studios' Move on Theaters," *New York Times*, December 25, 1987.

18. Robert Lenzner, "Super Merger Proposed," *Boston Globe*, March 12, 1989.

19. John Cassidy, "Whatever Happened to Time Inc.?" *New Yorker*, March 7, 2013.

20. Kathryn Harris, "Viacom Seeks a Role in the Land of Media Giants," *Los Angeles Times*, November 19, 1989.

21. Redstone, *A Passion to Win*, 175.

22. Ken Auletta, "The Last Studio in Play," *New Yorker*, October 4, 1993.

23. Douglas Gomery, *The Hollywood Studio System: A History* (London: British Film Institute, 2005), 1–25.

24. Michael Cieply, "Martin Davis on the Prowl," *Los Angeles Times*, November 12, 1989.

25. Bryan Burrough, "The Siege of Paramount," *Vanity Fair*, February 1994.

26. Ibid.

27. Auletta, "The Last Studio in Play."

28. Randall Smith, "How Greenhill Bagged First Megadeal in New Role at Smith Barney Shearson," *Wall Street Journal*, September 13, 1993.

29. Redstone, *A Passion to Win*, 180.

30. Laura Landro and Johnnie L. Roberts, "Paramount, Viacom Discuss a Stock Swap," *Wall Street Journal*, September 10, 1993.

31. Redstone, *A Passion to Win*, 183.

32. Ibid., 190.

33. Geraldine Fabrikant, "Sumner Redstone Lands the Big One," *New York Times*, September 13, 1993.

34. Jonathan Weber, "Viacom, Paramount See Smooth Merger," *Los Angeles Times*,

September 14, 1993.

35. Geraldine Fabrikant, "Martin Davis Finds His Deal," *New York Times*, September 13, 1993.

36. Beth Belton, "Paramount, Viacom Celebrate Marriage," *USA Today*, September 14, 1993.

第11章 杀手迪勒

1. Randall Smith and Johnnie L. Roberts, "Viacom's Proposal to Buy Paramount Got a Helping Hand," *Wall Street Journal*, September 14, 1993.

2. Redstone, *A Passion to Win*, 195.

3. Aaron Zitner, "The Intangible Assets of Barry Diller," *Boston Globe*, September 26, 1993.

4. Kim Masters and Paul Farhi, "Fox Chairman Barry Diller Resigns," *Washington Post*, February 25, 1992.

5. John Lippman, "Shopping Network's Potential Attracted Diller," *Los Angeles Times*, December 11, 1992.

6. Johnnie L. Roberts and Randall Smith, "QVC and Diller Consider a Bid for Paramount," *Wall Street Journal*, September 16, 1993.

7. Redstone, *A Passion to Win*, 193.

8. Geraldine Fabrikant, "Shuffling Hollywood's Deal Deck," *New York Times*, November 6, 1993.

9. Redstone, *A Passion to Win*, 194.

10. Kathryn Harris and John Lippman, "Diller Seeks to Outbid Viacom for Paramount," *Los Angeles Times*, September 21, 1993.

11. Laura Landro and Johnnie L. Roberts, "QVC's $9.5 Billion Bid for Paramount Brings Industry Titans to Fray," *Wall Street Journal*, September 21, 1993.

12. Laura Landro and Johnnie L. Roberts, "Viacom Vows to Buy Paramount but Asserts It Won't Raise Bid," *Wall Street Journal*, September 23, 1993.

13. Johnnie L. Roberts and Laura Landro, "Viacom Files Suit to Halt QVC's Bid for Paramount," *Wall Street Journal*, September 24, 1993.

14. "John Malone's TV-Dinner," *Economist*, July 10, 1993.

15. Kathryn Harris, "Defending the Deal," *Los Angeles Times*, September 27, 1993.

16. Rayne Boyce, "Blockbuster Entertainment Enters into Strategic Relationship with Viacom," *Business Wire*, September 29, 1993; Geraldine Fabrikant, "Nynex Aid for Viacom in Its Bid, $1.2 Billion Added to Paramount Fight," *New York Times*, October 5, 1993.

17. Ken Auletta, "John Malone: Flying Solo," *New Yorker*, February 7, 1994.

18. Michael L. Rozansky, "Malone Assailed by Viacom Chief at Senate Hearing," *Philadelphia Inquirer*, October 28, 1993.

19. Randall Smith and Johnnie L. Roberts, "Court Blocks Acquisition of Paramount by Viacom," *Wall Street Journal*, November 26, 1993.

20. Burrough, "The Siege of Paramount."

21. John Lippman, "QVC Raises Per-Share Bid to $90 Merger," *Los Angeles Times*, November 13, 1993.

22. Laura Landro, "Redstone, Diller Show That Egos Are Paramount," *Wall Street Journal*, December 20, 1993.

23. Geraldine Fabrikant, "Viacom Announces Merger and Raises Bid for Paramount," *New York Times*, January 8, 1994.

24. James Cox, "Work Is Play for Huizenga," *USA Today*, January 10, 1994.

25. Anita Sharpe, "Graceful Exit; Blockbuster Merger Viewed as Bailout for Chairman," *Wall Street Journal*, January 11, 1994.

26. Kathryn Harris, "Viacom Raises Paramount Bid by $80 Million in Cash, Stock Mergers," *Los Angeles Times*, January 19, 1994.

27. Skip Wollenberg, "Viacom, QVC Alter Bids at Deadline," *Austin American-Statesman*, February 2, 1994.

28. Johnnie L. Roberts, "Redstone's Wife Filed for Divorce but Dropped Suit," *Wall Street Journal*, December 22, 1993.

29. James Bates, "Paramount Deal: A Show Closes, a Look at the Script," *Los Angeles Times*, February 16, 1994.

第 12 章　永生不死

1. Elizabeth Lesley, Gail Degeorge, and Ronald Grover, "Sumner's Last Stand,"

Businessweek, March 2, 1997.

2. Steve Fainaru, "Multimedia Man: Born before TV, 71-year-old Sumner Redstone Leads a Communications Empire into a New Era," *Boston Globe*, January 22, 1995.

3. Stephen Galloway, *Leading Lady: Sherry Lansing and the Making of a Hollywood Groundbreaker* (New York: Crown Archetype, 2017), 205.

4. Lesley, Degeorge, and Grover, "Sumner's Last Stand."

5. Ibid.

6. Auletta, "Redstone's Secret Weapon."

7. David Lieberman, "Redstone Kids Not in Line for Viacom," *USA Today*, January 10, 1995.

8. "Viacom Inc.," *Wall Street Journal*, November 25, 1991.

9. "18-Year Term in Child Rape," *Boston Globe*, March 28, 1982.

10. John H. Kennedy, "Cocaine Psychosis Cited in Boy's Beating Death," *Boston Globe*, July 12, 1989.

11. Doris Sue Wong, "Killer of Boy Given 18–20 Year Term," *Boston Globe*, July 18, 1989.

12. Background interviews.

13. Lloyd Grove, "Sumner's Discontent: The Tale of a Latter-Day King Lear," *Portfolio*, February 2009.

14. "Former Redstone Son-in-Law Quits Theater Chain," *Los Angeles Times*, May 20, 1994.

15. Mark Jurkowitz, "Transformed by Tradition," *Boston Globe*, April 1, 1999.

16. "New Bus Service from Dover Area to Local Day Schools,"*Jewish Advocate*, May 24, 1990.

17. Matzer and Lenzner, "Winning Is the Only Thing."

第 13 章 "记住，我说了算！"

1. John Batelle, "Viacom Doesn't Suck," *Wired*, April 1, 1995.

2. Laura Landro and Mark Robichaux, "Biondi Is Forced Out at Viacom," *Wall Street Journal*, January 18, 1996.

3. Mark Landler and Geraldine Fabrikant, "His Place Among the Moguls," *New York Times*, January 19, 1996.

4. Mark Landler, "Viacom Chief Ousted, Paramount's Performance a Factor," *New York Times*, January 18, 1996.

5. Redstone, *A Passion to Win*, 268.

6. Ken Auletta, "That's Entertainment," *New Yorker*, February 12, 1996.

7. Tom Freston and background interviews.

8. Auletta, "That's Entertainment."

9. Background interview.

10. Mark Landler and Geraldine Fabrikant, "The Media Business: His Place Among the Moguls," *New York Times*, January 19, 1996.

11. Geraldine Fabrikant, "TV Agreement Gives Viacom Greater Access to Germany," *New York Times*, April 9, 1996.

12. Eben Shapiro, "Viacom Plans Big $100 Million Charge for Closing 50 Blockbuster Music Stores," *Wall Street Journal*, January 8, 1997.

13. Geraldine Fabrikant, "A Question of Skills: Viacom's Deal Maker Falters in Running What He Buys," *New York Times*, April 23, 1997.

14. Eben Shapiro, "How Viacom's Deal for Blockbuster Chain Went Sour So Fast," *Wall Street Journal*, February 21, 1997.

15. Lesley, Degeorge, and Grover, "Sumner's Last Stand."

16. Redstone, *A Passion to Win*, 39.

17. Ibid., 40.

18. Eben Shapiro, "Blockbuster Rescue Bid Stars Viacom Top Guns," *Wall Street Journal*, May 7, 1997.

19. Eben Shapiro, "Viacom Posts Loss of $195 Million as It Attempts to Fix Blockbuster," *Wall Street Journal*, August 6, 1997.

20. Claudia Eller and Mark Saylor, "At 74, Mogul Redstone Still Finds Running Viacom Entertaining," *Los Angeles Times*, April 29, 1998.

21. Mark Gunther, "King of All Radio," *Fortune*, April 14, 1997.

22. Michael Hiltzik, "Company Town: Creating a Media Giant; the Leaders; Shared Vision, Contrasting Styles," *Los Angeles Times*, September 8, 1999.

23. Ken Auletta, "The Invisible Manager," *New Yorker*, July 27, 1998.

24. Claudia Eller, "Infinity Chief Seen as Shrewd Manager," *Los Angeles Times*, June 21, 1996; Kyle Pope and Timothy Aeppel, "CBS Shake-Up Now Has to Play a Tough Crowd," *Wall Street Journal*, May 27, 1997.

25. Geraldine Fabrikant, "At CBS News of a New Chairman and a Strong Earnings Report Quickly Lifts Share Prices," *New York Times*, October 30, 1998.

26. Kyle Pope and Martin Peers, "Merging Moguls: Redstone, Karmazin Both Like to Be Boss; Now, They Must Share," *Wall Street Journal*, September 8, 1999.

27. Hiltzik, "Company Town: Creating a Media Giant."

28. Kim Masters, "Sumner Redstone Gal Pal Says She Got Nothing," *Hollywood Reporter*, July 28, 2010.

29. Michael Cieply, "A Hollywood Player Inspires a Broadway Play," *New York Times*, February 10, 2010.

30. Mitchell Fink, "Chief's Sizzling Sumner Vacation," *New York Daily News*, September 8, 1998.

31. Jeane MacIntosh, "Viacom Mogul Could Be Sumner $quashed—Wife Calls Him Cheater, Wants Half His Fortune," *New York Post*, September 19, 1999.

32. Masters, "Sumner Redstone Gal Pal Says She Got Nothing."

33. Redstone, *A Passion to Win*, 310.

34. "Viacom Inc. Makes Announcement," *Business Wire*, September 19, 1999.

35. Redstone v. National Amusements, Complaint, 7; Pope and Aeppel, "CBS Shake-Up Now Has to Play a Tough Crowd."

第 14 章　个中高手

1. "CineBridge to Launch Hip, New Movie Venture in Los Angeles," *Business Wire*, February 14, 2001.

2. Ibid.

3. Claudio H. Deutsch, "Now Playing: Invasion of the Multiplex," *New York Times*, June 25, 1995.

4. Kevin Lally and Ed Kelleher, "Megaplex Mania," *Film Journal International*, August 1, 1996.

5. "The Latest Coming Attraction: Movie House in East New York," *New York*

Times, April 12, 1997.

6. Ed Kelleher, "National Amusements Is Home to Shari Redstone," *Film Journal International*, December 1, 1995.

7. "Shari E. Redstone: Taking National into the 21st Century,"*Film Journal International*, November 1, 1996.

8. "Chile Showcase," *Film Journal International*, September 1, 1998.

9. "Media Moguls Putting on Heirs," *Variety*, April 14–20, 1997.

10. Dyan Machan, "Redstone Rising," *Forbes*, May 13, 2002.

11. "Location, Location, Location," *Film Journal International*, April 1, 1998.

12. "Movie Theaters of the Absurd," *Forbes*, March 2, 2001.

13. Pope and Peers, "Merging Moguls: Redstone, Karmazin Both Like to Be Boss; Now, They Must Share."

14. Ibid.

15. Geraldine Fabrikant and Seth Schiesel, "At Viacom, Rumors Persist of Tension at the Top," *New York Times*, January 21, 2002.

16. Shlomo Schwartzberg, "National Amusements: The Next Generation," *BoxOffice*, April 1, 1995.

17. "Showmandizer Promotion of the Month," *BoxOffice*, June 1, 1996.

18. Machan, "Redstone Rising."

19. Claudia Eller, "To Russia with Theaters (and Digital Sound)," *Los Angeles Times*, June 25, 2002.

20. "Redstone Divorce Granted," PR Newswire, July 26, 2002.

21. Brent D. Redstone v. National Amusements, Inc., Complaint.

22. Sumner M. Redstone National Amusements Trust Declaration of Trust, June 28, 2002.

23. Term Sheet for proposed buyout of Shari Redstone's stake in National Amusements, 2014.

24. Sallie Hofmeister, "Viacom's Board Tells Top Executives to Work It Out," *Los Angeles Times*, January 31, 2002.

25. Bryan Burrough, "Sleeping with the Fishes," *Vanity Fair*, December 2006.

26. "Another Woman for Sumner?" *New York Post*, July 27, 2000.

27. Geraldine Fabrikant, "More Than a Sumner Romance, But Not a 50–50 Marriage,"

New York Times, August 25, 2002.

28. Ibid.

29. Burrough, "Sleeping with the Fishes."

30. Lloyd Vries, "Blockbuster Split," Associated Press, February 10, 2004.

31. "Midway Games: Viacom's Redstone Adds to His Stake," Bloomberg News/ *Chicago Tribune*, March 4, 2004.

32. John Crudele, "Redstone's Portfolio Picks: Holds Major Stakes in WMS Industries & Midway Games," *New York Post*, July 19, 2000; Laura Rich, "A Succession Plan. Well, Almost," *New York Times*, June 20, 2004.

33. "Midway Plans Board Revamp; Redstone Acquires Majority Stake," *Chicago Tribune*, May 12, 2004.

34. Jim Kirk, "Redstones' Midway Strategy Thus Far Known Only to Them," *Chicago Tribune*, June 27, 2004.

35. Geraldine Fabrikant, "A Younger Redstone Takes a Role at Viacom," *New York Times*, May 10, 2004.

36. Joe Flint, "Final Cut: Karmazin Leaves Viacom Post, Ending a Story Marriage," *Wall Street Journal,* June 2, 2004.

37. David Lieberman and Michael McCarthy, "Ex-CBS Chief Chooses to Be No. 2 No More," *USA Today*, June 2, 2004.

38. Ibid.

39. Flint, "Final Cut."

40. Martin Peers, Joe Flint, and John Lippman, "Stability of Power Trio Is Critical to Viacom's Future," *Wall Street Journal*, February 4, 2002.

41. Bill Carter, "And Now, Enter the Two Who Would Be One," *New York Times*, June 2, 2004.

42. Christopher S. Stewart, "King of TV for Now, CBS Girds for Digital Battle," *Wall Street Journal*, November 30, 2012.

43. Galloway, *Leading Lady*, 321.

第 15 章　"穿裙子的雷石东"

1. Redstone v. Schuster, Deposition of Edward Redstone.

2. Redstone v. Schuster, Deposition of Madeline Redstone.

3. Redstone v. Schuster, Depositions of Edward and Madeline Redstone.

4. Schuster v. Redstone, Deposition of Edward Redstone.

5. Redstone v. Schuster, Complaint.

6. Redstone v. Schuster, Deposition of Madeline Redstone; interview with Madeline Redstone.

7. "Redstone, Gabriel Adam," *New York Times*, May 30, 2004.

8. O'Connor v. Redstone, Amended Complaint.

9. Flint, "Final Cut."

10. Lieberman and McCarthy, "Ex-CBS Chief Chooses to Be No. 2 No More."

11. Geraldine Fabrikant, "Viacom Considers a Plan to Split into 2 Companies," *New York Times*, March 17, 2005.

12. Ibid.

13. John Higgins, "ViaSlow vs. ViaGrow," *Broadcasting & Cable*, May 9, 2005.

14. Ibid.

15. Sallie Hofmeister, "Viacom OK's Plan to Split, but 1 Man Will Still Run the Show," *Los Angeles Times*, June 15, 2005.

16. Ibid.

17. Carol Hymowitz and Joe Flint, "Shari Redstone Waits in Wings to Head Viacom," *Wall Street Journal*, March 21, 2005.

18. Hofmeister, "Viacom OK's Plan to Split, but 1 Man Will Still Run the Show."

19. Hymowitz and Flint, "Shari Redstone Waits in Wings to Head Viacom."

20. Jim Cooper, "The Ghost in the Machine," *Media Week*, April 17, 2000.

21. Joseph Gallivan, "MTVi Faces the Music," *New York Post*, September 28, 2000.

22. Julia Angwin, *Stealing MySpace: The Battle to Control the Most Popular Website in America* (New York: Random House, 2009), 119.

23. Ibid.

24. Interview with Jason Hirschhorn.

25. Angwin, *Stealing MySpace*, 119.

26. Ibid., 99.

27. Ibid., 163–67.

28. Ibid., 170.

29. David Kirkpatrick, *The Facebook Effect: The Inside Story of the Company That Is Connecting the World* (New York: Simon & Schuster, 2010), 159–60.

30. Merissa Marr, Kate Kelly, and Kathryn Kranhold, "Hollywood Rewrite: Viacom Outbids GE to Buy DreamWorks," *Wall Street Journal*, December 12, 2005.

31. Michael Hiltzik and Claudia Eller, "'Kombat' Split Redstones," *Chicago Tribune*, August 5, 2007.

32. National Amusements, Inc. Security and Exchange Commission 13D filing, December 28, 2005.

33. Mike Hughlett, "Midway Shares on Steady Downfall," *Chicago Tribune*, February 11, 2006.

34. Brent D. Redstone v. National Amusements, Inc., Circuit Court of Maryland for Baltimore City, February 6, 2006, Complaint.

35. Robert Lenzner, "Redstone Blasts Daughter," *Forbes*, July 20, 2007.

第 16 章　"简直疯啦！"

1. Merissa Marr, "Sumner Redstone Gives Tom Cruise His Walking Papers," *Wall Street Journal*, August 23, 2006.

2. Matthew Karnitschnig and Brooks Barnes, "Viacom Split Offers No Panacea," *Wall Street Journal*, July 24, 2006.

3. Richard Greenfield, "How Viacom Lost Its Mojo," Pali Research, July 10, 2006.

4. Nikki Finke, "Who's Crazier: Viacom or Tom Cruise?" *Deadline Hollywood*, August 22, 2006.

5. Burrough, "Sleeping with the Fishes."

6. Matthew Karnitschnig, "Ouster of Viacom Chief Reflects Redstone's Impatience for Results," *Wall Street Journal*, September 6, 2006.

7. Burrough, "Sleeping with the Fishes."

8. Sumner Redstone interview with Charlie Rose. *Charlie Rose*, PBS, October 2006.

9. Karnitschnig and Barnes, "Viacom Split Offers No Panacea."

10. "Viacom Names Philippe Dauman President and CEO," *Business Wire*, September 5, 2006.

11. "Viacom's Ex-Chief Getting $85 Million," Bloomberg News, October 19, 2006.

12. Cooper, "The Ghost in the Machine."

13. Sumner Redstone interview with Charlie Rose.

14. Jonathan Levy and Anne Levin, "The Evolving Structure and Changing Boundaries of the U.S. Television Market in the Digital Era," Federal Communications Commission, https://transition.fcc.gov/ownership/materials/newly-released/evolving060106.pdf.

15. Sumner Redstone interview with Charlie Rose.

16. Patricia Sellers, "The Most Wanted Man on the Planet," *Fortune*, February 6, 2009.

17. "Freston Flock Rips Redstone," *New York Post*, October 26, 2006.

18. Geraldine Fabrikant and Bill Carter, "Another Split at Viacom," *New York Times*, September 6, 2006.

19. Karnitschnig and Barnes, "Viacom Split Offers No Panacea."

20. Fabrikant and Carter, "Another Split at Viacom."

21. "Viacom Mob Gives Tom Freston a Touching Send-Off," *Gawker*, September 7, 2006.

22. Merissa Marr, "Will Brad Grey Fade to Black at Paramount?" *Wall Street Journal*, September 6, 2006.

23. Johnnie I. Roberts, "Viacom Shuffle: Redstone's Search for Youth," *Newsweek*, September 18, 2006.

24. "YouTube Serves Up 100 Million Videos a Day Online," Reuters, July 16, 2006.

25. Andrew Ross Sorkin and Jeremy W. Peters, "Google to Acquire YouTube for $1.65 Billion," *New York Times*, October 9, 2006.

26. Kevin J. Delaney and Matthew Karnitschnig, "Media Titans Pressure YouTube over Copyrights," *Wall Street Journal*, October 14, 2006.

27. Lloyd Grove, "Sumner's Discontent," *Portfolio*, January 7, 2009.

28. O'Connor v. Redstone, Complaint.

29. Julia Angwin, "Sumner Redstone's Nephew Sues over Management of Family Trusts," *Wall Street Journal*, November 21, 2006.

30. Michael Redstone's death certificate, Office of the Boulder County Coroner.

31. Redstone v. Schuster, Deposition of Michael Redstone.

32. Ibid.

33. Ibid.

34. Redstone v. Schuster, Deposition of Edward Redstone.

35. Redstone v. Schuster, Deposition of Michael Redstone.

36. O'Connor v. Redstone, Complaint.

37. Michael A. Hiltzik and Claudia Eller, "A Dynasty in Dysfunction," *Los Angeles Times*, July 23, 2007.

38. Peter J. Reilly, "Sumner Redstone Liable for Tax on Long Ago Gift," *Forbes*, December 12, 2015.

第 17 章 "良性治理"

1. Matthew Karnitschnig, "Viacom Lawsuit on Executive Pay Can Go Forward," *Wall Street Journal*, June 30, 2006.

2. "Viacom Cuts Chairman's Pay in Half to $10.5m," *Calgary Herald*, September 26, 2006.

3. Mike Barris, "CBS Links Redstone Pay to Shareholder Returns," *Wall Street Journal*, March 14, 2007.

4. "Conversations with Michael Eisner," interview with Sumner Redstone, CNBC, October 19, 2006.

5. Hiltzik and Eller, "'Kombat' Split Redstones."

6. Letter from Sumner Redstone to the Trustees of the Sumner M. Redstone National Amusements Trust, February 8, 2007, included in Sydney Holland's cross-complaint in Los Angeles Superior Court, Sydney Holland v. Shari Redstone, Jeremy Jagiello, Joseph Octaviano, and Giovanni Paz, December 15, 2016.

7. Steve Baily, "Redstone, Continued," *Boston Globe*, April 27, 2007.

8. Robert Lenzner, "Redstone Blasts Daughter," *Forbes*, July 20, 2007.

9. Claudia Eller, "Redstone's Letter Takes Public Slap at Daughter," *Los Angeles Times*, July 21, 2007.

10. Tim Arango, "New Crack in the House of Redstone," *Fortune*, July 19, 2007.

11. Wailin Wong, "Redstones' Family Feud Cools Off," *Chicago Tribune*, December 22, 2007.

12. Merissa Marr, "Redstone Rejects Viacom, CBS Sale," *Wall Street Journal*, October 23, 2008.

13. Merissa Marr, "Redstone Company in Talks over Debt after Sale of Shares," *Wall Street Journal*, October 20, 2008.

14. Marr, "Redstone Rejects Viacom, CBS Sale."

15. Tim Arango, "Redstone Weighs Sale of Theaters," *New York Times*, November 25, 2008.

16. Merissa Marr, "Redstone Sells Control of Midway to Ease Debt," *Wall Street Journal*, December 1, 2008.

17. Wailin Wong, "Midway Games Faces Default," *Los Angeles Times*, December 6, 2008.

18. Lauren Pollock, "Midway Games Files for Chapter 11," *Wall Street Journal*, February 13, 2009.

19. Merissa Marr, "Redstones Move Closer to a Deal with Creditors," *Wall Street Journal*, December 19, 2008.

20. Ibid.

21. Meg James and Claudia Eller, "Redstone Deal Lifts Threat to Empire," *Los Angeles Times*, February 28, 2009.

22. Claudia Eller, "Sumner Redstone's National Amusements Closes Deal to Sell 29 Theaters to Rave Cinemas," *Los Angeles Times*, December 22, 2009.

23. Merissa Marr, "Redstones File to Obtain a Divorce," *Wall Street Journal*, October 22, 2008.

24. Nikki Finke, "Redstone Family Woes: Now His Marriage,"*Deadline Hollywood*, August 3, 2007.

第 18 章　奇怪的世界

1. "Crazy Night Out with the Electric Barbarellas," *RumorFix*, July 27, 2011, https://www.youtube.com/watch?v=YZXyS1KCM-Q.

2. Peter Lauria, "Sumner Redstone and His All-Girl Band, the Electric Barbarellas," *Daily Beast*, June 2, 2010.

3. Peter Lauria, "Sumner Redstone Offers Reward to Get the Electric Barbarellas Leak," *Daily Beast*, July 20, 2010.

4. Richard Johnson, "Sumner Basks in Bribe Uproar," *New York Post*, July 22, 2010.

5. Sumner M. Redstone v. Manuela Herzer, Sydney Holland, and DOES 1–10; Sydney Holland's Answer to Plaintiff Sumner M. Redstone's Complaint, Los Angeles Superior Court, December 12, 2016, p. 20.

6. Sumner Redstone interview with Larry King at the Milken Institute Global Conference in 2009.

7. Ibid.

8. Merissa Marr, "Redstone Daughter in Succession Mix," *Wall Street Journal*, October 26, 2012.

9. Redstone, *A Passion to Win*, 23.

10. Amy Chozick, "The Man Who Would Be Redstone," *New York Times*, September 21, 2012; Michael Cieply, "Paramount Pictures Finds Long-Sought Balance," *New York Times*, December 13, 2009.

11. Loch Adamson, "Philippe Dauman Transforms Viacom," *Institutional Investor*, September 2009.

12. Dave Itzkoff, "Gym, Tan, Later: MTV Ending 'Jersey Shore,'" *New York Times*, August 30, 2012.

13. Matthew Flamm, "MTV Gets Groove Back," *Crain's New York Business*, January 24, 2011.

14. Cieply, "Paramount Pictures Finds Long-Sought Balance."

15. Sandra Ward, "When Sumner Met Betty," *Barron's*, March 29, 2010.

16. Nat Worden, "Viacom CEO's Pay More Than Doubled," *Wall Street Journal*, January 24, 2011; Chozick, "The Man Who Would Be Redstone."

17. "Netflix and MTV Networks Announce Deal to Stream 'South Park' and Trove of Nickelodeon Shows on Netflix," PR Newswire, April 6, 2009.

18. Sue Zeidler and Jennifer Saba, "Netflix, Epix Strike Programming Deal," Reuters, August 10, 2010.

19. Sam Schechner, "Boss Talk: Viacom CEO Tries to Keep the Party Going," *Wall Street Journal*, November 1, 2010.

20. Claudia Eller, "Paramount Extends Deal with Marvel," *Los Angeles Times*, September 30, 2008.

21. Matthew Ingram, "Six Years Later, Disney's Acquisition of Marvel Looks Smarter Than Ever," *Fortune*, October 8, 2015.

22. Hagey, "The Relationship That Helped Sumner Redstone Build Viacom Now Adds to Its Problems."

23. Ibid.

24. Lukas I. Alpert and Shalini Ramachandran, "Vice Media Secures $450 Million Investment from Private-Equity Firm TPG," *Wall Street Journal*, June 19, 2017.

25. Emily Steel, "At Vice, Cutting-Edge Media and Allegations of Old-School Sexual Harassment," *New York Times*, December 23, 2017; Lukas I. Alpert and Amol Sharma, "BuzzFeed Set to Miss Revenue Target, Signaling Turbulence in Media," *Wall Street Journal*, November 16, 2017.

26. Claire Atkinson, "Dauman Digs In," *New York Post*, May 6, 2011.

27. Chris Smith, *The Daily Show: An Oral History* (New York: Grand Central Publishing, 2016), 318–19.

28. Eric Bailey, "Silence Protects Youths Who Shattered a Girl's Life," *Los Angeles Times*, January 17, 1988.

29. William D. Cohan, "Who Controls Sumner Redstone?" *Vanity Fair*, June 2015.

30. *Los Angeles* magazine, February 2004, classifieds.

31. Peter Elkind with Marty Jones, "The Disturbing Decline of Sumner Redstone," *Fortune*, May 5, 2016.

32. Holland v. Redstone, Complaint.

33. Redstone v. Herzer, Complaint.

34. Ibid.

35. Redstone v. Herzer, Sydney Holland's response.

36. Redstone v. Herzer, Complaint.

37. Claire Atkinson, "The Explosive, Plotting Emails of Sumner Redstone's Girlfriend," *New York Post*, May 19, 2015.

38. "De Lux Launch: National Amusements Showcases Its Legacy," *Film Journal International*, September 17, 2009.

39. Interviews with Shari Redstone and Jason Ostheimer.

40. Carol Beggy, "Names," *Boston Globe*, September 4, 2007.

41. Keach Hagey, "Redstone Family's Next Generation Takes on Bigger Roles, Influence in National Amusements," *Wall Street Journal*, November 15, 2016.

42. Interview with Jason Ostheimer and Advancit biography.

43. Nat Worden, "Redstone Sells Russian Movie-Theater Chain," *Wall Street Journal*, June 6, 2011.

44. Meg James, "Shari Redstone Launches Her Own Investment Firm," *Los Angeles Times*, August 27, 2011.

45. Merissa Marr, "Shari Redstone Adds Partner to Firm," *Wall Street Journal*, July 9, 2013; SEC filing.

46. SEC filing.

47. Sam Schechner, "Viacom Net Falls 65 Percent Due to Charge, Lower Ad Revenue," *Wall Street Journal*, February 2, 2012.

48. Claire Atkinson, "Nicked by Nielsen 'SpongeBob' Net's Ratings Squeeze," *New York Post*, December 1, 2011.

49. John Jannarone, "Viacom's SpongeBob Crisis," *Wall Street Journal*, May 2, 2012.

50. Schechner, "Viacom Net Falls 65 Percent Due to Charge, Lower Ad Revenue."

51. Jannarone, "Viacom's SpongeBob Crisis."

52. George Szalai, "Viacom CEO: Netflix Content Is Not Hurting Nickelodeon Ratings," *Hollywood Reporter*, February 2, 2012.

53. Schechner, "Viacom Net Falls 65 Percent Due to Charge, Lower Ad Revenue."

54. Chozick, "The Man Who Would Be Redstone."

55. Holland v. Redstone.

56. In Re Advance Health Care Directive of Sumner M. Redstone, Los Angeles Superior Court, Petition for Determinations Re Advance Health Care Directive of Sumner M. Redstone, November 25, 2015.

第 19 章 "我们的家"

1. Advance Health Care Directive.

2. Redstone v. Herzer.

3. Holland v. Redstone.

4. Sydney Holland v. Heather Naylor, Los Angeles Superior Court, August 30, 2013, Complaint.

5. Elkind and Jones, "The Disturbing Decline of Sumner Redstone."

6. Heather Naylor v. Sydney Holland, Los Angeles Superior Court, February 6, 2014,

Cross-complaint.

7. Matthew Belloni and Eriq Gardner, "Sumner Redstone Embroiled in Girlfriend's Legal War," *Hollywood Reporter*, July 4–18, 2014.

8. Redstone v. Herzer.

9. Redstone v. Herzer, Complaint.

10. Ibid.

11. Redstone v. Herzer and Herzer v. Redstone.

12. Redstone v. Herzer, Deposition of David Andelman.

13. Holland v. Redstone.

14. Elkind and Jones, "The Disturbing Decline of Sumner Redstone."

15. In Re Advance Health Care Directive, Declaration of Keryn Redstone, April 14, 2016.

16. Keach Hagey, "Family Fight Heats Up in Redstone Lawsuit," *Wall Street Journal*, April 20, 2016.

17. Holland v. Redstone.

18. Redstone v. Herzer.

19. Viacom Inc. 2014 proxy statement.

20. Merissa Marr, "Media Mogul Sumner Redstone Cashes In," *Wall Street Journal*, May 23, 2014.

21. CBS Corp. 2014 proxy statement.

第 20 章 "头脑敏锐"

1. Redstone v. Herzer, Complaint

2. Redstone v. Herzer, Declaration of Giovanni Paz.

3. Ibid.

4. Holland v. Redstone, Complaint.

5. Redstone v. Herzer, Complaint.

6. Manuela Herzer v. Shari Redstone, Tyler Korff, Brandon Korff, Isileli 'Isi' Tuanaki, Jeremy Jagiello, Joseph Octaviano, Giovanni Paqz, Igor Franco, Faleolo Toia, DOES 1–50, Los Angeles Superior Court, May 9, 2016, Complaint.

7. Holland v. Redstone.

8. Redstone v. Herzer.

9. Holland v. Redstone.

10. Keach Hagey and Chelsea Delaney, "Viacom Aims to Bolster Ad Business," *Wall Street Journal*, November 13, 2014.

11. Keach Hagey and Tess Stynes, "Viacom Extends CEO's Contract by Two Years," *Wall Street Journal*, January 15, 2015.

12. Keach Hagey, "Viacom CEO Gets Increase of 19 Percent in Pay," *Wall Street Journal*, January 26, 2015.

13. Redstone v. Herzer, Declarations of Jeremy Jagiello, Joseph Octaviano, and Giovanni Paz.

14. Herzer v. Redstone, Complaint.

15. Holland v. Redstone, Complaint.

16. Redstone v. Herzer, Declaration of Jeremy Jagiello.

17. Holland v. Redstone, Complaint.

18. Redstone v. Herzer.

19. Keach Hagey, "Year-Old Email Raises Questions about Sumner Redstone's Condition," *Wall Street Journal*, April 12, 2016.

20. Keach Hagey, "Doctors Have Key Role in Fate of Sumner Redstone's Company Stakes, Like Viacom," *Wall Street Journal*, February 6, 2016.

21. Cohan, "Who Controls Sumner Redstone?"

22. William D. Cohan, "Why Sumner Redstone Really Kicked Sydney Holland Out," *Vanity Fair*, September 21, 2015.

23. Redstone v. Herzer.

24. Herzer v. Redstone.

25. In Re Advance Health Care Directive, Declaration of Manuela Herzer in Support of Petition for Determination Re Advance Health Care Directive of Sumner M. Redstone.

26. In Re Advance Health Care Directive, Declaration of Keryn Redstone.

27. Keach Hagey and Amol Sharma, "Battle Brews Atop Media Giant Viacom," *Wall Street Journal*, October 7, 2015.

28. In Re Advance Health Care Directive, Declaration Re Urgency and Notice on Ex Parte Application, Los Angeles Superior Court, November 25, 2015, Exhibit: "Removal and Replacement of Trustee Keryn Redstone 2015 Irrevocable Trust."

29. Manuela Herzer v. Shari Redstone, Tyler Korff, Brandon Korff, Isileli "Isi" Tuanaki, Jeremy Jagiello, Joseph Octaviano, Giovanni Paz, Igor Franco, Faleolo Toia, and DOES 1–50, Los Angeles Superior Court, May 9, 2016, Complaint.

30. Redstone v. Herzer.

31. Manuela Herzer v. Shari Redstone, Tyler Korff, DOES 1–10, United States District Court, Central District of California, October 16, 2017, Complaint.

第 21 章　性与牛排

1. Frank Bi, "ESPN Leads All Cable Networks in Affiliate Fees," *Forbes*, January 8, 2015.

2. Hagey and Sharma, "Battle Brews Atop Media Giant Viacom."

3. Hagey, "The Relationship That Helped Sumner Redstone Build Viacom Now Adds to Its Problems."

4. In Re Advance Health Care Directive of Sumner M. Redstone, Los Angeles Superior Court, Opposition of Sumner Redstone to Ex Parte Application Seeking Evidentiary Hearing, November 25, 2015.

5. Redstone v. Herzer.

6. Herzer v. Redstone.

7. Ibid.

8. Ibid.

9. In Re Advance Health Care Directive of Sumner M. Redstone, Los Angeles Superior Court, December 14, 2015, Declaration of Ronald Richards in Support of Petitioner's Ex Parte Application for Discovery in Support of Response to Respondent's Request to Dismiss Petition.

10. In Re Advance Health Care Directive of Sumner M. Redstone, Los Angeles Superior Court, November 25, 2015, Opposition of Sumner Redstone to Ex Parte Application Seeking Evidentiary Hearing.

11. Keach Hagey, "Mario Gabelli Wants More Disclosures on Sumner Redstone's Health," *Wall Street Journal*, December 2, 2015.

12. Keach Hagey, "Viacom CEO Dauman Tries to Keep Distance from Redstone Lawsuit," *Wall Street Journal*, January 19, 2016.

13　Keach Hagey, "Viacom Says Sumner Redstone's Compensation Fell 85% in Fiscal 2015," *Wall Street Journal*, January 20, 2016.

14. Keach Hagey, "Viacom CEO's Total Compensation Rose 22 Percent in Fiscal 2015," *Wall Street Journal*, January 22, 2016.

15. Keach Hagey, "Viacom Chairman Must Face Acuity Test," *Wall Street Journal*, January 23, 2016.

16. Joe Flint, "Redstone Resigns as CBS Executive Chairman," *Wall Street Journal*, February 3, 2016.

17. Keach Hagey, "Redstone Confidant Dauman Wins Power Struggle at Viacom," *Wall Street Journal*, February 4, 2016.

18. Eriq Garner, "Sumner Redstone Hires New Lawyer in Battle over His Health Care," *Hollywood Reporter*, March 16, 2016.

19. Keach Hagey, "Sumner Redstone's Team in Settlement Talks in Competency Case," *Wall Street Journal*, April 5, 2016.

20. Hagey, "Year-Old Email Raises Questions about Sumner Redstone's Condition."

21. In Re Advance Health Care Directive of Sumner M. Redstone, Los Angeles Superior Court, May 5, 2016, Videotaped Deposition of Sumner M. Redstone, 31 Beverly Terrace, Beverly Hills, CA.

22. Joe Flint and Keach Hagey, "Sumner Redstone's Competency Suit Dismissed," *Wall Street Journal*, May 9, 2016.

23. Peter Elkind and Marty Jones, "Philippe Dauman's Protector Has Turned against Him and Now, It Seems the CEO's Days Are Numbered," *Fortune*, June 3, 2016.

24. Dylan Howard and Melissa Cronin, "Dirty Old Man! Billionaire Sumner Redstone Caught on Tape Arranging Raunchy Orgies," Radar Online, May 9, 2016.

第 22 章　一片混乱

1.　Emma Jacobs, "20 Questions: Philippe Dauman, Viacom," *Financial Times*, July 1, 2010.

2.　In the matter of the Sumner M. Redstone National Amusements Trust, Los Angeles Superior Court, Petition for Order Confirming Validity of Removal and Appointment of Trustees, May 23, 2016, Exhibit A, Removal and Appointment of

Trustee "Sumner M. Redstone National Amusements Trust."

3. Emily Steel, "Redstone's Lawyers Argue That His Mental Health Is Irrelevant in Dispute," *New York Times*, June 3, 2016.

4. Jessica Toonkel, "Sumner Redstone Has Power to Remove Viacom CEO from His Trust," Reuters, May 17, 2016.

5. Peter Elkind, "Exclusive: Sumner Redstone Ousts Viacom CEO from Trust That Will Control Viacom and CBS," *Fortune*, May 20, 2016.

6 Keach Hagey, "Viacom CEO Calls Attempt to Remove Him from Redstone Trust 'Illegal,'" *Wall Street Journal*, May 21, 2016.

7. Amol Sharma, "Redstone Taps New Stewards for His Viacom, CBS Holdings," *Wall Street Journal*, May 24, 2016.

8. Claire Atkinson, "'Philippe'ing Out," *New York Post*, May 24, 2016.

9. Joe Flint, "Viacom CEO Gets June Hearing in Lawsuit over Redstone Trust," *Wall Street Journal*, May 27, 2016.

10. David Lieberman, "Viacom Directors Vow to Fight Ouster Effort and Sell Paramount Stake," *Deadline*, May 30, 2016.

11. Joe Flint, "Shari Redstone Says Viacom Shareholders Want New Management," *Wall Street Journal*, June 1, 2016.

12. Claire Atkinson, "Shari Is on a Safari," *New York Post*, June 5, 2016.

13. Meg James, "Examination: Redstone Competent," *Los Angeles Times*, June 4, 2016.

14. Ben Fritz, "'Ninja Turtles' Sequel Is Latest Disappointment at Box Office," *Wall Street Journal*, June 5, 2016.

15. Steel, "Redstone's Lawyers Argue That His Mental Health Is Irrelevant in Dispute."

16. Tom Kludt, "Viacom CEO Calls for 'Immediate Medical Examination' of Sumner Redstone," CNN Wire Service, June 6, 2016.

17. Emily Steel, "Sumner Redstone's Granddaughter Sides with Viacom Directors," *New York Times*, June 1, 2016.

18. Robert N. Klieger letter to Keryn Redstone, May 10, 2016, Demand to Cease and Desist.

19. Michael J. de la Merced and Emily Steel, "National Amusements Alters Viacom

Bylaws to Stymie Sale of Paramount," *New York Times*, June 6, 2016.

20. Joe Flint, Ben Fritz, and Joann Lublin, "Paramount Sale Hits Wall," *Wall Street Journal,* June 7, 2016.

21. Nathalie Tadena, "Judge to Decide in Days on Expedited Process in Redstone Suit," *Wall Street Journal*, June 8, 2016.

22. Emily Steel, "Sumner Redstone Legal Battle Moves to a Massachusetts Court," *New York Times*, June 8, 2016; Tadena, "Judge to Decide in Days on Expedited Process in Redstone Suit."

23. Tadena, "Judge to Decide in Days on Expedited Process in Redstone Suit."

第 23 章 "内部清理"

1. Keach Hagey, "Redstone Family's Next Generation Takes on Bigger Roles, Influence in National Amusements," *Wall Street Journal*, November 14, 2016.

2. Kim Masters, "Sumner Redstone Visits Paramount Lot amid Viacom Drama," *Hollywood Reporter*, June 14, 2016.

3. Joe Flint, "Sumner Redstone Makes Rare Appearances at CBS, Paramount," *Wall Street Journal*, June 15, 2016; Joe Flint, "Sumner Redstone Says He No Longer Trusts Viacom Board or CEO," *Wall Street Journal*, June 16, 2016.

4. Brian Price, "Former Viacom CEO Tom Freston Speaks Out on Company's 'Serious Errors,'" CNBC, June 15, 2016.

5. Joe Flint, Amol Sharma, and Joann S. Lublin, "Sumner Redstone's National Amusements Moves to Oust Five Viacom Directors," *Wall Street Journal*, June 16, 2016.

6. Joe Flint, "Viacom Détente Yields Promotion for New Interim CEO," *Wall Street Journal*, August 21, 2016.

7. Liana B. Baker and Jessica Toonkel, "China's Wanda Shows Interest in Viacom's Paramount," Reuters, July 13, 2016; Rick Carew, Amol Sharma, and Ben Fritz, "Viacom in Talks to Sell Paramount Pictures Stake to Chinese Group," *Wall Street Journal*, July 13, 2016; Emily Steel, "Viacom's Owner Says Sale of Paramount Would Harm Shareholder Value," *New York Times*, July 16, 2016.

8. Joe Flint, "Can CBS and Viacom Merge? It Depends on the Redstone-Moonves

Dance," *Wall Street Journal*, September 29, 2016.

9. Peg Brickley and Joe Flint, "Viacom Board Suit Against Sumner Redstone's Holding Company to Proceed," *Wall Street Journal*, July 29, 2016.

10. Emily Steel, "Viacom's Profit Slumps 29 Percent, Providing a Lens into a Business in Turmoil," *New York Times*, August 4, 2016.

11. Joe Flint and Amol Sharma, "Viacom's Results Further Stoke Feud," *Wall Street Journal*, August 5, 2016.

12. Flint, "Viacom Détente Yields Promotion for New Interim CEO."

13. Claire Atkinson, "Bon Voyage, Philippe," *New York Post*, September 14, 2016.

14. Brooks Barnes, "'Ben-Hur' Is Latest Flop for Paramount," *New York Times*, August 21, 2016.

15. Keach Hagey and Joshua Jamerson, "Viacom's Interim CEO Tom Dooley to Depart," *Wall Street Journal*, September 21, 2016.

16. Flint, "Can CBS and Viacom Merge? It Depends on the Redstone-Moonves Dance."

17. "CBS's Moonves Plans to Buy a Company ahead of Potential Viacom Deal," *New York Post*, February 5, 2015.

18. "National Amusements, Inc., Proposes Combination of CBS and Viacom," National Amusements press release, September 29, 2016.

19. Keach Hagey, Joann S. Lublin, and Joe Flint, "Viacom and CBS Boards Name Special Committees to Review Merger," *Wall Street Journal*, September 30, 2016.

20. Redstone v. Herzer.

21. Keach Hagey, "Viacom Taps Bob Bakish as Acting CEO," *Wall Street Journal*, October 31, 2016.

22. Kim Masters, "Shari Redstone Named THR's Women in Entertainment Executive of the Year," *Hollywood Reporter*, December 6, 2016.

23. Michael Wolff, "Shari Redstone Has a Plan for Viacom (Really)," *Hollywood Reporter*, January 20, 2017.

尾声　首位传媒女大亨

1. Shalini Ramachandran, "Sony to Drop Viacom Channels from Streaming TV

Service," *Wall Street Journal*, November 8, 2016.

2. Keach Hagey, "Viacom to Narrow Focus to Six Key Cable-TV Channels," *Wall Street Journal*, February 8, 2017.

3. Todd Spangler, "Cord-Cutting Explodes," *Variety*, September 13, 2017.

4. Jessica Toonkel, "Viacom, CBS Owner Shari Redstone Says Media Companies Need Scale," Reuters, October 3, 2017.

5. Keach Hagey and Joe Flint, "Shari Redstone Wants New CBS Directors, Renews Push for Merger with Viacom," *Wall Street Journal*, January 17, 2018.

6. Marci Ryvicker, "CBS-VIAB? No Thank You," Wells Fargo Equity Research, January 28, 2018.

7. Hagey and Flint, "Shari Redstone Wants New CBS Directors."

8. Cynthia Littleton, "Revival of CBS-Viacom Merger Talk Sows Tension within Redstone Empire, Again," *Variety*, January 17, 2018.

9. Jessica Toonkel, "Exclusive: Viacom, CBS CEOs Discuss Potential Merger—sources," Reuters, January 25, 2018.

10. Marilyn Berger, "Katharine Graham of Washington Post Dies at 84," *New York Times*, July 18, 2001.

11. Richard Ducket, "Theatrical Blood: For Shari Redstone, Movies Are a Family Affair," *Worcester Telegram & Gazette*, August 10, 1995.

12. "Report on Ownership of Commercial Broadcast Stations," Federal Communications Commission, June 27, 2014.

13. "The Status of Women in the U.S. Media 2017," Women's Media Center, March 21, 2017.

14. Julia Marsh, "Sumner Redstone's Ex Won't Be Getting His NYC Penthouse," *New York Post*, October 25, 2015.

15. Matthew Garrahan, "Google and Facebook Dominance Forecast to Rise," *Financial Times*, December 3, 2017.

参考文献

Angwin, Julia. *Stealing MySpace: The Battle to Control the Most Popular Website in America*. New York: Random House, 2009.

Bart, Peter. *Fade Out: The Calamitous Final Days of MGM*. New York: Doubleday, 1990.

Baruch, Ralph, with Lee Roderick. *Television Tightrope: How I Escaped Hitler, Survived CBS, and Fathered Viacom*. Los Angeles: Probitas Press, 2007.

Beatty, Jack. *The Rascal King: The Life and Times of James Michael Curley, 1874–1958*. Reading, MA: Addison-Wesley, 1992.

Esposito, John. *Fire in the Grove: The Cocoanut Grove Tragedy and Its Aftermath*. Cambridge, MA: Da Capo Press, 2006.

Fried, Albert. *The Rise and Fall of the Jewish Gangster in America*. New York: Columbia University Press, 1980.

Gabler, Neal. *An Empire of Their Own*. New York: Doubleday, 1988.

Galloway, Stephen. *Leading Lady: Sherry Lansing and the Making of a Hollywood Groundbreaker*. New York: Crown Archetype, 2017.

Hersh, Seymour M. *The Dark Side of Camelot*. New York: Little, Brown, 1997.

Kessler, Ronald. *The Sins of the Father: Joseph P. Kennedy and the Dynasty He Founded*. New York: Warner Books, 1996.

Marks, Craig, and Rob Tannenbaum. *I Want My MTV: The Uncensored Story of the*

Music Video Revolution. New York: Dutton, 2011.

Pruitt, Bettye H. *The Making of Harcourt General: A History of Growth through Diversification, 1922–1992*. Boston: Harvard Business School Press, 1994.

Redstone, Sumner, with Peter Knobler. *A Passion to Win*. New York: Simon & Schuster, 2001.

Sanders, Don, and Susan Sanders. *The American Drive-In Movie Theatre*. New York: Crestline, 2013.

Schorow, Stephanie. *Drinking Boston*. Wellesley, MA: Union Park Press, 2012.

Segrave, Kerry. *Drive-In Theaters: A History from Their Inception in 1933*. Jefferson, NC: McFarland, 1992.

Shepherd, Gordon, and Gary Shepherd. *Talking with the Children of God: Prophecy and Transformation in a Radical Religious Group*. Urbana: University of Illinois Press, 2010.

Sweeney, Emily. *Boston Organized Crime*. Charleston, SC: Arcadia Publishing, 2012.

Ueda, Reed. *West End House, 1906–1981*. Boston: West End House, 1981.

Walters, Barbara. *Audition: A Memoir*. New York: Vintage Books, 2009.

Winer, Delsa. *Almost Strangers*. New York: Simon & Schuster, 2000.